KB160712

독일의 회사존립파괴책임

독일의 회사존립파괴책임

김 동 완

景仁文化社

머리말

이 책은 졸고인 2022년도 2학기 서울대학교 법학전문대학원 박사학위 논문을 토대로 일부 수정된 것이다. 인용된 법령과 문헌 등은 논문의 최종 제출일인 2022년 12월 현재를 기준으로 한다.

저자가 '회사존립파괴책임'이라는 주제에 관심을 두게 된 것은 2006년과 2007년 독일 Bonn 대학교 법과대학에서 수학하던 중 위 주제에 관한 독일 상법 학계의 열띤 논의를 접하면서부터이다. 즉 유한회사의 지배사원이 법이 정한 청산절차를 따르지 않은 채 자신 또는 제3자에게 이익이 되게 자산 희석화나 자산 교체 등을 함으로써 회사를 도산에 빠지게 한 경우, 회사채권자 보호를 위해 그 지배사원에게 어떠한 책임을 물을 수 있는지가 문제되었다. 이 논의의 배경에는 위와 같은 '회사존립을 파괴하는 침해'에 대해 기존의 독일 회사법 규정만으로는 충분히 대응할 수 없는 것이 아니냐는 불안감이 내포되어 있었다.

이 책에서는 회사존립을 파괴하려는 침해에 대응하는 독일의 관련 회사법 규정의 내용과 한계를 분석하고, 회사법적 흠결을 메우려는 독일 법관의 법형성 작용과 그 결과물인 회사존립파괴책임을 법도그마틱적 관점에서 검토하였다. 또한, 거의 모든 기업에 지배주주가 존재하는 우리 기업소유구조하에서 지배주주의 침해에 대해 우리 법제에서는 어떠한 대응을 할 수 있는지, 만약 우리에게도 회사법적 흠결이 존재한다면 이를 메우기 위해 독일의 회사존립파괴책임을 수용할 필요가 있는지, 우리 법제에서 그 책임구조와 내용은 어떻게 될 것인지, 구체적으로 독일 법제와의 차이점은 무엇인지, 이같은 회사존립파괴책임이 우리에게 주는 시사점은 어떠한 것인지에 관해 서술하였다.

이러한 연구를 위해 미력하나마 비교법 연구의 기본원칙과 법학 방법론에 기대어 논증하려고 노력하였으나, 과연 뜻대로 이루어졌는지 자신할 수 없다. 독자 여러분의 기탄없는 비판을 바랄 뿐이다.

부족한 글임에도 책으로 출간되기까지 여러모로 가르침을 주신 지도교수이신 노혁준 교수님과 논문심사과정에서 격려를 아끼지 않으신 김화진 교수님, 송옥렬 교수님, 최문희 교수님, 천경훈 교수님께 깊은 존경과 감사의 말씀을 올린다. 스승이신 심당 송상현 선생님의 학은도 잊을 수 없다.

법관으로 재직하면서 뒤늦게 학위논문을 쓰는 것이 쉽지만은 않았다. 이 길을 함께해준 사랑스러운 아내와 두 아들에게 마음을 가득 담아 고마움을 전한다. 어느 철학자가 말한 것처럼, 삶은 되돌아봐야만 이해할 수 있나 보다. 낳아주시고 길러주셔서 이렇게 학문하는 즐거움을 깨닫게 해주신 부모님께 이 책을 바친다.

2023년 여름
玄訓齋에서 김 동 완

〈목 차〉

을 감소시킬 수 있으므로, 이 같은 제한은 채권자와 주주 모두에게 이익이 될 수 있다.

회사법이 주주와 채권자 간 대리문제를 통제하려고 하는 경우, 지급능력 있는 회사에 대해서는 사전적으로(ex ante) 강제적 공시를 하게 하거나 자산 희석화를 막기 위하여 주주들에 대한 배당과 자기주식 취득을 포함한 분배를 제한한다. 재무적 위기에 처한 회사에서는 사후적으로(ex post), 이사에 대해 상법 제401조의 제3자에 대한 책임, 주주에 대해 상법 제401조의2의 업무집행관여자 책임과 법인격부인의 법리를 통해, 채권자 등 제3자에 대해 민법 제406조의 채권자취소권의 행사, 채무자 회생 및 파산에 관한 법률 제100조 내지 제113조의2, 제391조 내지 제406조의2의 부인권, 상법 제401조의2의 업무집행관여자 책임 등을 통해 대리문제를 해결하려고 하고 있다.[5]

그런데 우리 기업소유구조의 특징 중 하나가 거의 모든 기업에 지배주주[6]가 존재한다는 것이다.[7] 기업지배구조 법제가 지배주주의 경영 관여를 효율적으로 통제할 필요가 있는데, 우리 상법이 경영자의 권한 남용을 억제하기 위한 두고 있는 일련의 규정, 즉 상법 제397조(경업금지), 제397조의2(회사의 기회 및 자산의 유용 금지), 제399조(회사에 대한 책임), 제401조(제3자에 대한 책임), 제402조(유지청구권)는 모두 이사의 행위를 대상으로 하고 있다. 다만 상법 제398조(이사 등과 회사 간의 거래), 제401조의2, 제542조의9(주요주주 등 이해관계자와의 거래), 앞서 본 법인격 부인의 법리나 채권자취소권, 부인권 등은 일정한 요건하에 지배주주의 행위를 규제하려고 하는

---

5) 자세히는, 해부(2020), 229-260.
6) 여기서 '지배주주'란 상법 제360조의24 제1항에서 말하는 지배주주를 의미하는 것이 아니라, 특수관계인과 합하여 회사에 대해 법률상·사실상 지배력을 가진 주주를 의미한다. '지배사원'의 경우도 마찬가지이다. 이하 이 책에서 '지배주주' 또는 '지배사원'을 언급할 때는 같은 의미로 사용한다.
7) 김건식·노혁준·천경훈(2022), 35.

데, 위 규정이나 법리만으로 이사 지위를 겸유하지 않은 지배주주의 기회주의적 행위를 모두 규율할 수 있는지 문제된다.

이와 관련하여 독일에서는 유한회사의 지배사원이 법이 정한 청산절차를 따르지 않은 채 자신 또는 제3자에게 이익이 되게 자산 희석화나 자산 교체 등을 함으로써 회사를 도산에 빠지게 한 경우, 회사채권자 보호를 위해 그 지배사원에게 어떠한 책임을 물을 수 있는지에 관해 논의가 이루어져 오고 있다. 제2장과 제3장에서 상술하는 회사존립을 파괴하는 침해(existenzvernichtender Eingriff)와 이로 인한 사원의 회사존립파괴책임(Existenzvernichtungshaftung)이 그것이다. 이러한 논의의 배경에는 회사존립을 파괴하는 침해에 대해 기존의 독일 회사법 규정만으로는 충분히 대응할 수 없고, 그 결과 회사채권자 보호에 흠결이 존재하는 것이 아니냐는 우려가 내재되어 있다.

제3장에서 살펴보는 것처럼, 독일에서 논의되는 회사존립을 파괴하는 침해의 유형에는 회사재산의 적극적 탈취, 청구권의 불행사, 유동성 탈취, 사업기회 및 취득기회의 탈취 또는 이전, 소극재산의 양수 등이 있는데, 아래에서는 그 가운데 '사업기회의 탈취' 사례를 제시하여 본다.[8] 이는, 제6장에서 논의하는 것처럼, 이러한 침해 유형에 대한 우리 법제의 대응책과 그 한계를 검토하기 위한 전제이기도 하다.

재정상태가 악화되어 가고 있는 A 주식회사(대표이사 乙)의 1인 주주 甲은 B 주식회사(대표이사 丙)의 지배주주이기도 하다. 그런데

---

[8] 독일에서 논의되고 있는 전형적인 사업기회 탈취 사례에 서울중앙지방법원 2018. 7. 20. 선고 2016고합1121 판결의 사실관계를 더하여 재구성한 것이다. 본래 독일의 회사존립파괴책임은 '유한회사'에서 문제되었지만, 우리나라에서는 주식회사가 다수를 차지하므로, 이러한 상황을 고려하여 '주식회사'에서 벌어지는 회사존립을 파괴하는 침해에 관한 사례를 상정해본다. 위 서울중앙지방법원 2016고합1121 판결에서 볼 수 있듯이 회사존립을 파괴하는 침해와 유사한 형태의 탈법행위는 우리 현실에서도 행해진다.

甲이 A 회사의 도산이 불가피하다고 판단한 후, 대표이사 乙에게 지시함이 없이 직접, ① A 회사에 대기 중인 고객의 납품 주문을 B 회사를 통해 처리하게 한 후 고객으로 하여금 A 회사에 대해 이행지체를 이유로 위 주문을 해제하도록 유도함으로써 B 회사가 A 회사의 유리한 기회를 이용하게 하였고, 이로 말미암아 A 회사가 도산에 이르게 되거나, ② A 회사에서 개발업무를 담당하던 핵심 직원을 B 회사에 전직하게 한 후 A 회사에서 개발하려던 신제품을 B 회사에서 개발하게 한 다음 이를 제조·판매하게 하여 결국 A 회사가 도산에 이르게 된 경우, A 회사의 채권자를 구제할 수 있는 법적 수단이 우선 우리 상법상 구비되어 있는지 문제된다.[9] 즉 앞서 본 주주와 채권자 간 대리문제를 통제하려는 제반 규정으로써 A 회사의 채권자가 보호받을 수 있는지 여부가 논의의 시작점이다.[10]

이 책에서는 지배주주(사원)의 회사존립을 파괴하는 침해가 회사법상 왜 문제가 되는지, 이러한 침해가 위법하다고 평가됨에도 이에 대해 적절히 대응할 만한 법적 제도를 우리 회사법이 보유하고 있는지, 만약 그렇지 않다면 회사채권자 보호와 관련하여 입법자가 의도하지 않은 흠결이 우리 회사법에 존재한다고 할 수 있는지, 이 같은 흠결을 보전하기 위하여 독일의 회사존립파괴책임의 법리를 수용할 필요가 있는지, 만약 그렇다면 위 법리가 우리 회사법의 기본 가치와 충돌하지는 않는지 여부에 대해 분석하고, 그 해결책을 제시하는 것을 목표로 한다. 이로써 법률의 불충분함을 시인하면서, 인정되고 있는 법원리에 의지해 조심스럽게, 열린 체계의 문제중심적 사고방식에 상응하는 법형성을 모색해보고자 한다.

---

9) 제2장 이하에서 위 사례를 언급할 때는 '서론의 사업기회 탈취 사례'라 한다.
10) 물론 제3장과 제6장에서 살펴보는 것처럼, 회사존립파괴책임의 주체는 1인 주주(사원)를 포함한 지배주주(사원)에 국한되는 것은 아니다.

제2절 연구의 방법과 내용

이 같은 연구목적을 달성하기 위하여 이 글에서는 회사존립을 파괴하는 침해에 대응하는 독일과 우리나라 회사법의 관련 규정의 내용과 한계를 해석론을 통하여 확인하고, 그 흠결을 보완하려는 독일 법관의 법형성 작용이 체계에 적합하게 이루어지고 있는지를 법도그마틱에 비추어 검토한 후, 동일한 방법론을 적용하여 독일의 회사존립파괴책임이 우리 법제에 수용 가능한지, 만약 가능하다면 우리 법제하에서 그 책임구조와 내용은 어떻게 될 것인지를 살펴보려고 한다.

이를 위해 제2장에서는 독일의 회사존립을 파괴하는 침해와 이로 인한 회사존립파괴책임의 개념을 살펴본 후, 자본금 보호 규정을 위반하고 청산절차를 잠탈하는 회사존립을 파괴하는 침해로부터 채권자 보호의 고려를 강제할 수 있는 근거는 무엇인지를 살펴본다. 아울러 회사존립파괴책임의 법적 구조에 관한 독일 법원의 고단한 법발견의 과정을 확인하고, 그 결과물에 대한 학계의 반향과 대안적 이론을 소개한 후 어떠한 책임구조가 독일의 제반 법체계에 부합하는지를 검토한다.

제3장에서는 회사존립파괴책임의 구체적인 요건인 양속위반의 침해, 도산유발로 인한 손해, 인과관계, 과책 등을 살펴보고, 회사존립파괴책임의 효과로서 사원의 원상회복의무와 이에 따른 금전배상의 내용, 청구권의 행사 등에 관하여 언급한다. 또한 회사존립파괴책임을 부담하는 수범자는 누구인지, 여기에 제3자도 포함될 수 있는지 등에 대해서도 검토해본다.

제4장에서는 독일 유한회사에서 문제가 된 회사존립파괴책임을 독일 주식회사에도 적용할 수 있는지, 만약 그렇다면 어느 범위에서

수용 가능한지, 이러한 회사존립파괴책임은 독일 주식회사의 특수성으로 인해 배제될 여지는 없는 것인지 검토해본다.

제5장에서는 독일의 회사존립을 파괴하는 침해에 대응하는 제도가 영국 법제와 프랑스 법제에서 어떠한 것이 있는지 비교법적으로 살펴본다. 즉 회사존립을 파괴하는 침해에 대한 대응책으로 영국의 경우 'West Mercia 원칙'을, 프랑스의 경우 '적극재산 부족으로 인한 책임(La responsabilité pour insuffisance d'actif)'을 중점적으로 살펴보고 독일의 회사존립파괴책임과의 기능상 유사성을 확인해본다. 이러한 비교법적 검토는 회사존립파괴책임의 우리 법에의 수용 여부를 판단하기 위해 필요한 작업이기도 하다.

제6장에서는 회사존립을 파괴하는 침해가 우리 회사법하에서도 위법하다고 할 수 있는지, 만약 그렇다면 이에 대응할 만한 우리 회사법제의 관련 규정의 내용과 그 한계를 살펴본 후 이러한 흠결을 보완하기 위하여 독일의 회사존립파괴책임을 수용하는 것이 가능한지 여부를 제2장과 제4장에서 적용한 동일한 방법론을 통하여 검토한다. 구체적으로는 회사존립파괴책임이 우리 법제하에서 어떠한 책임구조를 띠게 되는지, 그 책임의 발생 요건과 관련하여 독일의 회사존립파괴책임과 차이점은 무엇이 있는지, 그 책임의 내용과 관련하여 독일과 달리 우리의 채권자는 주주를 상대로 채권자대위권을 행사하면서 회사의 청구권을 행사할 수 있는지, 책임의 주체가 원칙적으로 주주라면 우리 회사법하에서의 침해 형태는 어떻게 될 것인지에 관해 살펴본다. 아울러 이러한 회사존립파괴책임이 우리에게 주는 시사점은 어떠한 것인지에 대해서도 언급하기로 한다. 서술의 방식과 관련하여 우리의 상황은, 독일과 달리,[11] 유한회사보다

---

11) 독일에서는 유한회사의 수가 주식회사 및 주식합자회사의 수보다 압도적으로 많다. 즉 독일에서 유한회사의 수는 2018년 기준 1,289,037개, 2019년 기준 1,329,277개이고[Fleischer, in: Fleischer/Goette(2022), Einleitung Rn. 204], 주

주식회사의 수가 절대적으로 많기 때문에,[12] 회사존립파괴책임의 수용 여부를 주로 주식회사와 관련하여 서술하되, 필요한 경우 물적 회사 중 유한회사에 관해서도 언급해본다.

제7장에서는 이상의 논의를 정리하고 요약한다.

식회사 및 주식합자회사의 수는 2018년 3월 기준 9,782개이다[Habersack, in: Goette/Habersack(2019a), Einleitung Rn. 11].
12) 2021년 기준 우리나라에서 주식회사의 수는 796,582개이고, 유한회사의 수가 37,434개이다. 전체 회사 중 주식회사가 95%, 유한회사가 4.46%를 차지하고 있다[국세청 국세통계연보(2021)].

제2장

독일의 회사존립파괴책임의 개념과 법적 기초

제1절 개념

회사존립을 파괴하는 침해(existenzvernichtender Eingriff)[1]의 개념은 문자 그 자체에서 도출되기는 어렵다. 왜냐하면 독일의 가사사건과 비송사건 절차에 관한 법률[Gesetz über das Verfahren in Familiensachen und in den Angelegenheiten der freiwilligen Gerichtsbarkeit (FamFG)] 제394조 제1항 제1문에 따라 재산이 없는 유한회사는 재정관청 등의 신청 또는 등기법원(Registergericht)의 직권으로 상업등기부에서 말소되기 때문이다. 그러나 독일의 유한회사가 상업등기부에서 말소되는 것은 회사존립파괴책임의 전제 요건도 아니고, 그 책임의 필연적인 결과도 아니다.[2] 이에 '회사존립을 파괴하는 침해'는 잘못된 명칭(Fehlbezeichnung)이라고 비판하는 견해도 있다.[3]

오히려 유한회사로 하여금 그의 채권자에 대한 의무를 이행할 능력을 박탈함으로써 도산에 진입하게 하거나 도산상태를 심화시키는 것이 회사존립을 파괴하는 침해의 특징이다.[4] 회사존립을 파괴하는 침해는 유한회사의 사원에게, 회사를 도산에 이르게 하는 방식의 약탈(ausplündern)을 금지한다. 따라서 회사가 자신의 의무를 이행할 수 있는 능력을 유지하는지 여부가 무엇보다 중요하다.[5] 그러나 독일 연방대법원(Bundesgerichtshof, 이하 'BGH'라 한다) 제2민사부가 Bremer

---

1) 이 용어는 "회사의 존립을 무력화하는 침해", "회사 존재 자체를 침해하는 행위" 등으로 번역되기도 하는데, 'vernichten'의 사전적 의미가 '절멸하다' 또는 '파괴하다'일 뿐만 아니라, 이 용어의 사용례를 보더라도 이러한 침해로 말미암아 회사가 '도산'에까지 이르는 경우를 가리키는 것이어서, 이 책에서는 "회사존립을 파괴하는 침해"라고 번역하기로 한다.

2) Zöllner(2006), 1003.

3) Paefgen(2007), 1907.

4) BGHZ 149, 18.

5) Zöllner(2006), 1004.

Vulkan 판결[6]에서 처음 사용하였던 '회사존립을 파괴하는 침해'라는 용어[7]는 각종 문헌과 판결에서 차용되었고, Trihotel 판결[8]에서 위 제2민사부는 다음과 같이 명확히 판시하였다. 즉 BGH 제2민사부는, 회사채권자에게 우선적으로 변제하려는 목적에 구속되는 회사재산에 대하여, 회사를 도산으로 이끌거나 도산을 심화시키는, 남용적이고 보상이 없는 침해(회사존립을 파괴하는 침해)에 대한 사원의 책임을 회사존립파괴책임(Existenzvernichtungshaftung)이라고 개념적으로 규정한다고 판시하였다.[9] 이 같은 회사존립을 파괴하는 침해의 유형으로는 '서론의 사업기회 탈취' 사례뿐만 아니라 앞에서 간략히 언급한 것처럼, 회사재산의 적극적 탈취(자산 희석화), 소극적 재산 가치의 양수(부채 희석화), 회사 청구권의 불행사(부작위), 유동성 탈취 등이 있다.

제2절 논의 배경

Ⅰ. 독일 유한회사법의 한계

회사존립파괴책임을 통하여 채권자 보호를 확대하려는 것은 앞서 언급한 것처럼 독일 유한회사법[Gesetz betreffend die Gesellschaften mit beschränkter Haftung(GmbHG)]상 현존하는 채권자 보호의 흠결을 메

---

6) 이에 관해서는 아래 제2장 제3절 Ⅱ. 3. 가.에서 상술한다.
7) BGHZ 149, 10 ff.
8) 이에 관해서는 아래 제2장 제3절 Ⅱ. 4. 가.에서 상술한다.
9) NJW 2007, 2690. 즉 회사채권자에게 우선적으로 변제하려는 목적을 지닌 회사재산에 대해 남용적이고 보상이 없는 침해를 가하여 회사를 도산으로 이끌거나 도산을 심화시키는 사원의 전단적 행위를 회사존립을 파괴하는 침해로 규정하고, 이로 인한 사원의 책임을 회사존립파괴책임이라고 보았다.

워주는 기능을 한다. 그런 까닭에 이러한 법형성은 독일 기본법
[Grundgesetz für die Bundesrepublik Deutschland(GG)] 제20조 제3항의 "입
법은 헌법 질서에, 행정 및 사법은 법률 및 법에 구속된다."는 원칙
에 기속된다.[10] 그러므로 법관은 자신의 고유한 법정책적 법관념
(rechtspolitische Rechtsvorstellungen)을 이유로 입법자가 내린 명백한 결
정을 변경하여서는 안 되고, 사법적 해결책을 통해 이를 보충할 수
있을 뿐이다.[11]

　법관에 의한 형성(Ausgestaltung)은 입법자가 예상하지 못한 법률의
흠결이 존재하는 경우에만 고려의 대상이 된다.[12] 따라서 이하에서
는 독일 유한회사법상 채권자 보호 개념이 어떻게 형성되었고, 채권
자 보호 체계 내에서 어느 정도의 흠결이 존재하는지에 관해 먼저
살펴본다.

1. 도산 전 단계에서의 채권자 보호 개념

　유한회사라는 법적 형태는 경제적 동기에 의해 창안된 것인데,
독일의 입법자는 기업의 위험이 채권자에게 부과되는 것을 완전히
인식하고 있었다. 즉 사원은 인수액에 따른 고정된 자본금 출자액에
한하여 책임을 지는 데 반해, 채권자는 회사의 경제적 실패로 인한
현존하는 위험을 부담한다. 그러나 입법자에 의해 창출된 채권자 보
호 제도가 시사하는 것처럼, 기업의 손실위험이 일방적으로 회사채
권자에게 돌아가게 해서는 안 된다.[13]

　독일 유한회사법상 도산 전 단계에서의 채권자 보호 개념은 두 개

---

10) Grigoleit(2006), 188.
11) BVerfGE 82, 6, 12.
12) BVerfGE 98, 49 ff.
13) Habermann(2011), 26 f.

의 기둥으로 지탱된다. 그중 하나는, 회사의 최저자본금 유지(Erhaltung des Mindestkapitals)에 우선적으로 기여하고 이를 통해 채권자의 이익을 위해 회사재산을 보호하는, 자본금 유지 요건[독일 유한회사법 제30조,[14] 제31조[15]]이 그것이다. 위 요건은, 채권자의 이익을 위해 회사가 보장한 회사재산을 사원이 감소시키는 경우에 효력을 발하고,[16] 위기 시 회사재산을 사원의 고유한 이익을 위해 사용하는 것

---

14) "⑴ 자본금의 유지를 위하여 필요한 회사재산은 사원에게 지급되어서는 안 된다. 지배계약이나 이익이전계약(독일 주식법 제291조)상 이루어진 지급이거나 그 지급이 반대급부청구권 또는 상환청구권을 통해 반환이 담보되는 경우에는 제1문은 적용되지 않는다. 또한 사원소비대차(Gesellschafterdarlehen)의 반환 또는 경제적으로 사원소비대차와 유사한 법률행위로 인하여 발생한 청구권에 대한 변제에는 제1문이 적용되지 않는다.

⑵ 추가 납입된 자본금은 자본금의 결손을 충당하는 데 필요하지 않으면 사원에게 반환될 수 있다. 반환결의가 제12조에 따라 공고된 후 3개월이 경과하기 전에는 반환은 허용되지 않는다. 제28조 제2항의 경우 추가 출자금의 반환은 자본금 전액이 납입되기 전에는 허용되지 않는다. 반환된 추가 출자금은 납입되지 않은 것으로 본다."

15) "⑴ 제30조의 규정에 반하여 지급된 금액은 회사에 반환되어야 한다.

⑵ 수령자가 선의인 경우 회사채권자에 대한 변제를 위해 필요한 경우에만 지급된 금액의 반환을 요구할 수 있다.

⑶ 수령자에게서 지급된 금액을 반환받지 못하는 경우 그 금액이 회사채권자의 변제를 위하여 필요한 때에는 다른 사원이 지분에 비례하여 반환받지 못한 금액에 대해 책임을 진다. 개별 사원들에게서 반환받지 못하는 금액은 다른 사원이 그 지분에 비례하여 분담한다.

⑷ 전항의 규정에 따른 지급은 그 의무자들에게서 면제될 수 없다.

⑸ 제1항에 따른 회사의 청구권은 10년의 시효로, 제3항에 따른 회사의 청구권은 5년의 시효로 소멸한다. 소멸시효는 반환청구권이 발생하는 지급이 이루어진 날로부터 진행한다.

⑹ 제3항에 따라 지급된 금액의 반환과 관련하여 이사에게 금액 지급에 과책이 있는 경우 이사는 사원들에게 연대하여 배상할 책임을 부담한다. 제43조 제1항과 제4항을 준용한다."

16) Altmeppen, in: Roth/Altmeppen(2019), § 30 Rn. 1.

을 막거나 회사재산으로써 도산을 회피하거나 예방하기 위한 중요
한 계약을 체결하는 데 기여하는 사원의 내부책임을 규정한 것이다.
도산 전 단계에서의 채권자 보호를 위한 두 번째 기둥은 회사의 위
기 시 독일 유한회사법 제43조에 따른 이사의 책임이 그 역할을 한
다.17) 아래에서는 위 두 기둥 가운데 '사원'의 회사존립파괴책임과
관련이 있는 자본금 유지 원칙에 관해서 중점적으로 살펴본다.

2. 채권자 보호의 흠결

　BGH는 뒤에서 살펴보는 것처럼 회사존립파괴책임을, 종전의 채
권자에 대한 외부책임인 투시책임(Durchgriffshaftung)18)이 아닌, 사원
의 회사에 대한 고의적인 양속위반을 원인으로 한 내부책임으로 규
정한다. BGH는 회사존립파괴책임으로써 개인이나 다수의 채권자를
직접적으로 보호하려는 것이 아니라, 채권자 이익과 결부된 회사재
산 자체를 보호하려는 것이다. 물론 일반적인 도산위험은 채권자가
원칙적으로 보상 없이 감수해야 한다. 그러나 통상적인 도산위험을
명백하게 넘어서는, 입법자가 예상치 못한 특별한 위험이 채권자에
게 존재한다는 것이 회사존립파괴책임의 시발점이라 할 수 있다.
　회사존립을 파괴하는 침해와 관련하여 소위 '은밀한 청산(kalte
Liquidation)'이 문제되는데,19) 이는 독일 유한회사법 제65조 내지 제74
조에서 정하고 있는 해산절차에 따르지 않는 청산을 가리킨다.20) 이
러한 은밀한 청산절차에서는 법률에 의해 부과된 사원 출자 자본의

---

17) Altmeppen(2002b), 1553.
18) 투시책임이란 우리의 법인격부인론에 따른 책임과 유사하게 회사 채무에
　　대하여 사원의 개인적 책임을 추궁하기 위한 제도이다. 이는 외부책임으
　　로서 사원이 채권자에 대하여 직접 책임을 지는 것이다.
19) '고요한 청산(stille Liquidation)'이라고 부르기도 한다(BGHZ 165, 352 참조).
20) Kluge(2015), 108.

확보와 유지 명령 및 정돈된 절차에 따른 회사의 해산이 무시된다.[21] 독일 유한회사법 제65조 이하의 조문은 해산 요건과 관련되고, 채권자는 회사재산이 분배되는 경우에 그 책임재산에 대하여 무제한적인 우위를 점한다고 규정하고 있다.[22] 즉 사원은 먼저 회사재산을 유한회사의 채무를 정산하는 데 써야 하고, 그 후 남는 유동성 잉여에 만족해야만 한다. 그러나 회사존립을 파괴하는 침해의 경우 사원은 우선적으로 회사 채무의 정산을 위해 특정된 회사 소유 재산을 대개 자신의 것으로 만들어 버리고, 그 결과 잔존하는 재산만으로는 회사 채무를 변제하기에 부족해진다.[23] 따라서 기존 채권자 보호 제도가 회사존립을 파괴하는 침해에 대해 제재하면서 대응할 수 있는지, 아니면 채권자 보호 제도에 미비점이 없는지 살펴볼 필요가 있다.

가. 자본금 유지 규정의 보호 체계 결함

앞서 본 것처럼 자본금 유지 규정(독일 유한회사법 제30조, 제31조)은 도산 전 단계에서의 채권자 보호의 첫 번째 기둥이다. 그러나 위 규정은 채권자에게 최소한의 보호만을 제공할 뿐이다. 왜냐하면 독일 유한회사법 제30조, 제31조는 단지 적자 또는 채무초과를 야기하거나 심화하는 지급을 금지하고, 그것도 순전히 영업 장부만을 그 조사방법으로 삼아서,[24] 사원이 자본의 한계를 넘어 장부 외적으로 회사존립을 위협하는 지출을 할 수 있도록 하기 때문이다.

즉 독일 유한회사법 제30조의 장부상 조사방법 때문에, 예컨대 회사를 운영하는 과정에서 저절로 생성되었지만, 장부에는 기재되지

---

21) Burg(2006), 16.

22) Burg(2006), 17.

23) 이와 달리 은밀한 청산을 금지해서는 안 된다는 견해도 있다. Hartmann (1999), 1066.

24) Altmeppen, in: Roth/Altmeppen(2019), § 30 Rn. 9 ff.

않은 무형 재산의 유출,[25] 그리고 주요 사업 분야의 처분과 같이 장부에 계상되지 않는 침해는 포착되지 않는다.[26] 판매경로와 고객군의 탈취와 같이 나중에야 장부상 반영되는 침해는, 이 침해가 장래에 회사에 손해가 되고 지급능력에 위협이 되기 때문에, 언제나 독일 유한회사법 제30조의 적용 범위 안에 있지 않다. 나아가 독일 유한회사법 제30조의 요건에 포섭되는 취거도 자본유출을 넘어서는 손해를 야기할 수 있다. 이익의 감소를 야기하고, 이윤을 가져오는 생산을 중단시키는, 생산에 필요한 물건을 빼내가는 행위가 전형적인 예이다. 중요한 생산 수단을 빼내가는 것은 장부상으로 단지 구입가격의 유출로만 기재될 뿐이다. 사업을 계속할 수 있는 회사의 능력은 이러한 장부상 기재로는 표시되지 못한다.[27]

만약 이러한 침해를 통해 이득을 얻지 못한 다른 사원은 채권자에 대하여 단지 자본금 총액의 한도에서만 책임을 질 뿐이다.[28] 그 결과 채권자의 위와 같은 손해는 독일 유한회사법 제31조에 의한 의무이행만으로는 보상받지 못하거나, 불충분하게 보상받을 수 있다. 나아가 손해가 자본금의 인출 범위를 벗어나면, 독일 유한회사법 제31조에 따른 손해의 보상이 이루어지지 않는다. 예컨대 생산에 중요한 기계가 반환될 때까지 사용할 수 없게 되었고 이로써 생산에 손해를 입었다면, 회사는 이로 말미암아 부가적 손해 또는 후속손해(Folgeschaden)를 입게 된다.[29] 독일 유한회사법은 채권자의 이익을

---

25) 다만 2009. 5. 25. 발효된 독일의 '대차대조표법의 현대화를 위한 법률(Gesetz zur Modernisierung des Bilanzrechts(Bilanzrechtsmodernisierungsgesetz: BilMoG) vom 29. 5. 2009.]'에 의하여 개정된 독일 상법 제248조 제2항 제1문에 따르면, 이제는 회사가 스스로 창출한 무형 재산에 대해서도 장부에 계상할 수 있게 되었다.

26) Nassal(2003), 972.

27) Nassal(2003), 973.

28) BGH, NJW 2002, 1803(L-Kosmetik 판결). L-Kosmetik 판결에 관해서는 아래 제2장 제3절 II. 3. 나.에서 상술한다.

위하여 채권자의 사원에 대한 손해배상청구권을 규정하고 있지 않아서[30] 이러한 파괴적인 손해를 보상하지 못하고, 단지 재산상 이익의 반환을 위하여 독일 유한회사법 제31조의 청구권을 두고 있을 뿐이다. 회사의 수익 상황 및 종국적인 회사의 생존능력에 대한 부정적 결과, 즉 필수적인 유동자산 또는 회사영업의 계속을 위하여 특별히 필요한 자산가치의 박탈로 인하여 발생한 부정적 결과를 독일 유한회사법 제30조, 제31조는 포섭하지 못한다.[31]

앞서 언급한 독일 유한회사법 제30조, 제31조로 규율되지 않는 사례들은, 기존 자본금 유지 규정만으로는 포괄적인 채권자 보호가 어렵다는 것을 보여준다.

나. 법 제정자의 역사적 관점

독일 유한회사법 제정자의 관점에서는 회사재산이 법률에 의한 자본 보장을 통해 효과적으로 보호된다고 보았다. 제정자는, 사원이 자본출자를 통해 회사의 영리 목적을 추구하고 회사의 존립을 유지하려 할 것이라는 점을 전제하였다.[32] 나아가 법 제정자는 회사존립 유지와 수익성 증가에 가장 관심을 가지고, 경제적으로 사고하고 이성적으로 행동하는 사원들에 의해 유한회사가 운영된다는 가정을 자본금 유지 규정의 근거로 삼았다. 전적으로 회사 이익을 위해 행동하는 이러한 이익공유는 자본금의 지급을 통해 생겨나는 것이고, 이에 따라 사적 자산의 증가를 가져오는 개인의 고유한 이익은 후순

---

29) Paefgen(2007), 1907. 여기서 말하는 부가적 손해 또는 후속손해란 1차 손해를 기점으로 하여 연속적으로 발생된 손해, 즉 채무불이행이 없었더라면 발생하지 않았을, 가정적 사안을 기초로 한 손해를 일컫는다.
30) 물론 사원이 이사의 지위를 겸유하고 있을 경우에는 독일 유한회사법 제43조 제3항에 따른 책임을 진다.
31) Habermann(2011), 29.
32) Röhricht(2000), 102.

위로 밀려난다.[33]

　그러나 현실에서는 유한회사가 도산에 취약하고, 회사 자본을 통해 채권자가 완전히 변제받는 것을 보장해주려는 자본금 유지 규정의 목적이 달성되지 않는다. 이러한 실패의 주된 원인은, 법 제정자가, 설정된 자본금의 구속력을 과대평가하였다는 것이다. 원론적인 측면에서 보면, 회사의 고유한 재무적 위험이 커질수록 사업정책적인 면과 기업정책적인 면에서 기업자산을 책임감 없이 다루려는 사원의 인센티브는 감소하여야 한다. 사원이 더 많은 손해를 보면 볼수록, 더 신속히 사원의 기회주의적 행동이 줄어들 수 있으며, 이를 통해 간접적으로 채권자의 이익이 보호될 수 있다.[34] 최저자본금 규정은, 유한회사의 사원으로 하여금 수익성에 관한 기업의 위험을 더 세심하게 평가하게 하는 질서정책적 기능(ordnungspolitische Funktion)을 가져야 한다. 자본금의 확보를 통해 회사의 이익은 채권자의 이익과 결합하고, 이로써 채권자의 도산위험은 감소된다. 그러나 최저자본금은 기업 내에 존재하는 손실위험, 유동성 위험 및 기회주의적 위험과 관련이 없고, 오히려 단지 진지함의 한계(Seriositätsschwelle)만을 나타낼 뿐이다.[35]

　유한회사들 대부분은 단지 최저자본금만을 가지고 있다. 사업 규모와 이를 통해 얻을 수 있는 이득이 종종 몇 배나 높기 때문에, 사원이 회사 목적에 구속되려는 인센티브는 특별히 크지 않다. 이것은 항상 그렇지만은 않았다. 왜냐하면 유한회사법이 제정되었을 당시에는, 그러나 이제 더는 동일한 구매력으로 평가될 수 없기는 하지만, 20,000 RM[독일 제국(1924년-1948년)의 화폐 단위]의 최소보증금이 상당한 완충재 역할을 하였기 때문이다.[36] 물론 1980년 독일 유한회

---

33) Habermann(2011), 30.

34) Sernetz/Kruis(2013), Rn. 707.

35) Goette(2005b), 198; Habermann(2011), 31.

사법을 통해 최저자본금이, 통화가치 액수를 조정하기 위해 20,000 DM[유로화 이전(1948년-2002년)의 독일 화폐 단위]에서 50,000 DM로 완만하게 증가하기는 하였지만, 그 이후로 추가적인 증액은 이루어지지 않았다. 반대로, '유한회사법의 현대화와 남용방지를 위한 법률 [Gesetz zur Modernisierung des GmbH-Rechts und zur Bekämpfung von Missbräuchen(MoMiG)]'의 정부 초안(Regierungsentwurf)에 의하면, 독일 유한회사법의 자본금을 10,000유로로 낮추려고 하였는데, 그로 인하여 입법자가 처음부터 예견한, 자본금 지급을 통해 사원이 회사의 이익 목적에 구속되게 한다는 인센티브가 완전히 공허하게 될 수 있었다.[37] 이러한 새로운 규율은 입법자에 의해 최종안에 수록되지 않았고, 그 결과 최저자본금은 여전히 25,000유로이며(독일 유한회사법 제5조 제1항), 이는 독일 유한회사법 제13조 제2항[38]에서 책임 제한을 위한 대가로 표시된다. 소규모 유한회사[창업자 유한회사(Unternehmergesellschaft, UG)]만이 최저자본금 미만으로 설립될 수 있다(독일 유한회사법 제5a조 제1항). 최저자본금이 줄어들게 되면, 최소한으로 투자된 자본이 소멸될 때까지 사원으로 하여금 경제적으로 비이성적이고 투기적인 행동을 하는 것을 막아주는 장치가 사라지게 된다. 아주 위험한 기업가적 행동을 억제하는, 최저자본금의 목적이 공허하게 되는 경우라면, 대규모의 도산을 피하고 유한회사의 수용과 자금 조달을 보장하기 위하여 채권자 보호를 위한 교정수단이 마련되어야만 한다.

다. 소결론

독일 유한회사법 제30조의 장부상 조사방법은 단지 스냅사진(Momentaufnahme)에 불과하여[39] 영속적이고 신뢰할 만한 형상을 제

---

36) Grigoleit(2006), 191 ff.
37) Haas(2006), 993.
38) "회사 채무에 대해서는 회사재산만으로 회사채권자에게 책임을 진다."

공하지 못한다. 앞서 본 것처럼 취거 액수를 상회하는 부가적 손해나 후속손해는 독일 유한회사법 제31조 제1항에 따른 반환에 의해서도 해소될 수 없다. 이러한 흠결은 청산이나 도산에 관한 규정으로도 보완될 수 없는 것이기도 하다.[40] 이렇듯 독일 유한회사법의 자본금 보호 규정에 흠결이 있다고 보고 이를 보충하기 위하여 회사존립파괴책임을 인정하는 견해가 독일의 다수설[41]이다.[42]

II. 사원의 처분 권한의 한계

법률에서 규정한 자본금 보호 시스템의 흠결을 메우기 위하여 사원의 처분 권한은 어디에까지 미치고, 그 한계는 무엇인지 문제된다. 이와 관련하여 사원은 원칙적으로 법률적인 한계, 특히 독일 유한회사법 제30조, 제31조의 테두리 내에서 자유롭게 회사재산에 대하여 결정을 할 수 있다. 여기에는 논란의 여지 없이 회사의 청산에 관한 결정도 포함되며, 이것은 아마도 경제적 활동을 하는 기업에 대한 가장 큰 침해에 해당될 것이다.[43]

비록 사원이 이윤획득기회나 회사재산 등을 처분할 때 진지한 기업가적 태도(seriöses unternehmerisches Verhalten)에 관한 최소한의 기준에 기속되기는 하지만, 완전히 자의적인 행동을 하여서는 안 되고, 그 결과 회사 채무의 변제를 위한 회사의 능력에 대해 배려의무를

---

39) Röhricht(2000), 93.
40) Röhricht(2000), 94.
41) 대표적으로 Grigoleit(2006), 188 ff.; Altmeppen(2001), 1840; Dauner-Lieb(2006), 2037; Goette(2007), 1593; Röhricht(2005), 514; Schwab(2008), 341; Wiedemann/Hirte (2000), 361 ff.; Zöllner(2006), 1011 ff.
42) 이에 대하여 흠결을 보완하는 제도로서 회사존립파괴책임에 대해 반대하는 견해로는 Nassal(2003), 970 ff.; Rubner(2005), 1696 ff.
43) Grabmann(2019), 140.

지는 것을 전제로, 유한회사는 사원의 책임과는 독립하여 경제적 위험을 부담한다.[44] 또한 이미 언급한 강행규정인 자본금 보호 규정으로부터, 사원은 회사에 대해 전적으로 자유로울 수 없다는 점이 도출된다.[45]

자본금 보호 규정을 넘어서 사원의 처분 권한 제한을 위하여 상정 가능한 연결고리로는, 독일 유한회사법 제43조 제1항에서 요구하는 것과 같은, '통상적인 기업가의 주의'를 들 수도 있다. 그러나 회사가 개별 경제적 이해관계에 반하여 사원에 의해 청산될 수 있기 때문에, 이 기준은 충분하다고 할 수 없다. 사원은 회사에 불리하게 자신의 고유한 이익을 추구할 수 있기 때문에, 문제가 되는 것은 어느 한도 내에서 처분할 수 있는지 여부이다.[46]

여기서 다른 사람의 권리가 영향을 받는지, 그리고 다른 사람의 어떠한 권리가 영향을 받는지가 중요하다. 한편으로는, 사원이 처분의 자유에 제한을 받는 회사의 독자적인 존립이익(Bestandsinteresse)을 생각해볼 수 있다. 다른 한편으로는, 처분의 자유에 대한 제한을 위해 법률규정을 넘어서는 '채권자 보호의 고려(Gläubigerschutzerwägung)'를 강제의 근거로 제시할 수 있다.

1. 회사의 독자적인 존립이익

회사의 독자적인 존립이익이란 개념은 전통적인 견해에 의하면 받아들이기 어려운 것이었다.[47] 비록 유한회사의 고유한 법인격은 오늘날 자명한 것이지만,[48] 공동의 사원 이익을 넘어서는 회사의 이

---

44) Röhricht(2000), 104 f.
45) Ihrig(2007), 1171.
46) Grabmann(2019), 140 f.
47) Priester(1993), 518.
48) Bayer, in: Lutter/Hommelhoff(2020), § 13 Rn. 1 f.

익이란 개념은 여전히 전달되기 어려운 것처럼 보인다.

회사는 법률이 정한 바에 따라 언제든 청산될 수 있기 때문에, 자연인과 달리 그 존립에 관한 무제한적인 권리를 가지지 못한다는 데에는 별 이견이 없는 듯하다.[49] 따라서 회사의 고유한 이익 개념은 오해를 불러일으킬 수 있고 문자 그대로 이해되어서는 안 된다. 하지만 이 개념은 실제적이기도 하고 언어적으로도 불명확한 것이 아니어서, 논의 과정에서 어떤 연유로 지지를 얻고 있는지 알 수 있다.[50]

회사가 무제한의 존립이익을 향유하지 못한다는 이러한 자명한 언급은, 회사의 고유한 법적 이익이 존재할 수 없다는 것을 가리키지 않는다. 뒤에서 언급하는 BGH의 TBB 판결이나 Bremer-Vulkan 판결에서도 회사의 고유한 이익이 강조되었다.[51][52] BGH는 회사의 이익을 통하여 간접적으로 보호를 받게 되는 채권자의 이익의 범위 내에서 회사의 존립이익을 인정하였다.[53] 후술하는 것처럼 BGH가 지지하는, 회사존립을 파괴하는 침해에 대한 사원의 내부책임은 유한회사의 고유한 이익을 전제로 할 때 용이하게 설명되는 면이 있다.[54]

가. 존립이익의 도출

그럼에도 회사의 존립이익에 관해서는 여전히 논쟁이 벌어지고 있다. 또한 이러한 고유한 이익의 지지자들[55]조차도 그 배경과 범위에 관해서는 의견의 일치를 보는 것은 아니다. 일부는 마치 사원들

---

49) Schön(2004), 271 f.
50) Osterloh-Konrad(2008), 294.
51) TBB 판결에 관해서는 우선 Röhricht(2000), 107 f.
52) Bremer-Vulkan 판결에 관해서는 우선 Dauner-Lieb(2006), 2035.
53) Vetter(2007), 1968.
54) Osterloh-Konrad(2008), 293.
55) 대표적으로 Habersack, in: Emmerich/Habersack(2019), Anh. § 318 Rn. 34; Hartmann(1999), 1061 ff.; Ihrig(2007), 1171; Mülbert(2001), 1942 f.; Priester(1993), 521; Stöber(2013), 2297.

간의 충실의무와 유사하게 작용하는, 회사와 사원 사이의 회사법적 특별결합관계(Sonderverbindung)에서 이를 도출한다.[56] 일부는 법률규정을 근거로 들기도 하는데, 독일 유한회사법은 유한회사를 구성원과는 별개의, 구성원의 총합과도 다른 독립한 권리의 주체로 간주한다는 것이다.[57] 즉 법률이 이미 청산을 통한 존립의 소멸을 명시적으로 규율하고 있기 때문에, 이와 관련된 회사의 존립이익이 추론된다는 것이다.[58] 대부분이 채권자로 구성되는 제3자가 영향을 받지 않는 한, 존립이익은 비현실적인 것이 아닐 수 있다. 그러나 존립이익을 통해 사원의 회사에 대한 배려의무가 면제되는 것은 아니다.[59] 또한 회사는 채권자를 보호할 목적에서 만들어진 것이기도 하다.[60] 여기서 사원의 이익과는 다른, 사원에 의해 존중되고 보호되어야 하는 이익이 생겨난다.

사원의 처분 권한 범위에 관련하여, 회사의 존립이익이 채권자의 이익과 전적으로 또는 중요하게 결부되는지 여부는 불분명할 수 있다. 유한회사의 고유한 이익을 엄밀히 살펴보면, 채권자에 대한 변제를 위해 그 능력을 유지하는 것 외에 별다른 내용이 없을지도 모른다.[61] 그러나 이러한 이유만으로 존립이익을 완전히 배척하기에는 충분하지 않다. 자본보호시스템(Kapitalschutzsystem)은 회사의 자본금을 통해 채권자를 보호하는 것을 목표로 하고 있다. 회사는 일종의 신탁자로서 예컨대 회사재산의 목적구속성과 같은, 회사의 고유한 이해관계에 해당하기도 하는, 채권자의 권리를 보호한다.[62] 회사

---

56) Kölbl(2009), 1195; Pöschke(2015), 584 f.
57) Hönn(2008), 776; Wiedemann(2011), 1012.
58) Priester(1993), 521.
59) K. Schmidt(2001), 3580.
60) Röhricht(2000), 103.
61) Röhricht(2000), 110; Weller(2007a), 1168; Zöllner(2006), 1004.
62) Schön(2004), 281.

는 법률에 정해진 바에 따라서만 청산될 수 있고, 이로써 회사의 존
립이 보호된다는 것은, 결국 채권자 보호의 기능을 수행하는 것이
다.[63] 투시책임이 이와 동일하게 채권자 보호 기능을 수행한다고 할
수는 없다. 즉 투시책임은 법률에 명시적으로 규정된 것이 아니고,
이 책임은 회사의 고유한 이익에 비하여 체계적으로 융화되기가 더
어렵다.[64]

나. 존립이익의 내용과 범위

회사의 이익을 인정하고자 한다면 존립이익의 범위와, 그 이익이
사원의 처분 권한에 대하여 어떠한 영향을 미치는지가 문제될 수 있
다. 전술한 것처럼, 사원은 법률에 정해진 절차에 따라 회사를 해산
할 수 있음은 물론이다. 따라서 회사의 존립 그 자체는 보호되지 않
는다. 단지 채권자 보호를 효율적으로 보장하기 위하여, 그리고 앞
서 언급한 것처럼 법률의 채권자 보호 흠결을 보충하기 위하여, 보
호되어야 할 것만 보호된다. 이는 결과적으로 사원의 회사존립 및
채권자에게 가해를 하는 사원의 침해에 대하여 회사를 보호하여야
한다는 것을 의미한다. 즉 청산절차 이외의 경우에 사원은 회사의
존립을 보장할 의무를 진다. 따라서 사원은 독일 유한회사법 제30조,
제31조를 일탈하여 회사재산에 영향을 끼쳐서는 안 된다. 특히 유한
회사의 재산에 대해 영향을 가함으로써 회사가 더는 지속될 수 없게
하거나 이를 통하여 간접적으로 채권자에게 손해를 가하는 경우라
면 더욱 그러하다. 이러한 행동은, 법이 특별한 규정을 두지 않는 1
인 사원 또는 만장일치로 행동하는 사원들을 포함하여,[65] 사원의 처
분 권한의 범위 내에 있는 것이 아니다.[66]

---

63) Schön(2004), 277 ff.
64) Grabmann(2019), 143.
65) Altmeppen(2001), 1842.

법률은 사원에게 채권자 보호 규정에 따라 회사에 대해 체계에 순응하는 태도(systemkonformes Verhalten)를 취할 것을 요구한다. 이는 비록 법이 정한 한계를 넘지 않더라도 사원이 회사재산에 전면적인 영향을 미치는 것을 용인하지 않는다.[67] 그러므로 사원은, 예상할 수 없이 전개되는 경우는 제외하고, 원칙적으로 유한회사가 그의 채무를 이행할 수 있도록 운영하여야 한다.[68]

결국 회사는 제3자와 그의 사원에 대하여 독일 유한회사법과 독일 도산법[Insolvenzordnung(InsO)]의 평가를 통해 도출되는 고유한 이익을 가지며, 법률이 정한 절차 이외의 방법으로 회사의 존립이 소멸되지 않는다.[69] 이러한 고유한 이익은 회사존립파괴책임에 의하여 보호된다.[70]

2. 채권자 보호의 고려

설령 논자에 따라서는 회사의 존립이익을 전혀 긍정하지 않는다고 하더라도, 그가 사원의 회사법적 처분 권한의 한계를 전혀 인정하지 않는다는 것은 아니다. 고유한 존립이익에 반대하는 견해도 채권자의 이익으로부터 사원에 대한 제약이 도출될 수 있다는 점은 인정한다.[71] 기본적으로 어떠한 견해에 의하더라도 동일한 목적, 즉 제재 가능성 및 바람직하지 않은 사원의 행위에 대한 금지를 추구한다. 또한 존립이익을 지지하는 견해 대부분과 마찬가지로 BGH도 유한회사의 생존이익보다 채권자 보호에 더 관심을 둔다.[72]

---

66) Burgard(2002), 830; Goette(2007), 1594.

67) Grabmann(2019), 144.

68) Röhricht(2000), 111.

69) Habersack, in: Emmerich/Habersack(2019), Anh. § 318 Rn. 34.

70) Weller(2007a), 120.

71) Altmeppen(2008), 1204; Hönn(2008), 775.

유한회사의 재산은 채권자에 대한 변제와 채권자 보호를 위해 독일 유한회사법 제30조에 의해 보호된다. 따라서 위 제30조의 범위를 넘어서는 경우, 채권자에 대한 변제를 위하여 필요한 회사재산을 사원의 남용적 침해로부터 보호하는 것은 수긍할 수 있다.[73] 회사의 존립과 재산, 사업기회에 대한 사원의 과도한 처분 권한의 행사는 채권자 보호가 시작되는 데서 멈춰야 한다. 유한회사 사원의 책임 제한은 이에 상응하는 채권자 보호 없이 정당화될 수 없다.

이러한 처분 권한의 제한을 위하여, 사원의 회사에 대한 충실의무를 인정할 필요는 없다. 충실의무와 달리 사원의 행위의무는 당사자 사이에 사적으로 인정된 신뢰에서 발생하는 것이 아니라 책임 제한을 통하여 의제된 채권자의 신뢰에서 나온다.[74] 따라서 회사의 존립 자체가 부정될 때 사원의 처분 권한은 제한된다.

법률을 우회하면서 채권자에게도 해가 되는 사원의 침해에 대하여 회사의 존립을 보호하는 것은 체계상 채권자 보호의 핵심이다. 회사는 단지 법률에 정해진 청산절차에 따라서 소멸되어야 하고, 그 결과 채권자에 대한 변제는 우선적으로 보장된다.[75] 채권자에 대한 변제 후 남는 재산이 있으면 그 재산은 비로소 사원들에게 돌아간다. 회사를 소멸시키고 법률을 우회하여 회사재산을 취득하는 것은 언제나 허용되지 않는다.[76]

---

72) Kölbl(2009), 1198.
73) Hönn(2008), 770.
74) Zöllner(2006), 1011.
75) Röhricht(2000), 100 f.
76) Röhricht(2000), 100.

제3절 사적(史的) 전개

I. 개관

법제도(Rechtsinstitut)로서 회사존립파괴책임은 이미 수십 년간 BGH 의 골머리를 썩였다. 다른 어떠한 책임 구조도 회사존립을 파괴하는 침해로 인한 책임과 같이 자주 변경되거나 새로운 법적 기초가 설정 되는 경우는 드물었다. 이렇듯 지루한 법발견(Rechtsfindung)의 원인은 채권자 보호와 책임특권(Haftungsprivileg) 사이의 긴장 관계 때문이다. 나아가 그것은 사원책임으로서 불법행위법과 회사법의 요소를 결합 하기 때문이다. 구성요건을 형성해간다는 것은 과거 BGH가 성공하 지 못했던, 채권자 보호와 책임특권 그리고 서로 다른 법영역을 위 태롭게 저울질하는 것과 같다.

회사존립파괴책임은 후술하는 것처럼 처음에는 콘체른법에서 시 작하여, 투시책임의 형태로 채권자에게 유리하게 사원의 무한책임으 로 향했고, 그 결과 책임특권은 강하게 제한되기도 하였다. 그러나 BGH는 Trihotel 판결에서 회사존립을 파괴하는 침해로 인한 유한회사 사원의 책임에 관한 법적 구조를 변경하고 새로운 법적 기초를 세웠 다. 여기에서 규범적 연결점은 더는 회사법이 아니라 독일 민법 [Bürgerliches Gesetzbuch(BGB)] 제826조[77)]에 따른 불법행위법이다. 회사 존립파괴책임은 고유한 회사법적 책임구성요건에서 불법행위법적 책임구성요건으로 바뀌었다. 비록 독일 민법 제826조의 일반조항을

---

77) "선량한 풍속에 위반하여 타인에게 고의로 손해를 가한 사람은 그 타인에 게 손해를 배상할 의무를 진다."
독일 민법 조문의 인용은, 양창수 역, 독일민법전(2021)의 해당부분을 주로 참조하였다.

구체화하는 사례 형성을 통해서 가능한 것이기는 하지만, 독일 민법 제826조의 적용은 '현존하는 법'의 적용이다. 이러한 독일 민법 제826 조 영역에서의 사례 형성은 독일 유한회사법상 채권자 보호의 흠결을 보충하는 데 도움이 된다.[78]

이 새로운 책임 개념으로 BGH는 장래에 유한회사가 그 채무를 지급하지 못할 때 회사존립파괴책임을 인정하게 될 것이라고 말하려는 것은 아니다.[79] 회사존립을 파괴하는 침해를 채권자에 대한 직접적인 투시(외부)책임, 즉 방법론상 독일 유한회사법 제13조 제2항을 목적론적으로 축소하였던[80] BGH의 종전 판결들을 폐기하였다. 왜냐하면 독일 유한회사법 제13조 제2항의 분리원칙은 원칙적으로, 채권자에게 사원에 대한 직접적인 권리행사를 인정하기 위하여 침해되어서는 안 되는 것이기 때문이다. 이 원칙은 독일 유한회사법 제30조, 제31조에 따른 청구권뿐만 아니라 독일 민법 제826조에 따른 회사존립파괴책임에도 동일하게 적용된다.[81] 투시(외부)책임 모델로부터, 그리고 위 모델을 통해 독일 유한회사법 제13조 제2항에 따른 분리원칙을 위반하는 것으로부터 BGH가 법적 기초를 전환한 것은 논리적이고 일관되었다. 나아가 BGH는 '법형식의 남용(Missbrauchs der Rechtsform)'[82]이라는 개념을 포기하고 회사존립파괴책임을 '채권자 이익이란 목적에 구속되는 회사재산에 대한 남용적인 가해(missbräuchliche Schädigung des im Gläubigerinteresse zweckgebundenen Gesellschaftvermögens)'[83]에 결부시켰다.

회사존립을 파괴하는 침해에 대한 책임 개념은 직접적으로 그 근거를 회사법 규정에 두고 있지 않아서, 무엇보다 책임의 전제 요건

---

78) BVerfGE 98, 49 ff; BVerfGE 96, 375 ff.
79) Goette(2007), 1594.
80) Drygala(2003), 731; Keßler(2001), 1100; Keßler(2002), 949 f.; Vetter(2003), 602.
81) 후술하는 Trihotel 판결 참조.
82) 후술하는 KBV 판결 참조.
83) 후술하는 Trihotel 판결 참조.

이 모호할 수 있다. 이에 실무에서 불안정성이 현저해진다는 우려도 제기될 수 있다. 이에 대해 BGH는 독일 민법 제826조의 책임과 관련하여 회사존립을 파괴하는 침해에 관한 독자적인 책임구조를 형성해오고 있다. 또한 BGH는 회사존립을 파괴하는 침해를, '회사재산을 침해하는 사원의 회사에 대한 특별관계(Sonderverhältniss)로 인한 책임'[84) 또는 '충실의무나 특별결합관계(Sonderverbindung) 위반으로 인한 책임',[85) 또는 '독일 유한회사법 제43조 제3항, 독일 주식법 [Aktiengesetz(AktG)] 제93조 제5항 제2문 및 제3문을 유추한 준이사책임(Quasi-Geschäftsführungshaftung)'[86)이라고 보는 학설들을 따르지 않았다.

사원이 유한회사의 재산을 처분함으로써 회사가 도산에 이르게 된 경우에 그 사원은 독일 민법 제826조에서 정한 양속을 위반한 것이다. 나아가 BGH는 회사채권자에 대한 사원의 외부책임을 회사에 대한 내부책임으로 바꿔버렸는데, 이 책임은 독일 유한회사법 제30조, 제31조의 보충적 책임이 아니다. BGH의 새로운 책임 개념은 지금까지 법률규정의 흠결에 기인한 법적 불안정을 상당 부분 제거하게 될 것이지만, 후술하는 것처럼 완전하다고 보기는 어렵다.

II. 실질적인 사실상 콘체른 책임에서 회사존립파괴책임으로의 긴 여정

BGH가 이제는 회사존립파괴책임과 관련하여 일반 불법행위법의 영역에 그 기초를 두고 있지만, 처음에는 콘체른법[실질적인 사실상 콘체른(Haftung im qualifiziert faktischen Konzern)[87)]에서, 그 다음에는 일

---

84) Wilhelm(2003), 179.

85) Burgard(2002), 829; K. Schmidt(2001), 3580; Ulmer(2001), 2026.

86) Altmeppen(2001), 1842; Altmeppen(2002a), 323.

87) 이는 독일 주식법 제311조 이하 규정이 적용되는 '사실상 콘체른'과도 다르

반 회사법상의 법리(투시책임)에서 그 해결책을 찾았다. 지배회사와 종속회사 사이에 기업계약이 존재하지 않음에도 종속회사에 대하여 다양한 방법을 통한 지배적인 영향력 행사가 이루어지는 경우에, 판례에 의해 실질적인 사실상 유한회사 콘체른 법리가 정립되었다. 지배회사의 이익은 종속회사의 이익과 다를 수 있다. 이로 인하여 지배회사의 이익을 위해 종속회사에 불이익을 주려고 지배회사가 종속회사에 영향력을 행사하는 결과를 초래할 수 있다. 독일 주식법상 이러한 위기상황에서는, 종속회사와 소수주주,[88] 회사채권자 등에게 유리한 광범위한 보호 조항(독일 주식법 제291조 이하, 제311조)이 적용된다. 주식회사와 달리[89] 유한회사는 사원의 회사재산에 관한 직접적인 침해에 대하여 보호받지 못하는데도, 오늘날까지 독일 유한회사법에는 독일 주식법과 유사한 보호 규정이 존재하지 않는다. 회사재산은 단지 분배금지를 위한 자본금 조항인 독일 유한회사법 제30조, 제31조, 제43조 제3항[90]의 적용만을 받고 있고, 지배사원은 이사에게 강하게 영향을 끼칠 가능성이 있으며, 그 결과 지배사원은 이사에게 회사에 불이익한 지시를 내릴 수 있다.[91] 지배회사가 개별

다. 독일 주식법 제311조 이하의 규정은 종속회사가 주식회사 또는 주식합자회사일 때에만 적용된다.

88) 여기서 '소수주주' 또는 '소수사원'이란 회사에 대한 지배력을 가지지 못하고 최대주주(사원)이나 주요주주(사원)에도 해당하지 않는 주주 또는 사원을 의미한다. 이하 이 책에서 '소수주주' 또는 '소수사원'을 언급할 때는 같은 의미로 사용한다.

89) 독일 주식회사는 자본금 유지와 관련하여 독일 주식법 제57조 제1항, 제3항의 엄격한 규정을 적용받는다.

90) "특히 제30조의 규정에 반하여 자본금을 유지하기 위하여 필요한 회사재산으로써 지급을 하거나 제33조의 규정에 반하여 회사가 자기지분을 취득한 경우에는 이사는 배상의무를 진다. 이 배상청구권에는 제9b조 제1항의 규정을 준용한다. 손해배상이 회사채권자에 대한 변제를 위해 필요한 경우에는 사원의 결의에 따라 행위를 하였다는 이유로 이사의 의무가 면제되지 않는다."

조치를 통해 불이익한 영향을 미치면 이러한 개별 조치에 대하여 자본금 유지 규정(독일 유한회사법 제30조, 제31조) 또는 회사법상 충실의무에 따라 보상하여야 하는 단순한 경우와 달리, 실질적인 사실상 콘체른에서는 개개의 불이익한 침해를 따로 떼어낼 수 없고 그 결과 독일의 회사법이나 민법상의 책임규정만으로는 종속회사나 회사채권자를 충분히 보호해주지 못한다.[92]

1. ITT 판결

BGH는 ITT 판결[93]에서 회사법상 충실의무에 터 잡아, 종속회사에 불리한 영향력을 행사하는 것을 금지하는 토대를 놓았다. 사실관계 등은 다음과 같다.

ITT 콘체른에 속한 피고 회사는 1968. 10. 30. 체결된 계약에 따라 G 그룹에 편입되었다. G 그룹의 정점에는 원고 회사가 15%, 피고 회사가 85% 지분을 소유하고 있는 G 유한회사가 있었다. G 유한회사는 다시 F 합자회사를 설립하였는데, 그 회사는 지분의 60%를 차지한 S 회사 등이 무한책임사원으로, 지분의 40%를 보유한 원고 회사가 유한책임사원으로 구성되었다. 그런데 F 합자회사의 중요 사안에 대한 원고 회사의 참여권(Mitwirkungsrecht)은 계약상 배제되었다. 한편 ITTI 회사는 1970. 6.경부터 피고 회사의 100% 자회사가 되었는바, G 그룹은 1970. 1. 1. ITT 회사와 경영 컨설팅 관련 서비스계약(Dienstleistungsvertrag)을 체결한 후 ITTI 회사에 그룹 할당금의 형식으로 매년 그룹 전체 매출액의 1%에 해당하는 수수료를 지급하였으며, F 합자회사도 할당된 돈을 지급하였다. 이에 원고 회사는 피고 회사가 그룹 내에서 지배사

---

91) Röhricht(2000), 92.

92) Röhricht(2000), 84.

93) BGH, Urteil vom 05.06.1975 - II ZR 23/74, NJW 1976, 191 f.

원으로서 영향력을 행사하여 G 그룹으로 하여금 ITT 회사와 위 계약을 체결하게 하였고, 이로써 피고 회사의 이익을 위해 그룹의 이익을 일부 빼돌렸다고 주장하며 대표소송의 방식으로 손해배상을 구하였다. 이에 대하여 원심은 원고 회사의 청구를 기각하였다. 그러나 BGH는 이러한 원심판결을 파기하고 사건을 고등법원에 환송하였다.[94]

BGH는 종속회사에 불리한 영향을 미쳐서는 안 된다는 원칙의 토대를 회사법상 충실의무에서 찾았다. 즉 지배사원이 어떤 회사로 하여금 그가 관여된 다른 회사에 대해 적정한 반대급부를 받지 아니한 채 금전을 지급하게 하였다면, 그 지배사원은 소수사원에 대한 법적 배려의무를 위반한 것이라고 판시하였다.[95] BGH의 견해에 따르면 충실의무는 회사와 사원 사이의 관계에서 성립하는 것이 아니라 유한회사 사원들 상호 간의 관계에서 성립한다. 특히 지배사원이 회사 경영에 영향을 줌으로써 소수사원의 이익을 해할 가능성이 있기 때문에, 이에 대한 균형추로서 소수사원의 이익을 고려하여야 한다는 회사법상의 의무가 필요하다고 보았다.[96] 위 사실관계에서 계약에 따라 회사를 경영했을 뿐이고 지배사원이 경영진에 속하지 않는다는 점에 대하여 BGH는 이 사건의 결론과 무관한 것으로 보았다. 오히려 '의무에 반하는 경영상 조치를 취하도록 영향력을 행사하는 것'만으로 유한회사의 지배사원이 손해배상책임을 지는 데 충분하다고 하였다.[97]

ITT 판결에 따르면, 충실의무는 유한회사의 지배사원으로 하여금 그의 영향력이나 권리를 회사의 목적에 부응하게 행사하도록 하게

---

94) NJW 1976, 191.
95) NJW 1976, 191.
96) NJW 1976, 191.
97) NJW 1976, 191.

한다고 말할 수 있다. 충실의무위반의 경우에 회사 또는 소수사원
(대표소송의 방식으로)은 지배사원에 대해 손해배상청구 또는 부작
위청구를 할 수 있다.[98] BGH는 뒤이은 Autokran 판결에서 충실의무를
근거로 한 위와 같은 청구권은 우선적으로 종속회사가 행사할 수 있
다고 판시하였다.[99] 그러나 만약 회사채권자가 회사로부터 더는 변제
를 받지 못한다면, 최소한 다수 회사들이 존재하는 경우에 채권자는
콘체른에 관한 독일 주식법 제309조 제4항 제3문, 제317조 제1항 및 제
4항, 제318조 제4항, 제323조 제1항 제2문의 청구권의 유추적용을 주장
할 수 있다고 하였다.[100] 그러나 만약 1인 사원만 존재하거나 모든 사
원들의 합의에 따른 행위로 충실의무가 위반된 경우에는 채권자 보
호가 효과적으로 이루어질 수 없다. 왜냐하면 충실의무 위반 주장은
원칙적으로 포기될 수 있는 것이기 때문이다.[101] 이 경우 채권자는
단지 자본금 유지 규정에서 나오는 권리만을 행사할 수밖에 없다.

2. 실질적인 사실상 콘체른 책임

콘체른 책임에 대해 법관에 의한 수정 내지 보충이 이루어진 계
기는 독일 주식법 제17조 제1항[102]에서 의미하는 종속관계상 특별한
위험 상황을 확인한 데서 비롯되었다. 독립적인 회사의 경우 원칙적

---

98) Habersack, in: Emmerich/Habersack(2019), Anh. § 318 Rn. 24.

99) NJW 1986, 190.

100) NJW 1986, 190; Habersack, in: Emmerich/Habersack(2019), Anh. § 318 Rn. 32.

101) Habersack, in: Emmerich/Habersack(2019), Anh. § 318 Rn. 33; Grigoleit(2006), 317 ff.

102) "종속기업은 법률상 독립된 기업으로서 그 기업에 대하여 다른 기업(지배
    기업)이 직접 또는 간접으로 지배적 영향력을 행사할 수 있는 기업을 말
    한다."
    독일 주식법 조문의 인용은, 이형규 역, 독일주식법(2014)의 해당 부분을
    주로 참조하였다. 이하 같다.

으로 기업의 경제적 성과에 대해 회사와 사원의 이해관계는 유사하다고 할 수 있지만, 과도한 영향력을 행사할 수 있는 사원은 회사의 이익 이외에 다른 이익을 추구할 수 있고, 이로써 회사와 사원 이해관계의 조화는 교란될 수 있다.[103]

앞서 언급한 위험 상황은 지배사원이 존재하는 유한회사의 경우에는, 예컨대 충실의무와 같은 회사법상 일반원칙에 기댐으로써 대응할 수 있지만, 사원이 1인인 유한회사의 경우에는 그렇지 않다. 1인 유한회사의 경우 지배사원에 대해 청구권을 행사할 수 있는 소수사원이 존재하지 않기 때문이다.[104] 이러한 측면에서도 독일 유한회사법은 회사와 채권자를 보호할 독자적인 개념을 가지고 있지 않다고 할 수 있다.[105]

또한 지배기업의 일괄적인 지휘와 그로 인하여 발생하는 강도 높은 영향으로 인하여 특정한 콘체른 상황에서는 지배기업의 개별적 침해라고 볼 수 없는 위험으로부터 종속회사의 소수사원 및 채권자를 보호하기 위한 유한회사 콘체른법의 필요성이 대두되기도 하였다.[106] 이 경우 침해를 개별적인 것으로 따로 떼어낼 수 없다면, 앞서 본 것처럼 회사법상 충실의무위반으로 인한 손해배상의무 또는 자본금 유지 규정에 기한 반환의무 등은 이러한 침해에 대처하는 데 주효하지 않게 된다. 왜냐하면 이 제도들은 개별적인 침해에 적용되기 위한 것이기 때문이다.[107]

이러한 인식 아래 독일의 입법자는 유한회사법에도 고유한 콘체른 책임법이 필요하다고 보았다.[108] 그러나 1970년대 중반에 이러한

---

103) Habersack, in: Emmerich/Habersack(2019), Anh. § 318 Rn. 4.
104) Habersack, in: Emmerich/Habersack(2019), Anh. § 318 Rn. 5.
105) Dauner-Lieb(2006), 2035.
106) Emmerich, in: Scholz(2018), Anh. § 13 Rn. 112.
107) Röhricht(2000), 84.
108) BT-Drucks. VI/3008 = 7/253(총 300개의 조문으로 이루어진 방대한 유한회사

정부 초안은 포기되었고,[109] BGH는 Autokran 판결을 통해 독일 주식법을 유추적용함으로써 유한회사의 콘체른 책임법을 창출하였다.

가. Autokran 판결

Autokran 판결[110]의 주요 사실관계 등은 다음과 같다.

피고는 유한회사인 7개의 자동차 크레인 회사들의 실질적인 1인 사원이고 이 회사들에 지속적이고 포괄적인 영향력을 행사하였다. 원고와 원고의 자매회사는 1974년부터 1976년 중반까지 위 7개 회사들에 총 39대의 자동차 크레인을 리스해주는 계약을 체결하였다. 그런데 피고는 다른 회사와의 팩토링계약을 통해 위 7개 회사들의 재산을 빼돌렸고, 자신의 집을 개축하는 데 회사재산을 담보로 자금을 조달하기도 하였다. 그 후 위 회사들이 리스료를 원고 등에게 제때 지급하지 않자, 원고 등은 위 리스계약을 해지하며 자동차 크레인을 돌려받았고, 위 회사들을 상대로 소를 제기해 승소판결을 받기도 하였다. 그러나 위 회사들이 파산에 이르게 되고 위 회사들을 상대로 한 강제집행이 성과가 없게 되자 원고는 피고 개인을 상대로 투시책임을 묻는 소를 제기하였다. 피고는 소멸시효의 항변 등을 하였다. 이에 원심은 소멸시효가 완성되었다고 보아 원고의 청구를 기각하였다. 그러나 BGH는 이러한 원심판결을 파기하고 사건을 고등법원에 환송하였다.[111]

소멸시효와 관련하여 BGH는 합명회사의 사원책임에 관한 독일상법[Handelsgesetzbuch(HGB)] 제105조, 제128조를 유추적용하여 투시책임을 부담하는 사원에게는 독일 상법 제129조 제1항[112]도 아울러 유

법 개정안이었다).

109) W. Goette/M. Goette(2019), § 9 Rn. 3.

110) BGH, Urteil vom 16.09.1985 - II ZR 275/84, NJW 1986, 188 ff.

111) NJW 1986, 188.

112) "회사의 채무에 대하여 청구를 받은 사원은 자신의 고유하지 않은 항변에

추적용하여 회사가 주장할 수 없는 항변을 채권자에게 주장할 수 없
다고 하면서, 원고가 위 7개 회사들을 상대로 기판력 있는 판결을 선
고받았으므로 아직 소멸시효가 완성되지 않았다고 보아 피고의 항
변을 배척하였다.[113]

　다음으로 BGH는 투시책임을 인정한 것이 아니라, 비록 피고가 자
연인이지만 피고와 유한회사 사이에 사실상 콘체른이 성립한다고
보았다. 나아가 BGH는 독일 주식법 제303조,[114] 제322조 제2항, 제3
항[115]을 유추적용하여 회사채권자에 대한 지배기업의 결손책임
(Ausfallhaftung)을 인정하였다. 이로써 BGH는 유한회사를 위해 실질적
인 사실상 콘체른 책임을 창출하였다. BGH는 이러한 책임의 근거를
유한회사의 사실상 콘체른과 독일 주식법상 계약콘체른의 이해관계

　대하여 회사가 그 항변을 할 수 있는 때에 한하여 이를 주장할 수 있다."
113) NJW 1986, 188.
114) "(1) 지배계약 또는 이익이전계약이 종료된 경우에는, 계약상대방은 상법
　제10조에 의하여 상업등기부상의 계약종료의 등기가 공고되기 전에
　발생한 채권을 가진 회사채권자가 그에게 등기의 공고 후 6개월 이내
　에 담보제공의 목적을 위하여 신청을 한 때에는 그 회사채권자에 대
　하여 담보를 제공하여야 한다. 등기의 공고에서 채권자들에게 이러한
　권리가 있음을 표시하여야 한다.
　(2) 도산절차의 경우에 법률의 규정에 따라 채권자 보호를 위하여 설치
　되고 국가의 감독을 받은 전보재단으로부터 우선변제를 받을 권리를
　가진 채권자는 담보제공을 청구할 권리를 가지지 아니한다.
　(3) 계약상대방은 담보를 제공하는 대신에 그 채권에 대하여 보증을 할
　수 있다. 선행 소의 항변권의 배제에 관한 상법 제349조는 적용하지
　아니한다."
115) "(2) 주회사가 편입회사의 채무로 인하여 청구를 받은 경우에는, 편입회사
　가 항변을 할 수 있는 때에 한하여, 주회사가 자신에 근거를 두지 아
　니한 항변을 주장할 수 있다.
　(3) 편입회사가 그 채무의 기초가 된 법률행위를 취소할 권리를 가지는
　한, 주회사는 채권자에 대한 변제를 거절할 수 있다. 주회사는 채권자
　가 만기가 도래한 편입회사의 채권과의 상계에 의하여 변제받을 수
　있는 한에서도 동일한 권한을 가진다."

상황이 동일하다는 점에서 찾았다.[116) 유한회사의 사실상 콘체른의 경우 지배회사의 영향력에 의해 종속회사의 독립성이 침해되면, 그 종속회사의 소수사원 및 채권자는 주식법상 계약콘체른에서의 경우와 동일하게 위험한 상황에 놓이게 된다. 따라서 독일 주식법 제303조의 유추적용을 통해 이들을 보호할 필요가 있다는 것이다.

실질적인 사실상 콘체른 책임이 성립하기 위해서는 다음과 같은 전제조건을 충족하여야 한다. 즉 실질적인 사실상 콘체른 책임은, 지배기업이 최소한 두 개의 자회사에 대해 참가하는[117) 형태의 콘체른 관계에서 시작된다. 그러나 개인도 지배기업의 개념에 포함될 수 있다.[118) 콘체른 관계에서 중요한 것은 지배기업이 최소한 두 개의 종속기업에 지배적 영향력을 행사할 가능성이다. 또한 BGH는 실질적인 사실상 콘체른 책임이 성립하기 위해서, 지배기업이 종속기업과 소득과 재산에서 결합하여 경제적 일체를 이룸으로써 콘체른 자체의 이익이 콘체른기업의 개별적인 이익을 대체할 것을 요구한다.[119) BGH는, 지배기업이 종속기업의 사업을 계속적이고 포괄적으로 이끌었다면, 이러한 종속기업의 고유한 이익이 손상되었다고 추정한다. 독일 주식법 제317조 제2항[120)에 상응하여 지배기업은, 의무를 준수하는 독립된 유한회사의 이사가 달리 사업 수행을 하지 않았을 것이라는 반증을 제시하여야 한다.[121)

최소한 하나의 종속회사의 채권자는 앞서 든 전제조건이 충족된

---

116) NJW 1986, 189 ff.
117) 독일 주식법 제17조에서 말하는 '참가'의 의미이다.
118) NJW 1986, 190.
119) NJW 1986, 191.
120) "독립된 회사의 정상적이고 성실한 경영자도 그 법률행위를 하거나 그 조치를 취하거나 중단하였으리라고 볼 수 있는 때에는, 배상의무는 발생하지 않는다."
121) NJW 1986, 191.

때에는 실질적인 사실상 콘체른 관계가 종료된 후, 예컨대 종속회사의 도산을 이유로 직접 지배기업을 상대로 지급청구권(Zahlungsanspruch)을 행사할 수 있다.[122] 독일 주식법 제303조의 규정은 지배기업에 단지 담보제공의 의무를 부과하는 것을 내용으로 한다. 그러나 종속회사에 재산이 없어서 채권자에 대한 변제가 이루어질 수 없을 때에는, 이 의무는 금전지급의무로 바뀐다고 한다.[123]

나. Tiefbau 판결

Autokran 판결이 정립한 실질적인 사실상 콘체른 법리는 Tiefbau 판결에서 계속되었다. Tiefbau 판결[124]의 주요 사실관계 등은 다음과 같다.

피고는 지하굴착공사를 하는 T 기업의 주거래은행이었는데, T 기업이 경제적 위기에 처하자 피고의 수탁자들과 함께 A 유한회사를 설립하였다. A 유한회사는 점차 T 기업의 영업 전반과 영업설비 일부를 인수하게 되었다. A 유한회사의 지분 중 다수는 피고의 수탁자들(한 명은 피고의 종업원이고, 다른 한 명은 피고 대표이사의 친구였다)이 가지고 있었고, 이들은 A 유한회사의 모든 재무에 관한 결정권을 장악하고 있었다. 그 후 피고의 채무를 변제하려는 목적에서 A 유한회사가 많은 법률행위를 하였다. 그로 인하여 A 유한회사가 파산에 이르게 되자, 원고인 파산관재인은 피고에게 콘체른법상 손실보상의무[독일 주식법 제302조[125]]가 있음을 이유로 파산채권의 변제

---

122) NJW 1986, 192.

123) NJW 1986, 192.

124) BGH, Urteil vom 20.02.1989 - II ZR 167/88, NJW 1989, 1800 ff.

125) "(1) 지배계약 또는 이익이전계약이 존재하는 때에는, 계약 기간에 기타의 이익준비금으로 적립된 금액에서 그 이익준비금을 인출함으로써 이 기간에 발생한 각 연도결손금이 전보되지 못하는 한, 계약상대방은 이를 보상하여야 한다.

를 위하여 필요한 약 290만 DM의 지급을 청구하였다.126) 원심은 원고의 청구를 기각하였는데, BGH는 이러한 원심판결을 파기하고 사건을 고등법원에 환송하였다.

BGH는 Tiefbau 판결에서 Autokran 판결의 기본개념을 재확인하고 이를 공고히 하였으며, 단지 강조하는 부분을 조금 바꿨을 뿐이다. 한편으로, BGH는 독일 주식법 제302조의 손실보상규정을 유추적용함으로써 실질적인 사실상 콘체른 책임을 확장하였다.127) BGH는 독일 주식법 제302조가 같은 법 제303조와 분리될 수 없다는 것을 그 논거로 삼았다.128)

다른 한편으로, Autokran 판결에서 설시한 지배기업의 지휘권(Leitungsmacht) 요건을 더 명확하게 규정하였다. 즉 BGH는, 지배회사가 종속회사의 재무적인 측면에 대해 계속적이고 포괄적인 지휘권을 행사하는 것으로 충분하다고 보았다.129) 또한 BGH는 지배회사의 반증 요건을 더 엄격하게 제한하였다. 만약 Autokran 판결에 따라 독일 주식법 제317조 제2항에 상응하여 지배회사가, 의무를 준수하는 독립된 유한회사의 이사가 마찬가지로 사업 수행을 하였을 것이라는 반증을 제시하는 데 성공하였더라도, 지배회사는 발생한 손실이 부분적으로라도 지휘권 행사에 기인한 것이 아니라는 인과관계에 관한 반증도 제시하여야 한다고 한다.130) 그 논거로 BGH는, 독일 주식법 제302조에 따른 손실보상의무는 과책 여부와 무관한 책임이고

---

　　(2) 종속회사가 그 기업의 경영을 지배기업에 임대하거나 다른 방법으로 위임한 때에는 합의된 반대급부가 정당한 대가에 달하지 아니하는 한, 지배기업은 계약 기간에 발생한 각 연도의 결손금을 보상하여야 한다.
　　(3) 및 (4) (생략)"
126) NJW 1989, 1800.
127) NJW 1989, 1802.
128) NJW 1989, 1802.
129) NJW 1989, 1803.
130) NJW 1989, 1802.

자본금 유지 규정이 무력하게 되는 경우를 보완하기 위한 것이지, 지배기업이 콘체른을 적법하게 이끄는 것에 관한 규정이 아니라는 점을 든다.[131]

BGH는 또한 독일 민법 제826조에 따른 책임도 언급하였다. 즉 피고에 의해 야기된 A 유한회사의 막대한 채무 부담과 이에 기인한 생존능력의 소멸을 이유로 BGH는 피고에게 독일 민법 제826조의 책임을 인정하였다. 그러나 BGH는 이 책임을 피고의 불리한 조치로 인한 A 유한회사의 손실로 제한하였다.[132]

다. Video 판결

Video 판결이 Tiefbau 판결을 뒤따랐는데, 이 판결에서 개인 상인에게도 독일 주식법 제303조를 유추하여 결손책임이 인정되었다. Video 판결[133]의 주요 사실관계 등은 다음과 같다.

원고는 비디오판매를 하는 V 유한회사에 대해 도급계약에 기한 약 140만 DM의 집행권원 있는 채권을 가지고 있었고, 피고는 V 유한회사의 유일한 이사이자 사원이었다. 원고는 위 채권에 기해 강제집행을 하였으나 성과가 없었다. 피고는 개인 상인(Einzelkaufmann)으로도 일했고 다른 유한회사에도 관여하였다. V 유한회사가 회사재산이 없음을 이유로 상업등기부에서 말소된 후,[134] 원고는 피고를 상대로 V 유한회사가 미지급한 도급채무의 이행을 소구하였다.[135] 원심은

---

131) NJW 1989, 1802.

132) NJW 1989, 1803.

133) BGH, Urteil vom 23.09.1991 - II ZR 135/90, NJW 1991, 3142 ff.

134) 앞서 본 것처럼 독일 가사사건과 비송사건 절차에 관한 법률 제394조 제1항 제1문에 따라 재산이 없는 유한회사는 등기법원의 직권으로 상업등기부에서 말소될 수 있다. 또한 독일 유한회사법 제60조 제1항 제7호는 위와 같은 사유로 상업등기부에서 말소된 경우를 유한회사의 해산 사유의 하나로 규정하고 있다.

135) NJW 1991, 3142.

원고의 청구를 일부 인용하였고, 이에 대해 피고가 상고했으나 BGH
는 피고의 상고를 기각하였다.

Video 판결에서 BGH는 실질적인 사실상 콘체른 법리를 확인하였
을 뿐만 아니라 명백히 그 범위를 확장하였다. 특히 계속적이고 포
괄적인 지휘권 행사 – 이를 통해 종속기업의 고유한 이익이 손상되
었다고 추정하는 – 요건을 확장하였다. BGH는, 지배기업이 종속 유
한회사의 경영을 인수함으로써 책임과 결부된 지휘권을 행사하는
것으로 보았고, 그 결과 이사의 지위를 겸유하고 있는 유한회사의
지배사원은 원칙적으로 실질적인 사실상 콘체른 책임을 진다고 판
시하였다. 왜냐하면 유한회사의 1인 이사 겸 지배사원이 유한회사의
사업을 수행하는 경우에는, 그보다 더 강한 지휘권을 행사하는 방식
을 상정하기란 거의 어렵기 때문이라고 한다.[136]

그러므로 종속기업의 고유한 이익이 손상되었다는 추정은, 지배
기업에 의해 종속회사가 운영되었다는 상황만 원고에 의해 증명되
기만 하면 충분하다. 원고가 더는, 모든 콘체른 기업들 사이의 일치
된 경영 및 우월적인 콘체른 이익에 대한 기업들의 종속을 증명할
필요가 없게 되었다. 이사 겸 1인 사원은 발생한 손실이 지휘권 행사
에 기인한 것이 아니라는 점을 증명하지 못하는 한 면책될 수 없게
된 것이다.[137]

라. TBB 판결

앞의 Video 판결에 따르면, 리스크를 분산하기 위하여 다양한 사
업을 여러 회사를 통해 운영하는 중견기업은 독일 유한회사법 제13
조 제2항의 책임 제한 원칙을 향유하지 못하는 결과를 가져온다.[138]

---

136) NJW 1991, 3144.
137) NJW 1991, 3144.
138) Röhricht(2000), 85.

이런 이유로 Video 판결이 선고된 후 1년 반 만에 BGH는 TBB 판결에서 콘체른법적 책임을 사실상 제한하게 된다. TBB 판결[139]의 주요 사실관계 등은 다음과 같다.

개인 상인인 E 기업의 소유주인 피고는 처와 함께 여러 회사[A 유한회사(부동산관리), B 유한회사(조립식 건물) 및 C 합자회사(부동산펀드)]의 사원[140]이었는데, 일부 회사에서는 업무집행을 담당하기도 하였다. 그중 A 유한회사와 B 유한회사는 D 유한합자회사[141]의 사원이고, 피고는 자신의 처가 1인 사원인 T 유한회사(TBB)의 유일한 이사이기도 하였다. 피고는 자신의 주거래은행과 위 회사들의 채무를 연대보증하는 계약을 체결하였다. 그 후 A, B, C, D 회사는 재산이 없는 상태가 되었고, 결국 해산하기에 이르렀다. 원고는 피고를 상대로 약 17만 DM를 청구하였는데, 그중 일부는 피고가 대리한 건설사업자공동체(Bauherrengemeinschaft)에 대한 미회수 공사대금채권에 기초한 것이었다. 다른 일부는 TBB와 체결한 건설공사에 기초한 것이었는데, TBB의 부도로 건설공사가 이행되지 못함으로 인한 채권이었다.[142] 원심은 이러한 원고의 청구를 인용하였는데, BGH는 추가 심리가 필요하다는 등의 이유로 원심판결을 파기하고 사건을 고등법원에 환송하였다.

BGH 스스로 Video 판결을 명료하게 하는 것이라고 한[143] TBB 판결은 실질적인 사실상 콘체른 책임에서 회사존립을 파괴하는 침해로 인한 책임으로 이행하는 과도기적인 판결이다.[144] TBB 판결의 본

---

139) BGH, Urteil vom 29.03.1993 - II ZR 265/91, NJW 1993, 1200 ff.
140) 피고는 C 합자회사의 무한책임사원이었다.
141) 독일의 합자회사인데, 유한회사를 무한책임사원으로, 그 유한회사의 사원을 무한책임사원으로 하여 조직되는 회사 형태(GmbH & Co. KG)이다.
142) NJW 1993, 1200.
143) NJW 1993, 1200[판결요지(Leitsatz) 1 참조].
144) Dauner-Lieb(2008), 38; K. Schmidt(2001), 3578.

질적인 중요성은 실질적인 사실상 콘체른의 구성요건을 변경하였다는 데에 있다.[145] 이 판결에서 BGH는 Video 판결의 '계속적이고 포괄적인 지휘권' 요건과 이로부터 파생되는 '종속기업의 고유한 이익의 손상 추정'을 포기하였다. 대신에 손실보상에 관한 독일 주식법 제302조와 지배기업의 직접적인 지급의무에 관한 같은 법 제303조의 유추적용을 위한 전제로, 원칙적으로 원고가 이를 주장하고 증명하여야 하는, '지배사원 지위의 객관적 남용'을 요구하였다.[146]

유한회사의 지배사원(회사인 사원)이 종속회사에 발생한 불이익을 개별적인 보상조치를 통하여 전보해주지 아니한 채 그 회사의 고유한 이익에 대해 적절하게 고려함이 없이 콘체른 지휘권을 행사하였다면, 이러한 남용은 존재한다고 한다.[147] 1인 유한회사의 경우에 BGH의 견해에 따르면, 1인 사원의 침해로 인하여 그 회사가 채권자에 대해 변제를 할 수 없게 되었다면 종속 유한회사의 이익에 대해 고려가 부족하였다는 비난을 면할 수 없다고 한다. 이때 개별 보상은 사실상 가능할지 모르겠지만, 종속회사가 입은 불이익은 그 회사의 도산으로 인하여 더는 보상받을 수 없게 된다. 결국 BGH는 사원이 마음대로 처분할 수 없는 종속회사의 존립이익(Bestandsinteresse)이 있음을 인정하였고, 이는 나중에 회사존립을 파괴하는 침해의 기초가 되게 되었다.[148]

BGH는, 실질적인 사실상 콘체른의 책임 구성요건이 단지 계속적이고 포괄적인 지휘권 행사 및 발생한 손실에 대한 지배기업의 인과관계 관련 반증 부족만으로 구성된다고 볼 수 없다고 하면서, 이와 같은 판례변경을 정당화하였다.[149] 이러한 점에서 BGH는 Video 판결

---

145) Habersack, in: Emmerich/Habersack(2019), Anh. § 317 Rn. 3.
146) W. Goette/M. Goette(2019), § 9 Rn. 21 f.
147) NJW 1993, 1203.
148) Habersack, in: Emmerich/Habersack(2019), Anh. § 317 Rn. 4.
149) NJW 1993, 1203.

에 오류가 있다고 보았다.[150] 특히 업무집행을 담당하는 지배사원은, 비록 그가 항상 종속회사의 이익을 고려하였다고 하더라도 인과관계에 관한 반증을 제시하기 어려운 경우가 종종 있기 때문에, 책임을 질 수밖에 없는 상황에 놓이게 된다. BGH는 TBB 판결에서 이러한 오류를 불식하고자 하였다. 따라서 BGH는, 원고가 콘체른 이익을 위하여 종속회사에 손해를 가하는 구조라는 점에 대한 주장과 증명을 하여야 한다고 판시하였다.[151] 이것은 실질적으로 콘체른법적 책임 개념의 새로운 정립에 해당됨에도, BGH는 앞서 본 것처럼 '명료화'라는 표현을 썼다. 그런데 원고인 채권자가 유한회사에 대해 관련 정보를 획득하기 어렵기 때문에, BGH도 채권자가 이러한 증명에 어려움을 겪을 것으로 보았다. 이에 BGH는 채권자에게 구체적 진술책임(Substantiierungslast)의 경감을 인정하였고, 이에 따라 사원이 유한회사 내부 사정에 밝거나 그에게 더 자세하게 진술할 것을 요구하는 게 합리적일 경우에는 주장책임은 사원에게 이전된다고 판시하였다.[152]

마. 실질적인 사실상 콘체른 책임에 대한 평가

유한회사에 콘체른 책임을 유추적용하려고 하는 것은 회사존립을 파괴하는 침해가 주로 콘체른 특유의 위험이라는 점에서 일응 수긍할 수 있다. 사원은 대개 자신의 회사가 성과를 거두는 데 관심이 많고, 회사의 성공이 자신에게도 이득이 된다. 그러나 콘체른 상황에서 사원은 경우에 따라 고유한 기업가로서의 이익을 추구할 수 있고, 그로 인하여 사원과 개별 회사의 이익이 반드시 조화를 이루는 것이 아닐 수도 있다. 따라서 사원의 책임은 실무상, 지배 관계 및 콘체른 관계에서 중요한 역할을 한다.[153] 그러나 회사존립을 파괴하

---

150) NJW 1993, 1203.
151) NJW 1993, 1203.
152) NJW 1993, 1203.

는 침해에서 실은 콘체른법적인 문제가 중요한 것이 아니라, 고의로 유한회사에 해를 끼쳐 채권자에게 부담을 주는, 콘체른 밖에 있는 사원이 문제가 되기 때문에, 판례는 실질적인 사실상 콘체른 법리를 적용하면서 다양한 변형을 가하지 않을 수 없었다. 이것은, 1인 사원으로서 다수의 회사를 운영하는 개인을 지배기업에 포함하려는 시도에서 명백히 드러난다. 따라서 일반적이고 포괄적인 책임을 구성할 필요성이 이미 대두되고 있었다.[154]

또한 독일 주식법상 계약콘체른 규정을 유한회사에 유추적용하는 것도 별로 설득력이 없다.[155] 유추가 가능하기 위한 전제로는, 독일 주식법과 유한회사법에 비교할 만한 이익 상황(Interessenlage)이 존재하여야 한다. 그러나 이러한 이익 상황은 존재하지 않는다. 주식회사의 이사회는, 회사가 지배계약에 기속되지만 않는다면, 독일 주식법 제76조 제1항[156]에 따라 독립적으로 지휘한다. 지배계약이 체결된 경우 지배회사는 종속회사의 이사회에 종속회사에 불리한 지휘권을 행사할 수 있다. 이 경우 지배와 책임이 동일하게 귀속되기 위하여 독일 주식법 제302조 이하의 규정이 적용됨으로써 지배회사는 손실보상의무를 부담한다. 이와 대조적으로 유한회사의 업무수행은 계약콘체른의 존재 여부와 상관없이 항상 사원의 유효한 지시에 따라야만 한다.[157] 또한 유한회사에도 재산 분리원칙이 적용되는데, 유한회사의 사원은 회사의 채무에 대한 책임을 지지 않는다. 즉 입법자는 유한회사에 지배와 책임의 일치를 예정하지 않았다. 이

---

153) Röhricht(2000), 118 ff.
154) Waitz(2009), 19.
155) Bitter(2001), 266; Grigoleit(2006), 249 ff.
156) "이사회는 자신의 책임하에 회사를 지휘하여야 한다."
157) Bitter(2001), 270. 이는 독일의 유한회사도 우리의 유한회사와 마찬가지로 이사회가 구성되지 않고, 주주총회와 달리 사원총회에서는 제한 없이 어떠한 사항에 대해서도 결의할 수 있음을 전제로 한 것으로 보인다.

를 고려할 때 입법자는 주식회사와 유한회사에 대해 서로 다른 결단을 하였다고 할 수 있다. 따라서 지휘권과 결부된 독일 주식법 제302조 이하의 계약콘체른 책임은 유한회사 콘체른에 유추적용되기 어렵다고 한다.[158]

결국 실질적인 사실상 콘체른 책임 모델은 다음과 같은 약점이 있다. 즉 광범위한 추정과 함께, 지배기업이 그의 지휘권을 계속적이고 포괄적으로 행사할 뿐만 아니라 종속회사의 이익을 무분별하게 간과한 채 행사하는 것을 가정한다는 것이다.[159] 이로써 독일 유한회사법 제13조 제2항의 책임특권이 콘체른 사실관계에서는 실무상 박탈되게 되었다. 그러나 BGH는 TBB 판결에서 이러한 추정에 대해 반대하기도 하였다. 앞서 언급한 것처럼 TBB 판결은 콘체른 책임에서 일반적인 남용책임으로의 전환을 가져왔고, BGH는 콘체른 행위책임 개념으로 변경하기 위하여 광범위한 콘체른 구조책임을 포기하였다. 그 결과 독일 주식법 제302조, 제303조의 유추적용의 기초는 불안정하게 되었다. 위 제302조, 제303조는 구조책임과 관련되고, 유추를 위하여 요구되는 행위책임에 대한 법적 유사성이 결여되어 있다.[160] 따라서 지배사원 지위의 객관적 남용에 콘체른 요건은 더는 필수적인 것으로 전제되지 않는다.

3. 투시책임으로서 회사존립파괴책임

BGH는 뒤에서 살펴보는 것처럼 Bremer-Vulkan 판결에서 독일 주식법 제302조, 제303조를 유추적용하여 지배사원에게 콘체른법상의 책임을 지게 하는 것에서 완전히 결별하고, 재산 침해가 회사 도산을

---

158) Bitter(2001), 271.

159) W. Goette/M. Goette(2019), § 9 Rn. 18.

160) Drygala(2003), 732; Lutter/Banerjea(2003), 407.

유도하였거나 이로써 회사채권자에 대한 변제가 수포로 돌아가게 한 경우에, 투시책임에 기초하여 유한회사 재산을 탈취한 데 대한 사원의 독자적인 책임 원칙을 수립하였다. BGH는 유한회사의 존립을 파괴하는 침해에 대한 책임 개념을 L-Kosmetik 판결과 KBV 판결, Rheumaklinik 판결, Autovertragshändler 판결, Handelsvertreter 판결을 통해 구체화하였다. 그러나 불과 6년 후에 BGH는 후술하는 것처럼 Trihotel 판결에서 자신의 회사존립파괴책임에 관한 종전 판례를 변경하였고, 새로운 책임의 기초를 세웠다. 그런데 BGH 스스로 인정하는 것처럼, 구성요건적으로 회사존립파괴책임에 관하여 변경된 것은 없기 때문에[161] 이전의 판결을 통해 확립된 회사존립을 파괴하는 침해에 관해 확립된 개념적 징표는 앞으로도 존속할 것으로 보인다.

가. Bremer-Vulkan 판결

Bremer-Vulkan 판결[162]에서 BGH는 콘체른 내 회사들 간의 유동성 결합체(Liquiditätverbund)에 관해 판단을 해야 했는데, 거기서는 개개 회사의 유동성 수요에 대한 보장 없이 콘체른의 내적 재정이 운영되었다. 이 판결의 주요 사실관계 등은 다음과 같다.

조선소들 간의 결합체인 Bremer-Vulkan 주식회사(이하 'BV 주식회사'라 한다)는 독일 비스마르 소재 MTW-조선 유한회사(이하 'MTW'라 한다)의 지분을 신탁관리공사(Treuhandanstalt)로부터 인수하였다. 인수 당시 BV 주식회사는, 통독 후 사유화 과정에서 MTW의 지속적인 존속 보장, MTW에 있는 일자리 보호 및 메클렌부르크-포폼메른 주의 경제 구조를 강화하기 위한 목적으로만 사용되어야 하는 정부 보조금을 지급받기로 되어 있었다. 이러한 보조금은 구 서독 조선소를 위해서 사용될 수 없는 것이었으나, BV 주식회사의 지시에 의해 막

---

161) NJW 2007, 2690.
162) BGH, Urteil vom 17.09.2001 - II ZR 178/99, NJW 2001, 3622 ff.

대한 양의 보조금이 콘체른의 중앙 자금관리시스템(Cash-Management-System)에 유입되었다. 이러한 유동성 결합체 안에서 콘체른의 유동자산은 집중되었고, 단기의 재정 수요에 따라 자회사들에 분배되었다. 유동자산을 지급한 회사는 BV 주식회사에 대해 반환청구권을 가졌다. 그러나 이러한 보조금은 BV-콘체른의 공동 도산의 소용돌이에 휘말렸고, 그 결과 유동성 결합체에 대한 청구권은 무용지물이 되었으며, 자산재평가가 이루어질 수밖에 없었다. 신탁관리공사의 법적 승계인인 '통일로 인한 특별업무를 위한 연방관리공사(Bundesanstalt für vereinigungsbedingte Sonderaufgaben: BVS)'는 BV 주식회사의 전임 이사를 상대로, 독일 형법[Strafgesetzbuch(StGB)] 제266조(배임) 및 제263조(사기), 주식법 제400조 제1항 제1호[163]와 관련된 독일 민법 제823조 제2항[164]에 따른 손해배상청구의 소뿐만 아니라, 독일 주식법 제309조 제2항,[165] 제317조 제3항[166] 및 실질적인 사실상 콘체른에 터 잡은 손해배상청구의 소를 제기하였다.[167] 원심은 원고의 청구를 기각하

---

163) "이사나 감사 또는 검사인으로서 다음 각호의 자는 3년 이하의 자유형 또는 벌금에 처한다.

  1. 주주총회에서 보고 또는 설명 중에 재산상태에 관한 진술 또는 개요에서 결합기업에 대한 관계를 포함하여 회사의 사정을 부정하게 표현하거나 은폐한 자로서, 그 행위가 상법 제331조 제1호 또는 제1a호에서 형벌에 처해지지 아니하는 경우"

164) "타인의 보호를 목적으로 하는 법률을 위반한 사람도 동일한 의무를 진다. 그 법률에 과책 없이도 이를 위반하는 것이 가능한 것으로 정해진 때에는, 과책이 있는 경우에만 배상의무가 발생한다."

165) "지배기업의 법정대표자가 그 위무를 위반한 경우에 법정대표자는 회사에 대해 이로 인하여 발생한 손해배상에 관하여 연대채무자로서 의무를 진다. 법정대표자가 정상적이고 성실한 경영자로서 주의를 다하였는지에 관하여 다툼이 있는 경우에는 법정대표자가 증명책임을 진다."

166) "회사로 하여금 법률행위 또는 조치를 취하게 한 지배기업의 법정대표자는 지배기업과 함께 연대채무자로서 책임을 진다."

167) NJW 2001, 3622 f.

였는데, BGH는 원심판결을 파기하고 사건을 고등법원에 환송하였다.

BGH는, MTW의 지배기업인 BV 주식회사의 이사였던 피고에게 종속회사인 MTW 재산에 대한 관리의무가 있다고 하였다. 그러면서 그 의무의 범위와 관련해서는 회사존립파괴책임에 기초하여, BV 주식회사는 MTW의 채무변제 능력 유지에 관한 고유한 이익을 고려할 의무가 있고, MTW 존립을 위태롭게 해서는 안 된다고 하였다. 따라서 피고는 독일 형법 제266조, 독일 민법 제823조 제2항에 따른 손해배상의무가 있다고 판시하였다.[168]

또한 BGH는 기관 책임에 관한 독일 주식법 제309조 제2항, 제317조 제3항과 실질적인 사실상 콘체른 책임에 기한 손해배상청구와 관련하여 종전 판례를 변경하면서, 지배사원의 침해에 대한 종속 유한회사의 보호는 독일 주식법상의 콘체른법의 유추적용으로 이루어져서는 안 된다고 하였다. 유한회사는 1인 사원의 회사존립을 파괴하는 침해에 대하여 독일 유한회사법 제30조, 제31조의 자본금 유지 규정을 통하여 보호되어야 한다. TBB 판결에 기초한 BGH의 판시에 따르면, 그와 같은 회사존립파괴책임은 1인 사원이 종속회사의 고유한 이익에 대해 적절히 고려하지 않음으로써 유한회사가 더는 채무를 이행할 수 없게 된 경우에 성립한다. 그러나 1인 사원의 유한회사의 채무에 대한 책임은, 앞서 언급한 유한회사의 지급불능 상태가 독일 유한회사법 제31조에 따른 1인 사원의 반환으로도 해소되지 못하는 경우에만 발생한다. BGH는, 유한회사의 재산 및 사업기회에 대한 회사존립을 파괴하는 침해로 인한 청구권과 독일 유한회사법 제31조에 의한 청구권은 모두 사원을 상대로 행사하여야 하지 회사의 기관을 상대로 해서는 안 된다고 하며, BV 주식회사의 이사를 상대로 한 청구는 받아들이지 않았다.[169]

---

168) NJW 2001, 3623.
169) NJW 2001, 3623.

BGH는 Bremer-Vulkan 판결에서 '회사존립을 파괴하는 침해'라는 개
념을 통해 콘체른과 상관없는 새롭고 도그마틱한 책임구조를 만들어
냈다. 회사존립을 파괴하는 침해의 요건에 관해 BGH는 상세하게 논
하지는 않았다.[170] 그러나 BGH는 명백히 실질적인 사실상 콘체른 책
임에 대해 거리를 두었고, 독일 주식법에 각인된 콘체른법상의 책임
체계, 즉 계약상 콘체른에서 손실보상의무와 채권자 보호 모델(독일
주식법 제302조, 제303조) 및 사실상 콘체른에서 불이익보상 모델(독
일 주식법 제311조 이하)을 더는 따르지 않았다.[171] Bremer-Vulkan 판결
에 따르면, 1인 사원의 침해로부터 종속 유한회사를 보호하는 것은
이제 자본금의 유지와 회사존립의 보장으로 제한되게 되었다. 회사
존립의 보호란, 앞서 본 것처럼, 1인 사원의 침해로 인하여 유한회사
가 더는 자신의 채무를 이행할 수 없게 됨으로써 부존재하게 되는
회사의 고유한 이익에 대하여 적절하게 고려할 것을 요구한다. 이로
써 회사재산은 두 가지의 목적 구속성을 가진다. 즉 '회사 목적의 실
현'이라는 목적 구속성뿐만 아니라, '회사채권자에 대한 변제'를 위
해 회사재산을 사용할 수 있다는 목적 구속성이 존재한다.[172] 아울
러 위 판결의 사실관계에 비추어 볼 때, 콘체른을 구성하는 회사가
자신의 유동성 부족에 대처하기 위하여 단기 자금 유출을 막을 수만
있다면 회사존립을 파괴하는 침해는 방지할 수 있다는 것이 위 중앙
자금관리시스템상 분명해 보인다.

나. L-Kosmetik 판결

L-Kosmetik 판결[173]에서 BGH는 회사존립파괴책임의 요건에 관해

---

170) Goette(2001), 1857.
171) Habersack, in: Emmerich/Habersack(2019), Anh. § 318 Rn. 34; Altmeppen(2001),
     1839.
172) Schön(2004), 282.

처음으로 상세하게 설시하였는데, 위 판결은 Bremer-Vulkan 판결에 의해 인정된, 실질적인 사실상 콘체른 책임에 대한 결별 및 콘체른에 예속되지 않는 회사존립파괴책임의 구조를 다시금 확인해 주었다. 이 판결의 주요 사실관계 등은 다음과 같다.

10만 DM의 자본금을 보유한 L 유한회사의 지분을 사원 A가 20%, 사원 B가 20% 그리고 사원 C의 수탁자인 T가 60%를 가지고 있었다. 사원 A와 B는 1992. 8. 21. 그들의 지분을, P의 L 유한회사에 대한 대출의 담보로 P에게 질권 설정해주었고, P에게 의결권의 행사 및 모든 사원 지위를 대리할 수 있는 철회 불가능한 대리권을 수여하였다. 한편 L 유한회사는 1992. 8. 25.부터 1992. 10. 31.까지 180만 DM에 달하는 A의 다른 회사에 대한 채무를 대신 변제해주었다. 그 당시 이미 L 유한회사는 대차대조표상 결손상태에 있었다. 그 후 L 유한회사에 대한 파산절차가 개시되었고, 파산관재인이 A에게서 위 180만 DM를 반환받을 수 없게 되자, 질권자인 P와 지배사원인 C를 상대로 위 돈의 지급을 구하는 소를 제기하였다.[174] 원심은 P와 C가 독일 유한회사법 제31조 제3항에 따라 반환받지 못한 금액 중 일부에 대해 자신의 지분에 비례하여 책임을 부담한다고 하면서, P는 4만 DM, C는 6만 DM를 파산관재인인 원고에게 지급하여야 한다고 하였다. 그 밖의 회사존립파괴책임, 실질적인 사실상 콘체른 책임, 독일 형법 제266조, 독일 민법 제823조 제2항 및 제826조에 의한 책임 등은 인정하지 않았다. 이러한 원심판결에 대해 원고가 상고하였으나, BGH는 원고의 상고를 기각하였다.

BGH는, 비록 L 유한회사가 180만 DM를 지출함으로써 회사재산의 약 22%가 감소하였고 이로 말미암아 회사 경제상태도 나빠졌지만, 원심이 인정한 것과 같이, 그 후 P가 L 유한회사에 860만 DM를 제공

---

173) BGH, Urteil vom 25.02.2002 - II ZR 196/00, NJW 2002, 1803 ff.
174) NJW 2002, 1803.

함으로써 결국 회사존립을 파괴하는 침해가 이루어지지 않았다고 하였다. 즉 회사존립을 파괴하는 침해에 대한 원고의 증명이 부족하다고 판시한 것이다.[175] 또한 같은 이유에서 피고들(P와 C)에게 배임죄가 성립하지 않으므로 독일 민법 제823조 제2항, 제826조에 의한 책임도 인정될 수 없다고 판시하였다.[176] 아울러 BGH는 원고의 실질적인 사실상 콘체른 책임 주장에 대해서는 Bremer-Vulkan 판결에서 이미 이러한 책임 구조를 포기하였다고 하면서 이를 배척하였다.[177] 이로써 BGH는 회사존립파괴책임이 실질적인 사실상 콘체른 책임을 대신한다는 것을 다시금 명확히 하였다. 회사존립을 파괴하는 침해에 기여한 책임은 모든 채무의 변제와 관련되고, 독일 유한회사법 제31조 제3항의 책임보다 광범위한 것일 수 있다. L-Kosmetik 판결에서 회사의 종속성은 더는 중요한 역할을 하지 못하게 되었고, 책임 요건으로서 콘체른 구조나 지배(Beherrschung)는 고려의 대상이 아니다.[178] 그러므로 콘체른 회사들이 회사존립을 파괴하는 침해로 인해 일치된 책임을 지는 것도 아니다. 나아가 구체적인 재산 유출이 전제되어야 하므로, 회사존립파괴책임의 요건이 더 엄격해졌다고 할 수 있다.[179]

다. KBV 판결

회사존립을 파괴하는 침해에 관한 KBV 판결[180]에서 책임의 구성요건에 관하여 자세한 설시가 이루어졌다. KBV 판결의 주요 사실관계 등은 다음과 같다.

---

175) NJW 2002, 1805.
176) NJW 2002, 1805.
177) NJW 2002, 1805.
178) Bender(2002), 553 f.
179) Waitz(2009), 25.
180) BGH, Urteil vom 24.06.2002 - II ZR 300/00, NJW 2002, 3024 ff.

원고는 1994년에 어린이 과자 유통 유한회사(Kindl Backwaren Vertriebs
-GmbH, 이하 'KBV 유한회사'라 한다)와 도급계약을 체결한 후 물건을
공급하였는바, KBV 유한회사에 1995년도의 채권에 대한 변제를 요구
하였다. 그러나 원고는 KBV 유한회사로부터 결국 변제를 받지 못하
였는데, 그 이유는 1996년에 KBV 유한회사에 대한 파산절차가 파산
재단의 부족을 이유로 폐지되었기 때문이다. 한편 1995년에 사원
A(40% 지분)와 사원 B(60% 지분)는, KBV 유한회사가 경제적 어려움을
겪게 되자, A가 KBV 유한회사의 자산을 취득하되, 매입대금은 임대
차계약과 리스계약에 근거한 A의 회사에 대한 반대채권과 상계하기
로 합의하였다. 나아가 사원들은, 그들에 의해 설립된 임시수용회사
(Auffanggesellschaft)[181]로 하여금 KBV 유한회사의 현존 자산, 즉 회사
의 채권(99만 DM 상당)과 재고상품(21만 5,000 DM 상당)을 취득하게
하기로 결의하였다. 이에 상응하여 임시수용회사는 82만 3,000 DM에
달하는 KBV 유한회사의 채무를 인수하기로 하였다. 이에 따라 임시
수용회사는 38만 2,000 DM의 이득을 얻게 되었다. 그러나 1998년에 임
시수용회사도 파산하였고, 그 파산절차도 파산재단의 부족으로 폐지
되었다. 이에 원고는 KBV 유한회사 사원들(A와 B)에게 채권의 변제를
구하는 소를 제기하였다.[182] 원심은 원고의 청구를 기각하였는데,
BGH는 원심판결을 파기하고 사건을 고등법원으로 환송하였다.[183]

---

181) 임시수용회사란 도산상태에 있거나 도산 위기에 직면한 회사를 위하여 설
립되는 회사로, 임차 또는 신탁의 방식으로 도산 위기의 회사의 영업을 자
신의 고유한 이름으로 계속하는 회사이다. 임시수용회사가 얻은 이익은 도
산 위기의 회사에 이전될 수 있다. 이 회사는 통상적으로 도산 위기의 회사
가 영업을 다시 이전받거나, 임시수용회사가 그 영업을 종국적으로 획득하
여 영업인수회사가 됨으로써 종료한다. Groß, in: Groß/Hess(2014), 440 ff.

182) NJW 2002, 3024.

183) 원고는 피고들을 상대로 투시책임으로서 회사존립파괴책임뿐만 독일 민
법 제826조의 불법행위책임에 기한 청구도 하였는데, BGH는 피고들에게
두 책임이 모두 인정된다고 판시하였다. 여기서는 회사존립파괴책임에

BGH는 KBV 판결에서 회사채권자에 대하여 사원이 부담하는 회사
존립파괴책임을, 책임특권의 박탈이란 의미로서 사원의 개인 재산에
대한 투시책임의 일종으로 규정하였다. BGH의 견해에 따르면, 유한
회사의 존속기간 동안 회사채권자에 대한 우선적 변제라는 회사재
산의 목적 구속성이 존중되는 경우에만, 사원은 독일 유한회사법 제
13조 제2항에서 정한 유한책임의 책임특권을 누릴 수 있다.[184] 즉 독
일 유한회사법 제13조 제2항을 목적론적으로 축소함으로써 투시책
임의 법적 근거를 마련하는 것이다.[185] 만일 사원이 회사재산을 빼
돌림으로써 회사의 채무변제 능력에 대하여 적정한 고려를 하지 않
은 경우에는, 독일 유한회사법 제30조, 제31조에 의하여 회사의 변제
능력이 복구되지 않는 한,[186] 유한회사의 법형식의 남용에 해당하여
사원의 책임특권은 상실된다. 회사채권자는 회사로부터 변제를 받
지 못하면, 회사재산의 침해에 관여한 사원을 상대로 도산절차 외에
서 직접적으로 청구권을 행사할 수 있다(외부책임). 나아가 BGH는
불법적인 청산(wilde Liquidation) 금지 원칙을 세웠다. 회사는 자신의
존속 보장을 요구할 권리를 가지지 않지만, 회사재산의 가치는 무엇
보다 회사채권자의 변제를 위하여 쓰여야 하므로, 회사의 청산 등은
법적 절차에 따라야 한다.[187]

　　BGH는, 사원 A, B가 회사채권자의 변제를 위해 사용되어야 할 회
사재산을 탈취하였고 이로 말미암아 회사가 파산재단도 없이 파산

관해서 살펴본다.

184) NJW 2002, 3025.

185) 앞의 주 80에서 인용한 문헌 참조.

186) 즉 KBV 판결에 따르면, 침해로 인하여 회사에 발생한 손해가 독일 유한회
사법 제30조, 제31조에 따라 보상될 수 있는지가 먼저 검토되어야 한다.
만약 위 규정에 따라 손해가 모두 전보될 수 있다면, 회사존립파괴책임에
기한 청구는 인정되지 않는다.

187) NJW 2002, 3025.

에 이르게 하였으므로, 이들은 유한책임의 전제조건을 스스로 제거
한 것이어서 회사채권자에 대해 직접적이고 개인적으로 책임을 져
야 한다고 판시하였다.[188]

라. Rheumaklinik 판결

Rheumaklinik 판결[189]은 계획적으로 유한회사의 재산이 탈취된 경
우에 사원과 그 회사의 자매회사의 책임에 관한 문제를 다루고 있
다. 이 판결의 주요 사실관계 등은 다음과 같다.

피고 1은 E 류머티즘 전문병원을 운영하는 W 유한회사의 1인 사
원이었다. 피고 1의 지분은 모두 M이 소유하고 있었다. W 유한회사
가 재무적으로 위기에 처해있을 때 M은 피고 2를 설립하였는데, 피
고 1이 피고 2의 1인 사원이었다. 그 후 M은 W 유한회사에 대해 병
원부지에 관한 임대차계약을 해지하였고, W 유한회사의 모든 피용
자들은 위 회사에 대해 즉각적인 근로계약의 해지를 통보한 후 피고
2와 새로운 근로계약을 체결하였다. 결국 피고 2가 E 류머티즘 전문
병원을 운영하게 되었다. 그 후 W 유한회사에 대해 도산절차가 개시
되자, 파산관재인은 W 유한회사의 영업이 박탈됨으로써 위 회사에
발생한 손해에 대해 피고들은 연대하여 책임을 져야 한다는 등의 주
장하며 소를 제기하였다.[190] 원심은 일부판결로써 손해배상청구 부
분에 관한 원고의 청구를 기각하였는데, BGH는 이러한 일부판결에
대한 원고의 상고를 허가한 후, 원심판결을 파기하고 사건을 고등법
원으로 환송하였다.

Rheumaklinik 판결에서 BGH는 투시책임으로서 회사존립파괴책임
에 관하여 명시적인 판단을 하지 않았는데, 그 이유는 피고들의 손

---

188) NJW 2002, 3025.
189) BGH, Urteil vom 20.09.2004 - II ZR 302/02, NJW 2005, 145 ff.
190) NJW 2005, 145.

해배상책임이 이미 독일 민법 제826조에 따라 인정될 수 있기 때문이었다. 그러나 BGH는 상세한 설시를 하지 아니한 채 자매회사인 피고 2에 대하여 회사존립파괴책임이 성립하는지에 관해서는 의문을 표시하였다.[191] 자매회사는 피해를 본 W 유한회사의 사원이 아니었다는 점이 고려되었을 수도 있다. BGH는 KBV의 판시를 반복하면서, 유한회사의 종료(Beendigung)는 법적 절차를 따르는 한 언제든지 가능하다고 하였다. 그러나 BGH는, 사원이 이러한 법적 절차 외에서 새로운 유한회사에 기존 유한회사의 재산을 계획적으로 이전하는 것은 허용되지 않고, 이는 구 회사의 채권자에게서 책임자산을 탈취하는 것이라고 판시하였다. 이러한 행위는 '합리적이고 정당하게 사유하는 모든 사람의 윤리관념(Anstandsgefühl aller billig und gerecht Denkenden)'에 반하기 때문에 양속위반에 해당한다고 BGH는 보았다.[192]

마. Autovertragshändler 판결

Autovertragshändler 판결[193]에서 BGH는 회사존립을 파괴하는 침해로 인한 간접 사원의 책임에 대해 설시하였고, 계약상 급부 관계의 적정성에 관하여 중요한 언급을 하였다.[194] 이 판결에 따르면, 영업자산의 이전을 이유로 회사존립파괴책임이 추정되는 경우에는, 사업기회나 재산 인수에 대하여 적정한 보상에 관해 합의하였는지 또는 적정한 보상이 지급되었는지가 심리되어야 한다. Autovertragshändler 판결의 주요 사실관계 등은 다음과 같다.

A는 BMW 주식회사의 판매점인 자동차판매회사 E 유한회사의 지배사원이었다. 매매계약을 통해 E 유한회사는, 역시 동일한 서비스

---

191) NJW 2005, 146.

192) NJW 2005, 146.

193) BGH, Urteil vom 13.12.2004 - II ZR 206/02, NJW-RR 2005, 335 ff.

194) Schröder(2005), 228.

지역에서 BMW 판매점이자 경쟁사인 Z 유한회사의 지분 100%를 인수
하였고, A는 Z 유한회사의 간접 사원(사원의 사원)이 되었다. 인수
후 Z 유한회사와 BMW 주식회사 사이의 판매점 계약은 A에 의하여
해지되었고, 이에 따라 Z 유한회사는 더는 새 자동차와 순정부품을
구입할 수 없었다. Z 유한회사의 새 차 및 중고차 재고는 E 유한회사
로 이전되었고, Z 유한회사의 직원 역시 E 유한회사를 위하여 일하
였다. 판매점 계약의 종료로 인하여 Z 유한회사는 도산상태에 빠졌
는데, 파산절차는 파산재단의 부족으로 폐지되었다. Z 유한회사의
채권자들은 그 후에 E 유한회사의 지배사원인 A를 상대로 채권액 상
당의 지급을 구하는 소를 제기하였다.[195] 원심은 원고의 청구를 인
용하였는데, BGH는 후술하는 것처럼 심리미진을 이유로 원심판결을
파기하고 사건을 고등법원에 환송하였다.

　BGH는 Autovertragshändler 판결에서 간접 사원도 회사존립을 파괴
하는 침해로 인한 청구의 상대방이 될 수 있다는 새로운 판시를 하
였다.[196] 회사존립파괴책임과 자본금 유지에 관한 규정의 체계적·목
적론적 연관성 때문에, BGH는 독일 유한회사법 제30조, 제31조 책임
과 관련하여 발전된 BGH의 원칙들을 간접 사원에게도 적용하였
다.[197] 이 판결에 따르면 사원이 지주회사를 통해 회사에 지배적 영
향력을 행사할 수 있을 경우, 사원의 사원은 직접 사원과 같게 취급
될 수 있다. 이때 중요한 것은 형식적인 법적 구조가 아니라 사실상
의 영향력 행사 가능성, 즉 피고가 도산한 유한회사에 자신의 의지
를 실제로 관철할 수 있었는지 여부이다.[198]

　나아가 BGH는 회사존립을 파괴하는 침해의 적용 범위를 제한하

---

195) NJW-RR 2005, 335 f.
196) NJW-RR 2005, 336.
197) Keßler(2005), 264.
198) Schröder(2005), 228.

였다. 사원이 단지 '투자회수전략(Desinvestitionsstrategie)'을 실행한 경우에는 회사존립을 파괴하는 침해에 해당하지 않는다.[199] 사원은 그의 회사를 존속시켜야 할 의무를 부담하지 않고, 필요할 때 가능한 한, 유한회사를 지원하기 위한 투자나 그 밖의 적극적인 조치를 취해야 할 의무도 부담하지 않는다.[200] 회사존립을 파괴하는 침해가 성립하려면 사원이 적절한 보상 없이 회사재산을 탈취하여야 하므로, 그 결과 회사는 자신의 채무를 더는 감당할 수 없게 된다. 그러므로 A의 회사존립을 파괴하는 침해는 Z 유한회사의 자산가치가 적절한 보상 없이 E 유한회사로 이전되었을 경우에만 문제된다.[201]

또한 BGH는, 회사존립을 파괴하는 침해로 인한 무한 책임은 독일 유한회사법 제30조, 제31조의 자본금 유지 규정에 의하여도 손해가 보상될 수 없는 경우이거나, 사원이 그의 행위로 인해 발생한 손해가 도산채권의 합계보다 적다는 것을 증명하지 못한 경우에만 성립한다고 하였다.[202] 이에 의하면 사원에 의해 야기된 파산재단상의 총 손해가 모든 도산채권의 합계보다 적다는 것이 증명된 경우에만 사원의 면책을 허용할 수 있다.[203]

Z 유한회사가 독일 상법 제89b조[204]에 따라 BMW 주식회사에 대

---

199) NJW-RR 2005, 336.

200) Altmeppen(2005), 119.

201) Schröder(2005), 228.

202) NJW-RR 2005, 337.

203) Altmeppen(2005), 120.

204) "(1) 대리상은 다음의 경우에 그 한도 내에서 계약관계 종료 후에 기업가 [Unternehmer(우리 상법 제95조의 2 제1항의 '본인'에 해당한다)]에게 상당한 보상을 청구할 수 있다.

1. 기업가가 대리상이 권유한 새로운 고객과의 거래 관계에 따라 계약관계 종료 후에도 현저하게 이익을 가질 때.

2. 보상의 지급이 일체의 사정, 특히 대리상에게 고객과의 거래로 인하여 발생한 수수료를 고려하면 공평에 부합할 때.

대리상이 고객과의 거래 관계를 근본적으로 확대하여 경제적으로 새

리상의 보상청구권을 행사할 수 없을 경우에 한하여 A는 책임을 지는데, 이를 위해 필요한 사실 확정이 누락되었음을 이유로, BGH는 원심판결을 파기하고 사건을 고등법원에 환송하였다.[205)

바. Handelsvertreter 판결

Autovertragshändler 판결과 동일한 날에 선고된 Handelsvertreter 판결[206)을 통해 BGH는 경영판단에 속하는 사업수행상의 오류가 회사존립파괴책임의 구성요건에 포함되지 않는다고 판시하였고, 이로써 회사존립파괴책임의 적용 범위에 제한을 가하였다. Handelsvertreter 판결의 주요 사실관계 등은 다음과 같다.

A는 외국 지주회사(T-BV)의 지분 94%를 가지고 있었는데, 그 회사(T-BV)는 또다시 자회사(이하 'T 유한회사'라 한다)의 유일한 모회사였다. 이 T 유한회사는 손자 유한회사(이하 'E 유한회사'라 한다)의 지분 53.44%를 가지고 있었다. 원고는 약 25년간 E 유한회사의 대리상(Handelsvertreter)이었다. 그런데 E 유한회사는 충분한 담보도 제공받지 아니한 채(E 유한회사의 이사인 A가 이에 대해 주의를 기울이지 아니하였다), 상당한 양의 상품을 판매 자회사(Vertriebstöchter)에 양도하였다. 나아가 E 유한회사는 판매 자회사에 대한 만기도래채권을 행사하지 않은 채 그대로 두었고, 그 채권에 대한 담보도 확보하지도 않았다. A의 지시에 따라 E 유한회사는 이미 주거래은행에 양도담보가 설정된 360만 DM 상당의 완제품 전체와 160만 DM 상당의 원재료를 2년 지급기한으로 H 유한회사에 양도하였다. 이로 인하여

로운 고객을 권유한 경우에 상응할 때에는 새로운 고객의 권유와 동일하게 본다.

(2) 내지 (5) (생략)"

205) NJW-RR 2005, 337.

206) BGH, Urteil vom 13.12.2004 - II ZR 256/02, GmbHR 2005, 299 ff.

A는 횡령죄로 유죄판결을 받았다. 이후 개시된 E 유한회사에 대한 파산절차는 파산재단의 부족을 이유로 폐지되었고, H 유한회사도 파산하였다. 이에 원고는 A를 상대로 실질적인 사실상 콘체른 책임 등을 근거로 원고의 E 유한회사에 대한 대리상 수수료 상당액의 지급을 구하는 소를 제기하였다.[207] 원심은 원고의 청구를 인용하였는데, BGH는 심리미진을 이유로 원심판결을 파기하고 사건을 고등법원으로 환송하였다.

BGH는 먼저 실질적인 사실상 콘체른 책임이 아닌 회사존립파괴책임의 법리에 따라 사원이 책임을 져야 한다고 하며, Bremer-Vulkan 판결과 L-Kosmetik 판결, KBV 판결의 판시를 인용하였다.[208] 그다음 간접 사원의 회사존립에 대한 책임을 인정한 Autovertragshändler 판결을 재확인하였고, 외국 법인인 지주회사의 경우에도 역시 이를 인정하였다.[209]

BGH는, 회사존립을 파괴하는 침해의 구성요건에는 기업 운영상의 경영오류가 포함되지 않는다는 것을 명확히 하였다.[210] 침해는 경영과 관계없는 목적을 위한, 회사채무변제를 위하여 필요한 자산의 탈취를 전제로 한다.[211] E 유한회사가 판매 자회사에 대한 채권회수를 하지 않는 것은 불법적인 침해를 구성하는 것이 아니다. 판매 자회사는 E 유한회사가 상품 판매를 위하여 의존하는 판매 시스템의 구성요소이기 때문에, 이러한 판매 자회사에 대한 재무적 지원은 E 유한회사에게도 도움이 될 수 있다. 채권보전을 위한 담보를 확보하지 않은 것은 '상인의 이성적 경제활동'에 부합하지는 않지만, 그러나 이는 회사 채무를 변제하기 위해 필요한, 회사재산 가치를

---

207) GmbHR 2005, 299.
208) GmbHR 2005, 300.
209) GmbHR 2005, 300.
210) GmbHR 2005, 300 f.
211) Keßler(2005), 263.

탈취하기 위한 경영과 무관한 목적을 위한 것이 아니라, 단순히 경영오류일 뿐이라고 한다.[212]

또한 A의 횡령행위는 회사존립을 파괴하는 침해에 해당하지 않는다. 왜냐하면 양도된 완제품과 원재료가 이미 주거래은행에 양도담보 되었고, 이에 따라 추가 양도가 회사의 재산 측면에 영향을 미치지 않았으며, 그 결과 다른 채권자들에게 불이익을 가하지 않았기 때문이다.[213]

이로써 BGH는 회사존립파괴책임의 적용 범위를 제한하였고, 경영오류는 회사존립을 파괴하는 침해의 구성요건을 충족하지 못한다는 법리를 정립하였다.

사. 투시책임으로서 회사존립파괴책임에 대한 평가

BGH는 Trihotel 판결 전까지 회사존립파괴책임을 순전히 법관법(Richterrecht)에 터 잡은, 투시책임이라는 독자적인 법제도로 이해하였다. 사원이 유한회사의 법형식을 남용하였을 때, 분리원칙과 독일 유한회사법 제13조 제2항의 책임특권을 인정하지 않는 것이 정당화된다. 이는 책임확장규범(Haftungserstreckungsnorm)인 독일 상법 제128조,[214] 제105조[215]의 유추적용으로 가능하다.[216]

그러나 이러한 책임 모델에 대하여는 여러 의문이 제기된다. 먼저 회사존립파괴책임의 구성요건이, 여러 차례에 걸친 요건의 명확

---

212) GmbHR 2005, 300.
213) GmbHR 2005, 301.
214) "(합명회사) 사원은 회사의 채무에 관해 채권자에 대하여 연대채무자로서 인적 책임을 진다. 이에 반하는 합의는 제3자에 대하여 효력이 없다."
215) "(1) 공동의 상호로써 상업을 영위할 목적의 회사로서, 그 사원이 회사채권자에 대한 책임에 제한이 없으면, 합명회사이다.
    (2) 및 (3) (생략)"
216) NJW 1986, 188(Autokran 판결); Gottschalk(2007), 73; Matschernus(2007), 78 ff.

화에도 불구하고 여전히 불분명한 상태로 남아있다는 것이다. 특히
이 책임 모델에서 과책이 그 요건인지에 관한 의문은 해소되지 않았
다.[217) 판례는 이에 관해 명확히 판시하지 않았다.

다음으로 투시책임의 도그마틱적인 문제는 법적 효과 측면에 있
다. 독일 상법 제128조의 유추적용을 통해 독일 유한회사법 제13조
제2항의 사원의 책임특권을 박탈하는 것은, 사원이 회사채권자에게
회사에 구체적으로 발생한 손해에 대해 완전히 무제한으로 책임을
진다는 것을 의미한다. 그러나 BGH는 이러한 법적 효과를 따르지 않
았다. Autovertragshändler 판결에서 BGH는, 사원이 그의 행위로 인해
발생한 손해가 도산채권의 합계보다 적다는 것을 증명하지 못한 경
우에만 그 한도 내에서 책임을 진다고 판시하였다.[218) 물론 이러한
제한은 정당하다고 평가받고 있다. 왜냐하면 침해 당시 손해를 입은
유한회사는 이미 재무적으로 어려움을 겪고 있어서 채권자의 청구
권이 채권액 그대로의 가치를 완전히 가지고 있다고 할 수 없기 때
문이다. 그러나 사원이 법형식을 남용하였음을 이유로 독일 상법 제
128조를 유추적용하여 무제한의 책임을 지게 하면서도, 사원에게 면
책적 증명을 허용하는 것은 도그마틱상 자명해 보이지는 않는다.[219)
오히려 이를 위해서는 유연한 책임의 기초가 요구되며, 손해배상청
구권의 성립 여부를 고려할 필요가 있다.[220)

또한 독일 유한회사법 제31조에 의해 완전히 보상받지 못하는 부
가적 손해와 관련하여 같은 법 제30조, 제31조에 대한 회사존립파괴
책임의 보충성은 실제로 적용되기 어렵다. 왜냐하면 이 책임 모델에
서는 한편으로 같은 법 제31조를 근거로 회사가, 다른 한편으로 회사

---

217) Waitz(2009), 35.

218) NJW-RR 2005, 337.

219) Dauner-Lieb(2006), 2041; Goette(2005a), 1487 f.

220) Dauner-Lieb(2006), 2041.

존립파괴책임을 근거로 채권자가 청구권을 행사할 수 있기 때문에,
부가적 손해의 경우에는 보충성 적용을 위해 요구되는 청구권 경합
이 존재하지 않기 때문이다.[221] 물론 BGH의 견해에 따르면, 유한회
사가 같은 법 제31조에 따라 보상을 받지 못하게 되면, 그 한도 내에
서 채권자는 이 손해의 배상을 직접 사원에게 청구할 수 있게 된다.
따라서 회사채권자는 회사의 독일 유한회사법 제31조에 기한 청구권
에 대하여 압류 및 전부명령을 받으려고 할 것이고, 그 후 직접 사원
을 상대로 침해로 인해 발생한 모든 손해액의 지급을 구하게 될 것
이다. 이렇게 되면, 보충성의 원칙에도 불구하고 위 제31조는 공허한
것이 된다.[222]

4. 독일 민법 제826조에 근거한 내부책임으로서 회사존립파괴책임

가. Trihotel 판결

Trihotel 판결[223]에서 BGH는, 법형식의 남용과 결부되고 사원의 회
사채권자에 대한 투시책임 및 외부책임으로 설계된, 독일 유한회사
법 제30조, 제31조의 보조규범인 종전의 고유한 법관법적 책임 모델
구조를 포기했다. BGH는 법관법적인 형성 행위를 통하여[224] 회사존
립파괴책임을 사원의 회사에 대한 불법행위법적 내부책임으로 분류
하였는데, 그 책임은 전적으로 독일 민법 제826조에 근거한다. 이는
또한 '채권자 이익을 위해 그 목적이 제한된 회사재산에 대한 불법
적인 가해'와 연관된다. 이미 KBV 판결에서 BGH는 회사존립을 파괴
하는 침해로 인한 투시책임 이외에도 독일 민법 제826조에 따른 책

---

221) Vetter(2003), 606.
222) Waitz(2009), 35 f.
223) BGH, Urteil vom 16.07.2007 - II ZR 3/04, NJW 2007, 2689 ff.
224) NJW 2007, 2691.

임을 고려해볼 수 있다고 판시하였다.[225] 이로써 사원의 회사에 대한 가해에 관하여 회사법 영역에서 위 제826조가 적용될 여지를 열어두었다. Trihotel 판결의 주요 사실관계 등은 다음과 같다.

B는 1993. 9. 요식업체인 Trihotel을 A 유한회사에 임대하여 A 유한회사로 하여금 Trihotel을 운영하게 하였는데, 그 당시 B는 A 유한회사의 지분 52%를 소유하면서 동시에 독일 민법 제181조(자기대리)의 제한을 받지 않는 단독 이사인 사원이었다. A 유한회사의 지분 48%는 B의 처인 IW가 소유하고 있었다. 3년 후인 1996년에 B의 모인 DW가 J 유한회사 지분 전부를 취득한 후 B를 J 유한회사의 독일 민법 제181조의 제한으로부터 자유로운 단독 이사로 선임하였다. B는 그의 52% A 유한회사 지분을 J 유한회사에 이전하였다. 이 시점부터 A 회사 지분을, J 유한회사는 52%를, B의 처 IW는 48%를 각 소유하였다. B는 A 유한회사나 J 유한회사의 사원이 아니었지만, 여전히 독일 민법 제181조의 제한으로부터 자유로운, A 유한회사와 J 유한회사의 유일한 이사였다. B의 모 DW는 1997. 12. 20. A 유한회사가 15만 DM를 차용하는 데 보증을 섰는데, 그 대출은 호텔재산의 양도담보를 통하여 담보되었다. B는 1998. 3. 약정된 임대차기간보다 앞서 B와 A 유한회사 사이의 Trihotel에 관하여 체결된 용익임대차 계약을 해지하고 동시에 W-호텔 유한회사와 Trihotel에 관한 용익임대차 계약을 체결하였다. 같은 날 W-호텔 유한회사의 지분 중 90%를 J 유한회사가, 나머지 10%를 B의 모 DW가 취득하였다. B는 W-호텔 유한회사의 독일 민법 제181조의 제한으로부터 자유로운 단독 이사였다. 용익임대차 계약이 종료될 시점에 W-호텔 유한회사는 A 유한회사와 경영계약 및 업무관리계약을 체결하였는데(B가 두 회사를 모두 대표하였다), 그 계약에 따르면 A 유한회사는 호텔영업상 조직업무를 대신해주는

---

225) NJW 2002, 3024.

대가로 고정 보수로서 호텔 이익의 40%를, 잠정적인 사업 경과 평가에 비추어 과도하지 않을 때, 받기로 하였다. 그 대가로 A 유한회사는 모든 호텔재산의 직접점유를 W-호텔 유한회사에 이전하였다.

DW는 1998. 8. 아들인 B에게 J 유한회사 지분 전부를 이전하였는데, 그 결과 B는 다시 J 유한회사를 통하여 간접적으로 A 유한회사의 지분 52%를 보유하게 되었다. 1999년이 시작되면서 W-호텔 유한회사의 호텔 이익에 대하여 A 유한회사는 28%만 받기로 하였다. 1년 후 A 유한회사와 W-호텔 유한회사 사이의 업무관리계약 및 경영계약은, 향후 호텔재산을 W-호텔 유한회사가 사용하고, 그 대가로 W-호텔 유한회사는 A 유한회사의 모든 종업원을 승계하는 것을 조건으로 하여 종료되었다.

B는 1999. 8.까지 A 유한회사의 유일한 이사였고, 그 후 도산절차가 개시된 2000. 5. 15.까지 그 회사의 지배인이었다. 파산관재인은 B를 상대로 회사존립을 파괴하는 침해를 이유로 투시책임으로서 도산절차상 채권표에 신고되고 확정된 채권액 약 71만 유로의 지급을 구하는 소를 제기하였다.[226] 원심은 원고의 청구를 인용하였는데, BGH는 심리미진을 이유로 원심판결을 파기하고 사건을 고등법원으로 환송하였다.

BGH는, 회사존립파괴책임은 독일 민법 제826조의 고의에 의한 양속위반의 가해의 특별한 사례로서 전적으로 불법행위적인 것으로 분류되어야 한다고 판시하였다. 즉 회사존립파괴책임은 더는 법형식의 남용과 관련된 투시(외부)책임이 아니라, 채권자 이익이란 목적에 구속되는 회사재산에 대한 남용적인 가해와 결부된 독일 민법 제826조의 특별 사례에 해당한다. 나아가 고의에 의한 양속위반의 가해는 순전히 회사에 대한 내부책임으로 구성되며, 재단이 부족한 파

---

226) NJW 2007, 2689.

산의 경우에도 외부책임으로 변화하지 않는다.[227] 그 결과 회사존립 파괴책임의 청구권자는 회사이고, 회사채권자는 간접적으로 보호될 뿐이다.[228] 그러나 개념적으로 회사존립파괴책임과 관련하여 장래에 이 판결로써 바뀔 것은 아무것도 없기 때문에, 회사존립을 파괴하는 침해에 관한 과거의 판결에서 확립된 구성요건은 여전히 유효하다 고 한다.[229]

회사존립파괴책임의 구성요건적 징표에 대하여 BGH는, 소비대차 계약과 관련하여 성립한 호텔재산의 양도담보 및 용익임대차 계약의 기간 도과 전 해지는 모두 회사존립을 파괴하는 침해를 구성하지 않 는다는 결론에 이르렀다. 그 이유는 두 경우 모두, A 유한회사가 이로 인하여 자산가치가 감소되거나 회사의 재산 관계에 과도한 위험을 초래하였는지 여부가 명확하지 않기 때문이다. 호텔재산의 양도담보 로 인하여 A 유한회사가 이 재산을 더는 사용할 수 없는 것이 아니었 고, 용익임대차 계약의 기간 도과 전 해지는 단지 기간 종료 몇 달 전 에 이루어진 것이며 해지와 동시에 A 유한회사의 존립을 더 보장해줄 업무관리계약 및 경영계약을 체결한 것과도 관련되었다.[230]

매상 참여율이 40%에서 28%로 하락한 것과 업무관리계약 및 경영 계약의 뒤늦은 해지가 회사존립을 파괴하는 침해의 자격이 있는지 에 대하여 BGH는 결론을 내리지 않았고, 이 문제에 대한 결론을 원 심이 내리도록 파기 환송하였다. 왜냐하면 호텔의 낮은 가동률 및 이와 연관된 인적비용의 감소를 통하여 이 문제가 정당화될 수도 있 기 때문이었다.[231]

사원의 책임은 이제 투시책임의 무제한 책임에 대비되어, 채권자

---

227) NJW 2007, 2690.
228) NJW 2007, 2692 f.
229) NJW 2007, 2690.
230) NJW 2007, 2694.
231) NJW 2007, 2695.

에 대한 채무를 이행하여야 하는 회사를 지급불능으로 만드는 사원의 행위로 한정된다. 적법한 행위와 대조되는, 사원의 양속에 반하는 침해로 인하여 회사가 입은 이윤결손은 회사존립을 파괴하는 침해에 관한 사례에서 고려되어야 한다.232) 나아가 회사존립파괴책임이 불법행위법에 편입됨으로써 책임의 주체 내지 수범자(Adressat)의 범위가 확대되었다. 왜냐하면 독일 민법 제830조233)에 따르면, 피해회사에 속하지 않은 자이거나, 甲 회사나 乙 회사에 속하지 않은 자이면서, 여러 회사의 정책 결정이 그의 손에 달린 자도 이제 회사존립파괴책임의 수범자가 될 수 있기 때문이다. 소비대차계약 종료 시나 용익임대차 계약 해지 시, 업무관리계약 및 경영계약 종료 시 B는 A 유한회사의 직접적 또는 간접적인 사원이 아니었지만, 대표 권한이 있으면서 독일 민법 제181조의 제한으로부터 자유로운, 여러 회사의 단독 이사였다. BGH의 견해에 의하면, 이러한 상황 때문에 B는 '사실상' 사원으로 간주되어야 한다고 한다. B가 이사 지위를 근거로 사원처럼 행동하였기 때문이라고 한다.234)

판례변경 전에 회사존립파괴책임은, 독일 유한회사법 제30조, 제31조에 따라 탈취된 재산을 되찾아 회사가 다시 지급 가능한 상태에 이르지 못할 때에만 개입하는 후순위적인 것이었다. BGH는 이러한 보충성을 포기하였고, 그 결과 사원은 회사로부터 독일 유한회사법 제30조, 제31조에 따른 청구를 받더라도, 불법행위법에 기한 손해배상청구를 당할 수도 있게 되었다. 회사존립파괴책임은 이제 독일 민법 제826조에 따라 독일 유한회사법 제30조, 제31조에 대하여 청구권

232) NJW 2007, 2695.
233) "(1) 수인이 공동으로 범한 불법행위로 하나의 손해를 가한 때에는, 각자가 그 손해에 대하여 책임을 진다. 수인의 관여자 중 누구의 행위가 그 손해를 야기하였는지를 알 수 없는 때에도 또한 같다.
(2) 교사자와 방조자는 공동행위자와 동일하게 취급된다."
234) NJW 2007, 2693 f.

경합 관계에 있다.[235]

또한 회사존립파괴책임의 객관적·주관적 구성요건에 관한 주장책임과 증명책임은 모두 독일 민법 제826조에 따라 채권자인 회사가 부담한다.[236]

나. Gamma 판결

BGH는 Gamma 판결[237]에서 Trihotel 판결에서 정립한 회사존립파괴책임의 도그마틱적 분류를 재확인하였고, 구성요건을 더 제한하였다. Gamma 판결의 중심에는 사원이 실질적 과소자본(Unterkapitalisierung)으로 인하여 책임을 지게 되는지에 관한 의문이 자리 잡고 있다. 이 판결에서 BGH는, 실질적인 과소자본은 회사존립파괴책임을 구성하지 않는다고 명확히 판시하였다. Gamma 판결의 주요 사실관계 등은 다음과 같다.

피고들 3명은 서로 다른 회사를 통해 B 합자회사의 간접 사원들이었는데, B 합자회사는 재무적으로 어려움을 겪고 있었다. 근로자들의 실직을 피하기 위해 B 합자회사는 근로자대표위원회(Betriebsrat)와 근로자들의 고용 등을 담당할 독립적인 회사를 설립하여 운영하기로 합의하였고, 그 회사가 B 합자회사와 근로자들의 고용 관계를 승계하기로 계획하였다. 이러한 고용 승계 등을 Gamma 유한회사(이하 'G 유한회사'라 한다)가 맡게 되었는데, G 유한회사 지분도 역시 피고들 3명이 가지고 있었다. G 유한회사의 활동은 대부분 공적 자금(사회보험분담금)이 조달됨으로써 가능하였는데, 이 돈은 B 합자회사가 부담하기로 하였다. G 유한회사는 계약의 이행을 위하여 21명의 근로자와 새로운 근로계약을 체결하였고, B 합자회사는 그 근로

---

235) NJW 2007, 2690, 2693.
236) NJW 2007, 2693.
237) BGH, Urteil vom 28.04.2008 - II ZR 264/06, NJW 2008, 2437 ff.

자들과 기존 계약을 해지하였다. 그 후 B 합자회사는 G 유한회사에 약정한 돈을 지급하다가, 재정 위기에 빠진 후 도산 신청을 하였다. 일반적인 관례와 달리 G 유한회사는 B 합자회사에 대한 청구권을 위해 담보권을 설정받지도 않았다. B 합자회사로부터 돈을 못 받게 되자 G 유한회사도 곧 도산상태에 빠졌다. G 유한회사의 파산관재인인 원고는 피고들을 상대로, 회사존립을 파괴하는 책임 또는 실질적 과소 자본화를 이유로 14만 8,000유로의 지급을 구하는 소를 제기하였다.[238] 원심은 이 사안이 실질적 과소 자본화로 인하여 투시책임이 인정되어야 하는 사례로 보아 원고의 청구를 인용하였는데, BGH는 원심판결을 파기하고 사건을 고등법원으로 환송하였다.

BGH는 실질적 과소 자본화를 이유로 하는 회사존립을 파괴하는 침해로 인한 투시책임을 원칙적으로 부정하였다. 이미 개념적으로 회사의 책임 자산에 아무런 침해도 가해지지 않았다는 것이다. G 유한회사의 약정금 지급 청구권에 대해 담보를 설정받지 못한 것으로는 침해 요건을 충족하지 못한다. 왜냐하면 독일 유한회사법 제5조 제1항에 따른 자본금은 담보를 설정받지 않음으로써 영향받지 않고, 책임 자산으로서 채권자를 위해 존재한다는 목적구속성을 가지는 회사재산은 여전히 존재하기 때문이다.[239] 나아가 실질적 과소 자본화는 회사존립파괴책임의 사례가 아니다. 회사존립파괴책임은 법에 규정된 자본금 유지제도를 넘어서, 채권자에게 변제하는 데 쓰이는 회사재산의 탈취를 막기 위한 취거 차단(Entnahmesperre) 기능을 수행한다. 반면 회사의 자본 상태가 충분하지 않은 경우라면, 이를 두고 책임 자산에 대한 침해가 존재한다고 할 수 없다. 왜냐하면 부족한 자본금은 회사재산에 대한 탈취가 아니기 때문이다.[240] 나아가 BGH

---

238) NJW 2008, 2437.
239) NJW 2008, 2438.
240) NJW 2008, 2438.

는, 법에서 정한 자본금을 초과하는 필요한 자본금 조성이라는 것은
독일 유한회사법에서는 낯선 것이라는 결론에 이르렀다.[241] 이러한
결론은 수긍할 수 있는데, 사원은 처분 자유의 원칙에 따라, 어느 규
모의 자본금을 회사에 구비할지를 기본적으로 자유롭게 결정할 수
있기 때문이다. 만약 이러한 결정 자유 영역에 개입할 수 있다면, 혁
신적이고 고위험의 기업은 나타나지 않을 것이다. 왜냐하면 사원은
위험을 잘못 판단하는 것을 회피하려 할 것이고, 위험한 기업에 필
요한 위험자본금을 모으기가 쉽지 않기 때문이다.[242]

투시책임에서는 과책 유무와 상관없이 과소 자본화로 인한 책임
이 인정될 수 있음을 수긍하면서도, BGH는 유한회사라는 법형식에
비추어 의문을 제기하였다.[243] 이러한 책임은 다음과 같은 결론에
이를 수 있다. 즉 모든 파산이 과소 자본화로 인한 책임으로 이어질
수 있다. 유한회사의 기능이 고위험의 혁신적인 기업을 촉진하되 사
원은 유한책임을 지는 데 있음을 염두에 두면, 모든 실패에 대해 사
원이 직접적으로 채권자에게 책임을 져야 한다고 한다면, 유한책임
은 아무런 효력이 없게 된다.[244]

Gamma 판결을 통해 BGH는, 실질적 과소 자본화로 인한 회사존립
파괴책임은 성립하지 않는다고 명확히 판시하였고, 이로써 이 영역
에 법적 안정성을 부여하였다.

다. 후속 판결

Gamma 판결 이후에 선고된 것 중 이정표가 될 만한 판결은 Sanitary
판결[245]이다. 이 판결에서 BGH는 유한회사의 존립이익은 청산단계

---

241) NJW 2008, 2439 f.
242) Ulrich(2008), 812.
243) NJW 2008, 2439 f.
244) Ulrich(2008), 812.
245) BGH, Urteil vom 09.02.2009 - II ZR 292/07, NJW 2009, 2127 ff.

에서도 여전히 적용되어야 한다고 판시하였다. 즉 회사채권자에 대한 우선적 변제라는 목적구속성을 가진 회사재산에 대한 침해로 인하여 독일 민법 제826조에 따라 사원이 부담하는 회사존립파괴책임은 회사의 청산단계에서도 적용될 수 있다.[246] 따라서 사원이 독일 유한회사법 제73조 제1항[247]을 위반하여 양속위반의 방법으로 회사재산을 침해하였을 때에는, 청산회사는 사원을 상대로 독일 민법 제826조에 의한 (내부책임)청구권을 가진다.[248] 이는 BGH가 2012. 4. 23. 선고한 판결[249]에서도 확인되었다. 사원 겸 이사가 청산 중인 회사의 재산을, 그 사원에게 종속된 다른 회사에 실제 가치보다 저렴하게 양도한 경우 회사존립을 파괴하는 침해가 성립함을 명확히 판시하였다.[250][251]

앞서 언급한 BGH의 판결들은 제2민사부에서 선고한 것인데, 도산사건을 담당하고 있는 제9민사부도 독일 민법 제826조에 근거한 회사존립파괴책임 법리를 충실히 따르고 있다. BGH의 제9민사부가 2007. 12. 13. 선고한 판결[252]에서, 만약 채무초과 시점에 사원이 금액을 인출한 것이 회사의 도산을 심화시켰고 사원이 고의로 이러한 행위를 하였을 때에는, 회사는 독일 민법 제286조(채무자지체), 제288조 제1항(지연이자 및 기타 지연손해)에 따라 사원에게 인출된 금액의

---

246) NJW 2009, 2128 f.
247) "회사 재산 분배는, 회사 채무를 변제하거나 채무에 대한 담보를 제공하고 채권자에 대하여 회사 공고지를 통하여 최고(제65조 제2항)를 한 날로부터 1년이 경과한 후가 아니면, 이를 할 수 없다."
248) NJW 2009, 2131.
249) BGH, Urteil vom 23.04.2012 - II ZR 252/10, ZIP 2012, 1071 ff.
250) ZIP 2012, 1072.
251) 최근에 회사존립파괴책임에 관하여 설시한 BGH 판결 등으로는 BGH, Teilversäumnis- und Teilendurteil vom 06.11.2018 - II ZR 199/17, NJW 2019, 589 ff.; BGH, Beschluss vom 05.11.2019 - II ZB 12/19 참조.
252) BGH, Urteil vom 13.12.2007 - IX ZR 116/06, GmbHR 2008, 322 f.

지급뿐만 아니라 지연이자까지 청구할 권리를 가진다고 판시하였다. 그러므로 회사는 파산 개시 시가 아닌 침해가 이루어진 때부터 지연이자 청구권을 가진다. 그 결과 지연이자 청구권은, 회사존립파괴책임의 모든 전제 요건(도산개시)이 충족되기 전부터 회사가 가진다.[253] 이로써 BGH는 지연이자의 시점을 회사존립침해가 발생한 때가 아닌 회사존립에 위험이 발생했을 때와 연결 짓는다. 또한 BGH의 제9민사부가 2013. 2. 21. 선고한 판결[254]에서도 독일 민법 제826조에 근거한 회사존립파괴책임을 인정하고 있다.

라. 독일 민법 제826조에 근거한 회사존립파괴책임에 대한 학계의 반향

회사존립파괴책임을 사원의 불법행위책임으로 구성한 것의 주된 장점은, 특히 투시책임과 비교하여, 명확히 법적 기초로서 독일 민법 제826조를 근거로 삼았다는 데 있다.

그런데 BGH가 앞서 본 것처럼 회사존립파괴책임을, 종전에 상세히 논의된 바 없는 독일 민법 제826조에 근거한 내부책임으로 개념을 정립함에 따라, 이를 두고 독일 학계에서는 '신세계'라고 설명하거나,[255] '혁신적'이라고 평가하기도 한다.[256] 그러나 Trihotel 이후의 BGH 판결에 대해 학계의 반응은 매우 다르고, 심지어 전혀 예상치 못했다는 응답도 있다.[257] 여기에는 BGH가 정립한 새로운 책임 체계를 대체로 수긍하는 견해[258]와 체계적으로 이를 거부하며 종전 콘체

---

253) GmbHR 2008, 323.

254) BGH, Urteil vom 21.02.2013 - IX ZR 52/10, ZIP 2013, 894 ff.

255) Dauner-Lieb(2008), 36; Weller(2007b), 1682.

256) Habersack(2008), 547.

257) Dauner-Lieb(2008), 42; K. Schmidt(2008), 457; Veil(2008), 3264; Weller(2007b), 1681 f.

258) Roth, in: Baumbach/Hopt(2018), Anh. § 177a Rn. 51e; Habermann(2011), 131 ff.; Altmeppen(2007), 2659; Paefgen(2007), 1908; Schröder(2007), 936; Ulrich(2007), 1292.

른법적 규율 또는 투시책임으로 회귀할 것을 주장하는 견해[259]가 대립한다.

그러나 대다수 견해에는 BGH 판결을 지지하기도 하지만, 동시에 비판하기도 한다. 즉 회사와 사원 사이의 특별법률관계(Sonderrechtsverhältniss)에 터 잡은, 사원의 회사에 대한 의무위반책임을 지지하는 견해[260]는 BGH가 회사를 청구권자로 인정한 것은 찬성하면서, 그 책임의 근거를 독일 민법 제826조로 삼아 고의에 의한 가해로 제한한 것에 대해서는 비판한다. 반면에 독일 민법 제826조를 근거로 사원의 불법행위책임을 지지하는 견해 가운데는, BGH가 위 책임을 고의에 의한 가해로 제한하는 데에 찬성하는 반면, 회사채권자에 대해 사원이 외부책임을 지지 않는다는 BGH의 태도에 반대하는 견해도 있다.[261]

BGH 판결에 따르면, 심지어 재단 부족을 이유로 도산절차가 개시되지 않거나 폐지되는 경우에도 회사채권자는 사원을 상대로 직접적으로 회사존립파괴책임에 기한 청구권을 행사할 수 없고, 우회적으로 회사에 대한 집행권원을 가지고 회사의 사원에 대한 청구권을 압류 및 전부 받아야 한다. 이러한 청구권의 우회 행사에 대해서는 많은 비판이 가해지고 있다.[262]

Trihotel 이후의 BGH 판결로써 그간의 회사존립파괴책임에 관한 논쟁이 종식되었다기보다는, 회사존립파괴책임의 법리적 근거와 이에 터 잡은 위 책임의 요건과 효과 등에 관하여 여전히 학설과 판례의 대립이 팽팽하다. 이러한 논의는 회사존립파괴책임의 효력 범위

---

259) Bayer, in: Lutter/Hommelhoff(2020), § 13 Rn. 46; Bitter, in: Scholz(2018), § 13 Rn. 157 ff.; Wappler(2010), 347 ff.; Jacob(2007), 796 ff.

260) 예컨대 Fastrich, in: Baumbach/Hueck(2017), § 13 Rn. 55 f. 이러한 견해에 관해서는 뒤에서 상술한다.

261) 예컨대 Dauner-Lieb(2008), 40 ff. 이 견해에 관해서는 뒤에서 상술한다.

262) 대표적으로 Habersack, in: Emmerich/Habersack(2019), Anh. § 318 Rn. 38; Bitter, in: Scholz(2018), § 13 Rn. 159.

(Reichweite)를 획정하기 위해서도 검토가 필요하다.

제4절 회사존립파괴책임에 대한 학계의 대안적 이론

I. 불법행위법적 외부책임

Trihotel 판결 이전에 이미 회사존립파괴책임은 불법행위책임일 뿐이며, 독자적인 회사법적 책임제도는 더는 필요하지 않다는 주장이 제기되었다. 청구권의 기초로 대개 독일 민법 제826조를 들었는데,[263] 일부 견해는 독일 형법 제283조 제1항 제5호 내지 제7호(도산),[264] 제283b조(장부작성의무 위반)[265]를 들거나 독일 유한회사법 제73조 제1

---

263) Dauner-Lieb(2006), 2041; Schröder(2005), 228 f.; Weller(2007a), 1168 ff.

264) "(1) 채무가 초과된 경우 또는 지급불능이 임박하거나 현실로 발생한 경우에 다음 각호의 1에 해당하는 자는 5년 이하의 자유형 또는 벌금형에 처한다.

　　5. 법률상 작성의무가 있는 상업장부를 작성하지 아니하거나 재산상태의 일람이 불가능하도록 이를 작성 또는 변경한 자

　　6. 상법상 보관의무가 있는 상업장부 또는 기타 문서를 법정보관 의무기간이 경과하기 이전에 제거·은닉·파괴 또는 손상하고 이로 인하여 그 재산상태의 일람을 불가능하게 한자

　　7. 상법을 위반하여

　　　a) 재산상태의 일람이 불가능하도록 대차대조표를 작성한 자

　　　b) 규정된 기간 이내에 대차대조표 또는 재산목록을 작성하지 아니한 자"

265) "(1) 다음 각호의 1에 해당하는 자는 2년 이하의 자유형 또는 벌금형에 처한다.

　　1. 법률상 작성의무가 있는 상업장부를 작성하지 아니하거나 재산상태의 일람이 불가능하도록 이를 작성 또는 변경한 자

항의 유추적용을 그 근거로 삼았다.[266] 그러나 이 학설은, 회사채권
자가 언제나 사원을 상대로 청구권을 행사할 수 있다고 하면서, 사
원의 외부책임을 지지하였다. 이에 상응하여 위 견해는 BGH가 회사
만을 청구권자로 인정하는 것에 대해 비판한다.[267] 즉 채권자가 청
구권을 행사하는 것이 더 설득력이 있다는 주장이다. 독일 민법 제
826조는 모든 사람을 보호의 대상으로 삼고 있기 때문에 채권자도
고의에 의한 양속위반의 가해로부터 보호되어야 하고, 채권자가 회
사존립을 파괴하는 침해로 인하여 회사에 대해 자신의 종전 채권을
행사할 수 없는 경우라면, 그가 바로 피해자에 해당하여 보호되어야
한다고 한다.[268] 회사존립파괴책임의 타당성이 경제적 활동을 하는
회사를 보호하는 데 있는 것이 아니라 회사채권자를 보호하는 데 있
다는 점은 특히 배상하여야 할 손해를 확정할 때에 드러난다. 즉 사
후적으로 유한회사를 침해 전 상태로 되돌려놓는 것이 아니라, 채무
변제 부족액만큼 배상이 이루어져야 하고, 따라서 채권자의 손해액
이 배상 되어야 한다.[269] 채권자에게 청구권을 보장해주는 독일 민
법의 근본규범(Grundnorm)인 제826조를 단순히 합목적성을 고려하여
법관법을 통해 훼손할 수는 없다고 한다.[270] 따라서 BGH가 투시책임

---

　　2. 상법상 보관의무가 있는 상업장부 또는 기타 문서를 법정보관 의무기
　　　간이 경과하기 이전에 제거·은닉·파괴 또는 손상하고 이로 인하여 그
　　　재산상태의 일람을 불가능하게 한자
　　3. 상법을 위반하여
　　　a) 재산상태의 일람이 불가능하도록 대차대조표를 작성한 자
　　　b) 규정된 기간 이내에 대차대조표 또는 재산목록을 작성하지 아니한 자
　　　(2) 및 (3) (생략)"

266) Kluge(2015), 43 ff. 및 108 ff.
267) Schwab(2008), 344 ff.
268) Wagner, in: Säcker/Rixecker(2020), § 826 Rn. 189 f.; Kleindiek(2008), 689.
269) Rubner(2009), 1539 f.
270) Schanze(2007), 685.

및 독일 민법 제826조에 의해 채권자에게 인정되던 청구권을 모두 박탈한 것은 방법론적으로 문제가 있다고 한다. 또한 고의로 양속위반의 행위를 한 사원이 과연 피해를 본 채권자의 직접적 청구로부터 보호받을 만한 가치가 있는지도 의문이라고 한다.[271]

독일 유한회사법 제73조 제1항의 유추적용에 따른 독일 민법 제823조 제2항의 책임을 지지하는 견해는, 위 제73조 제1항의 유추적용으로써 회사존립을 파괴하는 침해로서의 은밀한 청산을 방지하게 되어 회사채권자를 보호하게 되므로, 그 결과 회사채권자가 청구권자가 되어야 한다고 한다.[272] 회사존립을 파괴하는 침해의 다양한 구성요건적 징표가 사원과 회사채권자와의 관계에 관한 것이라는 점도 채권자가 청구권자이어야 한다는 것을 나타낸다. 양속위반 판단에서 고려되어야 하는, 법적 거래에서의 정당한 기대(Erwartung)는 채권자의 기대만이 중요한데, 그 이유는 회사가 사원에 대해 그러한 기대를 하기는 어렵기 때문이다. 또한 고의도 도산 및 이에 따른 채권자의 손해와 관련된다고 한다.[273]

BGH가 내부책임의 근거로 삼은 자본유지책임과의 유사성에 대해서도 비판이 가해진다. 회사존립파괴책임과 자본유지책임은 서로 비교할 수 있는 것이 아니라는 취지이다. 독일 유한회사법 제30조, 제31조는 제도적인 채권자 보호 수단으로서 기능하는데, 이 규정에 따라 지급액의 반환이 이루어지는 경우에도 채권자는 반드시 구체적인 손해를 입었어야 하는 것은 아니다. 이에 반하여 회사존립을 파괴하는 침해의 경우에는, 채권자의 구체적인 손해에 대한 보상이 문제가 된다.[274] 이밖에도 독일 유한회사법 제30조, 제31조는 명백히

---

271) Dauner-Lieb(2008), 43.
272) Schwab(2008), 345 ff.
273) Rubner(2009), 1539 f.
274) Schwab(2008), 344.

회사에 대한 책임으로 규정하고 있고, 이 책임은 채권자뿐만 아니라 다른 사원을 보호하는 기능도 하므로, 이렇게 규정하는 게 타당하다고 한다.275) 법실무적 관점에서 보더라도 내부책임이 외부책임보다 장점을 가지는 것도 아니며, 오히려 채권자가 도산절차 외에서 청구권을 실행하는 데 어려움만을 가져온다고 비판한다.276)

II. 특별법률관계에 터 잡은 회사에 대한 의무위반으로 인한 내부책임

비록 세부적인 부분에는 차이가 있지만, 특별법률관계(Sonderrechtsverhältnis) 내지 특별결합관계(Sonderverbindung)에 기초하여 회사에 대해 그 존립을 파괴하는 침해의 실행을 금지하는 의무를 위반한 데 따른 사원의 내부책임을 묻는 학설도 있는데, 이 견해는 독일 민법 제280조 제1항,277) 제241조 제2항,278) 제276조279)에 따라 회사가 사원에 대해 청구권을 가진다고 본다.280) 위 독일 민법 조문이

---

275) Rubner(2009), 1540.
276) Wagner, in: Säcker/Rixecker(2020), § 826 Rn. 190.
277) "채무자가 채권관계상의 의무를 위반하는 경우에는 채권자는 그로 인하여 발생한 손해의 배상을 청구할 수 있다. 채무자가 그 의무위반에 대하여 책임 없는 경우에는 그러하지 아니하다."
278) "채권 관계는 그 내용에 좇아 각 당사자에 대하여 상대방의 권리, 법익 및 이익에 배려할 의무를 지울 수 있다."
279) "(1) 더욱 엄격한 또는 더욱 완화된 책임에 대하여 정함이 없고, 또한 그러한 책임이 채권 관계의 다른 내용, 특히 보장이나 조달위험의 인수로부터 인정되지도 아니하는 경우에는, 채무자는 고의와 과실에 대하여 책임이 있다. 제827조 및 제828조는 이에 준용된다.
  (2) 및 (3) (생략)"
280) Fastrich, in: Baumbach/Hueck(2017), § 13 Rn. 55 f.; Grigoleit(2006), 321 ff.; Habersack, in: Emmerich/Habersack(2019), Anh. § 318 Rn. 37; Osterloh-Konrad (2008), 287 ff.; K. Schmidt(2011), 463 f.; Stöber(2013), 2296 ff.; Ulmer(2001), 2026

과실 행위로 인한 책임도 포함하고 있기는 하지만, 견해에 따라서는
명백하거나(evidente)[281] 중대한 과실로 인한[282] 의무위반의 경우로
한정하거나, 심지어는 고의에 의한[283] 의무위반의 경우에만 책임이
성립한다고 주장하기도 한다. 따라서 이 견해는 BGH가 회사존립파
괴책임을 내부책임으로 전환한 것을 환영하지만, 독일 민법 제826조
를 그 법적 근거로 삼은 것과 단지 고의의 행위에 대해서만 책임을
지는 것에 대해서는 반대한다.[284]

　회사법적 특별관계에서 비롯된 문제이고 또한 그 책임을 사원의 회
사에 대한 배려의무위반에 근거를 둘 수도 있는 회사존립파괴책임을,
BGH가 회사와 사원 간의 상관관계를 고려함이 없이 불법행위법인 독
일 민법 제826조를 통해 해결하려는 것에 대해 위 학설은 비판한다.[285]
즉 이 경우 독일 민법 제826조가 예정하는 모든 사람의 의무(Jedermann-
Pflicht)가 문제되는 것이 아니라, 사원과 회사 사이의 특별관계상의 의
무가 문제되는 것이다.[286] 따라서 이에 대한 처벌도 일반 불법행위법
의 책임규정인 독일 민법 제826조에 의해서는 안 된다고 한다.

　나아가 고의에 의한 행위로 책임을 제한하는 것은 설득력이 없다
고 주장한다. 이러한 제한은 독일 유한회사법 제30조, 제31조에서 기
인한 보호 흠결을 메우려는 이념과도 부합하지 않는다. 왜냐하면 자
본금 유지 규정은 과책과 무관한 책임을 전제로 하고 있으므로 이러
한 규정을 위반하는 경우에는 과실책임도 그에 부합하게 성립한다

---

f.; Zöllner(2006), 1014 ff.

281) Grigoleit(2006), 386 ff.

282) Stöber(2013), 2298 f.

283) Fastrich, in: Baumbach/Hueck(2017), § 13 Rn. 56; Osterloh-Konrad(2008), 287 ff.

284) 예컨대 K. Schmidt(2008), 456 ff.

285) Fastrich, in: Baumbach/Hueck(2017), § 13 Rn. 55 f.; Fastrich(2020), 592 ff.; K. Schmidt(2008), 458.

286) Osterloh-Konrad(2008), 292; Stöber(2013), 2296 ff.

고 보아야 하기 때문이라고 한다. 반면에 종종 증명하기 어려운 고의 행위에 대해서만 책임을 지는 것으로 제한하게 되면, 사원에게 부당한 특권을 인정하게 된다고 한다.[287]

Ⅲ. 사실상 이사로서의 내부책임

Altmeppen은, 관여한 사원의 책임을 독일 유한회사법 제43조 제2항[288]을 유추적용함으로써 내부책임에 관한 이론적 뒷받침을 하려고 하는데, 이는 사원에게 사실상 이사의 자격을 부여하려는 것이다. 지배사원이나 1인 사원은 자신의 지위로 말미암아 유한회사에 대해 법적 관계를 맺는다. 채권자의 이익이 회사의 존립이익을 요구하는 한, 이러한 법적 관계에서 지배사원이나 1인 사원은 사원이 아닌 이사(외부 이사, Fremdgeschäftsführer)처럼 회사존립이익에 관한 의무를 부담한다는 점이 도출된다는 것이다. 이렇게 매개된 의무는 내부의 무로 분류된다. 또한 독일 주식법 제93조 제5항[289] 제2문을 유추적용함으로써 채권자는, 달리 회사로부터 변제를 받을 수 없고 사원이 주의의무를 중대하게 위반한 경우에만 손해배상청구권을 행사할 수 있다. 사원의 책임 면제는 독일 주식법 제93조 제5항 제3문을 유추적

---

287) Schwab(2008), 348 ff.
288) "자기의 임무에 위반한 이사는 회사에 대하여 연대하여 그로 인하여 발생한 손해에 대해 책임을 부담한다."
289) "회사의 배상청구권은 회사채권자가 회사로부터 변제받을 수 없는 한도에서 그 회사채권자에 의해서도 행사될 수 있다. 그러나 이 규정은 제3항 이외의 경우에는 이사가 정상적이고 성실한 경영자의 주의를 중대하게 위반한 때에 한하여 적용한다; 제2항 제2문의 규정이 이에 준용된다. 채권자에 대하여는 회사의 포기 또는 화해에 의하여 또는 그 행위가 주주총회의 결의에 기인하는 것에 의하여도 배상의무가 소멸하지 아니한다. 회사재산에 대하여 도산절차가 개시된 경우에, 그 기간에는 도산관재인 또는 관재인이 이사에 대하여 채권자의 권리를 행사한다."

용하여 배제된다.[290] 청구액과 관련하여, 회사가 입은 손해액이 잘 규명되지 않을 경우에는 증명책임이 사원에게 전환된다. 채권자가 완전히 변제받을 때까지 사원은 회사의 변제능력을 초과하는 채무 전부에 대하여 책임을 진다.[291]

한편으로 이 견해는, 현재 BGH의 주관적 책임 요건이 너무 엄격하다고 비판한다. 즉 고의를 증명하지 못하였더라도, 사원이 중대한 과실로 회사의 책임 자본을 파괴하여 회사로 하여금 채권자에게 변제하지 못하게 하였다면, 이러한 사원은 면책되어서는 안 된다고 한다. 독일 민법 제826조의 내부책임에 의하더라도, 중대한 과실로 회사재산을 파괴한 데 따른 사실상 이사로서의 책임을 사원에게 물어야 한다고 주장한다.[292]

다른 한편 판례의 변경은 원고의 소송절차상 지위를 현저히 악화시킨다고 주장한다. 왜냐하면 폐기된 투시책임이론에 따르면 손해가 모든 도산채권의 총합보다 적다는 사실을 사원이 증명하여야 했는데, 지금은 원고가 모든 청구요건에 대한 증명책임을 부담하기 때문이다. 따라서 중대한 과실에 의한 행위에 대해 제안된 증명책임의 전환은 독일 민법 제826조에 따른 청구에도 동일하게 적용되어야 한다고 한다.[293]

IV. 독일 주식법 제117조 등의 유추적용

회사존립파괴책임이 내부책임에 해당한다는 입장을 취하면서도 독일 민법 제826조의 적용이 아닌, 독일 유한회사법 제30조 이하,[294]

---

290) Altmeppen(2001), 1847; Altmeppen(2002a), 323; Altmeppen(2002b), 1562.
291) Altmeppen(2005), 120.
292) Altmeppen(2007), 2660.
293) Altmeppen(2007), 2660.
294) 이 견해는 독일 유한회사법 제64조도 유추적용하자는 것이나, 위 제64조

독일 주식법 제117조,[295] 독일 형법 제283조 이하의 규정을 이른바 전체유추(Gesamtanalogie)를 하자는 견해가 있다.[296] 이 학설은, 외부책임이 분리원칙을 완전히 무시함으로써 채권자에게 지나친 특혜를 부여하기 때문에 반대할 뿐만 아니라, 독일 민법 제826조도 책임의 기초에서 배제한다.[297] 독일 민법 제826조는 회사존립을 파괴하는

는 2020. 12. 20. 법 개정으로 삭제되었다.

295) "(1) 고의로 회사에 대한 자신의 영향력을 이용하여 이사·감사·지배인 또는 포괄대리인으로 하여금 회사 또는 주주의 손해가 되도록 행위를 하게 한 자는 회사에 대하여 이로 인하여 회사에 발생한 손해를 배상할 의무를 진다. 그는 또한 주주에 대하여도 회사의 손해를 통하여 주주에게 끼친 손해를 제외하고 손해를 입게 한 때에 한하여 이로 인하여 주주에게 발생한 손해를 배상할 의무를 진다.

(2) 제1항에 기재된 자 이외에 자기의 의무를 위반하여 행위를 한 이사와 감사는 연대채무자로서 책임을 진다. 이사와 감사가 정상적이고 성실한 영업지휘자의 주의를 다하였는지의 여부에 관하여 다툼이 있는 때에는 이사와 감사가 증명책임을 진다. 그 행위가 합법적인 주주총회의 결의에 기인한 때에는 회사와 주주에 대하여도 이사와 감사의 배상의무는 발생하지 아니한다. 감사회가 그 행위를 승인하였다는 사실로 인하여 배상의무가 배제되지 아니한다.

(3) 제1항과 제2항에 기재된 자 이외에 가해행위를 통하여 이익을 얻은 자도 그가 고의로 영향력을 행사한 한도에서 연대채무자로서 책임을 진다.

(4) 회사에 관한 배상의무의 소멸에 관하여는 제93조 제4항 제3문과 제4문의 규정이 준용된다.

(5) 회사채권자도 회사로부터 변제받을 수 없는 경우에 한하여 회사의 배상청구권을 주장할 수 있다. 회사채권자에 대하여는 그 배상의무가 회사의 포기 또는 화해로 인하여도 또는 그 행위가 주주총회의 결의에 기인하였다는 것에 의하여도 소멸되지 아니한다. 회사재산에 관하여 도산절차가 개시된 경우에 그 기간 중에는 도산관재인 또는 관재인이 채권자의 권리를 행사한다.

(6) 이 규정에 의한 청구권은 5년이 경과하면 시효에 의하여 소멸된다.

(7) (생략)"

296) Schall(2009), 230 ff.

297) Schall(2009), 222 ff.

침해로 인해 회사채권자가 입는 간접손해를 포함할 여지가 있는데, 회사존립파괴책임에서 이러한 간접손해는 원칙적으로 고려의 대상에서 배제되어야 하기 때문이라고 한다. 또한 회사존립파괴책임의 경우 그 구성요건에 회사존립파괴자의 일탈행위에 대한 인적 연관 (personale Bezug)이 결여되어 있다고 한다. 즉 그 책임은 회사채권자에 대한 가해에 관한 것이지 회사에 대한 것이 아니어서, 사원 전원의 동의로 그 책임을 면제할 수 없다고 본다. 그런데 사원의 동의에 의한 면제와 회사채권자의 간접손해를 모두 배제하는 것은 독일 민법 제826조에 정면으로 반한다고 한다. 따라서 이 견해는 앞서 본 것처럼 회사존립파괴책임에 독일 유한회사법 제30조 이하, 독일 주식법 제117조, 독일 형법 제283조 이하의 규정을 전체유추 하자고 제안한다. 이는 불법행위법적 가해 금지를 회사법적으로 수정한 특별구성요건을 제시하는 것이다.[298] 다만 주식회사에 비해 유한회사는 지배와 소유의 분리가 약하기 때문에 유한회사법적 가해 금지는 독일 주식법 제117조보다 더 엄격하게 적용되어야 하고, 위기에 처한 회사에 대해 우선 적용되어야 한다고 한다.[299] 독일 주식법 제117조의 경우처럼, 유한회사에 영향력을 행사하여 피해를 입힌 자는 누구나 책임의 수범자가 된다.[300]

이와 유사하게 회사존립파괴책임에 독일 주식법 제117조를 유추 적용하자는 견해도 있다.[301] 즉 독일 주식법 제117조는 고의로 회사에 영향력을 행사하는 것을 금지하려는 법사상(Rechtsgedanken)을 법규화한 것이라고 할 수 있으므로, 고의로 유한회사에 영향력을 행사하는 것도 금지된다는 것이다. 앞서 본 것처럼 유한회사를 보호하려

---

298) Schall(2009), 232.
299) Schall(2009), 230 f.
300) Schall(2009), 237 f.
301) Prütting(2015), 849 ff.

는 책임 제도에 결함이 있으므로 독일 주식법 제117조를 유한회사에
유추적용하려는 전제조건이 성취되었다고 한다.[302] 그런데 이 견해는
유한회사의 1인 사원이 회사존립을 파괴하는 행위를 하였을 때 전적
으로 독일 주식법 제117조를 유추적용하자고 주장하지는 않는다. 오히
려 사원이나 외부의 제3자가 이사 등에 영향을 끼쳐 유한회사에 고의
로 가해를 한 경우에 도산유발 또는 도산심화와 상관없이 위 제117조
를 유추적용하자고 한다. 이 견해는 회사존립을 파괴하는 침해에 대
해 독일 민법 제826조가 적용되는 사례가 있음을 배제하지 않는다.[303]

제5절 회사존립파괴책임의 이론적 근거와 그 검토

BGH는 수년간의 고민 끝에 회사존립파괴책임의 구조를 불법행위
법적 내부책임으로 정립하였다. 그러나 이러한 BGH의 노력에도 불구
하고 앞서 본 것처럼 학계의 반응은 다기하다. 이러한 논쟁이 가져올
법실무적 결과에 대해 과대평가해서도 안 되지만,[304] 어떠한 책임 개
념이 더 나은지에 대한 답변을 위해, 그 책임이 내부책임인지, 외부책
임인지, 그 도그마틱적 근거는 어떻게 되는지를 결정하는 것은 매우
중요한 의미를 지닌다. 이하에서는 회사존립파괴책임에 관한 여러
이론들을 '독일법적 관점'에서 비판적으로 검토함으로써 위 책임의
요건과 효력 범위를 획정할 수 있는 토대를 마련하고자 한다.

---

302) Prütting(2015), 886.
303) Prütting(2015), 863 f.
304) Kleindiek(2008), 689.

I. 내부책임으로서 회사존립파괴책임

1. 관련 법규정과의 비교

가. 자본금 납입과 자본금 유지에 관한 규정

독일 유한회사법 제13조 제1항[305])에 따르면 유한회사는 고유한 법인격을 가지고 회사재산을 소유한다. 같은 조 제2항에 의하면 회사만이 채권자에게 책임을 부담하고, 비록 회사가 자신의 채무를 변제하지 못할 때에도 사원은 책임을 지지 않는다. 채권자 보호를 위해 법은 회사설립 시 최저자본금을 적법하게 납입하고 그 후에는 이를 유지하도록 규정하고 있다.[306]) 자본금 납입(Kapitalaufbringung) 및 자본금 유지와 관련하여 회사만이 사원에 대해 청구권을 행사할 수 있다. 회사채권자가 일정한 경우 회사 청구권을 대신 행사하는 독일 주식법 제62조[307]) 제2항 제1문과 같은 규정이 독일 유한회사법에는 없다. 유한회사의 등기가 이루어진 후에는, BGH는 명목자본과 회사

---

305) "유한회사는 그 자체 독립적으로 권리와 의무의 주체가 된다; 유한회사는 토지에 대한 소유권 및 기타 물권을 취득할 수 있고 법원에 제소하거나 피소될 수 있다."

306) Fastrich, in: Baumbach/Hueck(2017), § 3 Rn. 14; Altmeppen, in: Roth/Altmeppen (2019), § 13 Rn. 66.

307) "(1) 주주는 본법의 규정을 위반하여 회사로부터 수령한 급부를 회사에 반환하여야 한다. 주주가 이익배당으로서 금전을 수령한 경우에는 주주가 수령할 권한이 없는 것을 알았거나 과실로 알지 못하였던 때에 한하여 반환의무가 존재한다.

　(2) 이 회사의 청구권은, 회사채권자가 회사로부터 변제를 받을 수 없는 한도에서, 회사채권자에 의하여도 주장될 수 있다. 회사재산에 대하여 도산절차가 개시된 때에는 그 기간 도산관재인 또는 관재인이 주주에 대하여 회사채권자의 권리를 행사한다.

　(3) 본조의 규정에 의한 청구권은 급부의 수령 시부터 10년으로 시효가 완성한다. 이 경우에는 제54조 제4항 제2문의 규정이 준용된다."

의 실제 재산 가치 사이에 차이가 생길 경우에 사원들이 책임을 진
다는 사전부담책임(Vorbelastungshaftung)308)을 인정하였는데, 이 책임
은 전적으로 회사가 사원에 대해 청구권을 가지는 것을 전제로 한
다.309)310) 등기가 좌절된 때, 즉 유한회사의 설립이 실패하였을 때는
설립중의 유한회사는 손실이 발생한 경우 발기인에게 손실전보책임
(Verlustdeckungshaftung)을 물을 수 있는데, 이 경우에도 설립중의 회사
가 발기인에 대해 청구권을 가진다.311)312) 이처럼 자본금 납입·유지
와 관련한 채권자 보호는 그 주체가 회사로 집중되어 있다. 따라서
독일 유한회사법 제30조, 제31조의 보호 흠결을 메워주는 책임제도
는 자본금 유지 규정에 대한 체계 부합적인 연장(Verlängerung)이어야
한다.313)

나. 다른 규정들

먼저 독일 유한회사법 제43조 제2항, 제3항에 따르면, 같은 법 제
30조, 제31조를 위반하여, 예컨대 회삿돈 빼내 사원 등에게 지급한
이사는 회사에 대해서만 책임을 진다.

도산절차상 부인권(독일 도산법 제129조 이하)에 관하여 보더라
도, 도산관재인이 부인권을 행사하면 독일 도산법 제143조 제1항 제1

---

308) 대차대조표상 손실에 대한 책임(Unterbilanzhaftung)이라고도 한다.

309) BGH, Urteil vom 03.09.1981 - II ZR 54/80, NJW 1981, 1373 ff.; Fastrich, in:
Baumbach/Hueck(2017), § 11 Rn. 61 f.

310) 주식회사의 경우에도 사전부담책임이 인정된다. 자세히는 Hüffer/Koch(2018),
§ 41 Rn. 8 f. 참조.

311) BGH, Urteil vom 27.01.1997 - II ZR 123/94, NJW 1997, 1507 ff.; Fastrich, in:
Baumbach/Hueck(2017), § 11 Rn. 24 ff.

312) 주식회사의 경우에도 손실전보책임이 인정된다. 자세히는 Hüffer/Koch(2018),
§ 41 Rn. 9a 참조.

313) Habersack, in: Emmerich/Habersack(2019), Anh. § 318 Rn. 38; Theiselmann(2007),
907.

문[314])에 따라 개별 채권자가 아닌, 모든 채권자의 이익을 위해 도산재단에 반환된다. 위 법은 회사재산에 불이익한 영향을 미치는 조치에 대해서, 비록 회사채권자에게 변제하는 데 도움이 된다고 하더라도, 우선적으로 재산의 보유자인 회사에 대해 책임을 지는 것으로 규정하고 있다. 즉 회사에 손해가 발생하였을 때 원칙적으로 회사에 대해 책임을 부담함을 전제로 한다.

독일 주식법의 경우도 마찬가지이다. 즉 영향력 행사자의 불이익한 조치로 말미암아 회사에 손해가 발생한 때에는 독일 주식법 제117조 제1항 및 제317조 제1항[315])은 영향력 행사자에게 내부책임을 지도록 하고 있다. 여기서도 독일 주식법은 회사채권자가 회사로부터 변제를 받지 못하는 경우에도, 같은 법 제117조 제5항 제1문 및 제317조 제4항,[316]) 제309조 제4항[317]) 제3문의 경우를 제외하고는, 채권자가 직

---

314) "부인할 수 있는 행위에 의하여 채무자의 재산에서 양도, 인도 또는 포기된 것은 도산재단에 반환하여야 한다."

315) "지배기업이 그 기업과 지배계약이 존재하지 아니하는 종속회사에 대하여 이 회사에 불이익한 법률행위를 하게 하거나 이 회사의 불이익이 되도록 조치를 취하게 하거나 중단하게 하고, 지배기업이 그 불이익을 그 영업연도의 종료 시까지 사실상 보상하지 아니하거나 종속회사에 보상하기 위하여 정해진 이익에 대한 법적 청구권을 부여하지 아니하는 경우에는 지배기업은 그 회사에 대하여 이로 인하여 회사에 발생한 손해를 배상할 의무를 진다. 지배기업은, 회사의 손해로 인하여 주주에게 가해진 손해를 제외하고, 주주가 손해를 입은 한도에서 주주에 대하여도 그로 인하여 주주에게 발생한 손해를 배상할 의무를 진다."

316) "제309조 제3항 내지 제5항은 준용된다."

317) "회사의 배상청구권은 각 주주에 의해서도 행사될 수 있다. 다만 주주는 회사에 대한 급부만을 청구할 수 있다. 배상청구권은 또한 회사의 채권자가 회사로부터 변제를 받을 수 없는 한도에서 회사의 채권자에 의해서도 행사될 수 있다. 채권자에 대하여는 회사의 포기 또는 화해로 인하여 그 배상의무가 배제되지 아니한다. 회사의 재산에 대하여 도산절차가 개시된 경우에 그 계속 중에는 도산관재인 또는 관재인이 회사의 배상청구권을 행사할 주주 및 채권자의 권리를 행사한다."

접 그 영향력 행사자에 대해 청구권을 행사할 수 없도록 하고 있다.

따라서 회사존립파괴책임을 외부책임으로 구성하는 것은 회사법에서의 책임집중(Haftungskanalisierung)이라는 근본원칙에 반하는 것일 수 있다.[318]

2. 회사에 대한 가해

앞서 본 것처럼, 불법행위법적 외부책임을 주장하는 견해는 회사존립파괴책임의 목적이 변제를 받지 못한 회사채권자를 보호하는데 있다고 하면서 채권자가 청구권자가 되어야 한다고 한다.[319] 그러나 유사하게 회사채권자를 보호해야 하는 상황에서 독일 유한회사법 제31조 제1항, 제43조 제3항, 독일 도산법 제129조 이하, 제143조 제1항은 내부책임에 따라 그 청구권을 회사에 인정하고 있음은 앞에서 살펴본 바이다. 즉 회사존립파괴책임의 목적이 채권자 보호이더라도, 이것이 반드시 외부책임을 의미하는 것은 아니다.[320]

회사채권자에게 사원에 대한 청구권을 인정하여야 한다는 견해는, 회사존립을 파괴하는 침해가 회사재산에 직접 영향을 미친다는 것을 도외시한 주장이다. 위와 같은 침해는 회사재산에 대한 것이고, 유한회사는 독일 유한회사법 제13조 제1항에 따라 독립적인 법인격을 가지면서 회사재산을 소유하므로, 결국 회사존립을 파괴하는 침해는 회사에 대한 가해이다. 회사의 도산과 채권자의 손해는 그로 인한 후속 결과이다. 청산절차에서도 독일 유한회사법 제70조[321]는

---

318) Ihrig(2007), 1171.
319) 예컨대 Schwab(2008), 345 ff.
320) Osterloh-Konrad(2008), 289 f.
321) "청산인은 현존 사무를 종료하고, 해산회사의 채무를 변제하며, 해산회사의 채권을 추심하고, 회사의 재산을 금전으로 환가하여야 한다. 청산인은 재판상, 재판 외에서 회사를 대표한다. 유동적인 행위를 종료하기 위하여

'회사의 채무와 채권', '회사의 재산'이라고 명시적으로 규정하면서 같은 법 제13조 제1항의 취지를 명확히 하고 있다. 따라서 독일 유한회사법 제30조, 제31조에 따라 자본금 유지가 문제될 때에는 회사의 법인격을 관념하다가, 위 규정에 의한 보호가 미치지 못하는 경우에는 이러한 법인격을 무시하는 것은 모순된다.[322] 회사재산에 손해가 발생하였을 때 보상청구권을 가지는 것은 언제나 회사이다.[323] 가해로 말미암아 회사가 지급불능이 되고 도산에까지 이르게 된 경우에도 채권자는 가해자에 대해 직접청구권을 가지지 못하고, 회사의 손해배상청구권은 도산재단의 일부가 된다. 외부책임은 이러한 여러 원칙에서 벗어나 있다.

또한 내부책임에 따를 경우 회사의 이행거절권(Leistungsverweigerungsrecht), 예방적 방어청구권(vorbeugender Abwehranspruch) 또는 부작위청구권(Unterlassungsanspruch), 사후적으로도 방해제거청구권(Beseitigungsanspruch)을 인정할 수 있게 된다. 이사가 이러한 청구권을 행사함으로써 사전에 사원의 회사존립을 파괴하는 침해행위를 막을 수 있고, 성공할 경우 회사의 도산을 회피할 수 있다. 그러나 외부책임에 의할 경우 위와 같은 청구권이 채권자에게 발생한다는 것을 법도그마틱에 부합하게 구성하기는 쉽지 않다.[324]

3. 투시책임 및 도산지연책임과의 비교

가. 투시책임

우리의 법인격부인과 유사한 독일의 투시책임은 사원이 회사채

청산인은 새로운 법률행위도 할 수 있다."
322) Paefgen(2007), 1908.
323) Altmeppen(2008), 1204.
324) Ihrig(2007), 1172.

권자에게 직접 책임을 지는 예외적인 사례이다. 이러한 투시책임은 사원과 회사 사이의 '관계'에 주목하며, 법 남용, 규범 목적 또는 규범 적용의 관점에서 사원과 회사의 분리원칙에 대한 예외를 인정한다.[325)326] 앞서 본 것처럼 BGH는 Bremer-Vulkan 판결[327]에서 회사존립파괴책임을 투시책임의 한 유형으로 인정하면서 Trihotel 판결[328] 이전까지 회사존립을 파괴하는 침해에 대하여 사원이 회사채권자에게 직접 책임을 진다고 보았다. 이러한 투시책임은 독일 상법 제128조의 유추적용을 통해 독일 유한회사법 제13조 제2항의 사원의 책임특권을 박탈하는 것으로서, 원칙적으로 과책 유무와 상관없이 사원이 회사채권자에게 회사에 구체적으로 발생한 손해에 대해 완전히 무제한으로 책임을 진다는 것을 의미한다. 물론 앞에서 살펴본 것처럼 Autovertragshändler 판결[329]에서 BGH는 사원에게 면책적 증명을 허용하였으나, 이는 도그마틱상 자명해 보이지는 않는다.

그런데 회사존립파괴책임에서는 회사재산에 대한 개별적 침해에 대한 제재가 문제되지, 여기에서 유한회사라는 법형식의 남용을 찾아보기란 어렵다.[330] 또한 회사존립파괴책임이 사원의 재산 침해와 관련되고 이로써 '행위'와 연관되므로, 과책과 무관한 책임은 너무나 광범위한 것일 수 있어서, 회사존립파괴책임의 성립에 과책을 요건으로 하는 것이 도리어 타당해 보인다.[331] 만약 과책 없이도 회사존립파괴책임이 성립된다고 한다면, 사원이 회사재산을 처분할 권한은

---

325) Bayer, in: Lutter/Hommelhoff(2020), § 13 Rn. 11 ff.; Altmeppen, in: Roth/Altmeppen (2019), § 13 Rn. 131 ff.

326) 주식회사의 경우에도 투시책임이 인정됨은 물론이다. 자세히는 Hüffer/Koch (2018), § 1 Rn. 15 ff. 참조.

327) NJW 2001, 3622 ff.

328) NJW 2007, 2689 ff.

329) NJW-RR 2005, 335 ff.

330) Altmeppen(2007), 2659; Kurzwelly(2011), 282.

331) Altmeppen(2007), 2659.

법이 예정한 것보다 굉장히 축소되거나, 분리원칙을 규정한 독일 유
한회사법 제13조 제2항은 아주 무의미하게 될 것이다. 왜냐하면 사
원의 개인적인 책임은 그가 최소한 이러한 책임의 접점을 인식하였
는지 여부와 상관없이, 예컨대 사원의 회사재산 처분으로 말미암아
사후적으로 회사의 도산을 유발한 경우에도, 발생할 것이기 때문이
다. 따라서 회사존립파괴책임은 투시책임의 사례 중 하나로 분류되
어서는 안 되며,332) 회사존립파괴책임이 투시책임의 일종이어서 사
원이 회사채권자에게 직접 책임을 져야 한다는 견해333)는 받아들일
것이 못 된다.334)

나. 도산지연책임

독일 도산법 제15a조 제1항335)은 법인이 지급불능이나 채무초과 상
태가 된 경우 대표기관의 구성원 또는 청산인은 3주 내에 도산절차의
개시를 신청하도록 하고 있다. 예컨대 유한회사의 경우 이사가 이러
한 도산 신청을 게을리한 때에는 같은 조 제4항336)에 따라 형사책임을

---

332) 예컨대 송호영(2010), 601-603은 회사존립파괴책임을 투시책임의 일종으로
   소개하고 있으나, 이는 Trihotel 판결 이전의 독일 판례를 소개한 것에 불과
   하고, 앞에서 언급한 이유에 비추어보더라도 이에 동의하기 어렵다.
333) 앞의 Bremer-Vulkan 판결 등.
334) 물론 침해 유형(재산혼용의 경우)에 따라 회사존립파괴책임과 투시책임
   이 병존할 수는 있다.
335) "법인이 지급불능 또는 채무초과 상태가 된 경우, 대표기관의 구성원 또
   는 청산인은 과실에 의한 지체 없이, 늦어도 지급불능 또는 채무초과 상
   태가 된 후 3주 내에는 개시신청을 하여야 한다. 회사를 대표할 권한이
   있는 사원의 조직상 대표자 또는 자연인인 무한책임사원이 없는 법인격
   없는 회사의 청산인에 대해서도 같다; 무한책임사원이 다른 회사를 소유
   하고 있고 그 회사에 자연인인 무한책임사원이 있는 경우에는 이를 적용
   하지 아니한다."
336) "제1항 제1문 및 제2문 또는 제2항 또는 제3항에 반하여 개시신청을 하지
   않거나 올바르게 하지 않거나 적시에 하지 않은 자는 3년 이하의 자유형

부담할 뿐만 아니라 독일 민법 제823조 제2항, 위 제15a조 제1항에 의해 회사채권자에 대해 도산지연책임(Insolvenzverschleppungshaftung)을 질 수도 있다. 그런데 회사존립파괴책임이 이러한 도산지연책임과 체계적으로 근접해 있다고 하면서 이를 근거로 외부책임을 주장하는 견해가 있다.[337] 즉 회사존립을 파괴하는 침해는 유한회사 존립에 본질적인 재산 가치를 탈취하였다는 것이고, 이러한 탈취는 회사에 새로운 자기자본(Eigenkapital)이 공급됨으로써 예외적으로 해소되지 않는 한 대개 회사를 도산상태에 이르게 하므로, 결국 회사존립을 파괴하는 침해는 법형성 과정에 있는 발전된 도산유발책임(Insolvenzverursachungshaftung)이며, 도산지연책임에 근접해 있다는 것이다.[338] 따라서 회사존립파괴책임에 대한 청구권자는 도산지연책임에서와 같이 회사채권자라고 한다.[339]

그러나 회사존립파괴책임과 도산지연책임은 기껏해야 도산의 발생과 관련되고 각 책임과 연관된 행위의 결과로 채권자에게 손해가 발생하거나 그 손해가 확대된다는 정도만 관계될 뿐이며, 오히려 회사존립파괴책임이 발생하는 상황은 앞서 본 것처럼 독일 주식법 제117조 제1항의 경우와 유사하다. 위 두 책임이 발생하는 상황은 다음과 같이 근본적으로 차이가 있다. 즉 회사존립을 파괴하는 침해의 본질적 특징은 회사재산이 탈취되어 회사에 손해가 발생하고, 이로 인하여 회사채권자에게 손실이 발생한다는 것이다. 반면에 도산지연의 경우에는 회사재산이 반드시 탈취되어야 하는 것은 아니며, 때로는 회사가 채권자로부터 급부나 지급을 받아 이것이 회사에 귀속되기도 한다. 회사가 아니라, 회사에 급부를 한 회사채권자가 무엇인가를 빼

또는 벌금에 처한다."

337) Casper, in: Ulmer/Habersack(2016), Anh. § 77 Rn. 114 ff.
338) Casper, in: Ulmer/Habersack(2016), Anh. § 77 Rn. 114 f.
339) Casper, in: Ulmer/Habersack(2016), Anh. § 77 Rn. 117.

앗기는 것이다. 도산지연의 경우 회사재산에 대한 가해가 반드시 필요한 것이 아니어서 내부책임을 위한 요소가 결여되어 있다. 따라서 도산지연책임은 회사채권자의 결손과 손해에 기초하고 있다.[340]

II. 내부책임의 기초로서 회사의 불법행위법적 청구권

회사존립파괴책임을 '회사에 대한 가해'로 인한 책임으로 본다면, 앞서 본 Trihotel 판결과 같이 이를 불법행위책임으로 정립하는 것이 가능한지 의문이 제기될 수 있다. 만약 이러한 불법행위책임이 회사가 입은 손해의 전보를 포괄적으로 보장해줄 수 없다면 이러한 불법행위법적 입론은 그 근거를 상실하게 된다. 아래에서 살펴본다.

1. 독일 민법 제826조에 근거한 책임

독일 민법상 불법행위법은 우리 민법 제750조와 달리 포괄적 일반조항을 두고 있지 않고, 보호 대상을 일일이 열거하는 개별보호주의를 취하고 있다. 즉 불법행위에 관한 협의의 일반적 구성요건은 독일 민법 제823조 제1항[341]과 제2항, 제826조로 구성되어 있고,[342] 특별구성요건으로는 독일 민법 제824조(신용 위태), 제825조(성적 행위의 강요), 제831조(피용자에 대한 책임), 제832조(감독의무자의 책임), 제833조(동물보유자의 책임), 제834조(동물감독자의 책임), 제836조(토지점유자의 책임), 제837조(건물점유자의 책임), 제838조(건물보

---

340) Schwab(2008), 345.
341) "고의 또는 과실로 타인의 생명, 신체, 건강, 자유, 소유권 또는 기타의 권리를 위법하게 침해한 사람은, 그 타인에 대하여 이로 인하여 발생하는 손해를 배상할 의무를 진다."
342) Hager, in: Staudinger(2017), Vorbem zu § 823 Rn. 19.

존의무자의 책임), 제839조(공무상 의무의 위반에 대한 책임) 등이 있다. 여기서 회사존립파괴책임의 근거 규정이 될 수 있는 것이 독일 민법 제823조와 제826조인데, 위 제823조 제1항은 보호하고 있는 법익의 침해가 있을 때에 한해 불법행위책임을 인정하는바, 그 보호법익은 '생명, 신체, 건강, 자유, 소유권 기타 권리'로 한정하고 재산상의 이익은 보호 대상에 포함하지 않는다.[343] 결국 독일 민법 제823조 제2항 또는 제826조가 회사존립파괴책임의 근거 규정으로 제시될 수 있다.

먼저 독일 민법 제823조 제2항 제1문은 "타인의 보호를 목적으로 하는 법률을 위반한 사람도 동일한 의무를 진다."고 하고 있는데, 회사존립파괴책임과 관련하여 보호 법률로 거론되는 것이 독일 형법 제283조(도산),[344] 제266조(배임)[345]이다. 그런데 위 제283조는 구성요건상 채권자를 보호하기 위한 규정이지, 채무자인 회사를 보호하기 위한 규정이라고 보기 어렵다. 또한 독일의 통설은 유한회사의 사원이 위 제266조에서 정하는 일반적인 형법상의 재산보호의무(Vermögensbetreuungspflicht)를 회사에 관해 부담하지 않는다고 본다.[346] 아울러 '회사채권자에 대한 우선적 변제를 위한 회사재산의 목적구속성에 관한 사원의 배려의무'가 위 제266조에서 정한 의무에 해당하는지도 의문이다.[347] BGH도 Bremer Vulkan 판결 후에 더는 독일 민법 제823조 제2항, 독일 형법 제266조를 회사존립파괴책임의 근거로 삼고 있지 않다.

---

343) 독일 불법행위법에서 일반적인 재산상 이익 보호에 관한 규정은 없다. Hager, in: Staudinger(2017), Vorbem zu § 823 Rn. 20 참조.

344) Kluge(2015), 43 ff.

345) Casper, in: Ulmer/Habersack(2016), Anh. § 77 Rn. 173; 앞서 본 Bremer Vulkan 판결도 동일한 견해였다.

346) 대표적으로 Dierlamm, in: Hefendehl/Hohmann(2019), § 266 Rn. 97 참조.

347) Zöllner(2006), 1013 f.

이렇듯 독일 민법 제823조 제2항이 여러모로 유한회사의 재산 보호에 관한 불법행위법적 근거로 되기에 부족한 반면, 같은 법 제826조는 원칙적으로 모든 재산소유자, 예컨대 물적회사도 보호하는 규정이어서 그 근거가 될 수 있다. 즉 양속위반의 가해가 있을 때 물적회사는 회사 외부의 제3자나 회사의 기관 또는 사원을 상대로 손해배상청구권을 행사할 수 있다. 따라서 회사존립을 파괴하는 침해의 경우 '선량한 풍속에 위반하여 타인에게 손해를 가한' 때에 해당하여[348) 그 사원은 가해자로서, 회사는 피해자로서 양립하고, 재산에 대한 손해는 위 제826조의 구성요건에 포섭되어 보호된다. 회사존립파괴책임에 관해 내부책임을 견지하는 한 독일 민법 제826조의 범주 내에서 회사재산에 대한 손해는 우선적으로 보호해야 할 객체가 된다.[349)

2. 독일 민법 제826조의 청구권자로서 회사

회사존립파괴책임을 독일 민법 제826조에 의한 내부책임으로 이론구성을 하게 되면, 손해배상채권의 청구권자는 피해를 본 회사가 된다.

이에 대하여는 앞서 본 것처럼 회사채권자가 청구권자가 되어야 한다는 반론[350)이 제기되고 있는데, 이 견해는, 비록 채권자가 간접손해를 입는다고 하더라도 독일 민법 제826조는 이러한 손해에 대한 배상도 그 내용으로 삼고 있다고 주장한다. 또한 위와 같은 사정을 고려할 때 내부책임과 외부책임이 병존하여 회사와 채권자 모두 청

---

348) '회사'에 대한 양속위반의 가해이다. Altmeppen(2008), 1203; Dauner-Lieb(2008), 41; Kleindiek(2007), 303 참조.
349) Paefgen(2007), 1908.
350) 예컨대 Wagner, in: Säcker/Rixecker(2020), § 826 Rn. 190; Bitter, in: Scholz(2018), § 13 Rn. 159.

구권을 가진다는 주장도 있다.[351] BGH 역시 Trihotel 판결에서, 유일한 채권자를 해할 목적으로 사원이 회사의 남은 재산을 처분하는 예외적인 상황에서는 채권자의 직접청구권이 인정될 수도 있다는 취지의 판시를 하기도 하였다.[352]

그러나 BGH의 전신인 독일 제국법원(Reichsgericht)은 이미, 독일 민법 제826조에서 정한 피해를 본 채무자(피해자)의 채권자가 이러한 가해행위로 말미암아 채무자(피해자)의 재산상태가 악화되었다는 이유만으로 가해자를 상대로 배상청구를 할 수 없다고 판결하였다.[353] 마찬가지로 회사존립을 파괴하는 사원의 침해를 이유로 회사채권자가 위 제826조에 기해 손해배상을 청구하는 것은, 채권자의 이러한 간접손해가 회사존립파괴를 금지하는 보호 목적의 범위에 포함되지 않는다는 이유로 배제될 수 있다.[354] 회사존립파괴책임이 발생하는 상황은 앞서 본 것처럼 독일 주식법 제117조 제1항, 제317조 제1항과 유사한데, 여기서 입법자는 가해행위로 말미암아 간접적으로 주주에게 손해가 발생하더라도 회사에 대한 손해배상을 통해 주주에게 발생한 간접손해가 회복되는 경우에는 직접 피해를 본 주식회사만이 가해자에게 손해배상청구를 할 수 있도록 하고 있다. 이러한 평가는 불법행위에 기한 손해배상청구에도 적용될 수 있고, 이에 따라 주주의 간접손해는 독일 민법 제826조의 보호 범위에서 제외될 수 있다.[355] 따라서 회사존립파괴책임의 경우에도 회사채권자가 위 제826조를 근

---

351) Bayer, in: Lutter/Hommelhoff(2020), § 13 Rn. 46; Röck(2011), 61 f.; Schall(2009), 224; Osterloh-Konrad(2008), 296 f.

352) NJW 2007, 2693.

353) RG, Urteil vom 29.10.1912 – III 172/12.

354) Becker(2018), 88 f.

355) BGH, Urteil vom 20.03.1995 – II ZR 205/94, NJW 1995, 1746 f.; BGH, Urteil vom 14.05.2013 – II ZR 176/10, NJW 2013, 2587 f. 또한 회사채권자도 독일 주식법 제117조 제5항 제1문에 따라 제한된 요건하에서 그 청구권을 행사할 수 있을 뿐이다.

거로 사원에게 손해배상청구를 하는 것은 원칙적으로 배제될 수 있다. 왜냐하면 회사의 직접손해가 배상됨으로써 회복될 채권자의 간접손해는 사원에 대한 관계에서 보호될 것이 아니기 때문이다.[356]

3. 회사의 회사존립을 파괴하는 침해에 대한 동의 배제

회사존립파괴책임을 불법행위책임으로 구성할 경우 가해행위에 대한 동의는 불법행위법상 원칙적으로 허용되므로, 회사존립파괴책임을 독일 민법 제826조에 따른 내부책임이라고 하면서도 이러한 침해에 대해 회사가 동의할 수 없다고 이론구성을 하는 것은 위 제826조의 본질에 반한다고 하며, 불법행위법적 내부책임설을 비판하는 견해가 있다.[357]

그러나 회사존립파괴책임의 경우 회사의 동의 가능성을 배제하는 것이 오히려 불법행위법의 기본원칙에 부합할 수 있다.[358] 즉 동의가, 예컨대 자신의 살해에 대한 동의와 같이 독일 민법 제134조[359] 또는 제138조[360]에 반하는 때에는 언제나 무효라고 보는 것이 독일의 통설이다.[361] 따라서 피해자의 양속위반의 동의는 그 유족이 독

---

356) Fastrich, in: Baumbach/Hueck(2017), § 13 Rn. 59; Altmeppen, in: Roth/Altmeppen (2019), § 13 Rn. 78; Oechsler, in: Staudinger(2018), § 826 Rn. 324b; Gehrlein(2008), 767.

357) Schall(2009), 223 f.

358) Becker(2018), 96 f.

359) "법률의 금지에 위반하는 법률행위는, 그 법률로부터 달리 해석되지 아니하는 한, 무효이다."

360) "(1) 선량한 풍속에 반하는 법률행위는 무효이다.
   (2) 특히 타인의 궁박, 무경험, 판단능력의 결여 또는 현저한 의지박약을 이용하여 어떠한 급부의 대가로 자신에게 또는 제3자에게 그 급부와 현저히 불균형한 재산적 이익을 약속하게 하거나 공여하게 하는 법률행위는 무효이다."

361) 대표적으로 Sprau, in: Palandt(2020), § 823 Rn. 39 참조.

일 민법 제844조(사망의 경우 제3자의 배상청구권)에 기해 손해배상을 청구하는 것을 막지 못한다. 회사존립을 파괴하는 침해에 대해 유한회사가 동의를 하는 것은 독일 민법 제138조의 양속위반일 가능성이 높다. 회사가 이러한 침해에 동의하는 것은, 회사채권자의 이익과 보호를 위해 회사에 인정된 청구권을, 특히 독일 유한회사법 제31조 제4항에 반하여 소멸시키는 것이다. 회사존립을 파괴하는 침해를 통해 유한회사를 고의로 살해하는 것이 양속위반인 것과 같이, 유한회사는 이러한 재산 침해를 통해 자신을 살해하는 것에 대해 동의할 수는 없다고 보아야 한다.362)

Ⅲ. 사실상의 이사로서의 내부책임론 비판

앞서 본 독일 유한회사법 제43조 제2항을 사원에게 유추적용하려는 견해에 대해서는 다음과 같은 비판이 가능하다.

독일 유한회사법 제43조 제3항 제3문에서 보듯이 입법자는 사원이 법에서 인정한 지시권을 회사에 불이익하게 행사할 가능성이 있음을 인식하였을 뿐만 아니라, 그럼에도 사원에게 어떠한 책임도 귀속시키려 하지 않았다는 것은, 회사에 불리한 지시권을 행사한 사원에게 기관으로서의 책임을 부여하는 데 부정적인 논거가 될 수 있다. 또한 지시는 경영상의 조치라기보다는 이사가 실제로 따라야 하는 그런 것이기 때문에, 유추적용을 하기 위해 요청되는 요건사실에서의 비교가능성(Vergleichbarkeit), 즉 유사성이 있다고 볼 수 있는지 의문이다.363) 만약 사원이 실제로 이사처럼 행동하였다면 사실상 이사의 회사에 대한 책임이 문제될 수 있으나, 이것도 아주 제한된 범위에서 인정될 뿐이다.364)

---

362) Becker(2018), 97.
363) Becker(2018), 98.

또한 이 견해에 따르면, 회사존립을 파괴하는 침해의 한 유형인 중요한 직원이나 고객을 빼돌리는 행위를 회사존립파괴책임으로 포섭할 수 없다. 왜냐하면 이러한 행위는 사원의 이사에 대한 지시 또는 경영상의 조치에 포함된다고 보기 어렵기 때문이다.[365]

위법한 업무집행으로 인한 책임은 사원의 불리한 지시 내지 사원의 행위와 결부되기 때문에, 사원이 자신의 이러한 행위로 책임을 지는 것이 아니라 '준이사(Quasi-Geschäftsführer)'로서 책임을 진다는 이론구성은 개념적으로 이해하기 어려운 우회로를 의미한다.[366]

IV. 특별법률관계에 터 잡은 회사에 대한 의무위반론 비판

1. 회사법적 평가 등에 의해 수정된 독일 민법 제826조의 적용

앞서 본 것처럼, 특별법률관계에 터 잡은 의무위반으로 인한 내부책임을 주장하는 견해는 회사존립을 파괴하는 침해가 회사법상의 문제이기 때문에 회사법적 특별결합관계에 주목해야 한다고 한다. 회사채권자에 대한 우선적 변제를 위한 회사재산의 목적구속성에 관한 사원의 배려의무는 독일 민법 제826조가 예정하는 모든 사람의 의무가 아니라, 사원과 회사 사이의 특별관계상 의무라고 주장한다.[367]

그러나 독일 민법 제826조는 앞에서 언급한 것처럼[368] 계약법 이외

---

364) 사실상 이사가 독립적이고 외부에 드러나는 행위를 하여야 하고, 이러한 행위가 이사 등 경영진에게 지속적인 영향을 미쳐야 한다. Kleindiek, in: Lutter/Hommelhoff(2020), § 43 Rn. 3 참조.

365) Becker(2018), 99.

366) Casper, in: Ulmer/Habersack(2016), Anh. § 77 Rn. 118.

367) 앞의 주 286 참조.

368) 앞의 제2장 제5절 II. 1. 참조.

의 재산상 손해에 대한 책임의 핵심 규정이고, 회사존립을 파괴하는 침해를 포섭하여 내부책임으로 구성하기에 적합하다. 위 제826조에서 개별 법영역에서의 평가와 여기서 도출되는 특별한 기대(Sondererwartung)가 고려될 수 있기 때문에, 앞서 본 사원의 배려의무가 모든 사람의 의무가 아니라는 주장은 위 제826조의 해석과 충돌되는 것이 아니다.[369] 예컨대 독일에서 문제가 된 주주에 의한 약탈적 주주총회결의 취소의 소(räuberische Anfechtungsklage)의 경우에도 독일 민법 제826조가 적용되는 것처럼,[370] 위 제826조는 반드시 모든 사람의 의무 사항에 대해서만 규율하는 것이 아니다. 따라서 독일 민법 제826조는 회사법에 명시적으로 규정되지는 않았으나 회사법에서 도출될 수 있는 책임제도로서 회사존립을 파괴하는 침해를 규율하기 위해 적용될 수 있다.[371]

2. 법실무적 관점에서의 비교

가. 증명책임

독일 민법 제826조에 따른 불법행위책임을 주장하는 견해는 사원의 고의에 대한 증명책임을 원고인 회사가 부담한다고 보는 데 반해, 독일 민법 제280조 제1항, 제241조 제2항, 제276조에서 정한 의무위반으로 인한 내부책임을 주장하는 견해는 위 제280조 제1항 제2문

---

369) Oechsler, in: Staudinger(2018), § 826 Rn. 324b; Altmeppen(2008), 1203; Dauner-Lieb (2008), 41; Gehrlein(2008), 763; Kleindiek(2008), 303.

370) 주주가 회사에 대해 요구할 권리가 없음에도, 중대하게 사욕을 채우기 위해, 특정 급부를 요구할 목적에서 독일 주식법 제243조 이하의 주주총회결의 취소의 소를 제기한 경우에 양속위반에 해당한다고 본다. BGH, Urteil vom 14.05.1992 – II ZR 299/99, NJW 1992, 2821 ff.; Oechsler, in: Staudinger(2018), § 826 Rn. 294a.

371) Becker(2018), 116; Casper, in: Ulmer/Habersack(2016), Anh. § 77 Rn. 122.

에 따라 피고가 자신의 면책을 증명하여야 한다고 한다.

　그러나 이러한 과책 추정은 회사존립파괴책임의 예외적 성질에 부합하지 않는다. 이러한 추정으로 말미암아 피고 내지 사원은, 회사존립을 파괴하는 침해로 말미암아 회사가 도산에 빠지거나 채권자에게 손해가 발생할 줄 몰랐다는 것을, 예를 들면 외부 자문사의 적절한 검토를 토대로 판단하였다는 것과 같이, 신뢰할 만한 근거를 들어 증명하여야 한다.[372] 또한 독일 유한회사법 제13조 제2항의 사원의 책임특권과 분리원칙은 독일 민법 제280조 제1항 제2문으로 인해 과책이 추정됨에 따라 현저히 손상되게 된다. 즉 사원은 무제한 책임을 부담할 개연성이 높아지고, 이로 인해 유한회사라는 법형식을 선택할 이유는 점점 줄어든다.[373]

　콘체른 구조책임을 인정하면서 종속기업의 고유한 이익이 손상되었음을 추정한 Video 판결과 이에 따른 부정적 영향으로 말미암아 위와 같은 추정을 포기하고 콘체른 행위책임으로 전환한 TBB 판결에서 볼 수 있듯이, 회사존립파괴책임이 문제되는 경우에 추정 구성요건의 활용은 아주 신중히 하여야 한다. 그렇지 않으면 추정과 이에 대한 반증 실패의 위험 때문에 명문의 규정과 모순되게 책임의 예외가 도리어 책임의 원칙을 위협할 수 있다.[374] 따라서 회사존립파괴책임의 회사법적 정립과 결부된 과책의 추정에 대해서는 비판적으로 바라볼 필요가 있다.

　이에 반해 독일 민법 제826조의 불법행위책임 구성은 증명책임이 원고에게 있다고 보기 때문에 회사존립파괴책임의 예외적 성격에 더 부합하고, 앞서 본 부정적 영향의 발생을 억제하는 데 더 효과적이다. 위 제826조의 적용으로 인해 독일 유한회사법 제13조 제2항의

---

372) Becker(2018), 118 f.
373) Stöber(2013), 2298 f.
374) Becker(2018), 119.

분리원칙이 제한을 받기는 하지만, 투시책임으로 정립하는 경우와 달리, 이러한 적절한 제한을 능가하는, 원칙에 대한 잠탈을 우려할 필요는 없어 보인다.[375]

나. 채권자 보호

회사존립파괴책임을 불법행위책임으로 정립하게 되면 다음과 같은 채권자 보호의 이점이 있다.

먼저 독일 민사소송법[Zivilprozessordnung(ZPO)] 제850f조 제2항[376]에 따라 채무자의 근로소득 중 압류할 수 있는 부분이 늘어나게 되어 채권자에 대한 변제가능성이 높아지고, 독일 도산법 제302조 제1호[377]에 따라 회사존립을 파괴하는 침해로 인한 채무에 대하여 독일 도산법 제300조 이하의 잔여채무 면책이 배제된다.[378] 사원 및 잠재적인 책임의 수범자에 대한 이러한 가중된 책임은, 회사의 도산을 유발하거나 심화시킬 개연성이 있는 중대한 재산 침해를 중지하게 만드는 효과가 있다.

다음으로 불법행위법적 정립으로 말미암아 독일 민법 제830조 제

---

375) Becker(2018), 120.

376) "강제집행이 고의의 불법행위에 기한 채권에 기초하여 실행되는 때에는 집행법원은 채권자의 신청에 따라 제850c조에 규정된 제한에도 불구하고 근로소득 중 압류할 수 있는 부분을 정할 수 있다; 다만 채무자가 그의 필수적 생계 및 계속적 법률상 부양의무의 이행을 위하여 필요로 하는 부분은 채무자에게 유보하여야 한다."

377) "다음 각호의 채무는 잔여채무 면책의 허가로부터 영향을 받지 아니한다.
   1. 고의에 의한 불법행위, 채무자가 고의로 의무를 위반하여 제공하지 않은 미지급 법적 부양료 또는 조세채무관계로 인한 채무자의 채무, 다만 조세채무관계로 인한 채무는 채무자가 이와 관련하여 조세기본법 제370조, 제373조 또는 제374조에 따른 조세범죄행위로 인하여 유죄의 확정판결을 받은 경우로 한정된다; 채권자는 제174조 제2항에 따라 법적 근거를 기재하여 이러한 채권을 신고하여야 한다."

378) Oechsler, in: Staudinger(2018), § 826 Rn. 324d.

2항에 의해 회사존립을 파괴하는 침해에 대한 교사자나 방조자도 책임의 수범자가 될 수 있는 법적 근거가 마련될 수 있다. 따라서 회사법에 근거한 책임의 경우보다 잠재적인 책임의 수범자가 늘어나게 되어 채권자에 대한 변제의 가능성을 높인다.[379]

결국 독일 민법 제280조 제1항, 제241조 제2항, 제276조에서 정한 의무위반을 주장하는 견해는 독일 민법 제826조에 따른 불법행위책임을 주장하는 견해보다 채권자 보호에 미흡하다고 볼 수 있다.

3. 회사재산의 목적구속성에 관한 사원의 배려의무에 대한 적절한 근거 제공 여부 비교

독일 민법 제280조 제1항, 제241조 제2항, 제276조에서 정한 의무위반을 주장하는 견해에 의하더라도, 회사재산의 목적구속성에 관한 사원의 배려의무를 회사에 대한 충실의무의 일종이라고 보지 않는다.[380] 판례에 의해 발전된 사원의 충실의무는 회사 내 다른 사원들의 기대에 의해 결정되는 것이고, 충실의무에 의해 보호되는 회사의 이익은, 사원에 의해 정해진 회사 목적과 회사에 의해 추구되는 모든 사원의 총체적 이익에서 기인한다.[381][382] 회사의 이익은 모든 사원의 이익에 의존하고 그들의 처분에 따르기 때문에, 사원들의 이익과 분리된 회사의 고유한 이익이란 관념하기 어렵다. 따라서 1인 사원 또는 모든 사원이 함께 회사에 가해하였을 때 충실의무 위반이 문제될 수 없다. 그러나 회사존립을 파괴하는 침해는 1인 사원 또는

---

379) Gehrlein(2008), 764; Habersack(2008), 546.

380) Fastrich, in: Baumbach/Hueck(2017), § 13 Rn. 55.

381) Fastrich, in: Baumbach/Hueck(2017), § 13 Rn. 22 f.; Altmeppen, in: Roth/Altmeppen (2019), § 13 Rn. 29 ff.

382) 주식회사의 주주에 대해서도 충실의무가 인정된다. 자세히는 Hüffer/Koch (2018), § 53a Rn. 13 ff. 참조.

모든 사원에 의해 이루어지는 경우가 많다. 이에 대해 특별법률관계에 터 잡은 회사에 대한 의무위반을 주장하는 견해는, 특별관계 밖에 위치한, 법적 거래에 대한 외부적 평가와 기대로써 채권자 보호의 관점에서 회사의 이익을 규정하려고 한다.[383] 이러한 회사의 독자적인 존립이익에 관한 주장은 앞서 본 것처럼 채권자 보호를 위한 개념 도구로서 경청할 만한 가치가 있지만, 결국 이 견해는 채권자 보호의 근거를 논의의 출발점인 회사와 사원 사이의 특별관계가 아닌, 그것의 외부에서 구하려 한다는 비판을 면하기 어렵다.

회사존립파괴책임은 회사채권자를 보호하려는 것인데, 사원과 회사 사이의 특별결합관계로부터 바로 채권자를 보호할 의무가 도출되기는 어렵다. 즉 회사존립을 파괴하는 침해를 하지 않을 의무에 대한 근거는 사원의 이익이 아닌 채권자 보호의 독자적인 관점에 기초하여야 하는바, 특별관계 밖에 위치한, 법적 거래에 대한 외부적 평가와 객관적 기대를 고려하는 것은 독일 민법 제826조에 따른 불법행위책임의 한 내용으로 파악할 때 오히려 자연스럽다. 양속위반의 개념에 가해로 영향을 받는 모든 사람의 기대와 법적 거래에 대한 평가가 포함될 수 있다. 따라서 회사존립을 파괴하는 침해로 인하여 간접적으로 영향을 받는 회사채권자의 이익과 기대가 양속위반 여부를 판단할 때 고려될 수 있다.[384]

V. 독일 주식법 제117조 등의 유추적용론 비판

이 견해는 앞서 본 것처럼 독일 민법 제826조를 회사존립파괴책임의 기초로 삼는 데 반대한다. 그 이유는 첫째 위 제826조에 의할 경우 회사채권자가 입는 간접손해를 포함할 여지가 있는데, 회사존

---

383) 앞의 제2장 제2절 II. 1.의 '회사의 독자적인 존립이익' 참조.
384) Becker(2018), 126 f.

립파괴책임에서 이러한 간접손해는 원칙적으로 고려의 대상에서 배제되어야 하기 때문이고, 둘째 회사존립파괴책임은 회사채권자에 대한 가해에 관한 것이지 회사에 대한 것이 아니어서, 사원 전원의 동의로 그 책임을 면제할 수 없다고 보아야 하는데, 위 제826조에 의할 경우 면제를 배제할 수 없기 때문이라고 한다.[385] 그 결과 회사존립파괴책임에는 독일 주식법 제117조 등이 유추적용되어야 한다는 것이다.

그러나 독일 민법 제826조에서도 회사채권자의 간접손해는 원칙적으로 배제될 수 있음은 앞서 본 것과 같고,[386] 위 제826조에 따를 때에도 회사존립을 파괴하는 침해에 대해 동의를 배제하는 것이 불법행위법의 기본원칙에 부합한다는 것도 위에서 언급하였다.[387] 이렇듯 회사존립파괴책임에 독일 민법 제826조가 적용될 수 있다면, 입법상의 흠결이 존재하지 않게 되어 독일 유한회사법 제30조 이하, 독일 주식법 제117조, 독일 형법 제283조 이하의 규정 전체를 유추적용할 근거는 사라지게 된다.[388]

VI. 소결론

회사존립파괴책임과 관련하여, BGH가 맨 처음 취했던 실질적인 사실상 콘체른 책임은 광범위한 추정과 함께, 지배기업이 그의 지휘권을 계속적이고 포괄적으로 행사할 뿐만 아니라 종속회사의 이익을 무분별하게 간과한 채 행사하는 것을 가정하는데, TBB 판결에서 확인한 것처럼 이러한 추정은 합리적 근거가 없는 것이어서 구조책

---

385) 앞의 제2장 제4절 IV. 참조.
386) 앞의 제2장 제5절 II. 2. 참조.
387) 앞의 제2장 제5절 II. 3. 참조.
388) Becker(2018), 129.

임과 관련된 독일 주식법 제302조, 제303조의 유추적용을 위해서 요구되는 행위책임에 대한 법적 유사성이 결여된 난점이 있다. BGH가 다음으로 인정한 투시책임은, 사원이 법형식을 남용하였음을 이유로 독일 상법 제128조를 유추적용하여 무제한의 책임을 지게 하면서도 사원의 면책적 증명을 허용하는 것은 도그마틱상 문제가 있다.

독일 유한회사법 제13조, 제43조, 독일 도산법 제129조 이하, 제143조, 독일 주식법 제117조, 제317조 등에 비추어 볼 때 회사존립파괴책임은 내부책임으로 보는 것이 체계에 부합하고, 회사존립파괴책임이 독일 유한회사법 제30조, 제31조의 보호 흠결을 보완하기 위해서 인정된 것임을 고려할 때 회사재산에 손해가 발생했을 때 배상청구권을 가지는 것은 회사라고 보아야 한다. 이러한 내부책임의 법적 기초로 독일 민법 제280조, 제241조, 제276조에서 정한 특별법률관계에 기초한 의무위반을 주장하는 견해는, 정작 특별관계 밖에 위치한, 법적 거래에 대한 외부적 평가와 객관적 기대를 통해 채권자를 보호할 의무를 도출하는데, 이것은 도그마틱적으로 문제가 있고, 오히려 이러한 평가와 기대는 독일 민법 제826조의 양속위반의 개념에 포함될 수 있다. 또한 독일 유한회사법 제43조 제2항을 유추하려는 견해는 유추적용을 위한 요건사실의 유사성이 결여되어 있다는 비판이, 독일 주식법 제117조 등을 유추하려는 견해에 대해서는 회사존립파괴책임에 독일 민법 제826조가 적용될 수 있다면 입법상의 흠결이 존재하지 않아 유추적용을 할 근거가 사라지게 된다는 비판이 가능하다.

결론적으로 BGH의 현재 견해에 찬성한다. 독일 유한회사법상의 채권자 보호 제도의 흠결을 메우기 위해 콘체른법상의 사실관계에 제한되지 아니한 회사존립파괴책임이 필요하며, 이는 독일 민법 제826조에 근거할 수 있다.[389] 이렇게 함으로써 독일 민사소송법 제850f

---

389) 앞의 주 258의 견해 및 Oechsler, in: Staudinger(2018), § 826 Rn. 324 ff. 참조.

조에 따라 채무자의 소득 중 압류할 수 있는 부분이 늘어나고, 독일 도산법 제302조에 의하여 잔여채무의 면책 가능성이 배제되며, 독일 민법 제830조에 따라 교사자나 방조자도 책임의 주체가 될 수 있어 수범자가 증가하게 되어 채권자에 대한 변제 가능성을 높인다. 다만 BGH의 견해처럼 회사존립파괴책임을 내부책임으로 구성하게 되면, 채권자대위권을 인정하지 않는 독일 법제에서는 도산 재단의 부족으로 절차의 개시가 기각되거나 폐지된 경우에도 회사존립파괴책임에 기한 청구권이 회사채권자에게 귀속되지 않고, 채권자는 회사에 대한 집행권원을 근거로 사원에 관한 회사의 채권에 대해 압류 및 전부명령을 받아야 하는 번거로움이 있다.

제3장

독일의 회사존립파괴책임의
요건과 효과

제1절 책임의 발생 요건

I. 양속위반의 침해

1. 침해

BGH가 정립한 책임구조에 따르면, 회사존립파괴책임의 중심에는 회사재산에 대한 '보상 없는 침해(kompensationsloser Eingriff)'가 자리하고 있다.[1] 보상 없는 침해란 사원이 회사재산에 대해 불이익한 영향을 미쳤거나 그에 상응하는 영향을 야기하였음을 의미한다.[2] 침해에는 회사의 재산이나 수익 상황을 감소시키거나 구체적 위험을 야기하는 어떠한 것도 포함된다. 법률행위와 관련하여 객관적인 제3자와의 비교, 즉 그 법률행위가 제3자와도 동일한 조건으로 체결될 수 있는지 여부뿐만 아니라, 도대체 법률행위의 체결 자체가 가능한지 여부까지도 중요한 기준이 된다.[3] 회사에 영향을 미쳤는지 여부는 이것이 재무제표상에 반영되는지 여부와 상관없다.[4] 대차대조표에 반영되지 않는 재산 가치의 탈취, 예컨대 장부상 가격에 따른 양도나 대차대조표상 가치의 변동이 없는 자산의 교환도 침해가 될 수 있다.[5] 사업기회를 빼앗는 것과 같이 단지 자산의 유입을 막는 것도 마찬가지다.[6]

---

1) NJW 2007, 2690(Trihotel 판결); NJW 2008, 2438(Gamma 판결).
2) 이는 독일 주식법 제311조 이하의 '불이익' 개념과 유사하다고 할 수 있다.
3) Leuschner, in: Habersack/Casper(2021), Anh. § 77 Rn. 322; Servatius, in: Michalski/ Heidinger(2017a), Syst. Darst. 4 Rn. 53.
4) Verse, in: Henssler/Strohn(2021), § 13 GmbHG Rn. 53.
5) Liebscher, in: Fleischer/Goette(2018), Anh. § 13 Rn. 552.
6) Habersack(2008), 544.

BGH가 강조한 '무보상(Kompensationslosigkeit)' 요건과 관련하여, 재산탈취의 직접적인 결과에 대해서만 보상하지 않으면 위 요건이 충족될 수 있는 것으로 제한하려는 것이 아니다. 즉 '시장 여건에 맞는 반대급부 없는' 자산유출이 있는지 여부만으로는 충분하지 않다.[7] 오히려 회사의 수익 능력에 간접적인 영향을 미치는 것에 대한 보상이 있는지 여부도 고려하여야만 한다. 만약 어떤 유한회사가, 특별히 그 회사의 수요에 맞춰 만들어진 중요 생산 기계를 탈취당하였고, 단지 언제나 특정되는 시장 가격만 받았다면, 그럼에도 그 회사는 생산 부족으로 인하여 도산에 이르게 될 것이다. 왜냐하면 회사존립파괴책임에서는 도산유발책임이 문제가 되기 때문에, 유출과 유입 사이의 직접적인 연관이란 의미의 개별적 관찰은 별 도움이 되지 못한다. 전체적인 관찰을 기초로 하고, 모든 침해에 대하여 도산개시를 막을 수 있는 전체적으로 넉넉한 반대급부를 요구한다면, 무보상이라는 구성요건적 징표는 정당화될 수 있다.[8]

한편 회사존립을 파괴하는 침해의 금지가 독일 주식법 제311조[9] 이하의 가해 금지와 다른 점은 구체적인 회사의 목적과는 무관하다는 것이다. 즉 전자의 경우 회사채권자의 이익이 고려되어야 하는

---

7) Casper, in: Ulmer/Habersack(2016), Anh. § 77 Rn. 133.
8) Casper, in: Ulmer/Habersack(2016), Anh. § 77 Rn. 133.
9) "(1) 지배계약이 존재하지 아니하는 경우에 지배기업은 종속된 주식회사 또는 주식합자회사에 대하여 이 회사에 불이익한 법률행위를 하도록 하거나 이 회사에 불이익이 되게 조치를 취하거나 중단하도록 하기 위하여 그 영향력을 이용하여서는 안 된다. 다만 그 불이익이 보상되는 경우에는 그러하지 아니한다.
(2) 그 보상이 그 영업연도 중에 실제로 이루어지지 아니한 때에는 늦어도 종속회사에 그 불이익을 준 영업연도의 종료 시까지 그 불이익이 언제 그리고 어떠한 이익을 통하여 보상되어야 할지를 정하여야 한다. 보상을 위하여 정하여진 이익에 대하여는 종속회사에 법적 청구권이 부여되어야 한다."

데 반해, 후자의 경우 콘체른의 이익에 기여하는 콘체른 내 회사의 목적이 문제가 된다.[10]

2. 양속위반

재산 침해의 양속위반은, 대개 회사재산이 채권자에게는 부담이 되고 사원 또는 제3자에게는 이익이 되게[11] 계획적으로 탈취됨을 전제로 한다. 그러므로 사원의 행위가 완전히 납득할 수 없어야 하고, 특히 채권자의 관점에서 배려의무를 위반한다는 것이 중요하다.[12] 만약 문제가 된 행위가 단순히 법률을 위반한 정도에 불과하다면 양속위반으로 평가될 수 없다. 양속위반은 사원이 책임재산을 감소시켜 채권자에게 해가 되고 자신에게는 이익이 되게 함으로써 회사의 도산을 유발하거나 심화시키는 행위에 대해 인정할 수 있다.[13] 그러나 BGH는 청산단계에 있는 회사의 경우에 도산유발이나 도산심화가 없더라도 사원이 독일 유한회사법 제73조 제1항을 위반하여 회사재산을 침해하였을 때에는 양속위반이 될 수 있다고 판시하였다.[14]

양속위반의 침해에 대해서는 침해 시점에 사전적으로, 이러한 침

---

10) Leuschner, in: Habersack/Casper(2021), Anh. § 77 Rn. 324.
11) 양속위반이 성립하기 위해 회사재산의 침해가 반드시 사원의 이익으로 귀결되어야 하는지에 대해서는 다툼이 있다. ① 이를 긍정하는 견해로는 Fastrich, in: Baumbach/Hueck(2017), § 30 Rn. 66; Altmeppen, in: Roth/Altmeppen (2019), § 30 Rn. 90이 있고, ② 이를 부정하는 견해로는 BGH, NJW 2002, 1805(L-Kosmetik 판결); BGH, NJW 2007, 2692(Trihotel 판결); Liebscher, in: Fleischer/Goette(2018), Anh. § 13 Rn. 545 f., 567 f.; Verse, in: Henssler/Strohn(2021), § 13 GmbHG Rn. 57 f.; Lieder, in: Michalski/Heidinger(2017a), § 13 Rn. 443이 있다. 이하에서는 BGH의 견해에 따른다.
12) NJW 2007, 2691(Trihotel 판결).
13) NJW 2007, 2692(Trihotel 판결); NJW 2009, 2129(Sanitary 판결).
14) NJW 2009, 2130(Sanitary 판결).

해가 배려의무를 위반하고 유해한 것이어서 이로 인한 회사의 도산 발생 위험이 객관적으로 인식될 수 있을 정도에 이르러야 한다.[15] 배려의무를 위반하였다는 것은 무엇보다 침해가 회사의 도산을 야기할 수 있음을 시사하는 최소한의 한계이다. 그러나 단순히 추상적인 도산위험만으로는 충분하지 않지만, 도산위험이 현저하게 개연성 있는 경우는 이를 인정할 수 있다. 다만 도산위험이 상당하지만 현저한 정도에 이르지 않은 경우에는, 이러한 조치가 회사에 커다란 이익을 가져올 개연성이 있는지 여부를 따져보아야 한다.[16]

또한 순전한 경영상 오류는 회사존립파괴책임을 구성하지 않는다.[17] 이때에는 대개 의도적인 침해가 존재하지 않는다. 비록 특별한 투기적 거래를 하려 한다고 하더라도, 여기에 객관적인 양속위반의 비난이 존재한다고 하기 어렵다. 기업가적인 행위가 경영판단의 법칙 안에서 이루어진다면, 그 행위는 양속위반으로 평가할 수 없다.[18]

3. 사례유형

가. 회사의 적극재산 탈취

침해는 '회사재산의 취득(Zugriff)'이라고 이해할 수 있다. 여기에는 먼저 사원에게 현금이나 계좌로 돈을 지급하는 것을 들 수 있다. 또한, 침해를 계획하고 있는 사원이 제3자에게 부담하는 채무를 변제하기 위하여 회사 자금을 제3자에게 송금한 경우도 동일하게 회사재산의 취득에 해당한다. 중요한 생산 물품의 양도, 특허권 또는 다른

---

15) Liebscher, in: Fleischer/Goette(2018), Anh. § 13 Rn. 541.
16) Liebscher, in: Fleischer/Goette(2018), Anh. § 13 Rn. 542.
17) Weller/Discher, in: Bork/Schäfer(2019), § 13 Rn. 48; Maul, in: Gehrlein/Born(2019), Anhang 2 Rn. 73.
18) Casper, in: Ulmer/Habersack(2016), Anh. § 77 Rn. 131.

지식재산권의 양도와 같은 적극재산의 감소도 역시 침해가 될 수 있다. 일반적으로 대차대조표의 자산란에 기재될 수 있는 '자산 가치를 이전하는 것'은 회사존립파괴책임의 구성요건을 충족할 수 있다.[19]

적극재산의 탈취에서 아마도 가장 중요한 사례유형 중 하나가 소위 '유한회사 이어달리기(GmbH-Stafette)'인데, 여기서는 유한회사 활동의 중지나 감축과 동시에 재산의 대부분이 다른 사람이나 새롭게 설립된 임시수용회사[20] 또는 콘체른 회사에 이익이 되게 이전된다. 종전 회사에는 단지 채무만이 남게 되는데, 그 회사는 거의 없거나 더는 존재하지 않는 자산으로 더 이상은 이러한 채무를 감당할 수 없게 된다. 청산 규정을 명백하게 무시하는 게 특징인 이 절차는 회사존립을 파괴하는 침해에 해당한다.[21]

나. 청구권의 불행사(부작위)

회사존립파괴책임이 문제되는 대부분 상황에서는 적극적 행위(작위)를 통한 침해가 전면에 있었다. 그런데 BGH는 Sanitary 판결에서 정당하게 부작위도 회사존립을 파괴하는 침해가 될 수 있음을 인정하였다.[22] 즉 이전 소송에서 Sanitary 유한회사가 1994년에 1인 사원 겸 이사인 피고를 상대로 손해배상청구의 소를 제기하였으나, 위 유한회사의 청산인이기도 한 피고가 위 유한회사를 대표하여 변론기일에 출석하지 않아 독일 민사소송법 제330조[23]에 따라 궐석재판으로 회사의 소가 기각되었다. 뒤에 이어진 Sanitary 판결에서 청산인인

---

19) Leuschner, in: Habersack/Casper(2021), Anh. § 77 Rn. 336.

20) KBV 판결에 관한 제2장의 주 181 참조.

21) Liebscher, in: Fleischer/Goette(2018), Anh. § 13 Rn. 548; Leuschner, in: Habersack/Casper(2021), Anh. § 77 Rn. 337; Bitter, in: Scholz(2018), § 13 Rn. 162.

22) NJW 2009, 2129.

23) "원고가 구술변론기일에 출석하지 아니한 때에는 신청에 따라 원고의 소를 기각한다는 궐석판결을 하여야 한다."

피고가 회사를 대표하여 적극적으로 손해배상청구권을 행사하지 않는 것이 문제가 되었는데,[24] BGH는 이러한 부작위에 대해서도 회사존립파괴책임이 성립할 수 있다고 판시하였다. 그러므로 만기가 도래하고 항변권이 행사되지 않을 청구권을 행사하지 않는 것은 회사존립파괴책임을 구성할 수 있다. 만일 기업가적 재량에 따라 청구권을 행사하지 않았을 경우에는 가해의 고의가 있다고 보기 어렵기 때문에 회사존립파괴책임이 성립하지 않는다.[25] 이때 기업가적 재량의 한계를 일탈하였는지 여부는 문제되지 않는다.[26]

다. 유동성 탈취

사업에 필요한 유동성을 감소시키는 것도 침해에 포함된다.[27] 즉 장래에 채무를 변제할 수 있는 능력을 침해함으로써 유동성을 감소시키는 경우라고 할 수 있다. 예를 들어 이자나 담보 등에 관한 시장의 통상적인 조건에 맞춰 대출이 이루어진 경우에도, 이로 인하여 회사에 도산유발 또는 도산심화가 초래될 수 있다. 그 결과 사원은 회사의 유동성 감소와 관련하여 독일 도산법 제15b조 제5항[28]을 준

---

24) NJW 2009, 2128.

25) 따라서 청구권 불행사가 기업가적 재량에 의해 보호될 수 없다는 취지의 Casper, in: Ulmer/Habersack(2016), Anh. § 77 Rn. 131의 견해는 잘못된 것이다.

26) Leuschner, in: Habersack/Casper(2021), Anh. § 77 Rn. 338.

27) Habersack, in: Emmerich/Habersack(2019), Anh. § 318 Rn. 40. 적극재산의 탈취 사례와 일부 중첩된다.

28) "(1) 제15a조 제1항 제1문의 신청의무를 지는 법인의 대표기관 구성원 및 청산인은 법인이 지급불능 또는 채무초과상태가 된 후에는 법인을 위해 더는 지급을 하여서는 안 된다. 정상적이고 성실한 이사의 주의의무로써 지급을 한 때에는 이를 적용하지 아니한다.

(5) 제1항 제1문 및 제4항은, 그 지급이 법인으로 하여금 지급불능에 이르게 할 때에는 그 법인에 관여하는 사람에게 지급하는 경우에도 적용된다. 다만 제1항 제2문의 주의의무로써 그러한 지급을 한 때에는 그러하지 아니한다. 이는 협동조합에는 적용하지 아니한다."

수하는 이사의 경우와 유사하게 사전적으로, '유동성의 감소가 계획적으로 채무를 변제하기 위한 유한회사의 능력을 침해할 것인지 또는 회사의 수익 능력을 침해할 것인지 여부'라는 지급능력 테스트 방식을 검토하여야 할 의무를 부담하게 된다. 수익 능력의 침해란 특히 영업에 필요한 투자를 더는 할 수 없는 경우(예컨대 물품 또는 재료를 더는 구입할 수 없는 때) 또는 회사가 장래에 영업 목적의 범위에서 정상적으로 제공하려 한 급부를 더는 제공할 수 없는 경우를 의미한다.[29]

이러한 탈취는 중앙 자금관리시스템(Cash-Pools)의 설립을 통해서도 이루어질 수 있다. 그러나 논의의 시작점으로서, 자금관리시스템의 설립은, 독일 유한회사법 제19조 제5항,[30] 제30조 제1항 제2문에 의한 제한만 준수한다면, 원칙적으로 적법하고 또한 허용된다고 보아야 한다.[31] 자금관리시스템에 참여한 회사가, 모회사에 대한 청구권이 가치 없게 되고 지급청구권도 더는 행사될 수 없게 되어버림으로써, 유동성 부족으로 자신의 채무를 더는 변제할 수 없게 된 경우에만, 그 회사의 도산이 유발되었다고 할 수 있고 이에 따라 독일 민법 제826조에 따른 책임이 고려될 수 있다.[32] '상향 대출(Upstream-Loans)'이나 자금관리시스템은 그 자체로 회사를 도산으로 이끄는 것이 아니다.[33]

---

29) Leuschner, in: Habersack/Casper(2021), Anh. § 77 Rn. 339.

30) "경제적으로 출자의 반환에 해당하나 본조 제4항의 현물출자로 볼 수 없는 급부가 출자 전에 합의된 경우에, 그 급부가 언제든지 만기인 또는 회사가 언제든지 해지를 통해 만기가 도래하도록 할 수 있는 급부의 가치에 완전히 해당하는 반환청구권에 의해 담보된 경우에만 사원은 출자의무로부터 면책된다. 그러한 급부나 그러한 급부에 대한 합의는 제8조에 따른 등기 신청 시 기재되어야 한다."

31) Leuschner, in: Habersack/Casper(2021), Anh. § 77 Rn. 340.

32) BGH, NJW 2001, 3622 ff.(Bremer-Vulkan 판결).

33) Liebscher, in: Fleischer/Goette(2018), Anh. § 13 Rn. 549.

라. 사업기회 및 취득기회의 탈취 또는 이전

회사재산에 대한 침해 이외에 사업기회론(Geschäftschancenlehre)에 터 잡은 또 다른 침해 사례유형이 있다. 여기에는 회사를 위한 중요 사업기회의 박탈, 구체적인 취득기회(Erwerbschance)의 박탈 또는 핵심 직원을 뺏어가는 것이 포함된다.[34] 다른 콘체른 기업에 부적당한 콘체른계산가격(Konzernverrechnungspreis)으로 물품 등을 제공할 의무를 부과하는 것이 전형적인 예이다. 또한 이윤을 주는 생산을 포기하는 것, 생산시설을 폐쇄하는 것, 고객군(Kundenstamm)을 다른 기업에 넘기는 것 또는 콘체른 내에서 중요한 기업의 기능을 탈취하는 것 등도 고려해볼 수 있다.[35] 취득기회의 탈취 사례유형에 적절한 대가를 지급받지 않은 사업의 임대(Verpachtung des Betriebes)가 포함될 수 있다. 비록 사업임대의 경우에 재산의 소유권이 임대인에게 있지만, 임대인은 과실수취권을 포기한다. 앞서 든 모든 사례의 경우에 객관적으로 회사에 불이익할 뿐만 아니라 사원에게 가해의 고의가 있어야 한다. 따라서 기업가적 재량에 따라 결정을 한 경우라면 비록 그 재량의 한계를 일탈하였다고 하더라도 회사존립파괴책임이 성립하지 않는다.[36]

마. 소극재산의 양수

앞서 본 사례는 적극재산 가치의 탈취에 관한 것이었다. 그런데 BGH는 명시적으로, 회사존립파괴책임에서 재산의 탈취는 반드시 이러한 적극재산에 국한되지 않고 채무를 부담하거나 채무를 인수하는 것도 채권자를 위한 책임재산이 감소되는 한 이에 포함된다고 판시하였다.[37]

---

34) Liebscher, in: Fleischer/Goette(2018), Anh. § 13 Rn. 552.

35) Liebscher, in: Fleischer/Goette(2018), Anh. § 13 Rn. 551.

36) Leuschner, in: Habersack/Casper(2021), Anh. § 77 Rn. 341.

구체적 사실관계를 보면, B 유한회사가 사실상 도산에 이른 A 유한회사를 합병한 후 자신도 도산에 이르게 되자, B 회사의 도산관재인이 B 회사의 지배사원 겸 A 회사의 1인 사원을 상대로 회사존립파괴책임을 주장하며 손해배상청구를 한 사안이다. BGH는 합병에 의한 채무의 증가도 회사존립을 파괴하는 침해에 해당된다고 하였는바, 학설은 이러한 BGH 판결이 있기 전부터 이미 소극적 재산의 증가도 회사존립을 파괴하는 침해에 해당함을 긍정하고 있었다.[38] 회사존립파괴책임으로 보호를 받는 채권자의 입장에서 보면, 회사의 순재산이 적극재산의 탈취로 감소하건, 채무의 증가로 감소하건 중요하지 않다.[39]

바. 실질적 과소자본

실질적 과소자본(Unterkapitalisierung)이 문제되는 사례에서는 회사에 필요한 재원이 구비되었는지가 문제되지만, 회사존립파괴책임의 경우는 재원의 감소를 전제로 한다. 재원 감소를 통한 도산유발에 대해서는 예측하지 못한 입법의 흠결이 존재함에 반하여, 불충분한 재원 구비에 대해서는 자본금 납입에 관한 규정과 독일 도산법이 이를 규율한다.[40] BGH는 앞서 본 것처럼 Gamma 판결에서 실질적 과소자본은 회사존립파괴책임을 구성하지 않는다는 원칙을 세웠다.[41]

---

37) BGH, Teilversäumnis- und Teilendurteil vom 06.11.2018 – II ZR 199/17, NJW 2019, 589 ff; 이 판결에 찬성하는 견해로는 Heckschen(2019), 561 ff.; Primozic/Handrup (2019), 266 ff.; 이 판결을 비판하면서 피고는 차액책임(Differenzhaftung)을 부담해야 한다는 견해로는 Priester(2019), 647; Neuberger(2020), 162.

38) Verse, in: Henssler/Strohn(2021), § 13 GmbHG Rn. 53; Lieder, in: Michalski/Heidinger(2017a), § 13 Rn. 443; Bayer, in: Lutter/Hommelhoff(2020), § 13 Rn. 31; Altmeppen, in: Roth/Altmeppen(2019), § 30 Rn. 90.

39) Leuschner, in: Habersack/Casper(2021), Anh. § 77 Rn. 342.

40) Leuschner, in: Habersack/Casper(2021), Anh. § 77 Rn. 343.

41) NJW 2008, 2437 ff.

이는 의도한 사업목적에 비해 처음부터 전혀 충분하지 않은 자본금만이 있었던 사례에 관한 것이다.

이 원칙은 처음부터 계획된 소위 신데렐라 회사(Aschenputtelgesellschaft)에 대해서도 적용되어야 하는데, 이러한 신데렐라 유한회사는 다른 회사를 위해 단지 비용부담자로서만 기능할 뿐, 자신에게 할당된 부채를 부담하기 위하여 그에 상응한 이윤기회나 충분한 자산도 가지고 있지 않으며, 콘체른법상의 보상청구권도 가지지 않는다. BGH는 이러한 경우에 무엇보다 침해가 존재하지 않는다는 논거를 들었다.[42] 즉 실질적 과소자본은, 회사의 자산상태나 재정상태에 대한 침해를 통해 도산을 유발한 데에 대하여 책임을 지는 고유한 상황에 해당하지 않는다는 것이다. 또한 종국적으로 부족한 자본금을 이유로 기업이 도산에 처했다고 해서 모든 경우에 독일 민법 제826조에 따른 책임을 지는 것도 아니다. 왜냐하면 그러한 책임을 인정할 경우 독일 유한회사법 제13조에서 보장하는 사원의 책임특권이 광범위하게 손상되기 때문이다.[43]

다만 신데렐라 유한회사를 설립한 사원의 책임과 관련하여, 이러한 회사에 할당된 위험을 고려할 때 그 회사는 처음부터 일반적인 사업위험을 감당할 능력을 박탈당하였고, 이러한 시초의 위험이 결국 현실화한 경우에는, 사원은 이로 인한 책임을 져야 한다는 견해도 있다.[44] 이에 따르면 특별한 상황이 존재하는 경우에는 독일 유한회사법 제13조의 목적론적 축소 또는 회사존립파괴책임의 영역 밖에 있는 독일 민법 제826조의 특별한 사례유형으로 간주되어야 한다는 것이다.

---

42) NJW 2008, 2438(Gamma 판결).
43) Drescher(2019), Rn. 903; Casper, in: Ulmer/Habersack(2016), Anh. § 77 Rn. 139.
44) Liebscher, in: Fleischer/Goette(2018), Anh. § 13 Rn. 553 ff.

사. 채권자의 부담으로 귀결되는 도산에 근접한 시점의 투기

자기자본이 고갈될 즈음 사원의 결의 등에 따라 유한회사가 비정상적으로 높은 위험을 감수하고 채권자의 부담으로 돌아가는 투기를 하는 것에 대해 논의가 있다. 이러한 상황에서 위험(리스크)은 매우 비대칭적으로 분산되는바, 위험의 실현은 전적으로 채권자에게 돌아간다는 것이 문제이다. 이 같은 상황을 회사존립파괴책임의 사례유형으로 분류하고 그에 상응하는 책임도 사원에게 부담하게 하자는 견해가 있다.[45]

그러나 위험이 아무리 높더라도, 또한 자기자본 비율이 아무리 낮더라도, 투기는 재산을 '증식'하고자 하는 기대와 연관되어 있음을 부정할 수 없다. 따라서 회사재산을 탈취하려는 회사존립을 파괴하는 침해와는 질적인 차이가 있다. 회사존립을 파괴하는 침해는 체계에 반하는 것이지만, 채권자의 부담으로 귀결되는 투기는 체계에 부합하는 것이다. 위험의 비대칭적 분산만으로는 이러한 사정을 전혀 바꿀 수 없다. 왜냐하면 이와 같은 비대칭적 분산은 단지 도산에 근접한 상황에서 발생하는 것일 뿐만 아니라 책임 제한의 원칙에 내재하는 것이기 때문이다. 채권자는 회사의 자기자본 공여자와 달리 회사의 이익을 공유할 수 없기 때문에, 회사가 갖는 기대가치(기회-위험 관계)와 무관하게 어떠한 위험 증가도 채권자에게는 불이익한 것이다. 도산에의 근접성은 앞서 본 문제 제기를 정당화하지 못한다.[46] 그러므로 회사존립파괴책임은 극단적인 상황에서만 문제가 될 수 있다. 이러한 점에서 독일 민법 제826조는 청구권의 기초로서 정당하다.[47]

---

45) Liebscher, in: Fleischer/Goette(2018), Anh. § 13 Rn. 556; Burgard(2002), 830; Mülbert (2001), 1942; Schön(2004), 288 ff.

46) Leuschner, in: Habersack/Casper(2021), Anh. § 77 Rn. 346; Altmeppen, in: Roth/Altmeppen(2019), § 13 Rn. 84; Dauner-Lieb(2006), 2038.

Ⅱ. 도산유발로 인한 손해

회사재산에 대한 침해가 도산유발로 인한 손해의 원인이 되거나 이를 심화시켜야 한다. 만약 회사가 이미 청산단계에 있다면 도산유발이 필요조건이 되는 것은 아니지만, 채권자를 위한 재산이 감소되었다는 것으로 충분하다.[48] 결국 타인자본이 피해를 보거나 채무초과상태에 이르는 것이 중요하다. 유동성 부족만으로는 충분하지 않다. 자본금을 포함하여 단지 자기자본이 피해를 보았다는 것만으로는 부족하고,[49] 순전히 도산위험이 야기되었다는 것만으로도 불충분하다.[50] 만약 도산이 적기에 새로운 자본의 수혈로 회피되었다면 회사존립파괴책임도 배제된다. 회사존립파괴책임이 도산유발로 인한 손해뿐만 아니라, 도산절차가 개시되거나 재단부족을 이유로 도산절차가 개시되지 못하거나 최소한 강제집행 시도가 성과가 없을 것을 요건으로 하는지는 의심스럽다.[51] 회사존립파괴책임을 내부책임이라고 주장하는 한, 이러한 의문은 실무적으로 중요한 의미가 있는 것 같지 않다.[52]

Ⅲ. 인과성

나아가 침해와 도산유발로 인한 손해 사이에 인과관계가 필요하다.[53] 사전적 관점에서 양속위반을 평가한 것과 달리, 인과관계는 사후적 관점에 따라야 한다. 침해가 없었다면, 손해가 전혀 발생하지

---

47) Leuschner, in: Habersack/Casper(2021), Anh. § 77 Rn. 346.
48) BGH, NJW 2009, 2130(Sanitary 판결); BGH, ZIP 2012, 1072.
49) BGH, Urteil vom 24.07.2012 – Ⅱ ZR 177/11, ZIP 2012, 1807.
50) Liebscher, in: Fleischer/Goette(2018), Anh. § 13 Rn. 561.
51) 이를 부정하는 견해로는 Habersack, in: Emmerich/Habersack(2019), Anh. § 318 Rn. 43.
52) Leuschner, in: Habersack/Casper(2021), Anh. § 77 Rn. 359.
53) BGH, NJW 2007, 2695.

않았을 것이라거나(도산유발의 경우) 더 적은 범위에서만 손해가 발생하였을 것이라면(도산심화의 경우), 인과관계는 존재한다.[54] 침해 후 도산의 진입까지 많은 시간이 흘렀을수록 개별 사례에서 양자의 인과관계를 인정하기는 더욱 어려워진다.[55] 다른 요소들과 함께하는 침해의 중첩성(Mitursächlichkeit) 내지 중첩적 인과관계의 경우에, 특히 상당히 긴 일련의 과정 후에는, 기존 침해의 인과관계를 단절시키는 새로운 요소가 출현하지만 않는다면, 원칙적으로 이로써도 충분하다고 보인다.[56]

IV. 과책

회사존립파괴책임이 과책을 전제로 하는지에 대해서는 다툼이 있다. 회사존립파괴책임을 투시책임으로 파악하는 견해는 당연한 귀결로서 과책을 포기하는 것을 지지한다. 통상 투시론에서 그러는 것처럼, 객관적인 '남용' 구성요건의 존재 여부에 전적으로 초점을 맞춰야만 한다는 것이다.[57] 이와 달리 특별법률관계에 터 잡은 회사에 대한 의무위반으로 인한 내부책임을 주장하는 견해는 과책책임을 지지하지만,[58] 견해에 따라서는 고의 이외에 중대한 과실로 한정하기도 하고,[59] 고의에 의한 의무위반의 경우에만 책임이 성립한다는 주장도 있다.[60] 한편 독일 민법 제826조의 불법행위책임으로 파

---

54) Leuschner, in: Habersack/Casper(2021), Anh. § 77 Rn. 360.

55) Liebscher, in: Fleischer/Goette(2018), Anh. § 13 Rn. 565.

56) Liebscher, in: Fleischer/Goette(2018), Anh. § 13 Rn. 564; Casper, in: Ulmer/Habersack (2016), Anh. § 77 Rn. 142.

57) 제2장의 주 259 및 Lieder, in: Michalski/Heidinger(2017a), § 13 Rn. 459 참조.

58) 제2장의 주 280 참조.

59) 제2장의 주 281, 282 참조.

60) 제2장의 주 283 참조.

악하는 견해는 사원이 모든 객관적 구성요건에 대하여 최소한 미필적 고의를 가지고 행위를 하여야 한다고 한다.[61][62] 실무적으로는 도산 상황에 전형적으로 근접함을 인식하는 가해의 (미필적) 고의를 인정하는 것은 그렇게 어려운 것이 아니어서, 이러한 논쟁은 이론적 의미를 가지는 것에 불과하다고 할 수도 있다.[63]

그러나 앞서 본 것처럼 회사존립파괴책임의 법적 기초는 독일 민법 제826조에 의함이 타당한데, 위 제826조는 양속을 위반하여 타인에게 '고의로' 손해를 가할 것을 구성요건으로 하고 있다. 아울러 사원은 독일 유한회사법 제13조 제2항에 의해 책임특권을 인정받는데, 이 특권에 대한 예외가 바로 회사존립파괴책임이므로 극단적인 경우에만 이러한 책임을 인정할 필요가 있어서 과실책임으로까지 이를 확대하는 것은 자칫 사원의 책임특권을 몰각시키는 결과를 가져올 수 있다. 또한 독일 도산법 제15a조 제3항[64]은 대표자가 부재하는 경우 사원의 도산신청의무를 규정하고 있는데, 명백하게 사원이 이러한 위기상황을 '알고 있을 때에만' 이러한 신청의무를 부담한다고 하고 있다. 한편 회사존립파괴책임이 문제되는 사례와 유사한 상황을 규율하는 독일 주식법 제117조도 '고의로' 회사에 대한 자신의 영향력을 행사하여 이사 등으로 하여금 회사에 손해가 되도록 행위를 한 주주 등에게 손해배상의무를 부과하고 있다. 이렇듯 사원(주주)에게 책임을 부담하게 하는 관련 규정도 사원(주주)이 고의로 구성

---

61) BGH, NJW 2007, 2692(Trihotel 판결); BGH, NJW 2019, 592.

62) 제2장의 주 258, 389 및 Liebscher, in: Fleischer/Goette(2018), Anh. § 13 Rn. 570; Verse, in: Henssler/Strohn(2021), § 13 GmbHG Rn. 59; Kölbl(2009), 1197; Kurzwelly (2011), 283.

63) Casper, in: Ulmer/Habersack(2016), Anh. § 77 Rn. 143.

64) "유한회사에 대표자가 부재하는 경우에는 모든 사원이, 주식회사나 협동조합에 대표자가 부재하는 경우에는 감사기관의 모든 구성원도 신청할 의무가 있다. 다만 해당인이 지급불능 및 채무초과 또는 대표자의 부재에 대해 알지 못한 경우에는 그러하지 아니하다."

요건적 행위를 한 경우에만 위와 같은 책임을 지게 하고 있다. 따라서 회사존립파괴책임의 경우 사원에게 고의를 요구하는 것은 오히려 독일법 체계에 부합한다. 회사존립파괴책임의 기초를 독일 민법 제826조에 두는 이상 과책을 고의로 한정함이 타당하다.[65]

이러한 고의는 객관적 구성요건 전체에 대해 미쳐야 한다.

V. 주장책임과 증명책임

Trihotel 판결에서 BGH는 독일 민법 제826조에 관한 판례에 근거하여, 채권자인 회사는 모든 객관적 및 주관적 구성요건징표에 대하여 주장책임과 증명책임을 부담하고, 특히 인과관계에 대한 증명도 완전하게 하여야 한다고 판시하였다.[66] 이러한 판시는 TBB 판결에서 인정된 구체적 진술책임(Substantiierungslast)의 경감도 허용되지 않는다는 의미이다. 종전의 TBB 판결에 따르면 원고는, 피고가 기업을 경영하면서 콘체른의 이익을 고려하여, 특정할 수 있고 구체적으로 보상 가능한 개별적인 침해를 초과하여, 유한회사의 고유한 이익을 침해하였음을 시사할 정도의 사정을 주장하거나 필요할 경우 이를 증명하는 것으로 충분하였다.[67] 이로써 피고인 콘체른 모회사는 제2차 주장책임을 부담하였다.

위와 같은 Trihotel 판결에 대해 학계의 반응은 다양하다. 먼저 회사존립파괴책임을 주장하는 청구권자가 도산관재인인지, 회사의 청구권을 압류 및 전부명령을 받은 회사채권자인지에 따라 증명책임의 경감을 달리해야 한다는 견해가 있다.[68] 도산관재인은, 도산된 회

---

65) 같은 취지로 Becker(2018), 113 f.; Saenger, in: Saenger/Inhester(2020), § 13 Rn. 119; Weiß(2017), 219; Schirrmacher(2021), 44.

66) NJW 2007, 2693.

67) BGH, NJW 1993, 1203.

사의 장부나 서류를 언제라도 볼 수 있기 때문에, 어떠한 증명책임의 경감도 필요로 하지 않은데, 도산절차 외에서 회사의 장부를 즉시 볼 수 없는 채권자가 직접청구권을 행사하는 경우에는, TBB 판결에 의해 인정된 주장책임의 경감을 유지할 필요가 있다는 것이다.[69] 이 견해에 의하더라도 이러한 '경감'을 제외하고는, 완전한 주장책임 및 증명책임은 원고에게 있다.[70]

아울러 손해액과 관련하여 증명책임을 전환하여야 한다는 주장도 제기되고 있다. 이 견해에 따르면 가해자인 사원이, 도산유발로 인한 손해 전체가 회사존립을 파괴하는 침해에 기인한 것이 아니라는 것을 주장 및 증명하여야 한다고 한다.[71] 그런데 손해액의 증명과 관련해서는 독일 민사소송법 제287조[72]가 적용되는바, 원고는 도산유발로

---

68) Habersack, in: Emmerich/Habersack(2019), Anh. § 318 Rn. 47; Verse, in: Henssler/Strohn(2021), § 13 GmbHG Rn. 68; Casper, in: Ulmer/Habersack(2016), Anh. § 77 Rn. 151 f.

69) TBB 판결에 의하면 채권자는, 회사존립을 파괴하는 침해의 결과로 도산에 이르렀고 사원이 이러한 상태를 인식하고 있었다는 것을 시사할 정도의 사정을 주장하거나 필요할 경우 이를 증명하는 것으로 자신의 주장책임을 다한 것이다. 그다음에는 도산이 침해로 인한 것이 아니라는 데 대한 주장과 증명은 사원의 책임이 된다. 만약 사원이 제2차 주장책임을 이행하지 않는다면, 소를 제기한 채권자의 주장에 대해 사원이 자백한 것으로 간주된다. 이러한 주장책임의 경감은 '추정'이나 '증명책임의 전환'으로 작용하는 게 아니다. 만약 청구권자에 의해 진술된 사정이 피고인 사원에 의해 실질적으로 다투어진다면, 증명책임은 원고에게 있고, 진위 불명(non liquet)은 그의 부담으로 돌아간다. Casper, in: Ulmer/Habersack(2016), Anh. § 77 Rn. 152.

70) Liebscher, in: Fleischer/Goette(2018), Anh. § 13 Rn. 580.

71) Verse, in: Henssler/Strohn(2021), § 13 GmbHG Rn. 68; Altmeppen, in: Roth/Altmeppen (2019), § 13 Rn. 103; Casper, in: Ulmer/Habersack(2016), Anh. § 77 Rn. 153, 157.

72) "(1) 손해가 발생하였는지 여부, 그 손해액 또는 배상하여야 할 이익의 수액에 관하여 당사자 사이에 다툼이 있는 경우에는 법원은 이에 관하여 모든 사정을 고려하여 자유로운 심증으로 판단한다. 신청에 의한 증거조사 또는 직권으로 감정인의 감정을 명할 것인지 여부 및 그 범위는

인한 손해가 회사존립을 파괴하는 침해에 기인한 것이라는 점을 주장하고 증명하면 된다. 그다음에 피고인 사원이 이러한 손해의 일부가 다른 원인에 기인한 것이라는 점을 주장·증명하여야 한다(예컨대 사원이 배상금액을 줄이기 위하여, 침해 당시에 이미 채권자의 청구권이 더는 완전히 변제받을 수 없는 것이었다는 주장·증명하여야 한다).[73] 이는 앞서 본 것처럼 증명책임의 전환과는 관련이 없다.

제2절 책임의 주체

I. 일반론

책임의 수범자, 즉 책임의 주체는 원칙적으로 회사존립을 파괴하는 침해를 가한 개개의 사원이다. 사원이 회사에 지배적 영향력을 행사했는지 또는 그의 경영권을 남용했는지는 중요하지 않다.[74] 사원이 개인인 사원(Privatgesellschafter)인지, 기업인 사원(Unternehmergesellschafter)인지도 중요하지 않다.[75] 회사존립파괴책임의 근거를 독일 민법 제826조에 두면서도 수범자를 원칙적으로 사원으로 제한하는 것은 앞서 본 것처

법원이 재량으로 정한다. 법원은 손해 또는 이익에 관하여 증거신청인을 신문할 수 있다. 이에 관하여는 제452조 제1항 제1문, 제2항 내지 제4항의 규정을 준용한다.

(2) 당사자 사이에 청구금액에 대한 다툼이 있고, 채권의 계쟁 부분과 중요한 관련성이 없는 사항으로 인하여 이에 관한 모든 사정을 완전히 밝히는 것이 곤란한 경우에는 제1항 제1문과 제2문의 규정은 다른 재산권에 관한 소송에도 준용한다."

73) Leuschner, in: Habersack/Casper(2021), Anh. § 77 Rn. 378.

74) Habersack, in: Emmerich/Habersack(2019), Anh. § 318 Rn. 39.

75) Casper, in: Ulmer/Habersack(2016), Anh. § 77 Rn. 123.

럼 회사존립파괴책임은 누구나 범할 수 없는 신분범(Sonderdelikt)에
해당하기 때문이다.[76] 즉 회사존립을 파괴하는 침해를 하는 사원만
이 양속위반의 행위를 할 수 있다. 사원의 지분비율은 중요한 것이
아니다. 그러므로 비록 회사존립파괴책임의 형태가 1인 회사를 통해
발전된 것이기는 하지만, 반드시 1인 사원만 문제 되는 것은 아니다.
그러나 가해자인 사원이 다른 사원과 같이 행위를 하거나 유한회사
의 이사가 1인 이사일 경우에 대개 침해가 성공할 가능성이 높다.
여기서 독일 민법 제830조에 따라 공동행위자인 사원의 책임이 문
제된다.[77]

Ⅱ. 소수사원

여러 사원이 존재하는 회사에서 회사존립을 파괴하는 침해가 이
루어졌다면, 개개의 사원이 이에 대한 책임을 지기 위해서는 어느
정도 기여를 해야 하는지 문제된다. 이에 대해 기업인 사원은 그의
기여도에 상관없이 책임을 져야 한다고 주장하는 견해도 있지만,[78]
통설은 회사존립파괴책임이 상태책임이 아닌 과책책임임을 전제로,
사원이 구체적인 위법행위에 대하여 최소한, 침해에 대한 동의 형태
로라도 가담해야 한다고 한다.[79] 불법행위법적 접근의 토대 위에 독
일 민법 제830조 제1항 제1문을 적용할 수 있다. 재산탈취에 요구되
는 참여란 독일 민법 제183조[80]의 사전 동의 또는 다른 적극적인 행

---

76) Habersack, in: Emmerich/Habersack(2019), Anh. § 318 Rn. 39; Verse, in: Henssler/
    Strohn(2021), § 13 GmbHG Rn. 62.

77) Casper, in: Ulmer/Habersack(2016), Anh. § 77 Rn. 123 f.

78) Wiedemann(2003), 292.

79) Habersack, in: Emmerich/Habersack(2019), Anh. § 318 Rn. 39; Liebscher, in:
    Fleischer/Goette(2018), Anh. § 13 Rn. 589 ff.; Verse, in: Henssler/Strohn(2021), § 13
    GmbHG Rn. 62; Bitter, in: Scholz(2018), § 13 Rn. 157.

위로 행해져야 한다. 회사에 손해가 발생한 후에 하는 사후 추인만으로는 인과관계가 흠결되어 충분하지 않다.[81] 만약 가담한 사원이 동의를 하였음에도, 예를 들어 사원의 지분이 미미하여 권한을 부여하는 결의를 전혀 막을 수 없었기 때문에, 그의 동의 없이도 가해적 침해가 이루어질 수 있었던 경우, 인과관계가 역시 부정될 수 있는지에 관해서 다툼이 있다.[82] 다수설의 견해는 다음과 같다. 다수가 그들의 위법한 행위를 결정하는 데 다른 사원의 동의에 의해 강화될 수 있기 때문에, 종국적으로 결정에 충분할 정도의 동의가 아니더라도 책임을 부담하여야 한다.[83] 이러한 결론은, 침해를 하는 다수(과반수) 사원이 존재하지 않더라도, 모든 사원이 상호 회사존립을 파괴하는 침해에 대해 결의를 했을 때에도 적용되어야 한다.[84] 또한 임박한 침해에 대해 알게 된 동료 사원은, 그 계획에 반대함으로써, 즉 자신의 동의를 거절함으로써만 면책될 수 있다. 이와 달리 결과회피의무(Erfolgsabwendungspflicht)는 그에게 적용되지 않는다. 특히 침해를 승인한 결의에 대하여 결의취소의 소를 제기할 의무는 없다. 이와 달리 결의에 반대하는 것만으로 충분하다.[85]

법률행위의 영역에서 객관적 귀속은 중요한 역할을 하지 않는다. 왜냐하면 회사존립을 파괴하는 행위를 목적으로 하는 결의는 양속위

---

80) "사전의 승인(동의)은, 그 기초 되는 법률관계로부터 달리 해석되지 아니하는 한, 법률행위가 행하여질 때까지 철회될 수 있다. 철회의 의사표시는 당사자의 어느 일방에 대하여도 할 수 있다."

81) Liebscher, in: Fleischer/Goette(2018), Anh. § 13 Rn. 589; Leuschner, in: Habersack/Casper(2021), Anh. § 77 Rn. 350; Lutter/Banerjea(2003), 437.

82) Liebscher, in: Fleischer/Goette(2018), Anh. § 13 Rn. 591.

83) Liebscher, in: Fleischer/Goette(2018), Anh. § 13 Rn. 593; Leuschner, in: Habersack/Casper(2021), Anh. § 77 Rn. 350.

84) Casper, in: Ulmer/Habersack(2016), Anh. § 77 Rn. 124.

85) Liebscher, in: Fleischer/Goette(2018), Anh. § 13 Rn. 593; Leuschner, in: Habersack/Casper(2021), Anh. § 77 Rn. 350.

반의 결의이어서 언제나 무효이고, 어떠한 경우에도 정당화될 수 없기 때문이다. 유일하게 결정적인 요소는, 개개 사원이 전체 사건의 경과 속에서 끼친 영향력이 실제로 어떠했는지에 대한 평가이다. 원칙적으로 순수한 부작위[86]는 회사존립을 파괴하는 행위에 해당하지 않고 그에 따른 책임도 부담하지 않는다. 부작위를 한 사원이 사건의 경과에 대해 인식하였는지 여부도 중요하지 않다. 이 경우에는 적극적으로 작위를 한 사원만이 책임을 진다. 다수 또는 모든 사원이 회사존립을 파괴하는 행위를 하기로 결의를 한 때에는, 개개 사원의 개별적인 기여에 인과관계를 인정할 수 있는지 여부를 불문하고, 결의에 찬성한 모든 사원이 원칙적으로 책임을 진다고 보아야 한다.[87]

III. 간접 사원(사원의 사원) 등

사원의 사원, 즉 피해 회사에 지분을 가지고 있는 유한회사의 사원도, 독일 민법 제830조에 의존할 필요 없이, 그가 피해 회사에 지배적 영향력을 행사할 수 있기만 하면, 적법한 책임의 주체가 된다.[88] 만약 여러 사원의 결정에 영향을 줄 수 있는 사원이, 그가 간접적인 지분만을 보유하고 있음을 들어 면책될 수 있다고 한다면, 이는 부당하다고 보는 것이 맞다.[89] 간접 사원이 피해 회사에 대해 실제로 지배적인 영향력을 행사하여야만 책임을 지는지에 대해 의문이 제

---

86) 예컨대 보증인의 지위에 있지 않은 사원의 부작위.

87) Leuschner, in: Habersack/Casper(2021), Anh. § 77 Rn. 351.

88) BGH, NJW-RR 2005, 336(Autovertragshändler 판결); BGH, NJW 2007, 2693(Trihotel 판결); BGH, ZIP 2012, 1807; Habersack, in: Emmerich/Habersack(2019), Anh. § 318 Rn. 39; Liebscher, in: Fleischer/Goette(2018), Anh. § 13 Rn. 596; Leuschner, in: Habersack/Casper(2021), Anh. § 77 Rn. 352; Lieder, in: Michalski/Heidinger(2017a), § 13 Rn. 443.

89) BGH, ZIP 2012, 1807; Leuschner, in: Habersack/Casper(2021), Anh. § 77 Rn. 352.

기될 수 있다. Trihotel 판결에서 BGH는 이에 대해 명확히 결론을 내리지 않았지만,[90] 새로운 판결에서 BGH는 이를 긍정하는 것으로 보인다.[91] 무엇보다 콘체른법에서 벗어나 회사존립파괴책임을 독일 민법 제826조에 법적 기초를 둔 이상 이러한 결론은 타당하다.

이와는 반대로, 비록 자매회사 간에 직접적인 영향력 행사가 있었다고 하더라도, 자매회사의 책임은 원칙적으로 부정된다. 왜냐하면 이 영향력은 대개 공동의 모회사의 용인 없이는 이루어지기 어렵고, 가해적 행위는 모회사가 책임져야 하기 때문이다. 회사존립을 파괴하는 침해가 이러한 방식을 선호할 수 있고, 공동의 모회사에 대하여 책임을 묻는 것이 어렵다는 이유만으로 자매회사의 책임이 정당화될 수 없다.[92] 이 경우에는 모회사가 자매회사에 대해 가지는 지분이 의미가 있다.[93] 독일 민법 제830조에 따라 자매회사가 모회사의 공동정범이나 교사범, 방조범이 되지 않는 한, 콘체른 내부에서 이전된 자산 이익을 오로지 수령하는 것만으로는 책임을 인정하기에 충분하지 않다.[94] 공동의 모회사에 의해 자산이 조직적으로 자매회사에 이전된 경우에는, 이에 대한 예외가 인정된다. 이러한 예외를 BGH는 독일 민법 제826조에 근거하여 그의 Rheumaklinik 판결에서 이미 인정하였다.[95] 이러한 상황에서는 자매회사가 독일 민법 제830조에 근거하지 않고도 회사존립파괴책임의 정범으로 파악될 수 있다. 이는 또한, 책임이 본래 회사재산의 목적 구속성을 존중하여야 한다는 의무에 기초한 것이고 자매회사는 이러한 의무의 수범자가 전혀 아니라는 것에 반대되는 것이 아니다. 독일 민법 제826조에 근

---

90) NJW 2007, 2693.
91) ZIP 2012, 1807.
92) Casper, in: Ulmer/Habersack(2016), Anh. § 77 Rn. 126.
93) Habersack, in: Emmerich/Habersack(2019), Anh. § 318 Rn. 39.
94) Casper, in: Ulmer/Habersack(2016), Anh. § 77 Rn. 126.
95) NJW 2005, 146 f.

거하여 위법한 방법으로 도산을 유발하였다는 비난은 또한 간접 사
원이나 자매회사에 의해 실현될 수 있어도, 고문(Berater), 은행 또는
사업 파트너와 같은 제3자에 의해서 실현될 수는 없다. 제3자는 독일
민법 제830조의 틀 안에서 회사존립파괴에 가담할 수 있을 뿐, 독자
적인 정범이 될 수는 없다.[96]

IV. 이사

사원의 지위를 겸유하지 않은 이사는 원칙적으로 회사존립파괴
책임의 수범자가 될 수 없다. 이러한 이사는 독일 유한회사법 제43조
제2항, 제3항에 따라 책임을 진다. 위 제43조가 적용되는 한도 내에
서는 순전히 내부책임 청구권만이 문제가 된다. 다만 이는 이사가
회사존립파괴책임의 단독정범이 될 수 없다는 것이고, 독일 민법 제
830조에 기해 자신의 행위 기여 정도에 따라 공동불법행위자로서 책
임을 부담할 수 있다.[97]

제3절 책임의 내용

I. 책임의 범위

회사존립파괴책임의 손해배상법적 성질에 기인하여 그 청구권의
내용은 독일 민법 제249조 이하의 규정에 따른다. 이에 의하면 배상
청구의 상대방인 사원은 배상의무를 발생시키는 사정이 없었더라면

---

96) Casper, in: Ulmer/Habersack(2016), Anh. § 77 Rn. 126.
97) Liebscher, in: Fleischer/Goette(2018), Anh. § 13 Rn. 599.

있었을 상태로 회복하여야 한다(독일 민법 제249조 제1항). 그런데 본래의 원상회복이 불가능한 경우가 대부분이어서 독일 민법 제251조 제1항[98]의 금전배상이 문제가 된다.[99]

독일 도산법 제15b조 제5항의 청구권과는 달리, 회사존립파괴책임에 기한 청구권은 회사로부터 탈취된 재산 가치의 배상에 한정되지 않는다. 모든 부가적 손해에 대한 배상도 포함한다. 이는 회사의 수익 능력 침해로 인해 간접적으로 도산이 발생했을 때 무엇보다 중요한 의미를 가진다.[100] 만약 침해가 단지 도산을 심화시킨 것이 아니라 도산을 유발하였다면, 손해배상청구권은 모든 도산유발로 인한 손해뿐만 아니라 도산절차비용 및 청산비용까지 포함한다.[101][102]

침해가 도산을 심화시킨 경우라면, 책임은 도산 재단이 감소된 범위로 제한된다.[103] 이를 배당악화로 인한 손해(Quotenverschlechterungsschaden)라고 할 수 있는데,[104] 독일 도산법 제15a조 제1항에 따른 청구권이 행사되는 경우와 유사하다.[105] 이때 도산절차비용은 어쨌든

---

98) "원상회복이 불가능하거나 채권자의 전보에 충분하지 아니한 경우에는 그 한도에서 배상의무자는 금전으로 배상하여야 한다."

99) Leuschner, in: Habersack/Casper(2021), Anh. § 77 Rn. 363.

100) Leuschner, in: Habersack/Casper(2021), Anh. § 77 Rn. 364.

101) BGH, NJW 2007, 2695.

102) 다만 자기자본에 대한 손해는 배상 대상에서 제외하여야 한다는 견해가 있다. 회사존립파괴책임이 채권자 보호를 위한 것이어서 그 보호 목적에 부합하게 제한되어야 한다는 취지이다. Grigoleit(2006), 433 f.; Leuschner, in: Habersack/Casper(2021), Anh. § 77 Rn. 365.

103) Leuschner, in: Habersack/Casper(2021), Anh. § 77 Rn. 365.

104) Casper, in: Ulmer/Habersack(2016), Anh. § 77 Rn. 157.

105) 독일 도산법 제15a조, 독일 민법 제823조에 따른 손해배상청구에 관하여 보건대, S 유한회사의 부채가 100,000유로인데, 이 중 50,000유로는 채권자 B의 몫이다. 지급불능 상태가 발생했을 때 S 유한회사의 자산은 여전히 20,000유로였다. 도산절차 비용을 공제한 후에도 채권자들을 만족시키기 위해 10,000유로가 남았다. 이는 배당률 = 10,000 / 100,000 = 10%를 의미한다. 이러한 상황에서 B는 5,000유로를 받게 된다. 그러나 G 이사는 곧 회

발생할 비용에 해당하여 손해배상청구권의 대상이 되지 못한다.[106]

침해로 인하여 탈취된 금액에는 이자가 포함되어야 한다. 이 의무는, 손해배상청구권이 성립하고 이와 함께 채무자가 지체상태에 빠졌을 경우에 원칙적으로 성립한다. 그러나 회사존립파괴책임이 불법행위법적 근거를 가지는 것을 고려하면, 손해배상청구권의 성립이나 지체를 고려함이 없이 독일 민법 제849조[107]에 따라 침해가 있을 때 바로 탈취된 금액에 대한 이자를 지급할 의무가 있다고 보아야 한다. 왜냐하면 장부상의 돈은 규범상으로는 물건과 같이 취급되어야 하고, 이러한 이자 지급 청구권은 불법행위청구권이 성립할 때 (도산개시)가 아니라 손해가 발생할 때 이미 성립하기 때문이다.[108]

II. 행사

만약 도산절차가 개시되었다면, 회사존립파괴책임으로 인한 회사의 청구권은 도산관재인만이 행사한다.[109] BGH와 같이 이 청구권을

사를 구할 대량 주문이 들어올 것이라고 과실로 믿고 있었는데, 주문은 이루어지지 않았다. 발생 비용을 지급하면 자산이 15,000유로로 줄어든다. G도 모든 것이 끝났다는 것을 깨닫고 도산 신청을 한다. 파산재단에 비례한 절차 비용은 약 8,000유로이지만 도산 채권자들의 변제를 위한 자산은 7,000유로로 떨어졌으며, 비율은 7%로 하락하였다. 각 도산 채권자는 원래 예상치의 3% 또는 30%에 해당하는 손해를 입었다. G는 대개 독일 민법 제823조 제2항과 독일 도산법 제15a조 제1항에 따라 이 손해에 대한 책임을 지는데, 3,500유로만 받는 B는 나머지 1,500유로를 G에게 청구할 수 있다. 다만 도산절차가 개시되면 B는 이러한 청구권을 행사할 수 없고 독일 도산법 제92조에 따라 도산관재인에게 청구권이 귀속된다.

106) BGH, NJW 2007, 2695.
107) "물건의 침탈로 인하여 그 가액이 또는 물건의 훼손으로 인하여 그 감소 가액이 배상되어야 하는 때에는, 피해자는 배상될 금액에 대하여 가액 결정의 기준이 되는 시기로부터 이자를 청구할 수 있다."
108) Leuschner, in: Habersack/Casper(2021), Anh. § 77 Rn. 366.

회사에 대한 내부책임을 묻는 청구권으로 파악한다면, 독일 도산법 제93조[110] 또는 제92조[111]를 유추할 필요는 없다. 회사의 청구권을 행사할 도산관재인의 권한은 직접적으로 같은 법 제80조 제1항[112]에서 발생한다.[113]

도산절차 개시 결정 전이라면, 회사는 이론적으로는 회사존립파괴책임에 기한 청구권을 행사할 수 있다. 그러나 청구권은 아무리 빨라도 채무초과상태에 이르렀을 때 비로소 성립한다고 보아야 한다. 원칙적으로 회사채권자도 이때 채권압류 및 전부명령을 통해 개별적인 강제집행의 방법으로 청구권을 행사할 수 있다.[114] 그러나 이러한 강제집행조치는 독일 도산법 제88조 제1항[115]의 적용을 받아 효력이 상실되거나, 같은 법 제21조 제2항 제3호[116]에 따른 법원의

---

109) BGH, NJW 2690 ff.(Trihotel 판결); Koch, in: Bartl/Bartl(2019), Anh. § 13 Rn. 30; Habersack, in: Emmerich/Habersack(2019), Anh. § 318 Rn. 47; Liebscher, in: Fleischer/Goette(2018), Anh. § 13 Rn. 582; Leuschner, in: Habersack/Casper(2021), Anh. § 77 Rn. 367.

110) "법인격 없는 회사 또는 주식합자회사의 재산에 대하여 도산절차가 개시된 경우, 도산절차 진행 중에는 도산관재인만이 회사 채무에 대한 사원의 개인 책임을 물을 수 있다."

111) "도산절차 개시 전후에 도산 재단에 속하는 재산의 감소로 인하여 도산채권자가 공동으로 입은 손해(전체손해)에 대한 당해 채권자의 배상청구권은, 도산절차 진행 중에는 도산관재인만이 행사할 수 있다. 손해배상청구권이 도산관재인에 대한 것인 경우에는, 새로 선임된 도산관재인만이 행사할 수 있다."

112) "도산절차가 개시되면 도산 재단에 속하는 재산에 대한 채무자의 관리권과 처분권은 도산관재인에게 이전된다."

113) 이와 달리 회사존립파괴책임이 외부책임임을 전제로 한다면, 독일 도산법 제92조에 따라 도산관재인의 권한이 정해진다. 이 경우에도 독일 도산법 제89조 제1항에 따라 회사채권자의 개별 강제집행은 허용되지 않는다.

114) Leuschner, in: Habersack/Casper(2021), Anh. § 77 Rn. 367.

115) "도산채권자가 도산절차 개시신청 전 1개월 내 또는 신청 후에 강제집행을 통해 도산 재단에 속하는 채무자의 재산에 대하여 한 보전조치는 절차 개시와 함께 효력을 상실한다."

명령으로 그 강제집행이 금지될 수 있다.

　BGH의 책임구조에 따르면, 도산 재단의 부족으로 절차의 개시가 기각되거나 폐지된 경우에도 회사존립파괴책임에 기한 청구권이 회사채권자에게 귀속되지 않는다.[117] 오히려 이러한 경우에 채권자는 회사에 대한 집행권원을 근거로 사원에 관한 회사의 채권에 대해 압류 및 전부명령을 받아야 한다. 이에 대해서는, 재단 없는 도산의 경우에 내부책임 모델에 따른 BGH의 결론은 고비용의 우회로에 불과하므로, 예외적으로 외부책임을 인정하여야 한다는 비판도 있다.[118]

III. 소멸시효

　다수설은 회사존립파괴책임에 기한 청구권의 소멸시효는 불법행위법적 청구권에 관한 일반 규정에 의해야 한다고 한다. 이에 따라 독일 민법 제195조,[119] 제199조 제1항[120]이 적용되어, 청구의 기초가 되는 사실을 알았거나 중대한 과실로 알지 못한 때로부터 3년이다.[121] 소멸시효의 개시는, 청구권이 성립하였고 채권자가 이에 관해 알았던, 역년(Kalenderjahr)의 연도가 끝나는 때에 의해 결정된다. 채권자가 청구권

---

116) "(2) 법원은 특히 다음 각호의 조치를 취할 수 있다.
　　3. 부동산이 아닌 경우, 채무자에 대한 강제집행을 금하거나 잠정적으로 정지시키는 것"
117) NJW 2007, 2693(Trihotel 판결).
118) Casper, in: Ulmer/Habersack(2016), Anh. § 77 Rn. 163.
119) "일반소멸시효기간은 3년으로 한다."
120) "일반소멸시효기간은 소멸시효의 개시가 달리 정하여지지 아니한 한 다음의 연도가 끝나는 때로부터 진행한다.
　　1. 청구권이 성립하고, 또한
　　2. 채권자가 청구권을 발생시키는 사정 및 채무자의 신원을 알았거나 중대한 과실 없이 알았어야 하였던 연도"
121) BGH, ZIP 2012, 1805; Liebscher, in: Fleischer/Goette(2018), Anh. § 13 Rn. 612; Leuschner, in: Habersack/Casper(2021), Anh. § 77 Rn. 368.

성립에 관해 알았다는 것은, 청구권의 기초가 된 사정뿐만 아니라, 사원 또는 간접 사원이 채무자에 해당된다는 사정을 알았거나 중대한 과실로 인하여 알지 못하였음을 전제로 한다.[122] 독일 민법 제830조 제2항에 따른 관여자책임의 경우, 정범의 행위와 관련하여 배상청구권의 근거가 되는 사정 및 관여자도 채무자에 해당한다는 사정 모두를 알았거나 중대한 과실로 알지 못하였을 때에만, 이러한 요건이 충족될 수 있다.[123] 가해자가 1인 사원이자 유일한 기관일 경우, 그의 인식 여부는 중요하지 않다.[124]

이러한 회사의 인식 여부나 중과실 여부는 원칙적으로 유한회사의 이사를 기준으로 판단하여야 한다. 그러나 이러한 이사가 회사존립을 파괴하는 침해에 사원 겸 이사 또는 외부 이사로서 가담하였다면, 이러한 기준은 배제된다. 이때에는 다른 이사나 후임 이사 또는 도산절차가 개시된 후에는 도산관재인이 기준이 되어야 한다.[125]

아울러 도산절차가 진행 중에 소멸시효는 독일 민법 제204조 제1항 제10호[126]에 따라 정지된다.

Ⅳ. 청구권 경합

1. 독일 유한회사법 제30조, 제31조에 의한 청구권

Trihotel 판결 이전까지 BGH는, 앞서 본 것처럼 회사존립파괴로 인

---

122) BGH, ZIP 2012, 1805.
123) BGH, ZIP 2012, 1805.
124) BGH, NJW 2009, 2130(Sanitary 판결).
125) Liebscher, in: Fleischer/Goette(2018), Anh. § 13 Rn. 612; Leuschner, in: Habersack/Casper(2021), Anh. § 77 Rn. 369.
126) "소멸시효는 다음의 사유로 인하여 정지된다.
    10. 도산절차 또는 해상법상의 배당절차에서의 청구권의 신고"

한 청구권이 독일 유한회사법 제30조, 제31조에 기한 청구권에 대해 보충적이라는 견해를 취하고 있었다.[127] 위 제31조에 따른 개별 보상이 가능할 경우에는 회사존립파괴책임으로 인한 청구권은 배제되어야 하는데, 이는 회사존립파괴책임의 소극적인 구성요건적 전제로 파악되었다. Trihotel 판결 이후에 이 청구권들은 독자적으로 병존한다. 두 청구권들이 중복되는 경우에는, BGH에 따르면 청구권 경합이 성립한다.[128] 신소송물이론을 취하고 있는 독일의 판례하에서 두 청구권은 소송절차에서 같은 소송물에 기초하고 있으므로 회사존립파괴책임으로 인한 청구권이 증명되지 않을 경우에는 소변경 없이 위 제30조, 제31조에 의한 청구권을 주장할 수 있다.[129]

　회사의 재산에 대해 도산절차가 개시되면 도산관재인은 독일 유한회사법 제30조, 제31조의 청구권을 우선 실행할 수 있다. 이로써 채권자에게 배분될 재산이 증가하면, 후속하는 회사존립파괴로 인한 청구권의 행사 가능성은 줄어든다. 만약 도산관재인이 두 가지 청구권을 동시에 행사하려고 한다면, 사원은 회사존립파괴로 인한 청구권의 손해 산정 시, 위 제30조, 제31조에 따른 지급이 이미 이루어짐으로써 손해 범위가 줄어들었다는 항변을 할 수 있다. 반대로 만약 회사존립파괴책임에 기한 지급이 이루어졌다면, 위 제30조, 제31조의 추가 청구는 대개 배제된다. 사원은 도산관재인에 의해 행사되는 위 제30조, 제31조의 청구권에 대하여, 회사가 이미 회사존립파괴책임과 관련하여 완전히 변제를 받았다면, 회사재산을 충원하는 것이 더는 필요하지 않다고 항변할 수 있다.[130]

---

127) NJW-RR 2005, 337(Autovertragshändler 판결); 그 전의 판결로는 BGH, NJW 2002, 3025(KBV 판결).
128) NJW 2007, 2693(Trihotel 판결).
129) BGH, NJW 2007, 2693(Trihotel 판결).
130) Casper, in: Ulmer/Habersack(2016), Anh. § 77 Rn. 149.

2. 독일 도산법 제15a조와 결합한 독일 민법 제823조 제2항의 청구권 및 독일 유한회사법 제43조의 청구권

회사존립파괴책임에 기한 청구권과 도산지연으로 인한 청구권은 원칙적으로 경합하지 않는다. 왜냐하면 책임의 수범자(한쪽은 사원, 다른 한쪽은 이사)가 일치하지 않고,[131] 청구권자(한쪽은 회사, 다른 한쪽은 회사채권자)도 다르기 때문이다.

만약 채권자의 채권이 침해 당시에 100을 넘는 가치였는데, 과거의 도산지연으로 인하여 단지 75의 가치를 가지게 되었고, 회사존립을 파괴하는 침해로 인하여 재단 부족으로 도산개시신청이 기각되었으며, 그 후 채권자가 사원에 관한 회사의 채권에 대하여 압류 및 전부명령을 받았다면, 채권자는 사원에게 회사존립파괴책임을 이유로 자신의 채권액의 한도 내에서 75를 청구할 수 있고, 독일 민법 제823조 제2항, 제830조, 독일 도산법 제15a조 제1항 또는 독일 민법 제823조 제2항, 독일 도산법 제15a조 제3항에 따라 상정할 수 있는 이사 또는 사원에게 25를 청구할 수 있다. 그러므로 독립적인 두 개의 청구권이 성립한다.[132]

독일 유한회사법 제43조 제2항의 이사책임으로 인한 청구권과 회사존립파괴책임에 기한 청구권 역시 책임의 수범자가 달라 서로간에 청구권 경합이 발생하지 않는다. 그러나 이것은 앞서 본 것처럼 단지 사원의 지위를 겸유하지 않는 이사에 대해서만 적용된다.[133]

---

131) Casper, in: Ulmer/Habersack(2016), Anh. § 77 Rn. 167.
132) Casper, in: Ulmer/Habersack(2016), Anh. § 77 Rn. 168.
133) Casper, in: Ulmer/Habersack(2016), Anh. § 77 Rn. 169.

3. 재산혼용의 경우 책임의 투시

몇몇 판결에서 BGH는 재산혼용의 사례에서 회사존립파괴책임 이 외에도 투시책임이 고려될 수 있다고 판시하였다. 투시책임의 근거 는 독일 유한회사법 제13조의 목적론적 축소의 결과로서 독일 상법 제128조를 적용하는 것으로 구성하여야 한다.[134] 회사존립파괴책임 과 달리, 재산혼용에 대한 비난은 책임 제한을 남용하였다는 데 있 다. 왜냐하면 회사의 재산영역(Vermögenssphäre)과 사원의 재산영역 (대개 1인 사원의 재산영역)에 대한 분리가 흠결된 경우에[소위 빨래 바구니 상태(Waschkorblage)], 채권자가 어떤 물건이 채권자를 위하여 보존된 책임재산에 속하는지 더는 증명할 수 없기 때문이다. 이에 책임을 제한하는 분리원칙이 훼손된다.[135]

재산혼용의 사례에서 회사존립파괴책임 이외에 투시책임이 인정 될 수 있기에 간접적으로 실질적인 사실상 콘체른에 관한 종전 판례 가 더는 필요하지 않다는 것이 밝혀졌다. 재산혼용으로 인한 책임에 서 콘체른 관계는 중요하지 않다. 게다가 BGH의 견해에 따르면, 독 일 유한회사법 제13조 제2항에 따른 책임특권을 상실하게 하는 유한 회사 사원의 투시책임도 상태책임이 아니라 행위책임이다. 1인 사원 또는 지배사원으로서 영향력을 행사하였다는 이유로 재산혼용의 구 성요건에 대하여 책임을 져야 하는 경우에만, 사원은 행위책임을 진 다. 그러나 이것이, 1인 사원 또는 지배사원의 영향력 행사가 콘체른 관계에 기초하여야 한다는 뜻으로 이해되어서는 안 된다. 이것은 오 히려 독자적이고 콘체른에 종속되지 않는 제도이다.[136]

---

134) BGH, NJW 2007, 2691 f.(Trihotel 판결); Habersack, in: Emmerich/Habersack(2019), Anh. § 318 Rn. 48.

135) Casper, in: Ulmer/Habersack(2016), Anh. § 77 Rn. 170.

136) Casper, in: Ulmer/Habersack(2016), Anh. § 77 Rn. 171.

4. 다른 불법행위법적 청구권

투시책임의 토대 위에 BGH는 이미 개별 사례에서 독일 민법 제826조에 의한 책임을 인정하였다.[137] 이러한 이원론은 앞서 본 것처럼 Trihotel 판결로써 종식되었다. 원칙으로서 독일 민법 제826조에 근거한 내부책임과, 예외로서 역시 독일 민법 제826조로부터 나오는 추가적인 외부책임 사이의 새로운 이원론이 성립할 여지는 없다. 그러나 회사에 대한 배임 책임은 여전히 생각해볼 여지가 있고, 독일 형법 제266조(배임)와 결합한 독일 민법 제823조 제2항의 책임도 고려해볼 수 있을 것이다.[138]

제4절 소수사원의 보호 문제

I. 문제 제기 및 학설에 대한 검토

앞선 논의는 주로 1인 유한회사 또는 모든 사원이 침해에 동의하는 여러 사원이 존재하는 회사에 관한 것이었다. 그러나 실질적인 사실상 콘체른에서의 종전 책임은, 외부에 존재하는 종속회사의 소수사원을 보호하기 위한 것이기도 했다. 판례가 변경됨에 따라 소수사원의 보호를 어떻게 달성할 것인지가 논란의 대상이 되었다.

이에 대해 소수사원과 관련된 실질적인 사실상 콘체른에 관한 판례의 원칙을 고수하여야 한다고 주장하는 견해(소수설)도 있다.[139] 이와 대조적으로 다수설은 실질적인 사실상 콘체른에 관한 원칙을

---

137) BGH, NJW 2002, 3025(KBV 판결).
138) Casper, in: Ulmer/Habersack(2016), Anh. § 77 Rn. 173.
139) Habersack, in: Emmerich/Habersack(2019), Anh. § 318 Rn. 3.

더는 유효하지 않은 것으로 간주하고, 보호 흠결이 존재하지 않는 일반 규정에 전적으로 의존하려고 한다.[140]

다수설은 BGH에 의해 이루어진 실질적인 사실상 콘체른 책임으로부터의 전향이 충분히 수긍할 수 있다는 전제하에 있다. 반면 소수설에 대해서는 사실상 콘체른의 일반적인 보호 도구, 즉 충실의무 위반에 따른 일반적 책임에 의존하는 것이 소수를 견실하게 보호하기 위하여 충분하지 않다는 비판이 제기될 수 있다. 즉 소수설이 의존성과 침해를 전제함으로써 침해에 대한 개별 보상을 지향하는 보호 도구는 적합하지 않게 되고, 또한 그 보호 도구가 회사존립파괴의 전(前) 단계에서 충분한 보호를 제공하지 못한다.[141] 덧붙여 실질적인 사실상 콘체른의 구성요건은 법적 안정성을 충분히 부여할 정도로 제한적이지 않기 때문에, BGH는 이러한 실질적인 사실상 콘체른과 결별하였다. 소수설이 견지하는 해결은 실용적인 결과를 가져오기 어려울 수 있고, 또한 여러 사원에 대한 행위 요건(Verhaltensanforderung)이 과도할 수 있다.[142]

이하에서는 회사존립을 파괴하는 침해에서 소수사원 보호의 방안에 관해 살펴본다.

II. 회사존립을 파괴하는 침해의 경우 소수사원 보호의 특수성

1. 방어청구권 및 방해제거청구권

앞에서는 주로 책임청구권(Haftungsanspruch)에 관해 살펴보았는

---

140) Liebscher, in: Fleischer/Goette(2018), Anh. § 13 Rn. 614 ff.; Drygala(2003), 739; Lutter/Banerjea(2003), 433 f.
141) Casper, in: Ulmer/Habersack(2016), Anh. § 77 Rn. 174.
142) Casper, in: Ulmer/Habersack(2016), Anh. § 77 Rn. 175.

데,[143] 소수사원의 시각에서는 먼저 방어청구권(Abwehranspruch)이 문제가 된다. 회사존립을 파괴하는 영향력 행사나 의제된 영향력 행사가 사원결의를 통해 정당화되는 경우에는, 충실의무위반 행위로 인하여 결의취소의 소가 제기될 가능성이 있다. 나아가 소수사원은 충실의무에 근거하여 부작위의 소를 제기할 수도 있다. 예방적 부작위의 소를 통하여 임박한 회사존립을 파괴하는 침해를 주장할 수 있고, 긴급한 경우에는 잠정적 권리보호(einstweiliger Rechtsschutz), 즉 가처분을 통해서도 가능하다. 본안사건의 선취 금지(Verbot der Vorwegnahme der Hauptsache)[144]의 예외는 예상되는 침해의 중대성을 고려해서가 아니라 특별히 긴급한 필요를 고려할 때 가능하다.[145] 회사존립을 파괴하는 침해가 이미 이루어진 경우에 한해서는, 충실의무위반으로 인한 결과제거청구권이 행사될 수 있다.[146] 전체적으로, 실질적인 사실상 콘체른과 비교하면 방어청구권 측면에서의 보호 흠결은 존재하지 않는다.[147]

---

143) 물론 내부책임에 따를 경우 회사에 이행거절권, 예방적 방어청구권, 부작위청구권, 방해제거청구권이 인정될 수 있음은 앞의 제2장 제5절 I. 2.에서 살펴보았다.

144) 가처분의 본질과 목적에 상응하게 법원은 원칙적으로 임시적인 규율만을 행할 수 있고, 비록 시간적으로 제한되고 본안에서의 재판 결과에 따른 유보에 행하여질지라도 신청인이 본안사건의 소송에서만 도달할 수 있는 것을 신청인에게 완전한 범위 내에서 보장할 수는 없다. 이것을 가리켜 본안사건의 선취금지라 한다. 이와 같은 본안사건 선취금지의 원칙은 임시적인 규율절차로서의 가처분절차의 본질과 목적으로부터 생겨나는 것으로 해석되고 있다.

145) Liebscher, in: Fleischer/Goette(2018), Anh. § 13 Rn. 617; Hommelhoff, in: Lutter/Hommelhoff(2020), Anh. § 13 Rn. 40.

146) 그러나 회사의 존립이 이미 파괴된 상태에서 이러한 결과를 제거하라는 청구는 현실적으로 큰 의미가 없을 수 있다.

147) Casper, in: Ulmer/Habersack(2016), Anh. § 77 Rn. 177.

2. 손해배상청구권의 인정 여부

상정 가능한 손해배상책임과 관련하여 여러 문제들이 제기된다. 소수사원이 단지 충실의무위반을 이유로 침해자의 회사에 대한 이행을 구하는 청구권을 행사할 수 있는지, 또는 독일 민법 제826조의 회사존립을 파괴하는 침해가 이미 이루어진 경우 소수사원이 제3자인 채권자처럼 행동할 수 있는지 의문이 제기될 수 있다. 설령 소수사원의 고유한 손해배상청구권이 문제되는 경우에, 대개 지분 가치의 하락에서 찾을 수 있는 그의 손해를 어떻게 결정할 것인지도 문제가 된다.

이에 대하여 계속적이고 실질적인 영향력 행사나 침해가 회사존립을 파괴하는 효과를 가져왔다면, 반대하는 소수사원은 자신을 위해 독일 민법 제826조에 근거하여 손해배상을 청구할 수 있고, 그 손해는 파괴되거나 축소된 소수사원 지분의 가치, 즉 충실의무위반이 없다는 전제하에 산정된 가상적인 지분 가치와 조사된 실제 지분 가치의 차이가 손해라는 견해가 있다.[148]

그러나 앞서 본 것처럼 회사존립파괴책임은 독일 민법 제826조에 근거한 내부책임으로서 그 청구권자는 직접 피해를 본 회사라고 봄이 타당하다.[149] 이에 따라 소수사원의 간접손해는 독일 민법 제826조의 보호 범위에서 제외될 수 있고, 소수사원이 다수사원을 상대로 손해배상청구를 하는 것은 배제되어야 한다. 왜냐하면 회사의 직접손해가 배상됨으로써 회복될 소수사원의 간접손해는 다수사원에 대한 관계에서 보호될 것이 아니기 때문이다.

다만 만약 회사존립을 파괴하는 침해가 아직 완료되지 않아서 도

---

148) Liebscher, in: Fleischer/Goette(2018), Anh. § 13 Rn. 615; Casper, in: Ulmer/Habersack (2016), Anh. § 77 Rn. 180.
149) 앞의 제2장 제5절 II. 1. 및 2. 참조.

산절차가 개시되지도 않았거나 재단 부족으로 개시신청이 기각되지도 않았다면, 소수사원은, 침해가 현재 계속되는 영향력 행사에 국한된다는 전제에서, 독일 주식법 제317조 제4항,[150] 제309조 제4항 제1문[151]을 유추하여 대표소송(actio pro socio)의 방법으로 다수사원의 회사에 대한 이행을 청구할 수도 있을 것이다.[152]

3. 퇴사권

개별 보상의 방법으로는 더는 보상될 수 없는 회사존립을 파괴하는 침해가 실행되거나 계속적으로 손해를 가하는 영향력이 행사된 경우에는, 소수사원에게 탈퇴권(Austrittsrecht)이 인정되어야 한다.[153] 그러나 이에 관한 법적 근거와 법적 효과를 실질적인 사실상 콘체른이 포기된 이후에는 독일 주식법 제305조 제2항 제3호[154]의 대상(代償) 명령(Barabfindungsgebot)에서 구할 수 없다. 오히려 법적 근거는 침해를 하는 지배사원의 충실의무위반에서 찾을 수 있고, 법적 효과는 그에 상응하는 독일 민법 제738조[155]를 유추적용하여야 한다.[156]

---

150) "제309조 제3항 내지 제5항은 이에 준용된다."
151) "회사의 배상청구권은 각 주주에 의해서도 행사될 수 있다."
152) Malk(2009), 143; Casper, in: Ulmer/Habersack(2016), Anh. § 77 Rn. 179.
153) Liebscher, in: Fleischer/Goette(2018), Anh. § 13 Rn. 620.
154) "계약에는 대상으로서 다음 각호의 사항을 정하여야 한다.
　　3. 그 밖의 모든 경우에는 현금대상"
155) "(1) 어느 조합원이 조합에서 탈퇴한 때에는 조합재산에 대한 그의 지분은 다른 조합원에게 귀속한다. 다른 조합원은, 탈퇴자가 조합에 이용을 위하여 인도한 목적물을 제732조의 정함에 따라 반환하고, 탈퇴자를 공동채무로부터 면책시키며, 또 그의 탈퇴시에 조합이 해산되었다면 탈퇴자가 분할에서 취득하게 될 것을 지급할 의무를 진다. 공동채무가 아직 이행기에 도달하지 아니한 때에는, 다른 조합원은 탈퇴자의 면책에 갈음하여 그에게 담보를 제공할 수 있다.
　　(2) 조합재산의 가액은 필요한 한에서 가액 사정에 의하여 정하여진다."

시간적인 관점에서 탈퇴권은 회사존립을 파괴하는 침해가 실행된 후 도산이 개시될 때까지의 짧은 기간에 존재할 뿐만 아니라, 침해가 바로 임박한 경우에도 이미 존재한다. 개별 보상의 방법으로는 더는 보상될 수 없는 계속적 침해로 말미암아, 재산혼용의 경우와 같이, 완전히 본질을 파악할 수 없는 상태에 이른 경우에도 동일하다. 중대한 충실의무위반의 결과로 소수사원에게 계속 남아있는 것을 기대하기 어려운지 여부가 중요한 기준이 된다.[157]

다만 대상액을 회사재산으로 보상하는 것은, 회사존립이 파괴되었을 경우에는, 독일 유한회사법 제33조 제2항,[158] 제73조 제1항에 의하여 종종 실패할 것으로 보인다.[159] 이러한 경우에도 앞서 본 것과 같이 소수사원은 충실의무를 위반한 지배사원에 대하여 독일 민법 제826조에 근거한 손해배상청구권을 가진다고 보기는 어렵다.

---

156) Liebscher, in: Fleischer/Goette(2018), Anh. § 13 Rn. 620.

157) Casper, in: Ulmer/Habersack(2016), Anh. § 77 Rn. 181.

158) "출자가 완전히 이행된 지분의 취득은 당해 지분 취득 시 기본자본의 감소나 정관에 의해 사원에게 배당하는 것이 금지된 준비금의 감소 없이 지분취득비용에 상응하는 준비금이 적립된 경우에 한하여 허용된다. 자기지분의 질취는 지분에 대한 질권에 의해 담보되는 채권 금액의 총액 또는 질권의 목적인 지분의 가액이 피담보채권액보다 더 낮은 경우 이 지분 가액이 기본자본 외에 존재하는 회사 재산가액 이하인 경우에만 허용된다. 제1문과 제2문의 위반으로 인해 지분의 취득이나 질취가 무효로 되는 것은 아니다; 그러나 금지에 반하는 취득이나 질취를 위한 채권법적 법률행위는 무효이다."

159) Casper, in: Ulmer/Habersack(2016), Anh. § 77 Rn. 182.

제4장

독일의 회사존립파괴책임의
주식회사에 대한 적용

제1절 논의의 현황

독일 유한회사법상 문제가 된 회사존립파괴책임이 독일 주식법에서도 적용될 수 있는지, 만약 그렇다면 어느 범위에서 수용 가능한지에 대해 지금까지 명확하게 결론이 난 것은 아니다.[1] BGH도 아직 이 문제에 관해 명시적으로 판시한 적은 없다. 다만 BGH는 비영리사단에는 유한회사와의 구조적 차이로 인하여 회사존립파괴책임이 적용될 수 없다고 보았다.[2]

이에 관해 학설상으로는 크게 두 가지 부류가 있는데, 첫째는 주식회사와 유한회사의 차이점을 언급하며 개별 보상으로 만회되지 못하는 불이익에 대해서는 독일 주식법 제302조 이하의 규정을 유추적용함으로써 해결하자는 견해이고,[3] 둘째는 주식회사에서 채권자 보호가 유한회사의 그것보다 미흡해서는 안 된다고 하며 회사존립파괴책임을 주식회사에서도 수용하여야 한다는 견해이다.[4]

독일 민법 제826조에 따른 회사존립파괴책임은 앞서 본 것처럼 나름 설득력이 있는 반면, 독일 주식법 제302조 이하 규정의 유추적용을 통한 실질적인 사실상 콘체른 책임은 그 구성요건이 불명확하고 낡은 이론으로 간주될 수 있다.[5] 따라서 주식회사의 주주에 대해

1) Wöstmann, in: Henssler/Strohn(2021), § 1 AktG Rn. 9.
2) BGH, Urteil vom 10.12.2007 - II ZR 239/05, NZG 2008, 673(Kolpingwerk 판결).
3) Fett, in: Bürgers/Körber(2021), § 311 Rn. 30; Habersack, in: Emmerich/Habersack (2019), Anh. § 317 Rn. 5a; Raiser/Veil(2015), § 62 Rn 63; Müller, in: Spindler/Stilz (2019b), Vorbemerkung zu den §§ 311-318 Rn. 26.
4) Heider, in: Goette/Habersack(2019a), § 1 Rn. 87; Bachmann, in: Hirte/Mülbert(2017), § 1 Rn. 102; Solveen, in: Hölters(2017), § 1 Rn. 19; Hüffer/Koch(2018), § 1 Rn. 29 f.; Lutter, in: K. Schmidt/Lutter(2020), § 1 Rn. 22; Franz, in: Wachter(2018), § 1 Rn. 26; Koppensteiner, in: Zöllner/Noack(2004), Anh. § 318 Rn. 73; Hüffer(2011), 200 ff.
5) Koppensteiner, in: Zöllner/Noack(2004), Anh. § 318 Rn. 73 f.; Lutter, in: K.

서는 이러한 불법행위책임을 인정하지 않으면서, 유한회사의 사원에 대해서만 이를 적용하여야 할 뚜렷한 이유는 없는 것으로 보인다.[6] 즉 회사채권자의 보호에 대하여 주식회사와 유한회사에 차등을 둘 이유는 없다. 다만 회사존립파괴책임이 독일 주식법에도 적용될 수 있다고 하려면, 위 주식법에 입법자가 의도하지 않은 흠결이 존재하여야 하고, 이러한 흠결을 보완하기 위해 회사존립파괴책임이 독일 주식법의 가치와 충돌하지 않아야 한다.

제2절 독일 주식법상 채권자 보호의 흠결

Ⅰ. 독일 주식법상 채권자 보호 메커니즘

1. 개관

회사재산이 모든 주주와 회사채권자의 이익을 충족시킬 만큼 충분하지 못할 경우에는 분배의 갈등이 벌어지는데, 여기서는 한편으로는 주주가, 다른 한편으로는 채권자가 집단적으로 대립하게 된다. 독일 주식법 제57조[7]의 자본금 유지 명령[8]은 이러한 갈등을 엄격한

Schmidt/Lutter(2020), § 1 Rn. 22.

6) Heider, in: Goette/Habersack(2019a), § 1 Rn. 87.

7) "(1) 주주에게 출자를 환급하는 것은 허용되지 아니한다. 자기주식을 적법하게 취득한 경우에 취득 대가의 지급은 출자의 환급으로 보지 아니한다. 제1문은 그 급부가 지배계약 또는 이익이전계약이 체결된 경우에 (제291조) 이루어지거나 주주에 대한 전액의 반대급부청구권 또는 환급청구권을 통하여 보상되는 경우에는 적용하지 않는다. 제1문은 또한 주주대여금의 반환 및 경제적으로 주주대여금에 상응하는 법률행위로 인

명령과 금지 도식(Schema)으로 해결하려 하는데, 이에 의하면 처분할 수 있는 충분한 이익이 없는 경우 회사는 주주에게 이익분배를 하여서는 안 된다. 세분화된 갈등 해소방안이 성립할 여지는 없다. 오히려 독일의 입법자는, 납입한 재산에 대해 처분할 수 있는 주주의 이익은 이와 충돌하는 회사채권자의 변제 이익의 후위에 놓여야 한다는 완고한 태도를 견지하고 있다. 주주와 채권자 간 이익충돌의 수혜자는 채권자이다.[9] 위 규정은, 비록 회사에 채권자가 없더라도, 비록 모든 채권자가 충분한 담보를 확보하고 있더라도, 비록 회사의 1인 주주와 1인 채권자가 동일해서 앞서 말한 이익의 충돌이 전혀 벌어지지 않는다고 하더라도 적용된다.[10]

이러한 제도적·추상적 채권자 보호 개념의 장점은 법적 안정성과 명확성을 획득할 수 있다는 데 있다. 자본금 유지 명령은, 다른 채권자들과 청구권이 경합되는 상황에서 채무변제를 위한 재단에 대해 분배를 주장하는 개별 채권자의 보호 필요성으로부터 전적으로 개념화된 것이다. 이것은 도산 직전 단계에서의 재산 유지에 관한 입법자의 의도, 즉 계약에 기초한 개별 이익을 염두에 두면서 채권자들이 적정하고 비례적인 변제비율에 따라 분배받도록 하려는 것(독일 도산법 제15b조)과 분명하게 대비된다.[11]

독일 주식법 제57조의 자본금 유지 규정은 다음과 같은 개별 보

한 채권에 대한 급부에는 적용하지 아니한다.

(2) 주주에 대하여는 이자를 약속할 수도 없고 지급할 수도 없다.

(3) 회사의 해산 전에는 오직 대차대조표상의 이익만을 주주에게 분배할 수 있다."

8) 앞서 본 독일 유한회사법 제30조에 비해 다소 엄격하게 규정하고 있다.

9) Bayer, in: Goette/Habersack(2019a), § 57 Rn. 2; Fleischer, in: K. Schmidt/Lutter (2020), § 57 Rn. 3; Cahn/v. Spannenberg, in: Spindler/Stilz(2019a), § 57 Rn. 6; Drygala, in: Zöllner/Noack(2011), § 57 Rn. 10.

10) Lutter, in: Lutter(Hrsg.)(2006), 4 ff.

11) Ekkenga(2021), 795.

호 규정을 통해 투영된다. 즉 위법하게 이전되거나 배분된 책임자본 (Garantiekapital)의 원상회복을 위한 반환청구권은 먼저 회사에 귀속된 다(독일 주식법 제62조 제1항 제1문).[12] 원상복구를 함으로써 주주의 재산이익에 우선하여 채권자집단의 보호이익에 이바지하는 한, 회사에 의한 재산 회수를 인정하는 것은 사물의 본성에 해당한다. 그러나 주주와 채권자의 이익이 충돌하는 상황에서 회사 또는 회사를 대표하는 기관이 회사 외부의 제3자(회사채권자)의 보호이익을 고려할 유인이 없다는 부정적 측면도 있다. 그 결과 자본금 유지 명령의 예방적 보호 작용이 실패한 후에 도산절차에서 비로소 이러한 반환청구권이 종종 처음으로 행사된다.[13]

개별 회사채권자에 의한 원상회복청구권의 행사는, 채권자의 이익이 채권자집단에 대한 보호를 통해 충분히 보장된다면, 실제로 이루어지지 않는다. 그러나 도산위험이 점점 가까이 다가올수록 회사채권자의 개별 이익은 더 중요하게 된다. 대조적으로 자기자본이 점차 줄어들수록 주주의 재산이익은 그 중요성을 잃게 된다. 만약 회사가 채무초과상태에 이르게 되면 잔여재산에 대하여 채권자들 사이에서만 청구권이 경합되는 상황이 도래한다. 이때 독일의 입법자는 채권자에게, 비록 선별적이고 보충적이기는 하지만, 개별적인 원상회복청구권의 행사를 인정한다(독일 주식법 제62조 제2항 제1문). 그런데 이것은 회사에 의한 재산 회수로써 채권자집단을 보호하려는 메커니즘에 영향을 주지 않는 제3자의 소권이고(제3자의 소송담당),[14] 경우에 따라서는 도산관재인이 채권자를 대신하여 위 청구권

---

12) 독일 유한회사법 제31조 제1항도 같은 취지이다.

13) Ekkenga(2021), 796 f.

14) Bayer, in: Goette/Habersack(2019a), § 62 Rn. 85; Geßler/Käpplinger(2020), § 62 Rn. 7; Hüffer/Koch(2018), § 62 Rn. 16; Fleischer, in: K. Schmidt/Lutter(2020), § 62 Rn. 28; Drygala, in: Zöllner/Noack(2011), § 62 Rn. 101.

을 행사하기도 한다(독일 주식법 제62조 제2항 제2문). 그러나 이로 써 채권자의 개인적 이익이 도출되는 것은 아니다. 오히려 채권자 보호의 필요성은 구체적인 채권 관계의 내용에 따라 세분화하여 평 가하여야 한다.[15)]

　이러한 자본금 유지 명령이 잘 지켜진다고 하더라도 자본의 규모 가 미미하다면 채권자 보호의 실효를 거두기 어려울 것이다. 이에 독일 주식법은 최저자본금 제도를 채택하여, 주식회사를 설립하기 위해서는 자본의 최저한도를 5만 유로로 하도록 하고 있다[같은 법 제7조[16)]].

2. 주주가 출자한 책임자본의 유지를 통한 채권자 보호

가. 기속된 주주자본금으로서 인수자본

　자본금 유지 명령은 '인수된'[독일 상법 제272조 제1항[17)] 제1문 참 조] 자본의 소유자인 주주를 그 대상으로 한다. 자신의 출자금을 되 돌려받는 것(독일 주식법 제57조 제1항 제1문 참조)뿐만 아니라, 재 산 그 자체에서 자기가 출자한 것을 반환받는 것, 그리고 공동 주주 의 출자금에서 돈을 빼내 가는 것도 금지된다. 재무적 관점에서 보 면, 모든 주주들의 출자의 총체인 인수자본은 다소 이물질과 같은 것이다. 고정된 명목 가치에 근거하여 자본액을 산정하는 것은, 효 율적으로 존재하고 유동적으로 변화하는 자기 재산을 평가하는 것

---

15) Ekkenga(2021), 797.
16) "자본금의 최저액면가액은 5만 유로이다."
17) "인수자본은 액면액과 일치하여야 한다. 인수자본 중 아직 청구되지 않은 미납입분은 '인수자본' 항목에서 명시적으로 제외되어야 한다. 해당 잔액 은 '청구된 자본' 항목으로서 대변의 제1단에 계상하여야 한다. 청구되었 지만 아직 지급되지 않은 금액은 채권으로 구분하여 계상하여야 하고 그 에 상응하는 명칭을 붙여야 한다."

과 분명히 차이가 있다. 그리고 자본금 유지 명령을 준수한다는 것은 회사로 하여금 언제든지 상환 가능한 자기자본을 수용하는 형태의 회사 재무를 허용하지 않는다는 것을 의미한다. 만일 개별 주주가 출자한 것을 반환받고자 하는 경우에는, 청산의 경우를 제외하고는 분배 목적의 자본감소절차라는 가시밭길을 걸어야 하고(독일 주식법 제222조18) 이하 참조],19) 이를 위하여 주주총회의 특별결의 요건도 충족하여야 한다. 또한 자본금이 변경되지 않은 한 회사법은 탈퇴하는 주주에게 자본을 환급하는 것을 허용하지 않는다.20)

주주가 출자한 책임자본의 제한 존속 여부에 관한 결정을 집단적으로 하게 함으로써, 자본금 유지 명령이란 의미의 재무적 책임과 단체구성원의 지위 사이에 어떤 강제된 연관성이 존재하게 된다. 독일 주식법 제57조의 금지 의무를 부담하는 자는 책임자본의 감소에 관한 회사의 의사결정에 참여할 수 있어야 하고, 그가 지분 형태로 가지고 있는 회사재산의 처분과 관련한 의사결정에서 배제되어서는

---

18) "(1) 자본감소는 그 의결 시에 대표된 자본의 적어도 4분의 3을 포함하는 다수결로써만 결의를 할 수 있다.

  (2) 여러 종류의 주식이 존재하는 경우에 주주총회의 결의가 유효하기 위해서는 각 종류의 주주 동의가 필요하다. 이 동의에 관하여는 각 종류의 주주가 특별결의를 하여야 한다. 이 특별결의에 관하여는 제1항을 적용한다.

  (3) 결의에서는 자본감소의 목적, 특히 자본금 일부를 환급하여야 하는지의 여부에 대하여 확정하여야 한다.

  (4) 자본의 감소에는 액면주식을 발행한 회사의 경우에 주식 액면가의 감소가 필요하다. 감소된 자본의 각 주식에 할당된 지분액이 제8조 제2항 제1문 또는 제3항 제3문에 의한 최저액에 미달될 경우에 자본감소는 주식의 병합에 의하여 이루어져야 한다. 결의에서는 자본감소의 방법을 정하여야 한다."

19) 독일 유한회사의 사원의 경우에도 자본감소절차를 밟아야 한다(독일 유한회사법 제58조 참조).

20) Ekkenga(2021), 797 f.

안 된다. 재무적 관점에서의 효율적인 자기자본 개념 대신에, 회사
법적 성립의 기초(인수자본)를 강조하는 독일 상법 제271조 제1항[21]
제1문, 독일 주식법 제152조 제1항[22] 제1문의 형식적 법적 자기자본
개념은, 개별 자본 항목에 대한 조달책임이 개인에게 귀속됨을 전제
로 하고 있다. 법률상 인수자본은 언제나 출자자본이고, 외부 조달
을 통해 조성된 계약자본은 언제나 형식적 외부자본이다.[23]

나. 책임자본의 보호 범위

인적 적용 범위와 관련하여, 책임자본은 현재의 구 채권자뿐만
아니라 미래의 신 채권자 이익도 보호한다. 다수설에 의하면, 모든
주주가 현재와 미래의 채권자에게 책임자본을 과도하게 인출하지
않을 것을 약속하고, 따라서 명목적(nominell)인 자본금 유지를 이행
할 것을 약속한 것이라고 본다.[24] 그런데 회사에 결손상태가 초래되
었다고 하여 그 자체가 구 채권자의 보호 이익에 직접적인 영향을
끼친 것은 아니다. 왜냐하면 구 채권자가 여전히 회사재산으로 변제

---

21) "자본참여란 다른 기업에 대한 지분이고, 해당 기업과의 지속적 연결 관계
　　를 생성함으로써 자기의 업무에 도움을 주기 위한 것이다. 그때 해당 지분
　　이 유가증권의 형태로 서면화되어 있는지는 중요하지 아니하다. 다른 기
　　업에 대한 지분이 합계로 해당 타기업의 액면 자본의 5분의 1 또는 액면
　　자본이 없는 경우에는 해당 타기업의 모든 자본지분의 합계의 5분의 1을
　　넘는 경우에는 자본참가가 추정된다. 이 산출에는 주식법 제16조 제2항 및
　　제4항이 준용된다. 등기 협동조합의 조합원인 지위는 본편에서 자본참여
　　로 다루지 아니한다."
22) "자본금은 대차대조표에서 인수자본으로 표시되어야 한다. 이 경우에 자
　　본금 중 각 종류별 주식이 차지하는 금액은 구분하여 기재되어야 한다. 조
　　건부 자본금은 액면가와 함께 부기하여야 한다. 복수의결권주식이 존재하
　　는 경우에는 인수자본에서의 복수의결권주식의 의결권 총수와 그 밖의 주
　　식의 의결권 총수를 부기하여야 한다."
23) Ekkenga(2021), 798 f.
24) Merkt(2004), 319; Schön(2002), 4.

받을 수만 있다면, 그는 대차대조표상 아무것도 빼앗긴 게 없기 때문이다. 한편 책임자본은 신 채권자와의 장래 사업계약 체결과 관련한 저장고(Reservoir)로서 기능하고, 그 결과 우선적으로 회사의 신뢰보호에 이바지한다. 그러나 자본금 유지 명령은 회사에 채무초과상태가 야기됨으로써, 즉 현재 채무변제 상태에서 추가 지급을 함으로써 결손상태가 심화되는 것을 막는다. 이러한 점에서 신 채권자에 대한 신뢰 보호보다는 구 채권자를 위한 도산방지의 기능을 더 수행한다고 볼 수 있다.[25)]

물적 적용 범위와 관련하여, 독일 주식법에서 자본금은 앞서 본 것처럼 같은 법 제57조 제1항 제1문의 출자의 환급금지를 통해 보호된다. 그러나 책임자본의 보호 범위는 인수자본이라고 표시된 자본금(독일 주식법 제152조 제1항 제1문)의 범위를 넘어선다. 즉 공개된 준비금을 구성하면서 독일 주식법 제150조 제3항[26)]에 따라 손실보전금으로만 사용되어야 하고 분배되어서는 안 되는 주주자본금 일부에 대해서도 그 보호 범위가 미친다. 이러한 적립이 강제되는 준비금에는 독일 주식법 제150조 제1항[27)]과 제2항[28)]의 법정준비금이 포

---

25) Ekkenga(2021), 799 f.

26) "상법 제272조 제2항 제1호 내지 제3호에 따른 법정준비금과 자본준비금이 합하여 자본의 10분의 1 또는 정관으로 정한 더 높은 비율을 초과하지 아니하는 경우에 법정준비금과 자본준비금은 다음 각호의 경우에만 사용할 수 있다.

　1. 연도결손금이 전년도의 이월이익금에 의하여 전보되지 아니하고 또한 다른 이익준비금의 전입에 의하여 전보될 수 없는 경우에 한하여, 연도결손금의 전보를 위하여;

　2. 전년도의 이월결손금이 연도잉여금에 의하여 전보되지 못하고 또한 다른 이익준비금의 전입에 의하여 전보될 수 없는 경우에 한하여, 전년도 이월결손금의 전보를 위하여."

27) "상법 제242조, 제264조에 따라 작성된 연도결산서의 대차대조표에서는 법정준비금이 적립되어야 한다."

28) "법정준비금에는, 상법 제272조 제2항 제1호 내지 제3호에 의한 법정준비금

함된다(독일 유한회사법에는 이러한 준비금 제도가 없다). 금지되는
행위는 독일 주식법 제158조 제1항 제1문 제2, 3호[29]에서 '인출'이라
고 표현한 준비금의 해체이고, 이에 후속하는 대차대조표상 이익의
배당이다. 독일 주식법 제57조 제3항은 대차대조표상 이익이 없을
때에는 주주에게 분배를 해서는 안 된다고 규정하고 있다. 나아가
독일 주식법 제150조 제4항 제3호[30]에 따른 준비금도 주주에게 바로
분배되는 것이 금지된다. 독일 주식법 제150조 제4항 제3호에 따르면
같은 조 제4항에서 정한 준비금은 자본금으로 전환될 수 있고, 뒤이
은 자본감소 절차를 통하여 주주에게 환급될 수도 있다. 그러나 이
경우에 독일 주식법 제225조 제1항[31]에 따라 회사채권자에게는 우선
적으로 담보가 제공되어야 한다. 만약 이러한 절차가 선행되지 않았

과 자본준비금을 합하여 자본금의 10분의 1 또는 정관으로 정한 더 높은 비
율에 달할 때까지, 전년도의 이월결손금을 공제한 연도잉여금의 20분의 1이
적립되어야 한다."

29) "손익계산서에는 '연도잉여금/연도결산금'의 항목하에 다음 항목에 관한
번호를 계속 붙여서 보충하여야 한다.
  2. 자본준비금의 인출
  3. 이익준비금의 인출
  가. 법정준비금으로부터
  나. 지배기업 또는 과반수 피참가기업에 대한 지분을 위한 준비금으로부터
  다. 정관에 의한 준비금으로부터
  라. 기타의 이익준비금으로부터"

30) "상법 제272조 제2항 제1호 내지 제3호에 따른 법정준비금과 자본준비금이
합하여 자본의 10분의 1 또는 정관으로 정한 더 높은 비율을 초과하는 경
우에 그 초과금액은 다음 각호의 경우에만 사용할 수 있다.
  3. 제207조 내지 제220조에 따라 회사재산에 의한 자본증가를 위하여

31) "결의 등기가 공고되기 전에 성립한 채권을 가진 채권자가 공고 후 6개월
이내에 신고한 때에는, 그가 변제를 청구할 수 없는 한, 담보를 제공하여
야 한다. 등기의 공고 중에 채권자에게 이 청구권에 관하여 알려야 한다.
도산절차의 경우에 법률의 규정에 따라 채권자 보호를 위하여 설치되고
국가의 감독을 받는 전보재단으로부터 우선변제를 받을 권리를 가진 채권
자는 담보제공을 청구할 권리를 가지지 아니한다."

을 때에는 독일 주식법 제225조 제2항[32] 제1문에 의하여 주주에 대한 지급이 이루어져서는 안 된다.[33][34]

Ⅱ. 채권자 보호의 흠결

독일 주식법은 위에서 살펴본 것처럼 채권자 보호를 위하여 비교적 상세한 규정을 두고 있다. 그런데 독일의 다수설은 같은 법 제57조 제1항 제1문의 출자의 환급 여부를 판별하는 데 거래가격(Verkehrswert)을 그 기준으로 삼는다.[35] 그 결과 회사가 주주에게 대차대조표상 가액이기는 하지만 시가보다 낮은 가격으로 회사 부동산을 양도하였을 때, 상표와 같이 대차대조표상 차변에 계상되지 아니하는, 회사가 스스로 창출한 무형 재산독일 상법 제248조 제2항[36] 제2문을 주주에게 이에 상응하는 대가를 받지 않은 채 양도한 때, 회사 항공기를 주주의 사적 여행에 제공한 때에는 독일 주식법 제57조 제1항 제1문에서 금지하는 출자의 환급에 해당하게 된다.[37]

---

32) "주주에 대한 지급은 자본감소를 근거로 등기의 공고 시부터 6개월이 경과한 후에 그리고 적시에 신고한 채권자에게 변제 또는 담보제공을 한 후에 비로소 할 수 있다. 또한 주주의 출자이행의무 면제는 위에 적시된 시점 이전 그리고 적시에 신고한 채권자에게 변제 또는 담보제공을 하기 전에는 그 효력을 발생하지 아니한다."

33) Ekkenga(2021), 800.

34) 독일 유한회사법 제58조 제1항 제2호도 "회사에 신고한 채권자로서 자본감소에 동의하지 않은 경우에 그 채권자에게 변제를 하거나 담보를 제공하여야 한다."고 규정하고 있다.

35) Bayer, in: Goette/Habersack(2019a), § 57 Rn. 58; Hüffer/Koch(2018), § 57 Rn. 10; Fleischer, in: K. Schmidt/Lutter(2020), § 57 Rn. 17; Cahn/v. Spannenberg, in: Spindler/Stilz(2019a), § 57 Rn. 21; Drygala, in: Zöllner/Noack(2011), § 57 Rn. 61.

36) "스스로 창출한 무체자산이면서 고정자산인 것은 차변 항목에 계상할 수 있다. 스스로 창출한 상표, 출판물 제목, 출판권, 고객명부 또는 이에 상응하는 무체자산으로서 고정자산인 것은 계상하여서는 안 된다."

그러나 회사존립을 파괴하는 침해의 사례 가운데, 예컨대 중요한 생산 기계를 빼내 가는 경우에 회사는 단순히 그 기계의 거래가격 내지 시장가격만의 손해를 입는 것이 아니라 그 기계가 반출됨으로 인하여 회사의 생산이 중단되고 사업을 계속할 수 없는 '후속손해'를 입게 된다. 이러한 손해는 독일 주식법 제57조를 통해 보호받지 못한다.[38]

한편 독일 주식법 제57조 제1항 제1문의 수범자는 '주주'이지만, 독일의 다수설은 주주와 동일시할 수 있는 제3자 또는 사실상의 주주, 즉 주식의 신탁자, 주주의 법정 대리인 또는 임의 대리인, 비전형적인 질권자, 비전형적인 익명 주주 등도 수범자에 해당한다고 해석한다.[39]

그러나 자매회사인 A 주식회사와 B 주식회사의 지배주주인 모회사 甲이 A 회사의 중요 생산 기계를 B 회사에 증여하게 하고, 이로 말미암아 A 회사가 도산상태에 이르게 된 경우에, B 회사가 모회사 甲과 동일시할 수 있는 제3자에 해당하는지 의문이다. 유사한 사례에서 BGH는 A 회사와 B 회사에 동일한 지배주주가 있더라도 자매회사인 A 회사가 B 회사에 '증여'를 한 것을 두고 독일 주식법 제57조 제1항에 위배되는 출자의 환급에 해당하지 않는다고 판시하였다.[40] 이러한 BGH 판결에 비추어보면, 앞서 든 회사존립을 파괴하는 침해의 사례는 독일 주식법 제57조의 규율 범위 밖에 있는 것으로 보인다. 즉 A 회사 또는 A 회사의 채권자는 자매회사인 B 회사를 상대로 독일 주식법 제62조 제1항 또는 같은 조 제2항에 따른 원상회복청구를 할 수 없다.

---

37) Fleischer, in: K. Schmidt/Lutter(2020), § 57 Rn. 17.

38) Calise(2006), 76.

39) Bayer, in: Goette/Habersack(2019a), § 57 Rn. 116 ff.; Henze/Born(2015), Rn. 371 ff.; Fleischer, in: K. Schmidt/Lutter(2020), § 57 Rn. 31; Cahn/v. Spannenberg, in: Spindler/Stilz(2019a), § 57 Rn. 68 ff.

40) BGH, Urteil vom 05.05.2008 – II ZR 108/07, NZG 2008, 508.

나아가 독일 주식법 제57조와 제62조는 모두 회사의 급부(Leistung)를 전제로 하는데,[41] 앞서 본 '서론의 사업기회 탈취 사례'와 같이 A 회사나 B 회사가 어떠한 급부나 반대급부를 행함이 없이 지배주주의 사실상 영향력 행사로 인하여 A 회사가 고객 주문을 빼앗기는 경우에는 독일 주식법 제57조, 제62조가 적용될 여지도 없다.

이렇듯 앞서 언급한 독일 주식법 제57조, 제62조에 포섭되지 않는 사례들은, 기존의 자본금 유지 명령으로는 회사존립을 파괴하는 침해에 대하여 충분히 대응할 수 없음을 나타낸다. 이러한 채권자 보호의 흠결은 회사존립파괴책임을 주식회사에 적용할 수 있는 전제가 된다.

제3절 주식회사의 회사존립파괴책임 수용

I. 법률 흠결의 입법계획위반

회사존립파괴책임이 주식회사에 적용되기 위해서는 앞서 본 법률의 흠결이 입법계획에 위배되는(planwidrig), 즉 입법자가 의도하지 않은 것이어야 한다. 법률 흠결이 입법계획에 위배되는지 여부는 관련 법률과 그 목적을 종합적으로 고려하여 판단하여야 한다.[42] 만약 법률의 목적이 다른 규정을 필요로 한다면 입법자가 의도하지 않은 흠결은 존재한다.[43]

---

41) Fleischer, in: K. Schmidt/Lutter(2020), § 57 Rn. 12, § 62 Rn. 6.
42) Canaris(1983), 16 f., 197.
43) Calise(2006), 89.

1. 주식회사에서 책임특권의 목적 및 채권자 보호

만일 주식회사에서도 회사존립파괴책임이 인정된다면, 주주는 독일 주식법 제1조 제1항[44] 제2문과 달리 무한책임을 지게 된다. 그런데 주주의 책임특권은 주주의 위험분배를 위한 것이기도 하다. 이는 또한 주주와 회사 사이의 위험회피 내지 위험전가를 막기도 한다. 이 책임특권은, 주주의 위험참여비율로서의 재산이 회사에 여전히 남아있음을 전제로 한다. 그 결과 주주에 의한 회사재산의 탈취 등은 이러한 책임특권과 부합하지 않음을 의미한다.[45] 따라서 이러한 전제가 충족되지 않을 경우 독일 주식법 제1조 제1항 제2문은 목적론적으로 축소될 수 있고, 회사존립파괴책임은 독일 주식법의 가치와 충돌하지 않는다.[46]

물론 앞서 살펴본 것처럼, 유한회사의 경우 사원이 사원총회를 통해 경영에 직접 영향을 미칠 기회가 많지만, 주식회사에서는 이사회의 독립성(독일 주식법 제76조 제1항 참조)으로 인하여 주주가 경영에 영향력을 행사하기란 좀처럼 어렵다. 그 결과 주식회사의 주주는 유한회사의 사원에 비해 회사에 그 존립을 파괴하는 침해를 가할 우려는 적은 편이다. 그러나 주주가 경영에 '사실상의 영향력'을 행사할 기회는 생기기 마련이다.[47] 법적으로 권한이 없는 사실상의 영향력 행사라고 하여 주주의 이러한 행위가 비난받을 수 없는 것은 아니다. 유한회사 사원의 이사에 대한 회사존립을 파괴하는 침해에 관한 지시도 양속에 반하여 무효이므로 법적 측면에서만 본다면 이

---

44) "주식회사는 고유한 법인격을 가진 회사이다. 회사의 채무에 대하여는 회사재산만으로 채권자에게 책임을 부담한다."

45) Koppensteiner, in: Zöllner/Noack(2004), Anh. § 318 Rn. 78.

46) Calise(2006), 88 f.

47) Calise(2006), 93.

사가 이러한 지시를 따를 필요는 없다.[48] 즉 주식회사와 유한회사에서 모두 업무집행에 사실상의 영향력을 행사할 여지가 있는 것이다. 또한 주식회사의 1인 주주가 유한회사의 사원처럼 직접 회사존립을 파괴하는 사실상의 행위를 하는 경우도 상정해볼 수 있다. 이때 유한회사의 사원에게 회사존립파괴책임을 물을 수 있다면, 주식회사의 주주에게도 동일한 책임을 부담하게 하는 것이 맞다. 따라서 독일 주식법 제1조 제1항 제2문은 회사존립파괴책임을 주식회사에 적용하는 데 장애가 되지 아니한다.[49]

2. 독일 주식법에 관한 입법자의 의도

독일 주식법은 주주의 이익과 회사채권자의 이익을 적정하고 조화롭게 유지하고자 노력하고 있다. 주식회사에서 회사재산과 채권자 보호는 유한회사보다 더 견고하다.[50] 이렇듯 주식회사에서는 회사재산과 채권자를 더 두텁게 보호하기 때문에 독일의 입법자는 이러한 법규정을 넘어서는 보호, 즉 회사존립을 파괴하는 침해에 대한 채권자 보호를 원하지 않는 것은 아닌지 검토해보아야 한다.

입법계획에 반하는 법적 흠결이 존재하기 위해서는, 주주가 어떠한 절차와 방법으로 주식회사를 청산할지에 관해 입법자의 의사로 말미암아 자유롭게 선택하지 못한다는 것이 전제되어야 한다. 이때 입법자의 의사에 반대되는 행위는 이로 인한 법적 책임의 근거가 될 수 있다. 그런데 이에 관한 법적 규율이 존재하지 않는다면 입법자가 의도하지 않은 법적 흠결이 존재한다고 할 수 있다.[51]

---

48) Kleindiek, in: Lutter/Hommelhoff(2020), § 43 Rn. 40.
49) Calise(2006), 93.
50) Henze(2004), 415.
51) Calise(2006), 90.

주식회사의 청산 내지 해산 방식을 주주가 임의로 선택할 수 없고 법에서 정한 절차에 따라야 한다는 것은 소위 은밀한 청산을 금지한다는 것을 일컫는다. 즉 법에서 정하지 아니한 방식에 의한 청산은 금지되어야 한다. 이는 앞서 본 것과 같이 주로 유한회사에서의 회사존립파괴책임과 관련하여 논의되고 있는 것이기는 하나, 주식회사에서도 은밀한 청산 금지 원칙을 배척할 이유는 없다. 독일의 입법자는, 회사의 존립이 지속됨으로써 사원 내지 주주가 이익을 얻기 때문에, 회사존립을 파괴하는 침해에 대해서는 오히려 상세한 보호 규정을 둘 필요가 없었다고 한다.[52] 법체계와 상반된 이처럼 비전형적인 행위가 문제된다면, 해결책을 찾기 위해 법관의 판결에 의존할 수밖에 없다. 독일 유한회사법이나 독일 주식법에서 이러한 흠결은 입법자가 의도하지 않은 것이라 할 수 있다.

독일 유한회사법이나 독일 주식법에서 청산절차 규정(독일 유한회사법 제65조 이하, 독일 주식법 제264조 이하)은 채권자 보호를 위한 강행규정이다. 만약 회사존립을 파괴하는 침해에 대해 제재를 가하지 않는다면, 위와 같은 청산 규정은 무력하게 될 것이고, 이러한 침해로 말미암아 회사의 해산과정에서 법적 기준과 입법자의 의도는 잠탈될 것이다. 이것이 입법자가 회사존립파괴책임을 인정하려는 이유이다.[53] 회사재산과 채권자를 더 두텁게 보호하려는 주식회사에서 청산절차는 반드시 법에 정해진 방식에 따라야 함은 물론이다. 주식회사의 채권자 보호가 유한회사의 그것보다 미진할 이유는 없으므로, 주식회사에서도 회사존립파괴책임을 인정하여야 한다.

---

52) Röhricht(2000), 102.
53) Calise(2006), 91.

II. 주식회사의 특수성으로 인한 회사존립파괴책임의 적용 배제 여부

주식회사에서도 회사존립파괴책임이 인정되어야 함은 앞서 본 것과 같다. 그런데 이러한 당위론적 접근 외에 현실적으로 주식회사에 위 책임을 적용하는 것이 가능한지 혹은 독일 주식법상 어떤 특별한 상황이 이러한 적용을 방해하는 것은 아닌지 검토할 필요가 있다.

특히 회사존립파괴책임을 주식회사에서도 수용하여야 한다는 견해 가운데에는 독일 민법 제826조를 근거로 한 회사존립파괴책임이 문제된 사례들은 독일 주식법 제117조 제1항의 적용 범위를 거의 벗어나지 못하고, 그 결과 독일 주식법 제117조 제1항에 의해 문제가 대부분 해결될 수 있다는 주장도 있다.[54] 따라서 독일 주식법 제117조 제1항의 일반적 적용 범위는 어떻게 되는지,[55] 이러한 적용 범위를 넘어서는 회사존립을 파괴하는 침해 유형이 있는지 확인해보아야 한다.

1. 독일 주식법 제117조 제1항

가. 규율 대상과 목적

독일 주식법 제117조는 이사나 감사, 지배인, 포괄대리인으로 하여금 주식회사 또는 주주에게 손해가 되는 행위를 하게 한 자를 대상으로 하고 있고, 손해배상을 통해 회사재산의 보호뿐만 아니라 업

---

54) Grigoleit, in: Grigoleit(2020), § 1 Rn. 129; Hüffer/Koch(2018), § 1 Rn. 30.
55) 그밖에 독일 주식법 제117조 제2항은 이사와 감사의 연대책임을, 제3항은 가해행위로 이익을 얻은 자의 연대책임을, 제4항은 회사에 관한 배상의무의 소멸을, 제5항은 회사채권자의 배상청구권 행사를, 제6항은 소멸시효를, 제7항은 책임의 예외를 규정하고 있다. 이하에서는 회사존립파괴책임과 관련이 깊은 독일 주식법 제117조 제1항에 관해 주로 살펴본다.

무집행행위의 무결성(Integrität) 내지 자율성을 그 목적으로 하고 있다. 특히 같은 조 제1항 제2문은 또한, 회사재산으로써 손해를 보전받을 수 없는 경우에 한해, 주주를 보호하는 역할을 한다.[56]

입법화된 역사나 조문의 표현을 보면, 독일 주식법 제117조는 불법행위법의 특별구성요건이다.[57] 주주가 손해를 가하는 영향력을 행사한 경우에는 단체구성원의 충실의무 위반책임이 문제될 수 있다.[58] 현재의 독일 주식법 제117조의 문언, 특히 광범위한 수범자들을 고려할 때, 위 제117조는 단체구성원의 충실의무의 범주로 분류될 수 없다.[59] 의무위반으로 인한 손해배상청구권을 인정하는 독일 민법 제280조는 위 제117조와 같이 적용될 수 있다. 그러나 위 제117조는 고의를 요건으로 하는데, 독일 민법 제280조가 적용되는 경우 과실에 의한 행위로도 충분하기 때문에, 위 제117조는 주주가 영향력을 행사하는 중요한 사례에 대해 제 역할을 충실히 한다고 할 수 없다. 이사의 주의의무 및 책임을 규정한 독일 주식법 제93조와 감사의 주의의무 및 책임을 규정한 같은 법 제116조가 주의의무를 위반한 임원들에게 적용되기 때문에, 위 제117조의 독자적인 중요성은 상대적으로 덜하다.[60]

---

56) Hüffer/Koch(2018), § 117 Rn. 1.

57) BGH, Urteil vom 22.06.1992 - II ZR 178/90, NJW 1992, 3172; Spindler, in: Goette/Habersack(2019b), § 117 Rn. 4; Kort, in: Hirte/Mülbert(2018), § 117 Rn. 5; Hüffer/Koch(2018), § 117 Rn. 2; Witt, in: K. Schmidt/Lutter(2020), § 117 Rn. 2; Mertens/Cahn, in: Zöllner/Noack(2013), § 117 Rn. 10.

58) 주주 간 회사법적 충실의무에 관해서는 BGH, Urteil vom 02.01.1988 - II ZR 75/87, AG 1988, 138.

59) Kort, in: Hirte/Mülbert(2018), § 117 Rn. 93 ff.

60) Hüffer/Koch(2018), § 117 Rn. 2.

나. 객관적 구성요건

1) 회사에 대한 영향력

위 제117조 제1항 제1문에 의하면, 누구든 구성요건을 충족하는 위법한 행위를 고의로 행한 자는 손해배상 의무를 진다. 첫 번째 구성요건적 징표는 회사에 대한 영향력이다. 이사 등으로 하여금 회사나 주주에 손해를 가하는 행위를 하게 하는 유형과 정도를 충족하기만 하면, 어떠한 영향력이든 상관없다. 독일 주식법 제17조(종속기업과 지배기업)와 달리 위 영향력은 회사법적으로 성립되어 있어야 하는 것은 아니다.[61] 위 제117조의 행위자란 회사에 대하여 영향력을 행사하기만 하면 충족된다. 자연인이든, 공법인이든, 사법인이든 불문한다.[62] 이사나 감사도 독일 주식법 제117조 제1항의 행위자가 될 수 있다. 따라서 같은 법 제93조, 제116조가 아닌 제117조 제1항에 따라 책임을 질 수 있다. 이에 의하면 이사나 감사도 직접 주주에게 책임을 부담하게 된다.[63] 한편 소위 주주행동주의에 대한 제한으로써 위 제117조가 적용될 수도 있다.[64]

2) 영향력의 이용

책임의 두 번째 요건은, 이사(이사회의 구성원), 감사(감사회의 구성원), 지배인(독일 상법 제48조 이하) 또는 상사대리인(독일 상법 제54조)으로 하여금 행위를 하도록 회사에 대하여 자신의 영향력을 이용하여야 한다는 것이다. 그 선임에 하자가 있는 이사 등에 대하여 영향력을 이용한 경우이더라도 문제가 되지 않는다. 다른 한편, 이

---

61) Kort, in: Hirte/Mülbert(2018), § 117 Rn. 120.
62) Kort, in: Hirte/Mülbert(2018), § 117 Rn. 102.
63) Mertens/Cahn, in: Zöllner/Noack(2013), § 117 Rn. 14.
64) Kort, in: Hirte/Mülbert(2018), § 117 Rn. 282 ff.

사 등이 영향을 받지 않은 채 자신의 고유한 의지로 행동을 한 경우에는 위 제117조 제1항의 요건을 충족하지 않는다.[65] 이사회나 감사회에 영향을 끼치는 것으로도 충분하므로, 그중 특정 구성원에게 영향을 미치는 것까지 반드시 필요한 것은 아니다. 이사 등의 행위에 대해 인과관계가 인정되기만 한다면[예컨대 이미 문제된 행위를 하기로 이사 등이 결정한 경우(omnimodo facturus)는 제외된다], 어떠한 형태의 직접 혹은 간접적인 영향력의 이용이더라도 상관없다. 주주총회에서의 의결권 행사로도 충분하다. 공격적인 행위가 필요한 것도 아니고, 회사와 무관한 이익이 추구될 필요도 없다.[66] 부작위를 통한 결정도 가능하다.[67] 후술하는 것처럼 통설은 위법성을 위 제117조 제1항의 요건으로 들고 있는바, 이사 등이 스스로 의무위반의 행위를 할 필요는 없다. 다만 이사 등이 의무위반행위를 한 때에는 위 제117조 제2항에 따라 영향력을 행사한 자와 연대하여 책임을 부담한다.

3) 손해

이사 등의 행위가 회사 또는 주주에게 – 즉 최소한 주주에게라도 – 손해를 가하여야 한다.[68] 여기서 또 인과관계가 요구된다. 손해란 상실된 이익을 포함하여 모든 재산의 감소를 뜻한다.[69] 그러나, 예컨대 주식회사가 자기주식을 상당히 높은 가격에 되판 경우, 그 가격에 다수지분에 대한 프리미엄이 포함되어 있어서, 회사가 다시 다른 자기주식을 팔더라도 그 가격에 팔 수 없을 때에는, 매각행위

---

65) Kort, in: Hirte/Mülbert(2018), § 117 Rn. 105.
66) Kort, in: Hirte/Mülbert(2018), § 117 Rn. 154; Hüffer/Koch(2018), § 117 Rn. 4; Witt, in: K. Schmidt/Lutter(2020), § 117 Rn. 7; Schall, in: Spindler/Stilz(2019a), § 117 Rn. 16; Mertens/Cahn, in: Zöllner/Noack(2013), § 117 Rn. 3, 16.
67) Hüffer/Koch(2018), § 117 Rn. 4.
68) Witt, in: K. Schmidt/Lutter(2020), § 117 Rn. 8.
69) Hüffer/Koch(2018), § 117 Rn. 5.

로 인하여 주식회사에 손해가 발생했다고 할 수 없다.[70]

다. 위법성

위 제117조 제1항의 책임이 성립하기 위해서는 객관적 구성요건
뿐만 아니라 위법성도 필요하다. 이것은 이 규범의 불법행위법적 성
격에서 기인한 것이다.[71] 그런데 이사 등의 의무위반행위로 인하여
구성요건의 부당한 실현이 이루어진 경우에 위법성을 인정할 것인
지,[72] 아니면 이사 등의 의무위반을 고려함이 없이 적극적인 이익형
량을 통해 위법성을 확정하여야 하는지,[73] 견해가 대립된다. 위 제
117조 제1항은 같은 조 제2항과 달리, 특정 법익이나 권리를 보호하
기 위하여 형성된 것이 아닌, 추상적 책임구성요건이기 때문에, 개별
적으로 적극적인 이익형량을 통해 위법성을 확정하여야 하는 것이
타당한 것으로 보인다.

라. 고의

주관적으로 영향력을 행사한 자에게 고의가 있을 것을 요건으로
한다. 조건부 고의 내지 미필적 고의로도 충분하다. 반면에 과실만
으로는 위 제117조 제1항의 책임이 성립할 수 없다. 고의는 객관적
구성요건요소에 대한 것이어야 한다.[74] 손해와 관련하여 행위자는

---

70) OLG Düsseldorf, Beschluss vom 16.10.1990 - 19 W 9/88, AG 1991, 109.

71) Kort, in: Hirte/Mülbert(2018), § 117 Rn. 155; Spindler, in: Goette/Habersack(2019b),
    § 117 Rn. 31; Witt, in: K. Schmidt/Lutter(2020), § 117 Rn. 9; Mertens/Cahn, in:
    Zöllner/Noack(2013), § 117 Rn. 22.

72) Spindler, in: Goette/Habersack(2019b), § 117 Rn. 32 ff.; Kort, in: Hirte/Mülbert(2018),
    § 117 Rn. 155 ff.

73) Hüffer/Koch(2018), § 117 Rn. 6; Witt, in: K. Schmidt/Lutter(2020), § 117 Rn. 10;
    Schall, in: Spindler/Stilz(2019a), § 117 Rn. 24; Mertens/Cahn, in: Zöllner/Noack(2013),
    § 117 Rn. 11, 22.

74) Witt, in: K. Schmidt/Lutter(2020), § 117 Rn. 11.

취한 조치가 주식회사 또는 주주에게 해가 되기에 적합하다는 것을 인식하여야 하고, 그럼에도 이를 의욕하여야 한다. 손해의 종류와 범위가 모두 고의에 포섭될 필요는 없다.[75] 만약 영향력을 행사한 자가, 진지하게 피해 복구가 가능한 것으로 보고 손해가 생기지 않기를 바라면서 도산 발생을 막았을 때에는, 고의가 흠결된다. 위 제117조가 증명책임의 전환을 규정하고 있지 않기 때문에, 고의를 포함한 책임구성요건에 관한 증명은 청구권자가 부담한다는 것이 통설이다.[76]

마. 손해배상청구권

1) 회사의 손해

위 제117조 제1항 제1문에 따른 손해배상청구권은 주식회사에 귀속되고, 이사회가 행사하며[독일 주식법 제78조 제1항[77] 제1문], 이사의 책임이 문제되는 경우에는 감사회가 행사한다[같은 법 제112조[78] 제1문]. 청구권의 행사는 주주총회의 결의를 통하여 강제될 수 있다[같은 법 제147조 제1항[79]]. 주주는 위 제117조 제1항 제1문의 청구권

---

75) Spindler, in: Goette/Habersack(2019b), § 117 Rn. 42; Mertens/Cahn, in: Zöllner/Noack (2013), § 117 Rn. 23.

76) Spindler, in: Goette/Habersack(2019b), § 117 Rn. 43; Kort, in: Hirte/Mülbert(2018), § 117 Rn. 167; Hüffer/Koch(2018), § 117 Rn. 7; Mertens/Cahn, in: Zöllner/Noack (2013), § 117 Rn. 24.

77) "이사회는 재판상 및 재판 외에서 회사를 대표한다. 회사가 이사회를 두지 않는 때에(이사회의 부재), 그 회사에 대하여 의사표시를 하거나 서류를 송달할 경우에는 감사회가 회사를 대표한다."

78) "이사에 대하여는 감사회가 재판상 또는 재판 외에서 회사를 대표한다. 제78조 제2항 제2문을 준용한다."

79) "설립으로 인하여 제46조 내지 제48조, 제53조에 따라 의무를 부담하는 자에 대한 회사의 배상청구권, 업무집행으로 인하여 이사와 감사에 대한 회사의 배상청구권 또는 제117조에 의한 이사와 감사에 대한 회사의 배상청

을 같은 법 제148조 제1항[80])의 요건하에 법원의 허가를 받은 경우에
만 행사할 수 있고, 회사채권자도 같은 법 제117조 제5항 제1문에 따
라 위 청구권을 행사할 수 있다.[81])

2) 주주의 손해

회사의 손해를 통하여 주주에게 끼친 손해를 제외하고도 주주가
손해를 입은 경우에는, 위 제117조 제1항 제2문에 따라 주주는 손해
배상청구를 할 권한이 있다. 그러나 주주에게 전가되어 그의 주식
가치의 감소로 이어지는 회사의 손해(간접손해)는 위 제117조 제1항
제2문에 의한 주주의 손해배상청구권에 대한 근거가 되지 못한다.[82])
회사 청구권의 반영(Reflex)으로서 회사재산에 대해서 손해배상이 이
루어지므로, 주식회사는 실무상 그의 청구권을 행사하는 데 별다른
어려움을 겪지 않는다. 이에 의하면 단지 주식 가치 감소로 귀결되
지 않는 손해만이 배상 대상이 될 수 있다. 예컨대 하자 있는 내부자

구권은 주주총회가 단순다수결로써 결의한 경우에는 이를 행사하여야 한
다. 배상청구권은 주주총회일로부터 6개월 이내에 행사되어야 한다."
80) "신청서 제출 시점에서 그 지분이 합하여 자본금의 100분의 1 또는 적어도
10만 유로의 지분액에 해당하는 주주는 자기명의로 제147조 제1항 제1문에
게기된 회사의 손해배상청구권을 행사하는 것에 대한 허가를 신청할 수
있다. 법원은 다음 각호의 경우에 소송을 허가한다.
   1. 주주가 자기 또는 포괄승계의 경우에 그 이전의 권리자가 주장한 의무
      위반 또는 주장한 손해에 관하여 공표에 의하여 알 수 있게 된 시점보
      다 앞서 주식을 취득하였다는 것을 증명하는 경우,
   2. 주주가 회사에 대하여 상당한 기간을 두고 스스로 소송을 제기할 것을
      요구하였으나 받아들여지지 않았다는 것을 증명하는 경우,
   3. 부정 또는 법률이나 정관의 중대한 위반을 통하여 회사에 손해가 발생
      한 것에 대한 의심을 정당화하는 사실이 제시된 경우,
   4. 회사 이익에 대한 중대한 이유가 손해배상청구의 주장에 상반되지 않
      는 경우."
81) Hüffer/Koch(2018), § 117 Rn. 8.
82) Witt, in: K. Schmidt/Lutter(2020), § 117 Rn. 23.

정보 공시로 말미암은 주식매도 또는 매수로 인한 손해의 경우에는 그 배상 대상이 될 수 있다.[83]

2. 독일 주식법 제117조 제1항의 적용 범위를 넘는 회사존립을 파괴하는 침해 유형

지배주주 또는 모회사의 영향력 행사로 인한 책임이 문제될 경우에 앞서 본 것처럼 독일 주식법 제117조는 유용하게 적용될 수 있다. 다만 위 제117조에서는 영향력을 행사한 자가 불법행위자로서 책임을 진다는 측면에서 영향력 행사자를 이사처럼 취급하는 '사실상의 이사' 책임과는 차이가 있다.

그런데 위 제117조 제1항은 영향력을 행사하여 '이사나 감사 등으로 하여금' 어떤 행위를 하도록 할 것을 요건으로 하고 있다. 따라서 이사나 감사 등의 행위가 매개되지 않는 회사존립을 파괴하는 침해의 경우 위 제117조의 적용 범위 밖에 있다. 위에서 살펴본 사례를 약간 변형해보면, 재정상태가 악화되어 가고 있는 A 주식회사의 1인 주주 甲이 A 회사에 대기 중인 고객의 납품 주문을 그가 지배하고 있는 B 주식회사로 하여금 처리하게 하였는데 이로 말미암아 A 회사가 도산에 이르게 된 경우에, 甲은 A 회사의 이사 등에게 영향력을 행사한 것이 아니라 B 회사의 이사 등에게 영향력을 행사하여 A 회사의 유리한 기회를 이용하게 하였으므로, 甲에게 위 제117조 제1항이 적용되기는 어렵다. 이때 甲은 A 회사의 존립을 파괴하는 침해로 인하여 독일 민법 제826조의 불법행위책임을 부담하는 것으로 법적 구성을 할 수 있다.

이렇듯 회사존립파괴책임이 문제된 사례들 중에는 위 제117조 제

---

83) Hüffer/Koch(2018), § 117 Rn. 9.

1항에 의해 해결되지 않는 사례가 존재하고, 이러한 흠결은 독일 주식법 제57조를 통해서도 보호받지 못하는 경우이어서 입법자가 의도하지 않은 것이라 할 수 있다. 따라서 독일 주식법 제117조가 주식회사에서 회사존립파괴책임의 적용을 방해하지 않는다고 봄이 타당하다.

Ⅲ. 실무상의 중요성(1인 회사의 증가)

회사존립파괴책임을 주식회사에 적용하는 것은 실무상으로도 중요한 의미를 가진다. 즉 주식회사 수가 증가함에 따라 소위 주주가 1인인 회사의 수도 증가하고 있다.[84] 이러한 1인 회사의 설립이 독일에서 1990년대 중반부터 가능하게 됨에 따라[85] 1인 회사의 주주에 대해 회사존립파괴책임을 적용하는 것은 특별히 의미가 있다. 왜냐하면 이 같은 1인 회사는 그 실질이 유한회사와 흡사하기 때문이다. 1인 주주가 주식회사에 미치는 영향은 채권자에 대한 잠재적 위험 측면에서 볼 때 일반적인 주식회사 수준이라기보다는 오히려 유한회사의 사원 수준에 가깝다. 1인 주주의 영향력 행사 가능성 때문에 엄격하게 기속된 회사재산과 조직구조로 인하여 주식회사가 유한회사보다 근본적으로 채권자 보호를 강화하고 있다는 주장은 더는 설득력을 잃어가고 있다.[86]

따라서 증가하는 채권자 보호 요청에 부응하기 위해서 회사존립파괴책임은 독일의 주식회사에서도 적용되어야 한다.

---

84) Calise(2006), 95.
85) 독일 주식법 제42조는 다음과 같이 규정하고 있다.
　　"모든 주식이 1인 주주에게 단독으로 또는 회사와 공동으로 귀속된 경우에는 지체 없이 그 1인 주주의 성명, 생년월일 및 주소를 기재한 통지가 상업등기를 위하여 제출되어야 한다."
86) Calise(2006), 95 f.

제5장
영국과 프랑스의 법제 비교

독일의 회사존립파괴책임에 대한 우리 회사법제의 수용 여부를 검토하기에 앞서 회사존립을 파괴하는 침해에 관한 영국과 프랑스의 법제에 대해 살펴본다. 이는 이 같은 침해 유형을 규율하는 다양한 관점을 확인함과 동시에 비교법의 제1차적 기능과 목표인 '인식의 확장'을 위한 것이다.[1] 이러한 비교법적 검토는 회사존립파괴책임의 우리 법에의 수용 여부 판단을 위해 필요한 전제 작업이기도 하다. 이를 위하여 동일한 기능을 가진 제도이면 그 형태나 체계상의 위치와 상관없이 동일하게 취급하는, 비교법의 방법론상 기본원칙인 '기능주의 원리(Funktionalitätsprinzip)'에 따라 살펴보기로 한다.[2]

제1절 영국

I. 자본금 유지와 채권자 보호

영국에서 폐쇄회사(private company)는 최저자본금에 대한 제한 없이 설립이 가능하다. 영국 회사법(Companies Act 2006) 제10조 제2항[3]

---

1) Zweigert/Kötz(1996), 14.
2) Zweigert/Kötz(1996), 34 f.
3) "(1) 주식자본금을 가질 회사의 경우 제출하여야 하는 자본금과 최초 주식 보유에 관한 명세서는 이 조항에 따라야 한다.
  (2) 명세서에는 다음 각 사항을 기재하여야 한다.
  (a) 기본정관 서명인이 설립 시에 인수하는 주식의 총수
  (b) 위 주식 액면가액의 총액
  (c) 각 주식의 종류의 경우
  (i) 주식에 부여된 권리의 내용
  (ii) 해당 종류의 주식의 총수, 그리고

에 따르면 주식유한책임회사 형태인 폐쇄회사의 설립 시 필요한 것은 기본정관 서명인이 설립 시에 인수하는 주식의 총수와 위 주식 액면가액의 총액 등이다. 다만 공개회사의 경우에는 여전히 설립 시 5만 파운드의 최저자본금을 필요로 한다[영국 회사법 제763조 제1항[4]]. 폐쇄회사는 회사증권을 공모해서는 안 된다[영국 회사법 제755조 제1항[5]].

자본금 유지 원칙과 관련하여, 영국 회사법은 제829조 이하에서 이익분배에 관한 규정을,[6] 제641조 이하에서 주식자본금 감소에 관한 규정을,[7] 제658조 이하에서 유한책임회사의 자기주식취득에 관한 규정을[8] 두고 있다.

이 가운데 이익분배에 관해 살펴보면, 원칙적으로 이익분배는 이러한 분배를 예정했던 이익에 대해서만 할 수 있다[영국 회사법 제830조 제1항[9]]. 영국 회사법 제829조 제1항은 이익분배를 같은 조 제2

　　　(iii) 해당 종류의 주식의 액면가액 총액, 그리고
　　　(d) (주식의 액면가액 계정 또는 주식발행초과금의 방법으로) 각 주식에
　　　　 대한 납입할 금액과 (미납 부분이 있는 경우) 미납할 금액"
　　영국 회사법 조문의 인용은, 심영 역, 영국회사법(2016)의 해당 부분을 주로
　　참조하였다. 이하 같다.
4) "법정 최저자본금이란, 공개회사의 배정주식자본금과 관련하여 다음을 말
　　한다.
　　　(a) 50,000파운드, 또는
　　　(b) 소정의 유로화 해당 금액"
5) "주식유한책임 폐쇄회사 또는 주식자본금을 가지는 보증부 유한책임 폐쇄
　　회사는 다음을 하여서는 아니 된다.
　　　(a) 회사증권을 공모하여서는 아니 된다. 또는
　　　(b) 공모할 목적으로 회사증권의 배정 또는 배정의 약정을 하여서는 아니
　　　　 된다."
6) Davies et al.(2021), 671-684 참조.
7) Davies et al.(2021), 643-656 참조.
8) Davies et al.(2021), 620-643 참조.
9) "회사는 목적상 가능한 이익에서만 이익분배를 할 수 있다."

항의 경우를 제외하고 "현금 또는 그 밖의 것으로 회사재산을 사원에게 분배하는 모든 내용을 말한다."고 규정하고 있다. 따라서 은폐된 이익분배도 위 제829조 제1항에 포함된다. 만약 회사의 사원이 분배를 받을 당시에 이러한 이익분배가 위법한 것임을 알았을 때에는 이를 반환하여야 한다[영국 회사법 제847조 제2항[10]].[11] 이러한 규정은 영국의 common law에 의해 보충되는데[영국 회사법 제851조 제1항[12]], 실정법규와 달리 common law에서는 이익분배를 받은 사원이 분배가 위법함을 알 수 있었을 것[추정적 인식(constructive knowledge)]으로도 충분하다고 한다.[13]

또한 특정한 상황에서 이사의 의무위반에 터 잡아 위법한 이익분배를 한 이사를 상대로 배상청구를 하는 것이 common law상 허용된다.[14] 이때 이사는 회사에 대해 실제 분배액과 적법한 분배액의 차액을 배상하여야 한다.[15] 다만 앞서 본 것처럼 폐쇄회사는 최저자본금에 대한 제한 없이 설립이 가능하기 때문에, 사원이 출연하는 주식자본금은 상대적으로 적고 채권자 보호 기능도 미약하다. 따라서 실무상으로 은행과 같은 채권자는 회사와의 개별 계약을 통해 담보를 제공받는 것이 일반적이다. 그러나 회사의 불법행위로 인한 피해

---

10) "이익분배 시에 사원이 이 편에 위반한 이익분배임을 알았거나 그렇다고 믿은 것에 합리적인 이유를 가진 경우, 그는 다음과 같은 책임을 진다.
   (a) 회사에 해당 이익분배(또는 경우에 따라서 그 일부분)를 반환, 또는
   (b) 현금 이외의 것으로 이익분배를 한 경우에는, 그 당시 이익분배(또는 그 일부분)의 가액과 같은 총액을 반환"
11) It's a Wrap (UK) Ltd (in liq.) v Gula [2006] B.C.C. 626-638.
12) "이 조항에서 규정한 것을 제외하고는, 이 편의 규정은 이익분배를 할 수 있는 금액 또는 그러한 경우를 제한하는 보통법상 법칙을 구속하지 않는다."
13) Rolled Steel Products (Holdings) Ltd v British Steel Corporation [1986] Ch. 297-298; Davies et al.(2021), 681.
14) Exchange Banking Co (Flitcroft's Case), Re (1882) 21 Ch. D. 519-537; Davies et al.(2021), 682.
15) Liquidator of Marini Ltd v Dickenson [2004] B.C.C. 189.

자처럼 비자발적 채권자의 경우에는 주식자본금에 의해 보호받기는 어렵고, 가입이 강제되는 회사의 보험에 의존하여 도움을 받는다.[16]

Ⅱ. 사기적 거래

1. 개관

영국 도산법(Insolvency Act 1986) 제213조(청산)[17] 또는 제246ZA조(법정관리)[18]에 의하여 법원은 청산절차 또는 법정관리절차에 들어간 회사에 채권자를 속일 의도로 업무수행에 관여한 자가 있는 경우 청산인의 신청에 따라 적절한 금액을 회사에 배상할 것을 명할 수 있다. 이는 사기적 거래(fraudulent trading)에 대한 민사책임을 규정한 것인데, 관련 형사책임은 영국 회사법 제993조가 정하고 있다.[19] 그런데 위 제213조 등은 채권자를 해할 목적을 그 구성요건으로 하고 있고, 이와 결부하여 법원은 고도의 증명을 요구하고 있기 때문에, 위 제213조 등이 광범위하게 적용되기에는 실무상 난점이 있다. 이같은 한계를 보완하기 위해 도입된 것이 후술하는 부당거래(영국 도

---

16) Davies et al.(2012), 211, 212, 316.

17) "(1) 회사의 청산과정에서 회사의 영업이 회사채권자 또는 다른 자의 채권자를 사취할 목적으로 또는 여타의 사기 목적으로 계속되어 온 것임이 드러난 경우, 다음이 적용된다.

(2) 법원은 청산인의 신청에 따라, 고의로 위에서 언급한 방법으로 영업을 해온 모든 자에게 회사재산에 대해서 법원이 적절하다고 보는 출연을 할 책임이 있음을 선언할 수 있다."

18) 영국 도산법 제246ZA조는 위 제213조에서 규정한 '청산'을 '법정관리'로 바꿔 입법화한 것 외에 위 제213조와 내용상 차이는 없다.

19) 사기적 거래를 한 자는 기소에 따른 유죄판결에 의해 10년 이하의 징역 또는 벌금(또는 병과)이, 약식판결에 따라 12개월 이하의 징역 또는 법정 최고액 이하의 벌금이 부과될 수 있다.

산법 제214조 또는 제246ZB조)인바, 부당거래와 비교하여 위 제213조 등은 실무적으로 중요한 역할을 하고 있지 않은 것으로 보인다.[20]

위 제213조 제2항(또는 제246ZA조 제2항)은 고의로 제1항의 방법으로 영업을 한 '모든 자'가 회사에 배상책임이 있다고 규정하고 있다. 따라서 이사나 사원뿐만 아니라 제3자도 수범자가 될 수 있다.[21] 다만 제3자는, 회사 자체가 이사 등에 의해 제1항의 요건을 충족한 경우에만 사기적 거래에 대한 책임을 부담한다.[22]

사기적 거래로 책임을 지기 위해서는 먼저, 채권자를 사취할 목적 또는 기타의 사기 목적으로 회사의 영업이 계속되어왔을 것을 필요로 한다. 그런데 이 요건을 판례를 통해 명확히 추론하기는 쉽지 않다.[23] 어떤 경우에서건 사기 목적의 유무를 판별하는 데 '부정직 (dishonesty)'이 그 중요한 기준이 된다. 원칙적으로 '상인들 사이의 공정한 거래 관념에 비추어, 진정한 도덕적 비난을 수반하는 실제의 부정직'이 증명되어야 사기 목적이 있다고 인정된다.[24] 회사가 변제기에 채무를 이행할 수 있다는 기대를 할 만한 근거가 전혀 없는 경우에, 영국 법원은 위 제213조의 사해 목적을 인정하였다.[25] 그러나 만약 이사가 회사 상황이 개선되리라 예상했다고 주장한다면, 그 이사에게 사기 목적이 인정되기는 어렵다.[26] 또한 영업이 계속되어왔을 것을 요건으로 하고 있기 때문에 단순히 청구권의 손실을 야기한 하나의 행위만으로는 위 제213조 등을 충족할 수 없다.[27] 다만 채권

20) Finch & Milman(2017), 597; Fletcher(2017), 835; Keay(2007), 65.
21) Fletcher(2017), 829; Roach(2019), 670, 671; Zwieten(2019), 759.
22) Augustus Barnett & Son Ltd, Re (1986) 2 B.C.C. 98904, 98905; Zwieten(2019), 759.
23) Keay & Walton(2017), 670; Roach(2019), 670.
24) Patrick and Lyon Ltd, Re [1933] Ch. 786, 790; Fletcher(2017), 833.
25) R. v Grantham [1984] Q.B. 681; Gerald Cooper Chemicals Ltd, Re [1978] Ch. 267, 268; Zwieten(2019), 761.
26) R. v Grantham [1984] Q.B. 681.
27) Gerald Cooper Chemicals Ltd, Re [1978] Ch. 267.

자에 대한 사취 목적으로 제3자에게 상당히 많은 액수의 돈을 지급한 경우에는, 비록 일회적이라 하더라도 위 제213조 등의 사기적 거래에 해당할 수 있다.[28]

다음으로, 고의로 사기 목적의 영업에 가담해야 위 제213조 등의 책임을 진다. 어떠한 형태의 가담이더라도 상관없고, 반드시 회사에서 지배적 지위에 있거나 회사에 영향력을 행사할 가능성이 있을 필요도 없다.[29] 사기적 거래의 모든 것을 알 필요도 없고, 단지 사기 목적을 인식하면서 사기적 거래를 지원하는 것으로도 충분하다.[30]

사기적 거래를 한 자에게 회사에 어떠한 출연을 하게 할 것인지는 법원의 재량이다. 다만 출연액을 정하는 데 징벌적 요소를 고려해서는 안 된다.[31] 즉 위 제213조 등은 순수한 손해의 전보를 규정한 것이다. 따라서 배상액은 영업의 계속으로 인하여 채권자에게 발생한 손해액으로 제한된다.[32]

2. 회사존립파괴책임과의 비교

영국 도산법 제213조 등은 채권자를 사취할 목적으로 회사의 영업을 계속한 것을 제재하려는 것이어서, 일종의 법인격 남용의 관념을 기초로 한다. 반면 독일의 회사존립파괴책임은 법인격 남용에 대해서가 아니라, 회사존립을 파괴하는 침해행위에 대해서 제재를 가하고자 한다.[33] 또한 위 제213조 등은 청산절차 또는 법정관리절차의 개시를 전제로 하므로 청산인 또는 법정관리인만이 소를 제기할

---

28) Keay(2007), 62.
29) Bank of India v Morris [2005] B.C.C. 766; Roach(2019), 671; Zwieten(2019), 762.
30) Bank of India v Morris [2005] B.C.C. 745.
31) Morphitis v Bernasconi [2003] B.C.C. 560; Roach(2019), 671; Zwieten(2019), 763.
32) Morphitis v Bernasconi [2003] B.C.C. 560.
33) Kroh(2012), 163.

수 있고(같은 조 제2항 등 참조), 채권자가 직접 이사 등을 상대로 소를 제기하는 것은 가능하지 않다. 독일에서는 비록 우회적이기는 하지만 회사의 도산절차 개시 후 도산재단 부족으로 절차가 폐지된 경우에는 채권자가 회사의 사원에 대한 청구권을 압류 및 전부 받아 직접 사원을 상대로 소를 제기할 수 있다.

위 제213조 등은 앞서 본 것처럼 수범자를 이사나 사원으로 제한하지 않고, 회사의 사기적 거래에 가담한 사람은 누구나 책임을 지게 하고 있다. 그러나 독일의 회사존립파괴책임의 수범자는 원칙적으로 사원이고, 그 밖의 자는 사원의 행위에 공동정범 또는 교사범, 방조범으로 가담해야만 책임을 진다.

주관적 요건과 관련하여, 위 제213조 등은 앞서 본 것처럼 채권자에 대한 사취 목적을 요구한다. 따라서 영업을 계속하는 주목적이 채권자에게 가해를 하기 위해서이고, 책임의 초점은 사기 목적에 맞춰져 있다. 이와 달리 회사존립파괴책임은 회사재산의 목적구속성을 준수할 의무를 위반한 책임에 근거한다. 회사존립을 파괴하는 침해가 존재하는지, 이로써 회사의 도산유발 또는 도산심화가 야기되었는지, 청산에 관한 법률규정에 반하여 회사재산의 분배가 이루어졌는지는 위 제213조 등과는 관련이 없다. 위 제213조 등의 책임 근거인 채권자에 대한 사기 목적은 회사존립파괴책임에서는 회사재산을 통해 간접적으로 매개될 뿐이다. 위 제213조 등과 달리 회사존립파괴책임은 사원이 이러한 의무위반을 기꺼이 감수했는지, 즉 독일 법상의 고의(미필적 고의 포함)만을 요구하고 있다.[34]

그러나 만약 사기 목적이란 장애물만 극복할 수 있다면, 그리고 이것이 증명될 수만 있다면, 위 제213조 등의 범위에 회사존립을 파괴하는 침해도 충분히 포함될 수 있다. 영업의 계속성이라는 요건도

---

34) Kroh(2012), 164.

앞서 본 것처럼 경우에 따라 일회성 거래에 대해서도 인정될 수 있
다. 회사존립파괴책임과 달리 위 제213조 등은 특히 채권자의 위험
내지 비용으로 귀결되는 투기적 거래를 규율할 수 있다. 즉 실질적
과소자본이 문제가 된 소위 신데렐라 회사의 경우[35] 회사존립파괴
책임이 인정되지 않는데 반해, 위 제213조 등에서 정한 사기 목적은
인정될 수 있다. 다만 앞에서 언급한 것처럼 사기 목적의 요구와 이
에 대한 고도의 증명의 난점 때문에 위 제213조 등은 회사존립을 파
괴하는 침해 중, 예컨대 '회사의 적극재산 탈취'[36]와 같은 일부 유형
만을 포섭할 수 있을 것을 보인다.[37]

III. 부당거래

1. 개관

영국 도산법 제214조(청산)[38] 또는 제246ZB조(법정관리)[39]는 도산

---

35) 앞의 제3장 제1절 I. 3. 바. 참조.
36) 앞의 제3장 제1절 I. 3. 가. 참조.
37) Kroh(2012), 164 f.
38) "(1) 아래 제3항에 따르면서, 회사의 청산과정에서 본조 제2항이 이사나 이
　　사였던 자에게 적용되는 것으로 드러난 경우, 법원은, 청산인의 신청에
　　따라, 그 자가 회사재산에 대하여 법원이 적절하다고 보는 출연을 할
　　책임이 있음을 선언할 수 있다.
　(2) 본항은 다음의 경우에 그 자에게 적용된다.
　(a) 회사가 도산적 청산을 개시하였을 것,
　(b) 회사가 청산을 개시하기 전의 어느 시점에 그 자는 회사가 도산적
　　청산 또는 도산적 법정관리를 면할 것으로 합리적으로 전망할 수 없
　　음을 알았거나 그러한 결론을 내렸어야 할 것, 그리고
　(c) 그 자가 그 당시 회사의 이사였을 것
　　그러나 위 제b호에서 언급한 시점이 1986. 4. 28. 이전일 경우에는 법
　　원은 본항에 따른 선언을 하여서는 안 된다.

신청 지체로 인한 이사의 책임을 규정하고 있다. 이를 통상 '부당거래(wrongful trading)'라고 하는데,[40] 회사의 도산이 예견되는 상황에서 이사가 청산 등의 조치를 취하지 않음으로써 회사의 부채가 증가하여 손해를 본 경우에 이사의 책임을 인정하기 위한 제도이다. 이는 도산에 근접한 상황에서 이사가 종국적으로 채권자의 부담 내지 비용으로 귀결되는 영업을 계속하는 것을 방지하고, 이렇게 함으로써 회사가 유한책임을 남용하는 것을 방지하고자 하는 목적에서 비롯

---

(3) 제2항 제b호에서 명시된 요건이 먼저 충족된 후, 그 자가 회사채권자의 잠재적 손실을 최소화하기 위하여 [그가 제2항 제b호에서 언급된 문제를 알았다는 가정하에] 취했어야 할 모든 조치를 취한 경우에는, 법원은 본항에 따라 그 자에게 책임이 있음을 선언하여서는 안 된다.

(4) 제2항과 제3항의 목적상, 회사의 이사가 인식하거나 인지하여야 할 사실, 그가 내려야 할 결론, 그리고 그가 취해야 할 조치는 다음 두 가지의 속성을 지닌 합리적으로 근면한 사람이 인식 또는 인지하거나 내렸거나 취할 것들이다.

  (a) 이사가 회사와의 관계에서 수행하는 것과 동일한 기능을 수행하는 자에게 합리적으로 기대할 수 있는 일반적인 지식, 능력, 경험, 그리고

  (b) 이사가 가진 일반적인 지식, 능력, 경험

(5) 회사의 이사가 회사와의 관계에서 수행하는 기능에 관한 제4항의 언급은, 그가 실제로 수행하지 않더라도 그에게 위임되었던 기능까지 포함한다.

(6) 본조의 목적상 회사재산이 부채와 다른 채무, 청산비용을 지급하는 데 부족한 때에 청산할 경우 회사는 도산적 청산을 개시한 것이다.

(6A) 본조의 목적상 회사재산이 부채와 다른 채무, 법정관리비용을 지급하는 데 부족한 때에 청산할 경우 회사는 도산적 법정관리를 개시한 것이다.

(7) 본조의 이사에는 그림자 이사가 포함된다.

(8) 본조는 제213조의 적용에 영향을 주지 않는다."

39) 영국 도산법 제246ZB조는 위 제214조에서 규정한 '청산'을 '법정관리'로 바꿔 입법화한 것 외에 위 제214조와 내용상 차이는 없다.

40) 이에 관한 국내 문헌으로는 우선, 김건식6(2021), 223-246; 문병순(2017), 179-236 참조.

된 것이다.[41] 위 제214조 등은 앞서 본 것과 같이 위 제213조 등보다 더 효율적인 채권자 보호를 위해 마련된 규정이다.[42]

부당거래책임의 물적 적용 범위와 관련하여, 1986년 영국 도산법 제정 당시에는 도산적 청산절차에 들어간 회사에 대해서만 적용되었는데(위 제214조 제2항 제a호 참조), 2015년 위 법이 개정되면서 도산적 법정관리절차에 들어간 회사에 대해서도 적용되게 되었다(위 제246ZB조 제2항 제a호 참조). 회사는 청산 관련 총회 결의가 있거나 법원의 청산개시 결정이 있을 때 청산절차에 진입하게 된다(영국 도산법 제247조 제2항 참조). 여기서 도산적 청산 또는 도산적 법정관리절차란 회사재산이 부채와 다른 채무, 청산비용을 지급하는 데 부족한 때에 청산 또는 법정관리절차에 들어갈 경우를 의미한다(위 제214조 제6항, 제246ZB조 제6항 제a호 참조).

부당거래책임의 수범자는 '이사'이다(위 제214조 제1항, 제246ZB조 제1항 참조). 이사에는 그림자 이사(shadow director)가 포함된다(위 제214조 제7항, 제246ZB조 제7항 참조). 영국 회사법 제251조[43] 제1항은 이사들이 어떤 자의 지시를 따르는 경우 이사들에게 지시를 하는 자

---

41) Davies et al.(2021), 697, 698; Keay(2007), 76.

42) 그러나 이 제도가 실무상 적극적으로 활용되는 것 같지는 않다[Roach(2019), 672]. 부당거래와 관련하여 2022년 10월 현재 Westlaw UK에 등재된 판결은 53건에 불과하다.

43) "(1) 회사법에서 회사와 관련하여 '그림자 이사'란 그의 지시 또는 명령에 따라 회사 이사가 일반적으로 행위 하는 자를 말한다.

(2) 전문가의 자격으로 한 조언에 따라 이사가 행위 한 이유만으로는 그림자 이사로 보지 않는다.

(3) 다음의 장의 목적상 법인은 그 법인의 지시 또는 명령에 따라 종속회사의 이사가 일반적으로 행위 한다는 이유만으로 종속회사의 그림자 이사로 보지 않는다.

제2장(이사의 일반적 의무)

제3장(사원의 승인이 필요한 이사와의 거래), 또는

제4장(이사인 단독사원과의 계약)"

를 그림자 이사라고 규정한다. 그러나 이사들에게 영향력을 행사하는 모든 사람이 그림자 이사가 되는 것은 아니다. 만약 이러한 지시에 따르는 이사가 과반수가 되지 않는 경우에는 업무집행에 재량의 여지가 있게 되어, 통상적으로 그림자 이사의 지위가 부정된다.[44] 또한 common law에 의해 위 제214조 등에 따른 책임은 사실상 이사(de facto director)에게까지 확장된다.[45] 여기서 사실상 이사란 법에 따른 절차에 의해 이사로 선임되지는 않았지만, 회사의 중요한 의사결정을 하면서 이사의 권한과 기능을 수행하는 자를 말한다.[46] 사실상 이사와 그림자 이사의 차이점은, 전자는 이사로서의 업무를 수행하는데 반하여, 후자는 일반적으로 이사의 업무를 수행하지 않는다는데 있다.[47]

　부당거래책임의 구성요건과 관련하여, ① 이사는 회사가 도산적 청산 등을 면할 수 없음을 알았거나 알 수 있었어야 한다(위 제214조 제2항 제b호, 제246ZB조 제2항 제b호 참조). 영국의 몇몇 판례는 청산인 등으로 하여금 이사가 도산적 청산 등이 불가피함을 알았거나 알 수 있었을 시점을 구체적으로 특정할 것을 요구하였으나,[48] 최근 판례는 이보다 덜 엄격한 태도를 취하고 있다.[49] 도산적 청산에서 도산이란 채무초과를 의미하는데(위 제214조 제6항 및 제6A항, 제246ZB조 제6항 참조), 이사가 회사의 지급불능을 알았다는 것만으로는 위 요건을 충족시키기에 충분하지 않다.[50] 채무초과가 되더라도 경영

---

44) Davies et al.(2021), 258; Keay(2007), 87; Zwieten(2019), 742.

45) Hydrodan (Corby) Ltd (In Liquidation), Re [1994] B.C.C. 161-165.

46) Davies et al.(2021), 254; Dignam & Lowry(2021), 284-286; French et al.(2021), 408; Zwieten(2019), 740.

47) Hydrodan (Corby) Ltd (In Liquidation), Re [1994] B.C.C. 161-165.

48) Sherborne Associates Ltd, Re [1995] B.C.C. 42; Bangla Television Ltd (In Liquidation), Re [2010] B.C.C. 158.

49) Zwieten(2019), 771.

50) Sherborne Associates Ltd, Re [1995] B.C.C. 54.

이 개선되면 이를 극복할 수 있고, 지급불능이 되더라도 자산을 매각하면 현금을 조달할 수 있다는 것이다.51) 즉 독일 도산법 제15a조 제1항과 달리 영국 법원은 채무초과가 되더라도 이사에게 영업을 중단할 의무를 부과하지 않지만, 이사가 회사재무가 개선될 것이라고 막연하게 기대하면서 영업을 계속하는 것은 안 되며 그 기대에 합리성이 인정되어야 한다고 한다.52)

② 면책사유 내지 소극적 구성요건으로서 이사가 회사채권자의 잠재적 손실을 최소화할 것을 요구한다. 사안에 따라서는 전문가의 조언을 구하거나 즉각적으로 청산이나 법정관리신청을 하는 등의 조치를 포함한다.53) 이사는 채권자의 이익을 위하여 적극적으로 행동을 하였다는 것에 대한 주장 및 증명책임을 진다. 이러한 주관적 요건을 판단할 때 객관적 기준(위 제214조 제4항 제a호, 제246ZB조 제4항 제a호)과 주관적 기준(위 제214조 제4항 제b호, 제246ZB조 제4항 제b호)을 아울러 고려한다. 즉 객관적 기준으로 해당 회사와 유사한 회사의 이사가 수행하는 데 합리적으로 기대되는 일반적인 지식과 능력, 경험을, 주관적 기준으로 그 이사가 가지고 있는 지식과 능력, 경험을 모두 고려하여 판단한다.

③ 인과관계 있는 손해가 발생하여야 한다. 판례는 이사의 도산신청 지연으로 말미암아 회사에 손해가 발생하여야 한다고 한다. 즉 이 손해는, 이사가 도산적 청산 등이 불가피함을 알았거나 알 수 있었을 시점과 실제 청산 등 절차가 개시된 시점 사이의 대차대조표상 손실로 나타나야 한다.54) 이러한 보충적 구성요건은 가해행위와 인과관계

---

51) Grant v Ralls [2016] B.C.C. 581-593.
52) Brooks v Armstrong [2015] B.C.C. 661-718.
53) Fletcher(2017), 838; Keay(2007), 114-116, 118, 119; Roach(2019), 675, 676; Zwieten (2019), 776, 777.
54) Bangla Television Ltd (In Liquidation), Re [2010] B.C.C. 159.

있는 손해를 요건으로 하는 불법행위책임에서 유래한 것이다.[55]

앞서 본 부당거래책임의 구성요건이 충족되면, 법원은 이사에게 회사재산에 대하여 법원이 적절하다고 보는 출연을 할 책임이 있음을 선언할 수 있다(위 제214조 제1항, 제246ZB조 제1항 참조). 이사가 출연을 할 상대방은 회사이고, 회사채권자의 이익은 간접적으로 보호된다. 부당거래책임이 인정된 이사에게 어떠한 출연을 하게 할 것인지는 법원의 재량이다. 위 제213조 등에서와 마찬가지로 출연액을 정하는 데 징벌적 요소를 고려해서는 안 되고,[56] 전보적 손해만을 고려하여야 한다.[57] 그 액수는 부당거래 기간에 줄어든 회사재산액, 즉 결손의 증가분을 한도로 결정하여야 하고,[58] 채권자의 손해에 기초하여서는 안 된다.[59] 판례는 이사의 출연액이 회사재산으로 바로 귀속되는 것이 아니라, 모든 채권자를 위한 소위 법정 신탁재산이 된다고 한다.[60]

2. 회사존립파괴책임과의 비교

영국 도산법 제214조, 제246ZB조는 회사가 도산적 청산 또는 도산적 법정관리절차에 들어간 경우에만 적용된다. 그런데 독일에서 회사재산은 도산적 청산 등 절차에서뿐만 아니라, 독일 유한회사법 제69조 이하의 청산의 직전 단계에서도 회사채권자에 대한 우선적 변제라는 목적구속성을 가진다고 이해된다. 따라서 독일의 회사존립파괴책임의 물적 적용 범위가 영국의 부당거래책임의 그것보다 넓

55) Liquidator of Marini Ltd v Dickenson [2004] B.C.C. 197.

56) Farmizer (Products) Ltd, Re [1997] B.C.C. 662.

57) Davies et al.(2021), 704.

58) Bangla Television Ltd (In Liquidation), Re [2010] B.C.C. 159.

59) Keay & Walton(2017), 663.

60) Oasis Merchandising Services Ltd (In Liquidation), Re [1997] B.C.C. 290.

다.[61] 이는 도산 직전 단계에서의 재산 유지에 관한 독일 입법자의 의도, 즉 회사의 대표자가 사원 등에게 지급을 함으로써 회사가 지급불능에 이르게 될 우려가 있을 때에는, 대표자로 하여금 그러한 지급을 하지 못하게 하는 독일 도산법 제15b조 제5항을 염두에 두더라도, 동일한 결론에 이른다. 앞의 사기적 거래의 경우와 마찬가지로, 위 제214조 등은 청산절차 또는 법정관리절차의 개시를 전제로 하므로 청산인 또는 법정관리인만이 소를 제기할 수 있으나(같은 조 제2항 등 참조), 독일에서는 청산인 또는 도산관재인뿐만 아니라, 회사의 도산절차 개시 후 도산재단 부족으로 절차가 폐지된 때에는 채권자도 회사의 사원에 대한 청구권을 압류 및 전부 받아 직접 사원을 상대로 소를 제기할 수 있다.

위 제214조 등은 회사의 도산이 예견되는 상황에서 이사가 청산 등의 조치를 취하지 않고 영업을 계속함으로써 회사의 부채가 증가하여 손해를 본 경우에 그 이사의 책임을 인정한다. 이러한 영업 계속에 대한 책임은 '이사'가 진다. 위 제214조 등에 따르면, 사원은 그림자 이사로서 영업에 중대한 영향을 가하거나 사실상 이사로서 행위 한 경우에만 책임을 진다. 반면 독일의 회사존립파괴책임은, 사원이 대개 자신의 이익을 위하여 회사의 존립을 파괴하는 방법으로 회사재산을 침해하는 경우에 그 '사원'의 책임을 묻기 위한 제도이다. 따라서 이사가 사원의 지위를 겸유하지 않는 한, 이사의 역할은 방조범에 국한되는 경우가 많다.[62]

구성요건과 관련하여, 부당거래책임과 회사존립파괴책임의 주요한 차이점은 위 제214조 등에 따라 회사가 채무초과로 인하여 도산적 청산 등의 절차를 개시하였을 것을 요건으로 하는지 또는 회사존립을 파괴하는 침해로 인하여 회사의 도산이 유발되었는지 여부이

---

61) Kroh(2012), 152.
62) Kroh(2012), 153.

다. 독일 도산법 제15a조 제1항은, 법인이 지급불능이나 채무초과 상태가 된 경우 대표기관의 구성원 또는 청산인은 3주 내에 도산절차의 개시를 신청하도록 규정하고 있다. 이러한 도산절차 개시신청의무는 채무초과상태의 회사가 이미 법적 거래에 위협이 된다는 독일식의 사고에 기초하고 있다.[63] 이와 대조적으로 영국 판례는 회사가 채무초과상태에 이르더라도 이사에게 도산절차 개시신청의무를 부과하지 않는다. 왜냐하면 영국 판례는, 도산적 청산절차가 회사재산에 악영향을 미칠 수 있어서 채권자 이익이란 관점에서 볼 때 이러한 절차가 반드시 최선이라고 간주하지 않기 때문이다. 오히려 채무초과상태의 회사가 존속되고 이로써 미래에 이윤획득의 기회를 실현하는 것이 채권자 이익에 부합한다고 본다.[64]

그런데 회사존립파괴책임이 인정된 사례들에서 영국 도산법 제214조 등에서 요구하는 도산적 청산 등이 불가피하였는지에 관해서는, 양국의 서로 다른 도산절차와 독일 도산법 제15a조 제1항으로 인하여 쉽사리 판단하기 어렵다. 단지 지급불능이나 채무초과를 야기하는 것만으로는 위 제214조 등의 요건을 충족할 수 없다. 그러나 만약 사원이 회사존립을 파괴하는 침해를 할 때 도산적 청산 등이 불가피함을 인식하면서 더는 회사의 영업을 지속하려 하지 않았다면, 사원은 사실상 이사 또는 그림자 이사로서 위 제214조 등에 따른 책임을 부담할 수 있을 것이다. 앞서 본 KBV 판결[65]의 사실관계에 비추어 볼 때, 위 사안에서의 사원은 회사존립을 파괴하는 침해를 할 때 이미 회사가 도산적 청산 등이 불가피함을 알았기 때문에 영국 도산법 제214조 등에 따른 책임도 부담할 것으로 보인다.[66]

---

63) Kroh(2012), 154.
64) Kroh(2012), 154.
65) 앞의 제2장 제3절 II. 3. 다. 참조.
66) Kroh(2012), 155.

부당거래책임과 회사존립파괴책임의 법적 효과는 유사하다. 두 책임 모두 회사채권자의 이익을 도외시한 채 침해를 하거나 영업을 계속함으로써 발생한 회사의 손해를 보상하는 것을 목적으로 한다. 아울러 부당거래책임은 부당거래 기간에 발생한 손해에 기초하기 때문에 부가적 손해나 후속손해도 그 배상 대상이 된다. 다만 부당 거래로 인한 손해배상액에 대해서 영국 법원은 재량으로 정할 수 있고, 실무상으로는 인과관계가 인정되는 손해액 전부에 대해 배상을 명하는 경우란 거의 없다. 이에 반해 독일 법원은 회사채권자에 대한 변제를 위해 필요한 경우에 회사존립파괴책임으로 인한 손해액 전부에 대해 배상을 명한다.[67]

IV. West Mercia 원칙

1. 채권자 이익을 고려할 의무

영국 도산법 제213조, 제214조 등은 도산적 청산 등이 임박한 상황에서 회사채권자를 고려하여야 할 이사의 법적 의무를 규정하고 있다. 이러한 법적 의무와 유사하게 영국 법원은 1988년 West Mercia Safetywear v Dodd 판결[68]에서 채권자 이익을 고려하지 않은 데 따른 이사의 책임을 인정하였다. 회사채권자의 이익에 대한 이사의 배려 의무를 인정할 것인지에 관해 학설상 논란이 없지 않았으나, 영국의 입법자는 2006. 11. 8. 회사법을 개정하면서 common law 원칙에 입각하여 원칙적으로 위 의무를 인정하였다.[69]

즉 영국 회사법 제172조[70] 제3항은, 일정한 상황에서 사원 전체의

---

67) Kroh(2012), 156.

68) Liquidator of West Mercia Safetywear Ltd v Dodd (1988) 4 B.C.C. 30-35.

69) Bachner(2006), 449, 450; Finch & Milman(2017), 595; Keay(2020), 54.

이익을 위하여 행동하여야 하는 이사의 의무가, 회사채권자의 이익을 고려하여야 한다는 다른 법령 또는 common law의 법원칙에 따라 열위에 놓인다고 규정한다. 여기서 다른 법령의 대표적인 예가 바로 영국 도산법 제214조, 제246ZB조이다. 도산에 근접한 상황에서 채권자는 회사의 외부자본이 증가함에 따라 점점 더 증가하는 도산위험을 떠안게 됨에 반하여, 사원은 유한책임의 혜택을 입는다. 회사채권자에게 위험을 전가하는 것은 위 제214조 등의 적용 범위 밖에 있기 때문에 영국 회사법 제172조 제3항이 회사채권자 보호를 위한 특별규정(위 제214조, 제246ZB조)을 보완하는 역할을 한다. 물론 위 제214조 등에 의한 책임과 위 제172조 제3항에 따른 책임은 서로 달라서, 양자가 중첩되는 부분도 있지만 그렇지 않은 부분도 있을 것이다. 후자의 경우에 일반의무규정인 위 제172조 제3항이 적용될 수 있다.[71] 또한 위 제172조 제3항은 common law 법원칙의 영향을 받기 때

---

70) "(1) 회사 이사는 선의로 판단하기에 사원 전체의 이익을 위하여 회사의 성공을 촉진할 가능성이 가장 높은 방법으로 행위 하여야 하고 그렇게 할 때 (다른 것들 중에) 다음 각 사항을 고려하여야 한다.
　(a) 의사결정의 장기적 예상 결과
　(b) 회사 근로자의 이해관계
　(c) 공급업자, 고객 및 그 밖의 자들과 회사의 영업상 관계를 발전시킬 필요성
　(d) 회사의 운영이 지역사회와 환경에 미치는 영향
　(e) 높은 수준의 영업행위 기준에 대한 회사의 평판을 유지할 유용성, 그리고
　(f) 회사 사원 간에 공정하게 행위 할 필요성
　(2) 회사의 목적이 사원의 이익 이외의 것으로 구성되는 경우 또는 그러한 것을 포함하는 범위 내에서, 제1항은 사원의 이익을 위하여 회사의 성공을 촉진하는 것을 해당 목적을 달성하기 위한 것으로 하여 효력을 가진다.
　(3) 이 조항에 따라 부여된 의무는 이사가 일정한 상황에서 회사채권자의 이익을 고려하거나 이를 위해 행위 하도록 하는 다른 법령 또는 법원칙에 따라 효력을 가진다."
71) Davies et al.(2021), 712, 713.

문에 West Mercia Safetywear v Dodd 판결에 따라 이사에게 채권자의 이익을 고려할 의무를 부과한다.[72] 이사의 이러한 일반적 의무는 회사의 개별 채권자가 아닌 회사에 대해 부담하는 의무이다(영국 회사법 제170조 제1항 참조).[73]

2. West Mercia Safetywear v Dodd 판결의 사실관계 등

B는 A. J. Dodd & Co.(이하 'D 회사'라 한다)와 West Mercia Safetywear Ltd.(이하 'W 회사'라 한다)의 이사였는데, D 회사는 W 회사의 모회사였다. 1984. 5.경 두 회사 모두 재정난에 빠졌다. 당시 D 회사는 B의 보증하에 은행에 상당한 당좌대출금 채무를 부담하고 있었고, W 회사도 D 회사로부터 차용한 30,000파운드의 대출금 채무를 부담하였다. B는 두 회사의 청산을 위해 회계사에게 조언을 구하였는데, 그 회계사는 B와 다른 이사들에게 두 회사가 도산상태에 있음을 고지하였다. 회계사의 고지가 있기 얼마 전에 B는 W 회사 계좌에서 D 회사로 4,000파운드를 이체하게 하였다. 이후 두 회사 모두 청산절차를 신청하였다. W 회사의 청산인은 B가 W 회사에서 D 회사로 돈을 이체한 것은 부당한 권한 행사이므로, B가 W 회사에 4,000파운드를 반환할 것을 청구하였다. 이에 제1심은 B의 행동이 부적절하였지만, 4,000파운드는 W 회사가 D 회사에 부담한 채무를 일부 변제한 것이어서 W 회사의 자금을 횡령한 것이 아니라고 하면서 청산인의 청구를 기각하였다.

---

72) 다만 위 제172조 제3항의 의무가 '언제' 발생하는지, 이사가 이 의무에 상응하여 '어떻게' 행동하여야 하는지, '채권자 전부'의 이익이 우선하는지 아니면 '일부 채권자'의 이익이 우선하는지에 대해 여전히 논란이 있다. 이에 관해서는 Keay(2019), 305-311 참조.

73) Davies et al.(2021), 709.

이에 W 회사의 청산인이 항소하자, 영국 고등법원은 그 항소를 인용하면서, 회사가 도산상태에 빠지면 채권자의 이해관계는 주주보다 우선해야 하는데, B가 4,000파운드를 D 회사에 송금할 때 W 회사가 도산상태인 것을 알고 있었고, B의 개인적인 보증채무를 면제하려는 유일한 목적에서 명시적으로 W 회사의 채권자에게 금전을 지급하지 말라고 하면서 위와 같이 이체를 하였으므로, 이러한 B의 행위는 사기적 편파행위로서 W 회사채권자들의 이익을 해하는 행위에 해당한다고 보았다. 따라서 B는 W 회사에 대한 의무를 위반하였으므로, B에게 4,000파운드를 배상하라고 판결하였다. 즉 회사가 도산상태에 이른 경우 채권자의 이익은 주주의 이익에 우선하고, 그때 채권자의 이익이 가장 중요하다고 판시하였다.[74]

3. West Mercia 원칙의 수범자 등

영국 도산법 제213조, 제214조 등과 달리, West Mercia Safetywear v Dodd 판결에 따라 채권자의 이익을 고려할 의무를 위반한 이사의 책임에 대해서는 회사의 청산절차 밖에서 주장할 수 있다. 이러한 의무의 수범자는 '이사'이다. 여기서 이사에는 명칭과 관계없이 이사의 지위를 담당하는 자를 포함한다(영국 회사법 제250조). 영국 판례는 정식 이사뿐만 아니라[75] 그림자 이사[76]와 사실상 이사[77]에게도 채권자의 이익을 고려할 의무가 있다고 판시하였다.

---

74) Liquidator of West Mercia Safetywear Ltd v Dodd (1988) 4 B.C.C. 30-35; Keay(2017), 399.

75) 앞서 본 Liquidator of West Mercia Safetywear Ltd v Dodd 판결이 정식 이사에 관한 것이다.

76) Yukong Line Ltd of Korea v Rendsburg Investments Corp of Liberia (The Rialto) [1998] B.C.C. 884.

77) Secretary of State for Trade and Industry v Tjolle [1998] B.C.C. 288-301.

4. West Mercia 원칙의 책임 요건

영국 판례는 서로 다른 채권자집단의 이해관계가 다기하다고 하여 이 집단들을 달리 취급하는 것 같지는 않다. 오히려 비록 채권자의 이익이 통일적으로 정해질 수 없다고 하더라도, 이사는 전체로서의 채권자 이익을 고려해야 할 의무를 진다고 본다.[78] 만약 개별 채권자의 이익이 침해된 것에 불과하다면, West Mercia Safetywear v Dodd 판결에서 말하는 채권자의 이익을 고려할 의무를 위반한 것이라고 할 수 없다.[79] 전체 채권자 이익의 공통분모는 회사에 대한 그들 채권의 변제일 것이다. 따라서 자신이 한 결정이 채권자들의 변제가능성에 대해 미칠 결과를 고려하지 않았다면, 이사는 의무위반의 책임을 부담하게 된다.[80] 채권자들로부터 강제집행을 면하기 위해서 어느 회사의 재산을 다른 회사로 이전하는 것은, 회사의 도산을 야기하는 불이익한 의사결정으로서 이사의 의무위반에 해당한다.[81] 이사가 자신의 고유한 이익을 위하여 회사 채무를 변제한 때에도 위 의무를 위반한 것이다.[82]

회사가 도산에 이른 경우 사원의 이익보다 채권자의 이익을 우선해야 한다는 것은 비교적 명확하다.[83] 그런데 만약 이사의 결정으로 회사에 도산위험이 발생하였다면, 채권자의 이익을 고려할 의무는 이미 성립하였다고 보아야 한다.[84] 즉 의무의 성립 시기에 관한 면

---

78) Miller v Bain [2002] 1 B.C.L.C. 285, 286.
79) Yukong Line Ltd of Korea v Rendsburg Investments Corp of Liberia (The Rialto) [1998] B.C.C. 884, 885.
80) Colin Gwyer & Associates Ltd v London Wharf (Limehouse) Ltd [2003] B.C.C. 887.
81) Colin Gwyer & Associates Ltd v London Wharf (Limehouse) Ltd [2003] B.C.C. 885-890.
82) Cityspan Ltd, Re [2008] B.C.C. 66.
83) Miller v Bain [2002] 1 B.C.L.C. 285; Fletcher(2017), 790; Finch & Milman(2017), 444, 445, 586.

밀한 검토 없이도, 도산이 임박한 상황에서는 이미 이사의 채권자 이익 배려의무가 성립할 수 있다고 본다. 그러나 회사가 재무적으로 곤경에 처하게 되었는지를 언제 이사가 알았거나 알 수 있었는지에 관한 명확한 판례는 없고,[85] 사안에 따라 적절하다고 판단되는 시점부터 이러한 의무를 인정하고 있다.[86]

Colin Gwyer & Associates Ltd v London Wharf (Limehouse) Ltd 판결은 이사가 의무를 위반했는지 여부를, 정직하고 양식 있는 이사 지위에 있는 자가 문제가 된 의사결정이 채권자에게 유리하게 이루어진 것이라고 이성적으로 확신할 수 있는지 여부에 따라 결정해야 한다고 판시하였다.[87] 또한 이러한 이사의 의무는 앞서 본 것처럼 채권자에게 바로 부담하는 것이 아니라, 회사에 대해 지는 신인의무의 일종이다.[88] 채권자의 이익은 회사를 통해 간접적으로 보호된다.[89] 채권자의 이익을 고려할 의무가 이사의 신인의무라고 한다면, 사원총회의 결의를 통해 이 의무를 면책할 수 있는지 여부가 문제될 수 있다. West Mercia Safetywear v Dodd 판결은 채권자의 이익이 점점 더 중시되는 상황에서는 이사의 의무가 면책되거나 그 행위가 추인될 수 없다고 판시하였다.[90] 도산이 임박한 상황에서 사원총회는 이사의 위와 같은 책임을 면제할 수 없다.[91]

---

84) Liquidator of West Mercia Safetywear Ltd v Dodd (1988) 4 B.C.C. 33.

85) Davies et al.(2021), 710.

86) HLC Environmental Projects Ltd, Re [2014] B.C.C. 362.

87) Colin Gwyer & Associates Ltd v London Wharf (Limehouse) Ltd [2003] B.C.C. 909.

88) Yukong Line Ltd of Korea v Rendsburg Investments Corp of Liberia (The Rialto) [1998] B.C.C. 884, 885.

89) Keay(2007), 266, 267; Roach(2019), 249.

90) Liquidator of West Mercia Safetywear Ltd v Dodd (1988) 4 B.C.C. 30-35.

91) Kroh(2012), 175.

5. West Mercia 원칙에 따른 소 제기 절차

회사채권자의 이익을 고려할 의무를 인정한 다수의 판례에서 그 회사는 이미 청산절차에 들어간 경우가 대부분이다. 이때에는 영국 도산법 제212조에 따라 이사의 부당행위(misfeasance)에 대한 책임을 묻는 절차에 따른다.[92] 즉 회사의 청산과정에서 임원, 청산인, 관리인, 수탁관리인 또는 이러한 지위에 있지는 않으나 회사의 발기, 설립, 경영에 참여한 자가 회사재산을 유용하거나 보유하거나 회사재산에 대하여 책임을 지게 되거나, 부당거래를 하거나 충실의무 또는 다른 의무를 위반한 경우에는 관리인, 청산인, 채권자, 청산출자자 등의 신청에 따라 법원은 당해 임원 등에게 배상을 하도록 명할 수 있다(위 제212조 제1항, 제3항 참조). 다만 앞서 본 것처럼, 채권자의 이익을 고려할 의무와 관련하여, 채권자는 위 제212조에 따라 개별적으로 이사를 상대로 소를 제기하지 못한다. 위 제212조의 절차에 의할 경우 법원이 청산인 등의 신청에 따라 직접 임원 등의 행위를 조사할 수 있다(위 제212조 제3항 참조). 즉 법원이 어떤 주장과 증거가 필요한지 직권으로 결정할 수 있다. 이는 주장책임과 증명책임을 상당히 완화하는 효과를 가져온다.

위 제212조가 적용되지 않을 경우에는 회사만이 이사를 상대로 소를 제기할 수 있다. 이때 common law가 적용되는데, 이사의 의무위반으로 회사가 입은 손해와 그 회복 방법에 관해 심리하는 절차가 진행된다. 사원도 대표소송(actio pro socio)의 방법으로 이사(또는 그림자 이사)의 의무위반을 주장할 수 있다(영국 회사법 제260조 참조). 위 제212조에서와 달리 이러한 소송절차에 의할 경우 회사나 사원은 이사의 의무위반과 손해 등에 관한 주장 및 증명책임을 부담한다.

---

92) Keay(2007), 272.

6. West Mercia 원칙의 법적 효과

West Mercia Safetywear v Dodd 판결에 따른 법적 효과는 어느 절차에 의해 이사의 책임을 묻는지에 따라 달라진다.

위 제212조의 절차에 따라 이사의 책임을 물을 경우 법원은 이사에게 법원이 적절하다고 보는 금액을 의무위반에 대한 배상으로서 회사재산에 지급할 것을 명할 수 있다(위 제212조 제3항 제b호). 법원의 재량은 부당거래책임에서와 유사하게 책임이 있음을 인정할 것인지 여부와 그 책임에 따른 손해배상액을 얼마로 할 것인지 여부에 모두 미친다. 손해배상액은, 예컨대 의무위반의 결과로 도난당한 회사재산의 가치처럼, 특정한 의무위반의 결과로 회사가 직접적으로 입은 손해의 한도 내로 제한된다.[93] 여기서도 법원은 징벌적 요소를 고려해서는 안 되고 전보적 손해만을 고려하여야 한다.[94] 이사가 여러 명일 경우, 이사들의 손해 기여 정도를 고려할 것인지, 배상액을 이사별로 서로 다르게 정할 것인지, 이사들이 각자 책임을 지게 할 것인지 아니면 연대하여 책임을 지게 할 것인지에 관해 법원은 재량으로 정할 수 있다.[95] 다만 부당거래책임의 경우와 달리 이사가 지급한 금액은 회사채권자 전체를 위한 법정 신탁재산이 되는 것은 아니라고 한다.[96]

위 제212조의 절차에 의하지 않고 common law상의 손해배상을 구하는 소를 제기한 경우, 이사는 의무위반으로 인해 발생한 손해를 배상할 책임이 있다. 재산의 반환을 구하는 소를 제기한 경우, 이사는 의무위반으로 그의 수중에 들어온 재산의 수탁자로 간주된다.[97]

---

93) Liquidator of West Mercia Safetywear Ltd v Dodd (1988) 4 B.C.C. 33.
94) Davies et al.(2021), 714.
95) Bentinck v Fenn (1887) 12 App. Cas. 661.
96) Kroh(2012), 182.
97) Kroh(2012), 182.

7. 회사존립파괴책임과의 비교

West Mercia Safetywear v Dodd 판결에 따른 책임(이하 'West Mercia 책임'이라 한다)과 독일의 회사존립파괴책임은 명확히 기능상 유사하다. 두 책임은 모두 회사에 대한 의무위반을 제재하기 위한 것이다. 비록 회사재산에 의해 매개되는 것이기는 하지만, 회사에 대한 이러한 의무는 도산이 임박한 상황에서 채권자의 이익을 고려하여야 한다는 것이다. 두 책임은, 증가하는 외부자본의 유입과 재무적 곤경 속에서 회사재산으로 매개되는 채권자의 이익을 고려하여야 한다는 것을 내용으로 한다. 이는, 구성요건적 측면에서 볼 때, West Mercia 책임이 회사존립파괴책임의 근거가 되는 사실관계를 모두 포섭함을 의미한다. 법적 효과 측면에서 보더라도 두 책임은 회사에 대한 의무위반으로 인하여 회사에 발생한 손해를 배상하도록 하고 있다. 그런데 이러한 기능상의 유사성에도 불구하고, 두 책임의 중요한 차이점은 수범자의 범위에 있다.[98]

두 책임의 기능상의 유사성은 두 책임의 물적 적용 범위도 유사함을 의미한다. 두 책임은 청산절차에서나 도산절차에서 모두 주장될 수 있다. 그러나 절차적 측면에서 영국법은 청산절차에서, 독일법에는 없는 영국 도산법 제212조에 따른 간명한 절차를 제공하고 있다. 이 절차에서 영국 법원은 직권으로 조사할 수 있는 권한을 부여받았고, 그 결과 특히 원고 측은 주장 및 증명책임에서 비교적 자유롭다. 위 제212조의 절차에 의하더라도, 앞서 본 것처럼, 관리인이나 청산인과 달리 채권자는 이사를 상대로 개별적인 소를 제기하지 못한다. 독일 도산법상 회사가 도산절차에 있는 경우 회사존립파괴책임의 소를 제기할 수 있는 자는 도산관재인뿐이다. 다만 회사의

---

98) Kroh(2012), 183 f.

도산절차 개시 후 도산재단 부족으로 절차가 폐지된 때에는 채권자가 회사의 사원에 대한 청구권을 압류 및 전부 받아 직접 사원을 상대로 소를 제기할 수 있다. common law에 따라 이사를 상대로 그 책임을 물을 경우에는 회사도 소를 제기할 수 있고, 사원도 대표소송의 방식으로 소를 제기할 수 있다.[99]

West Mercia 책임은 사원이 아닌 '이사'에게 초점이 맞춰져 있다. 채권자의 이익을 고려할 의무는 이사의 직무에 관한 것이어서 정식 이사나 사실상 이사가 이러한 의무를 부담한다. 그러나 독일의 회사 존립파괴책임에서 이사는 사원의 이러한 침해에 종범으로서 가담하는 경우가 대부분이다. 다만 사원이 업무집행에 영향력을 행사함으로써, 사실상 이사는 아니라 하더라도, 영국법상 그림자 이사로 취급받는 경우도 있을 수 있다. 이러한 측면에서 영국법상 사원도 채권자의 이익을 고려할 의무를 부담할 수 있다. West Mercia 책임이 이사를 향하고 있지만, 수범자의 범위에 독일의 그것과 큰 차이가 있는 것은 아니다. 실무상으로는 영국법에서 방조범에게 이중의 고의를 요구하지 않기 때문에, West Mercia 책임을 지는 자는 독일보다 더 많을 수 있다.[100]

West Mercia 책임은, 도산을 유발하거나 심화하는 회사재산의 취거나 유동성의 인출, 채무변제나 채권자의 압류 전에 하는 회사재산분배의 경우에 모두 성립한다. 이러한 책임은 회사 운영에 관한 결정을 할 때 채권자의 이익에 미치는 영향도 고려해야 한다는 의무에 기초하기에, 그 결정이 대차대조표에 반영되는 조치에만 국한되지 않는다. 영업에 필요한 자산이나 사업기회를 탈취 또는 양도하는 경우에도 위 책임은 발생한다. 실질적 과소자본의 경우가 문제될 수 있는데, 만약 이사가 채권자의 이익을 고려하였다면 단순히 실질적

---

99) Kroh(2012), 184 f.
100) Kroh(2012), 185.

인 과소자본 상태라 하더라도 이사의 책임은 성립하지 않는다. 주관적 요건과 관련하여 영국법상의 위 책임은 순전히 객관적 기준만으로 주관적 요건의 충족 여부를 판단하기 때문에,[101] 미필적 고의로도 충분한 독일법상의 회사존립파괴책임보다 엄격할 수 있다.[102]

회사존립파괴책임이나 West Mercia 책임 모두 의무위반으로 회사에 발생한 손해를 배상하여야 한다는 것은 동일하지만, 독일법과 달리 영국 도산법 제212조에 따라 이사의 부당행위에 대한 책임을 묻는 경우 손해배상액을 정하는 데 법원의 재량이 작용한다. 또한 실무적으로 영국 법원은 독일 법원과 달리 의무위반으로 발생한 손해액 전부에 대해 배상을 명하는 것을 꺼린다. 회사존립파괴책임에서 인정되는 부가적 손해가 영국 법원에 의해 인정될 가능성은 적다. 물론 위 제212조의 절차에 의하지 않고 common law상의 손해배상을 구하는 소를 제기한 경우에도, 의무위반으로 인해 직접 발생한 손해에 대해서만 배상책임이 있고, 간접적인 부가적 손해는 회사존립파괴책임에서와 달리 제외된다.[103]

V. 소결론

영국법은 독일의 회사존립파괴책임과 달리 '사원'의 책임을 인정하고 있지 않다. 채권자 보호를 위한 다양한 사후적 메커니즘은 주로 이사에 관한 것이고, 사원은 일정한 요건하에 사실상 이사 또는 그림자 이사로서 책임을 질 뿐이다.

사기적 거래와 부당거래는 회사존립파괴책임과 기능적인 면에서 차이가 있다. 사기적 거래는 채권자를 해할 목적으로 회사의 영업을

---

101) Colin Gwyer & Associates Ltd v London Wharf (Limehouse) Ltd [2003] B.C.C. 909.
102) Kroh(2012), 186.
103) Kroh(2012), 187.

계속해온 자로 하여금 회사에 배상책임을 부담하게 하는 것을 내용으로 한다. 이 책임의 수범자는 이사나 사원뿐만 아니라 제3자도 될 수 있다. 부당거래는 도산신청 지체로 인한 이사의 책임을 내용으로 한다. 이러한 책임은 회사존립파괴책임이 아닌 독일 도산법 제15a조 제1항의 책임과 유사하다. 두 책임은 기능상의 차이에도 불구하고 회사존립파괴책임이 문제되는 사례의 일부를 규율 대상으로 한다.

그러나 회사존립파괴책임과 비견될 만한 영국법상의 제도는 West Mercia 책임일 것이다. 두 책임 모두 회사에 대한 의무위반을 제재하기 위한 것이다. 비록 회사재산에 의해 매개되는 것이기는 하지만, 회사에 대한 이러한 의무는 도산이 임박한 상황에서 채권자의 이익을 고려하여야 한다는 것이다. 두 책임은 기능상 유사하다. 독일 BGH는 이러한 의무를 사원의 의무로 발전시켰는데, 영국 판례와 성문법은 이사의 의무로 규정하고 있다. 다만 영국법에서 방조범에게 이중의 고의를 요구하지 않기 때문에, 사원도 가담자로서 책임을 질 수 있다.

법적 효과 측면에서는 사기적 거래와 부당거래, West Mercia 책임 모두 회사존립파괴책임에 비하여 영국 법원에 의해 인정되는 손해액이 적고, 부가적 손해는 거의 배제된다. 다만 세 책임 모두 회사존립파괴책임과 같이 내부책임이어서 수범자는 회사에 배상책임을 진다. West Mercia 책임을 영국 도산법 제212조의 절차에 따라 묻는 경우 법원이 직권으로 조사할 수 있어서 청산인 등이 주장 및 증명책임에서 비교적 자유롭다는 것이 회사존립파괴책임과 다른 점이다.

결론적으로, 영국의 West Mercia 책임이 독일의 회사존립파괴책임과 유사한 기능을 수행한다.

제2절 프랑스

Ⅰ. 자본금 유지와 채권자 보호

프랑스에서 물적 회사 형태로는 유한회사[Société à responsabilité limitée(SARL)]와 주식회사(Société anonyme), 주식합자회사(Société en commandite par actions)가 있다[프랑스 상법(Code de commerce) 제210-1조[104] 참조]. 유한회사(SARL)의 사원은 2003. 8. 1.부터 회사설립 시 자본금 액수를 자유롭게 정할 수 있게 되었다[프랑스 상법 제223-2조[105] 참조]. 따라서 1유로의 자본금으로도 유한회사를 설립할 수 있다. 이러한 법률 개정의 배경에는, 종전 법에 규정된 최저자본금 제도가 채권자 보호에 미미하게 기여하였다는 고려가 작용한 것이다. 그러나 주식회사 및 주식합자회사를 설립할 경우에는 여전히 37,000유로의 최저자본금을 필요로 한다[프랑스 상법 제224-2조 제1항[106] 참조].[107] 유한회사의 주식은 사원에 의해 모두 인수되어야 한다[프랑스 상법 제223-7조 제1항 제1문[108] 참조]. 주식회사의 설립은 자금의 공모에 의한 경우(프랑스 상법 제225-2조 이하 참조)나 공모에 의하지 않은

---

104) "한 회사의 상사성은 그 회사의 형태 또는 목적에 의하여 정한다. 목적이 어떠하든 상관없이 형태로 인하여 합명회사, 합자회사, 유한회사 및 주식회사와 주식합자회사는 상사회사이다."
　　프랑스 상법 중 회사법 관련 조문의 인용은, 원용수 역, 프랑스회사법 (2014)의 해당 부분을 주로 참조하였다. 이하 같다.
105) "회사의 자본 총액은 정관으로 정한다. 그것은 균등한 회사의 지분으로 나누어진다."
106) "회사의 자본은 적어도 37,000유로이어야 한다."
107) 거래소에 상장된 주식회사의 최저자본금은 225,000유로이다.
　　Sonnenberger/Dammann(2008), 169.
108) "회사의 지분은 사원에 의하여 전부 인수되어야 한다."

경우(프랑스 상법 제225-12조 이하 참조) 모두 가능하되, 자본은 어느 경우에나 모두 인수되어야 한다[프랑스 상법 제225-3조 제1항,[109] 제 225-12조[110] 참조].

비록 유한회사에서 최저자본금 제도가 폐지되었지만, 자본금 유지 원칙은 자본의 감소에 관한 규정[프랑스 상법 제223-34조 제1항(유한회사),[111] 제225-204조 이하(주식회사)[112] 참조], 자기지분의 취득 금지[프랑스 상법 제223-34조 제4항(유한회사),[113] 제225-210조 이하(주식회사)[114] 참조], 이익분배에 관한 규정[프랑스 상법 제232-10조 이하(유한회사 및 주식회사)[115] 참조] 등에 의해 여전히 그 역할을 하고

---

109) "자본은 전액이 인수되어야 한다."

110) "자금을 공모하지 아니하는 때에는 본 법 제225-2조, 제225-4조, 제225-7조, 제225-8조 제2항, 제3항 및 제4항, 제225-9조 및 제225-10조의 규정을 제외하고, 제1관의 규정이 적용된다."

111) "자본의 감소는 정관의 변경에 필요한 조건에 따라 사원총회의 결의에 의하여 행한다. 어떠한 경우에도, 자본의 감소는 사원의 평등을 해하지 못한다."

112) 예컨대 프랑스 상법 제225-204조 제1항은 다음과 같이 규정한다.
"자본의 감소는 비상총회에 의하여 허가되거나 결정될 수 있고, 비상총회는 그것을 실행하기 위한 모든 권한을 이사회 또는, 경우에 따라서, 업무집행이사회에 위임할 수 있다. 어떠한 경우에도, 자본의 감소는 주주평등을 침해하지 못한다."

113) "회사에 의한 자기지분의 취득은 금지된다. 그러나 손실에 의하지 아니한 자본의 감소를 결정한 총회는 업무집행자가 결정된 수의 지분을 소각하기 위하여 그 지분을 매수하는 것을 허가할 수 있다."

114) 예컨대 프랑스 상법 제225-210조 제1항은 다음과 같이 규정한다.
"회사는, 직접적으로 또는 자기의 명의로, 그러나 회사의 계산으로 행위하는 중 개인을 통하여 자기주식 총수의 10% 또는 일정한 종류의 자기주식의 10% 이상을 소유하지 못한다. 이 주식은, 회사증권의 유동성을 유리하게 하기 위하여 환매하는 주식을 제외하고는, 기명식으로 하고, 취득시에 전부 납입되어야 한다. 전부 납입되지 아니한 때에는, 이사회 또는, 경우에 따라서, 업무집행이사회의 구성원은, 본 법 제225-251조 및 제225-256조 제1항에 규정된 조건에 따라, 그 주식에 대하여 납입을 하여야 한다."

있다.

이 가운데 이익분배에 관하여 살펴보면, 이익분배는 회사의 당해 영업연도 이익에서 이월손실 및 법률 또는 정관의 규정에 의한 준비금을 공제하고 이월이익이 있을 때에는 이를 가산한 후 이익이 있을 때에만 사원(주주)에게 분배할 수 있다[프랑스 상법 제232-11조 제1항116) 참조]. 물론 이익분배를 하기 위해서는 총회의 결의가 필요하다(프랑스 상법 제232-12조 제1항 참조). 이러한 규정을 위반하여 분배된 이익배당은 위법한 이익배당(diviedende fictif)이고, 사원(주주)이 이러한 부적법성을 알았거나 알 수 있었을 때에는 그 배당금을 반환하여야 한다[프랑스 상법 제232-17조(유한회사 및 주식회사),117) 제223-40조 제1항(유한회사)118) 참조]. 독일법과 달리 프랑스법은 숨은 배당에 관해 직접적으로 규율하지 않는다.119) 위법배당이 있을 경우, 이사는 민사법적으로[나프랑스 상법 제223-22조 제1항(유한회사),120)

---

115) 예컨대 프랑스 상법 제232-12조 제1항은 다음과 같이 규정한다.
　　"연도계산서류의 승인 및 분배할 수 있는 금액의 존재를 확인한 후에, 총회는 이익배당의 형태로 사원에게 분배되는 비율을 정한다."
116) "배당가능이익은 당해 영업연도의 이익에서, 이월손실 및 법률 또는 정관의 규정에 의한 준비금을 공제하고, 이월이익이 있는 때에는 이를 가산한 것이다."
117) "다음의 두 조건이 구비되는 경우를 제외하고, 회사는 주주 또는 지분의 소지인에 대하여 배당금의 반환을 청구하지 못한다:
　　1. 이익배당이 본 법 제232-11조, 제232-12조 및 제232-15조를 위반하여 행하여진 때;
　　2. 수익자가 이익배당 시에 당해 이익배당의 부적법성을 알고 있거나 여러 상황을 고려해보건대 이를 알 수 있었음을 회사가 증명한 때"
118) 유한회사 사원에 대하여 위 제232-17조와 함께 적용된다.
　　"사원이 진실하게 취득한 이익에 의하지 아니한 배당금을 수령한 때에는 그 반환을 청구할 수 있다."
119) Kroh(2012), 238 f.
120) "이사는 유한회사에 적용되는 법령의 규정에 대한 위반, 정관의 위반 또는 업무집행상의 과실에 대하여, 경우에 따라서, 단독으로 또는 연대하

제225-251조 제1항(주식회사)[121] 참조], 형사법적으로[프랑스 상법 제241-3조 제2호(유한회사),[122] 제242-6조 제1호(주식회사)[123] 참조] 책임을 진다.

회사의 자기자본이 자본의 2분의 1 미만으로 된 때에, 사원 또는 주주는 회사의 해산 여부를 결정하여야 한다[124][프랑스 상법 제223-42조 제1항[125] 및 제2항[126](유한회사), 제225-248조 제1항[127] 및 제2항[128]

여, 회사 또는 제3자에 대하여 책임을 진다."

121) "이사 및 부대표이사는, 회사 또는 제3자에 대하여, 주식회사에 적용되는 법률 또는 명령의 규정 또는 정관의 위반 또는 그들의 업무집행 중에 범한 과실에 대하여는, 경우에 따라서, 단독으로 또는 연대하여 책임을 진다."

122) "다음의 사실에 대하여 5년의 금고 및 375,000유로의 벌금의 형에 처한다.
    2. 이사가 재산목록을 작성하지 아니하거나 허위의 재산목록에 의하여 사원 간에 위법배당을 한 사실"

123) "다음의 사실에 대하여 5년의 금고 및 375,000유로의 벌금의 형에 처한다.
    2. 주식회사의 대표이사, 이사 또는 부대표이사가 재산목록을 작성하지 아니하거나 허위의 재산목록에 의하여 주주 간에 위법배당을 한 사실"

124) Urbain-Parléani(2006), 493, 494.

125) "계산서류에서 확인된 손실에 의하여 회사의 고유자본이 자본의 2분의 1 미만이 된 때에는, 이 손실을 명확히 한 계산서류를 승인한 후 4개월 내에 사원은 회사의 존립기간 전에 해산할 것인지를 결정한다."

126) "해산이 정관변경에 필요한 다수로써 결의되지 아니한 때에는, 아무리 늦어도 손실이 확인된 영업연도에 이은 2 영업연도의 종료까지는, 그 기간 내에, 고유자본이 자본의 2분의 1 이상에 해당하는 금액까지 회복되지 아니하는 한, 회사는 준비금으로 전보하지 못하는 손실액과 동액 이상의 자본을 감소할 의무가 있다."

127) "계산서류에서 확인된 손실로 인하여 회사의 고유자본이 자본의 2분의 1 미만이 된 때에는, 이사회 또는, 경우에 따라서, 업무집행이사회는 이 손실을 명확히 한 계산서류의 승인에 이은 4개월 내에 회사의 존속기간 만료 전에 해산할 것인가의 여부를 결정하기 위한 비상총회를 소집하여야 한다."

128) "해산이 선고되지 아니한 때에는, 회사는 손실이 확인된 영업연도에 이은 2 영업연도 말까지 본 법 제224-2조가 규정하는 경우를 제외하고, 준비금의 전입에 의하여 보전되지 아니한 손실액과 동액 이상의 자본을 감소하여야 한다. 그러나 이 기간 내에 고정자본이 자본의 적어도 2분의 1의 가

(주식회사) 참조].129)130) 영국의 폐쇄회사처럼 프랑스의 유한회사에 대해서도 최저자본금 제도가 폐지됨에 따라 고유자본금은 상대적으로 적고 채권자 보호 기능도 미약하다고 할 수 있다.

Ⅱ. 적극재산 부족으로 인한 책임

1. 입법 연혁

19세기 후반에 프랑스 판례에 의해 처음으로 창안되었고, 1967년 프랑스 구 파산법 제99조에서 채무 전보의 소(Action en comblement du passif)로 성문화되었으며, 그 후 1985년 구 파산법 제180조에서 승계된, 도산법 영역에 근거하여 업무집행자(이사)의 민사책임을 묻는 소는 실무상 중요하다.131) 이 조문은 2000년에 제624-3조로 프랑스 상법의 일부가 되었고, 2005년과 2008년, 2016년 각각 개정되었는바, 현행 프랑스 상법 제651-2조에서는 '회사의 적극재산 부족으로 인한 업무집행자(이사)의 책임(La responsabilité pour insuffisance d'actif)'을 규정하고 있다. 이에 의하면 업무집행자(이사)는 회사132)가 도산절차에 들어간 경우 적극재산을 초과한 채무에 기여한 업무집행상 과책에 따라 회사 채무의 전부 또는 일부를 부담하여야 한다.133) 따라서 이 책

액으로 회복한 때에는 그러하지 아니하다."
129) 이와 관련하여, 해부(2020), 244쪽의 주 122는 프랑스 상법 제224-2조를 들고 있으나, 위 제224-2조는 주식회사의 법정 최저자본금에 관한 규정이어서 잘못 인용한 것이다.
130) 프랑스뿐만 아니라 오스트리아, 벨기에, 이탈리아, 스페인 등 EU 가입국의 회사의 중대한 자본결손에 관한 입법례에 대해서는, Kalss et al.(2006), 114-135 참조.
131) Schall(2009), 273.
132) 여기서 회사는 상법상 회사뿐만 아니라 민법상 조합도 포함한다. 다만 이하의 서술은 주식회사와 유한회사에 관한 부분으로 한정하기로 한다.

임은 업무집행자의 과책에 대한 제재 기능과 회사의 도산 재단을 증식시키는 재무적 기능을 한다.[134]

2. 물적 적용 범위

프랑스 상법 제651-1조 내지 제651-4조는 주식회사나 유한회사의 재산에 대해 도산절차가 개시된 경우에 적용된다(위 제651-1조[135] 참조). 그런데 위 제651-2조와 함께 살펴보면, 위 규정은 단지 재판상 청산절차(파산절차, liquidation judiciaire)가 개시된 때에만 적용된다.[136] 회생절차에 있는 회사에 대해서는 위 제651-1조 내지 제651-4조가 적용되지 않는다(Ordonnance n° 2008-1345).

3. 책임의 수범자

수범자의 범위는 프랑스 상법 제651-1조, 제651-2조[137]에 의해 정해

---

133) Gerner-Beuerle & Schillig(2019), 876; Sonnenberger/Dammann(2008), 549 f.
134) 張子弦(2017), 34.
135) "본 장의 규정은 도산절차에 회부된 사법(私法)상 법인의 경영자, 법인 경영자의 상임 대표자인 개인, 유한책임 개인 사업주, 제5권 제2편 제6장 3절에서 정의된 지위에 있는 개인 사업주에게 적용된다."
136) Gerner-Beuerle & Schillig(2019), 876.
137) "(1) 법인에 대한 재판상 청산절차에서, 자산이 부족한 것으로 드러나고 경영상 과실이 이러한 자산의 부족을 초래한 것으로 인정되면, 법원은 경영상 과실이 있는 법률상 또는 사실상 경영자들 혹은 그중 일부에게 자산 부족분의 전액 또는 일부를 부담하도록 명할 수 있다. 경영자가 다수일 경우 법원은 합리적 결정으로 연대책임을 부담하게 할 수 있다. 다만, 법인의 경영에 법률상 또는 사실상 업무집행자의 경과실만 있는 경우 자산 부족에 대한 책임을 물을 수 없다. 단체협약에 관한 1901. 7. 1.자 법률 또는 적용 가능한 경우 바-랭(Bas-Rhin)도(道), 오-랭(Haut-Rhin)도(道), 모젤(Moselle)도(道)에 적용되는 민법에 의하여

지는데, 정식 업무집행자(dirigeants de droit)뿐만 아니라 사실상 업무
집행자(dirigeants de fait)도 이에 포함된다. 업무집행자가 자연인이든
법인이든 불문한다.138)

가. 정식 업무집행자

정식 업무집행자는 정관에 따라 회사를 관리하는 권한(pouvoir de
gestion)을 가지고 있고, 법인을 대표하는 권한(pouvoir dereprésentation)
도 가지고 있어야 한다. 다만 대표이사를 선임한 주주총회의 결의에
하자가 있을 때에도 그 대표이사는 회사의 적극재산 부족으로 인한
책임을 진다. 정식 업무집행자란 이사회의 의장 또는 유한회사의 이
사 등을 가리킨다.139) 단순히 기술개발의 책임자 등은 이에 포함되

규율되는, 법인세가 부과되지 않는 단체에 관한 재판상 청산절차의
경우, 법원은 업무집행자의 기여 정도에 비추어 경영상 과실이 존재
하는지 판단한다.

(2) 충당자산에 대한 유한책임 개인 사업주의 활동으로 인하여 재판상
청산절차가 개시되거나 선언된 경우 법원은 동일한 조건하에 개인사
업자에게 자산 부족분의 전액 또는 일부를 부담하도록 명할 수 있다.
이처럼 부과된 금액은 계상되지 않은 자산에서 지출된다.

(3) 본 법률 제5권 제2편 제6장 제3절에서 정의된 지위에 있는 개인 사업
주에 대하여 재판상 청산절차가 개시되거나 선언된 경우, 법원은 마찬
가지로 동일한 조건하에서 위 사업자에게 자산 부족분의 전액 또는
일부를 부담하도록 명할 수 있다. 이처럼 부과된 금액은 개인 자산에
서 지출된다.

(4) 소권은 재판상 청산절차를 개시하는 명령 발령일로부터 3년 내에 행
사되어야 한다.

(5) 업무집행자 또는 유한책임 개인 사업주가 지급한 금액은 채무자의
자산으로 편입된다. 위 금액은 모든 채권자에게 비례적으로 배분되어
야 한다. 업무집행자 또는 유한책임 개인 사업주는 지급하도록 명령을
받은 금액의 한도 내에서 분배에 참여할 수 없다."

138) Ribreau(2019), n° 938.
139) Ribreau(2019), n° 940.

지 않는다. 한편 실무상 재판상 청산절차가 개시되기 전에 업무집행자가 퇴임하였다고 하더라고 재직 중의 행위로 인하여 채무초과상태가 발생한 경우에는 비록 퇴임한 시점에 회사가 채무초과상태에 있지 않았더라도 그 업무집행자는 책임을 진다. 즉 업무집행자의 영업 수행이 지급정지를 가져온 이상 그의 퇴임이 공시되었는지 여부는 별다른 영향을 미치지 않는다.[140] 만약 업무집행자가 해임된 이후에도 활동을 계속해왔다면, 그는 위 제651-2조에 의한 책임을 질 수 있다. 만일 청산절차가 재판상 청산절차로 이행되었다면, 청산인도 역시 위 제651-2조에 따라 책임을 부담할 수 있다.[141]

나. 사실상 업무집행자

사실상 업무집행자란 직접 또는 제3자를 통해 적극적으로 회사의 영업을 수행한 자 또는 이사회로부터 독립하여 회사의 법정대리인 대신에 영업을 수행한 자를 말한다. 사실상 업무집행자로 인정을 받으려면 '적극적인' 지휘행위를 하여야 하고, 그 지휘행위에 '독립성'이 있어야 한다.[142]

정식 업무집행자와 달리 사실상 업무집행자는 경영이 위임된 것이 아니기 때문에 단순한 부작위만으로는 충분하지 않다. 일회성의 침해만으로도 불충분하다. 독일에서와 달리 사실상 업무집행은 외부에서 인식될 수 있는 행위이어야만 하는 것은 아니다. 순전히 내부적인 영업 수행도 사실상의 업무집행에 해당할 수 있다. 사실상 업무집행자의 예로서는 종전 이사나 사원, 모회사, 자금을 대여한 은행 등을 들 수 있다.[143]

---

140) Ribreau(2019), n° 947; 張子弦(2017), 34, 35.
141) Kroh(2012), 250; Ribreau(2019), n° 947.
142) Ribreau(2019), n° 944; 張子弦(2017), 36.
143) Kroh(2012), 251 f.

그런데 모회사가 자회사의 경영활동 등 중요사항을 지휘·결정하는 경우나 자회사의 주식을 소유함으로써 스스로 업무집행자를 파견한 경우에, 이러한 모회사가 자회사의 사실상 업무집행자가 되는지 여부가 문제된다. 실무상 모회사의 사실상 경영관리 행위는 지주회사의 자회사에 대한 간섭행위의 존재에 의해 인정된다. 단지 단순히 자회사의 99%의 지분을 가지고 있는 사실만으로는 사실상 업무집행자로 인정하기는 어렵다는 판례가 있으나,[144] 자회사가 아무런 자주적인 경영권도 없고 모두 모회사에 의해 통제되고 있는 경우, 모회사는 사실상 업무집행자로 인정될 수 있다.[145]

4. 책임의 구성요건

적극재산 부족으로 인한 책임이 성립하기 위해서는 ① 채무초과(적극재산 부족), ② 경영상 오류, ③ 채무초과와 경영상 오류 사이의 인과관계가 필요하다. 이러한 요건에는 프랑스 일반불법행위법의 전형적인 세 가지 요소, 즉 과책(faute), 손해(dommage), 인과관계(lien de causalité)가 투영되어 있다.[146] 따라서 프랑스 상법 제651-1조 내지 제651-3조,[147] 제651-4조[148]의 책임은 일반불법행위책임의 특별한 형

---

144) Cass. com., 2 nov. 2005, n° 02-15895, NP.

145) Ribreau(2019), n° 945; 張子弦(2017), 36, 37.

146) Gerner-Beuerle & Schillig(2019), 877.

147) "(1) 제651-2조에 규정된 경우, 청산인이나 검사는 법원에 소권을 신청해야 한다.

  (2) 청산인이 같은 조에 규정된 조치를 취하지 않고 국사원의 법령에 의하여 정하여진 기간과 조건하에서 공식통지에도 응답하지 않은 경우 채권자의 다수결에 의하여 선임된 감사위원이 법원에 소권을 신청할 수 있다.

  (3) 업무집행자, 유한책임 개인 사업주 또는 제5권 제2편 제6장 제3절에 정의된 지위에 있는 개인 사업주에게 부과된 복구 불가능한 경비와

태로 간주될 수 있다.[149]

가. 채무초과

업무집행자의 책임은 재판상 청산절차에서 회사의 채무초과 (insuffisance d'actif) 상태, 즉 회사의 적극재산이 회사채무를 변제하기 위해 부족한 상태가 드러나고, 그 손해가 채권자 전체에 영향을 미칠 경우에만 고려의 대상이 될 수 있다.[150] 프랑스 상법 제651-2조에서 말하는 '적극재산의 부족'이란 재판상 청산절차의 중단을 야기하는 재단 부족을 의미하는 것은 아니다. 또한 적극재산의 부족이 재판상 청산절차를 개시하게 한 회사의 지급정지와 동일시되는 것도 아니다.[151] 적극재산의 부족은 회사의 자산과 부채 사이의 차이에서

비용은 부채상환을 위해 지급되는 금액보다 우선하여 지급된다."
148) "(1) 직권으로 제651-2조의 규정을 적용하기 위해 또는 제651-3조에 기재된 자들 중 1인의 요청에 따라, 재판장은 주심판사나 그렇지 않은 경우 그가 임명하는 법원 구성원이, 그와 반대되는 법률조항에도 불구하고, 제651-1조에 언급된 임원, 법인 임원 중 상임 대표의 재정 상황 또는 유한책임 개인사업자의 소득 및 비 충당 자산 또는 제5권 제2편 제6장 제3절에서 정의된 지위에 있는 개인사업자, 행정부처, 공공기관, 공제기관, 사회보장기관, 지불기관, 금융회사, 전자화폐기관, 신용기관의 소득 및 개별 자산에 관한 모든 서류 또는 정보의 송수신을 한다.
(2) 재판장은 동일한 조건하에 경영자의 자산 또는 전항에 언급된 대표자 또는 비충당 자산에 포함된 유한책임 개인 사업주의 자산 또는 동일한 제3절에 정의된 지위에 있는 개인사업자의 자산 중 재산, 권리 또는 유가증권에 관하여 유용한 보전조치를 명할 수 있다. 재판장은 제631-10-1조에 따라 법률상 또는 사실상 임원의 자산에 대하여 발하여진 보전조치를 유지할 수 있다.
(3) 본조의 규정은 보호 절차, 재판상 회생 또는 청산절차에서 법인의 구성원 또는 파트너가 무한 연대책임을 지는 경우에도 동일하게 적용된다."
149) Kroh(2012), 253.
150) Ribreau(2019), n° 949.
151) Cannu & Robine(2020), n° 1345.

비롯되는 것으로서, 기본적으로 독일 도산법 제19조 제2항의 '채무초과' 개념에 상응한다.[152]

적극재산 부족으로 인한 책임에서 회사의 부채를 확정할 때, 재판상 청산절차를 개시할 당시 이미 성립한 채무만을 고려하여야 한다. 청산절차비용과 같이 청산절차 개시 후 발생한 채무는 고려의 대상이 아니다. 따라서 채무초과 상태를 결정하는 시점은 원칙적으로 재판상 청산절차를 개시한 때이다.[153] 그러나 이때에는 적극재산이 부족한지 여부에 관해 확정적으로 판단할 수 없기 때문에, 프랑스 법원은 적극재산의 부족 여부와 그 정도에 대해 판결하는 시점을 기준으로 삼는다.[154] 그 결과 청산절차 개시 후에 알게 된 채무라도 청산절차 개시 전에 성립된 것이라면 고려의 대상으로 삼을 수 있다. 다만 자산만으로 부채를 변제할 수 없다는 것이 확실하기만 하면 된다. 따라서 적극재산 부족으로 인한 책임을 인정하려면, 회사가 채무초과 상태라고 사실인정을 할 수 있기만 하면 된다.[155]

나. 경영상 오류

적극재산의 부족 이외에 프랑스 상법 제651-2조는 '경영상 오류'를 요건으로 한다. '오류'라는 불확정 개념의 구체화는 결국 프랑스 판례를 통해 이루어질 수밖에 없다.

판례가 말하는 경영상 오류란 법률 또는 정관 위반에서부터 잘못된 경영상의 결정, 회계장부를 잘못 작성하거나 불완전하게 작성하는 것, 과도한 경비나 세금 지출 그리고 업무집행을 하지 않거나 무관심한 것까지 포함한다.[156] 위 제651-2조의 경영상 오류 개념은 광

---

152) Kroh(2012), 253 f.
153) Ribreau(2019), n° 950; 張子弦(2017), 42.
154) Cannu & Robine(2020), n° 1345.
155) Kroh(2012), 254 f.
156) Cannu & Robine(2020), n° 1340; Ribreau(2019), n° 955.

범위해서 업무집행을 시작하기 전의 것도 포함한다. 즉 프랑스 판례는 회사설립 시 불충분한 자본 확보나 콘체른 내에서의 일방적인 위험분배도 경영상 오류로 본다.[157]

　법인의 재산을 처분하거나 업무집행자 또는 제3자의 개인적 비용을 변제하기 위해 회사재산을 취거하는 행위는 특히 중대한 오류로 간주한다. 법인의 형식을 빌려 업무집행자의 고유한 이익을 위해 상행위를 하거나 자신의 목적을 위해 법인을 이용하는 행위도 역시 중대한 경영상 오류로 본다. 회사재산에 대한 횡령이나 배임 행위, 고의로 회사 채무를 증가시키는 행위도 이에 해당한다. 프랑스 판례는 지급불능인 회사의 적극재산이나 고객군을 후속 회사에 이전하는 행위도 이러한 경영상 오류에 해당한다고 하였다. 적자를 내는 회사를 계속 운영하여 결국 도산에 이르게 한 경우, 업무집행자에게 적극재산 부족으로 인한 책임이 성립한다. 재판상 청산절차가 개시되기 전의 모든 경영상 오류는, 그 오류가 얼마나 오래전의 것인지를 불문하고 검토의 대상이 된다.[158]

　이러한 오류는 업무집행자의 고의에 의한 것이든 중과실에 의한 것이든 불문하지만, 2016. 12. 9. 법 개정(L. n° 2016-1691)으로 인하여 그 오류가 경과실에 기인한 경우에는 배제되게 되었다.[159] 즉 업무집행자가 경과실로 경영상 오류를 범하였다고 하더라도 더는 프랑스 상법 제651-2조의 책임을 부담하지 않는다.

다. 인과관계

　프랑스 상법 제651-2조는, 채무초과와 경영상 오류 사이의 인과관계가 인정되려면 경영상 오류가 채무초과에 기여하기만 하면 된다

---

157) Cannu & Robine(2020), n° 1340.
158) Kroh(2012), 257 ff.; Ribreau(2019), n° 955.
159) Corre(2020), n° 922-213; Ribreau(2019), n° 951.

고 하고 있다. 경영상 오류가 채무초과의 유일한 원인이거나 주요 원인일 필요는 없다.[160] 경영상 오류가 적극재산 부족을 초래한 몇 가지 원인 중 하나라면 인과관계를 인정할 수 있고, 다른 원인이 있어도 해당 인과관계의 성립을 방해하지 않는다. 즉 민법상 인과관계 이론 중 이른바 '조건 등가설(équivalence des conditions)'에 따른다.[161]

오래전에 발생한 경영상 오류와 채무초과 사이에 구체적 인과관계가 있음을 증명하는 것이 상당히 어렵다는 사실은 이러한 느슨한 인과관계를 요구하는 것을 정당화한다. 그러나 법관은 법적 효과 측면에서 인과관계의 정도를 고려할 수 있고, 경우에 따라 그 책임을 완전히 인정하지 않을 수도 있다.[162]

5. 책임의 법적 효과

가. 법원의 재량에 의한 재판

프랑스 상법 제651-2조 제1항에 따라 법원은 적극재산 부족분의 전부 또는 일부를 업무집행자가 부담하도록 판결할 수 있다. 업무수행자에게 책임을 인정할 것인지, 만약 인정한다면 어느 정도를 책임지게 할 것인지는 법원의 자유재량이다. 다만 판결에서 인정되는 부담부분은 적극재산의 부족분을 초과할 수 없다.[163] 프랑스 상법 제651-2조 이하의 규정들은 징벌적 성격이 아닌 전보적 성격을 가진다. 그러나 책임액을 정할 때 적극재산 부족에 대한 개개 업무집행자의 기여분을 고려할 것인지 여부는 여전히 법원의 재량에 맡겨져 있다.[164]

단지 적극재산의 부족이 확실하다는 것만으로 책임을 인정한다

---

160) Cannu & Robine(2020), n° 1343; Urbain-Parléani(2006), 504.
161) 張子弦(2017), 42, 43.
162) Kroh(2012), 260.
163) Cannu & Robine(2020), n° 1365; Ribreau(2019), n° 968.
164) Cannu & Robine(2020), n° 1365; Ribreau(2019), n° 967.

는 점과 판결 시에 구체적인 부족분을 엄밀하고 명확하게 확정할 수 없다는 점은, 적극재산 부족분으로 그 책임의 한계를 설정한다는 것과 상충한다. 사실심 법원은 판결 시까지 확정된 적극재산 부족분을 부담하게 하거나 업무집행자에게 적극재산 부족분의 특정 비율을 지급하게 함으로써 이 문제를 해결한다.[165]

프랑스 법원은 또한 모든 정식 업무집행자나 사실상 업무집행자에게 책임을 지게 할지 아니면 그중 일부에 대해서만 책임을 지게 할지에 관해 재량권을 가진다. 여러 명에 대해 지급을 명하는 경우 법원은 그들이 연대해서 채무를 부담하도록 명할 수 있다. 책임액을 정할 때 법원은 개개 업무집행자의 부당행위와 적극재산의 부족과의 인과관계, 업무집행자가 오류를 회피하려고 노력한 정황, 업무집행자의 재정상태, 경제 상황과 같은 외부적 요인까지 고려한다.[166]

나. 실질적인 수혜자

적극재산 부족으로 인한 책임은 채권자에 대해 직접적으로 부담하는 외부책임이 아니다. 그럼에도 업무집행자에 의해 출연된 재산은 전체 회사채권자를 위해 귀속된다. 프랑스 상법 제651-2조는, 업무집행자가 지급한 부담 부분은 회사재산으로 귀속된 후 모든 채권자에게 그 채권액에 비례하여 지급되어야 한다고 규정하고 있다. 구채권자와 신 채권자 사이에 차별은 없다. 다만 모든 도산채권을 동등하게 취급한다는 것은, 회사의 적극재산이 절차 비용과 선순위 채권의 변제에도 부족한 경우에, 무담보 후순위 채권은 청산인 또는 도산관재인에 의해 반드시 확정되어야 한다는 것[167]을 의미한다(프

---

165) Kroh(2012), 262.
166) Cannu & Robine(2020), n° 1365; Ribreau(2019), n° 969.
167) 즉, 위 제651-2조에 따라 업무집행자가 지급한 부담금을 분배하기 위하여 청산인 등에 의해 후순위 채권의 확정이 필요하다.

랑스 상법 제641-4조 참조). 168)

다. 부가조치

프랑스 상법 제651-2조의 책임은, 배상을 명한 판결의 집행가능성을 사전에 보장하고 업무집행자가 그 판결을 준수하지 않는 것을 방지하기 위하여 여러 조치를 통해 담보된다. 프랑스 상법 제651-4조 제1항은 재판장이 위 제651-2조를 적용하기 위하여 직권 또는 원고의 신청에 의해 공공기관, 사회조직, 금융기관에 업무집행자의 재무상태에 관한 모든 문서나 정보의 제출을 요구할 수 있다. 위 제651-4조의 문언상 법원은 소송절차가 진행되기 전에 업무집행자의 재산상태를 명확하게 조사할 수 있다. 위 제651-4조 제2항은 재판장으로 하여금 업무집행자의 재산과 관련한 그 어떤 보전처분도 취할 수 있게 함으로써 업무집행자에게 내려질 판결의 집행가능성을 보장한다. 169) 이 규정은, 업무집행자가 예컨대 본인의 도산을 도모함으로써 적극재산 부족으로 인한 책임에서 벗어나려는 것을 막아준다. 170)

6. 청구권 경합

적극재산 부족으로 인한 책임은 도산적 청산 상황에서 업무집행자의 책임에 관한 특별한 법적 규율로서, 업무집행자의 일반적인 책임에 관한 규정[예컨대 프랑스 상법 제223-22조, 171) 제225-251조172) 등]

---

168) Kroh(2012), 263 f.
169) Cannu & Robine(2020), n° 1360.
170) Ribreau(2019), n° 964.
171) 프랑스에서 유한회사의 이사는 법령이나 정관 위반, 업무집행상의 과실에 대해 '회사' 또는 '제3자'에 대하여 민사책임을 진다.
172) 프랑스에서 주식회사의 이사 및 부대표이사는 법령이나 정관 위반, 업무집행상의 과실에 대해 '회사' 또는 '제3자'에 대하여 민사책임을 진다.

보다 우선하여 적용된다. 그러나 재판상 청산절차가 개시된 후에 성립한 손해배상청구에 관한 것이라면 일반적인 책임규정도 위 제651-1조 이하 규정의 적용 범위 내에서 같이 적용될 수 있다. 만약 재판상 청산절차가 개시되기 전에 회사채권자가 업무집행자를 상대로 일반적인 책임규정에 따른 손해배상청구의 소를 제기하였다면, 그 후 재판상 청산절차가 개시되고 위 제651-1조 이하의 규정이 적용될 수 있다고 하더라도, 앞서 제기된 소에 아무런 영향을 미치지 못한다.[173]

7. 소송절차

적극재산 부족으로 인한 책임을 묻는 소송은 원칙적으로 프랑스 상법 제6권(기업도산법)의 절차에 관한 규정에 따르는데, 이 규정에는 프랑스 민사소송법이 보충적으로 적용된다. 도산절차의 관할 집중 원칙(principe de concentration du contentieux des procédures collectives)에 의해 이러한 소의 관할권은 재판상 청산절차 개시 결정을 한 법원에 속한다. 이 관할권은 계약에 의해 변경될 수 없다.[174] 또한 원고적격은 법원에 의해 선임된 청산인(파산관재인, mandataire judiciaire)과 검사(ministère public)에게 있다(프랑스 상법 제651-3조 제1항 참조). 다만 청산인이 독촉에도 불구하고 적법한 기간 내에 소를 제기하지 않을 경우 채권자들의 공동의 이익을 위해 채권자들의 다수결에 의해 선임된 감사관(contrôleur)이 소를 제기할 수 있다(위 제651-3조 제1항 참조).[175] 개별 채권자는 위 제651-3조에 의한 제소권자가 아니다.

적극재산 부족으로 인한 책임을 묻는 소송에서 주장 및 증명책임은 프랑스 민사소송법 제6조 이하의 규정에 따른다. 즉 양 당사자는

---

173) Kroh(2012), 266 f.
174) Cannu & Robine(2020), n° 1347.
175) Mercadal(2020), n° 64470.

자신에게 유리한 사실에 관해서 주장 및 증명책임을 진다(프랑스 민사소송법 제6조, 제9조 참조). 다만 주장책임과 관련하여 프랑스 상법 제651-4조는, 재판장은 직권 또는 원고의 신청에 따라 배석판사 또는 법원 직원으로 하여금 업무집행자의 재산상태에 관한 광범위한 정보를 수집하게 할 수 있다고 규정한다.[176]

적극재산 부족으로 인한 책임을 묻는 소의 소멸시효는 3년이고, 재판상 청산절차가 개시된 시점부터 기산된다(위 제651-2조 제3항 참조). 따라서 경영상 오류가 발생한 시점은 소멸시효와 무관하다.[177] 소가 제기됨으로써 소멸시효는 중단된다.

8. 회사존립파괴책임과의 비교

적극재산 부족으로 인한 책임은 회사존립파괴책임과 흡사하게 회사에 대해 부담하는 도산유발책임이다. 이 책임은 회사존립파괴책임처럼 회사재산을 매개로 채권자에게 실질적인 혜택이 돌아가게 한다. 즉 두 책임은 기능상의 유사성이 있다.

그런데 위 제651-1조 이하의 규정은 재판상 청산절차(파산절차)가 개시된 경우에만 적용된다. 따라서 회사의 채무초과를 이유로 청산을 목적으로 법원에 의해 청산절차가 개시되어야 한다. 이와 달리 회사존립파괴책임은, 회사가 지급불능 또는 채무초과로 인하여 사실상 도산상태에 있으면 충분하고 별도로 정식 도산절차가 개시될 것을 요건으로 하지 않는다. 그 결과 프랑스에서는 원칙적으로 도산관재인으로서 청산인이 제소권자이고, 채권자는 청산인이 소를 제기하지 않는 경우에 감사관을 선임하여 소를 제기하게 할 수 있다. 독일에서는 앞서 본 것처럼 도산관재인뿐만 아니라, 회사의 도산절차 개

---

176) 앞의 제5장 제2절 II. 5. 다. 참조.
177) Ribreau(2019), n° 966; 張子弦(2017), 40.

시 후 도산재단 부족으로 절차가 폐지된 때에는 채권자가 회사의 사원에 대한 청구권을 압류 및 전부 받아 직접 사원을 상대로 소를 제기할 수 있다. 소멸시효는 양 책임 모두 3년으로 동일하나, 기산점은 프랑스의 경우 재판상 청산절차가 개시된 때이고, 독일의 경우 회사존립을 파괴하는 침해로 인하여 채권이 성립하였고 청구권자가 이를 알았던 때이다.[178]

적극재산 부족으로 인한 책임의 수범자는 원칙적으로 업무집행자이다. 반면 회사존립파괴책임은 사원의 회사존립을 파괴하는 행위를 제재하기 위한 것이어서 그 수범자는 사원이고, 이사는 사원의 행위를 방조하는 경우가 많다. 프랑스에서 사원은 위 제651-2조에 따라 회사의 업무집행을 적극적으로 지휘해야 하고, 그 행위에 독립성이 있어야만, 사실상 업무집행자로 책임을 진다. 단지 일회성의 침해만으로도 충분하지 않다. 그러나 독일에서와 달리 사실상 업무집행이 외부에서 인식될 수 있는 것일 필요는 없다.[179]

적극재산 부족으로 인한 책임은 회사의 채무초과를 전제로 하고 있고, 그 채무초과에 경영상 오류가 일부라도 기여해야 한다. 과책, 손해, 인과관계라는 구성요건의 세 요소는 독일 불법행위법에서도 필요로 하고, 따라서 회사존립파괴책임에서도 이러한 요소를 찾을 수 있다. 회사존립파괴책임이 성립하기 위해서는 회사가 지급불능 또는 채무초과로 인하여 사실상 도산상태에 있으면 되고, 재판상 청산절차가 아닌 통상의 청산절차에서도 회사채권자에 대한 우선적 변제라는 목적구속성을 가진 회사재산에 대한 침해가 있으면 족하다.[180] 이처럼 손해와 관련하여서는 적극재산 부족으로 인한 책임이 좀 더 엄격한 요건을 요구한다면, 의무위반(과책)과 관련해서는 적극

---

178) Kroh(2012), 270.
179) Kroh(2012), 271.
180) Kroh(2012), 271 f.

재산 부족으로 인한 책임이 덜 엄격하다. 즉 프랑스 상법상 경영상 오류 개념은 앞서 본 것처럼 회사존립파괴책임보다 상당히 광범위하다. 여기에는 예컨대 불필요하거나 부적당한 투자, 회사설립 시 불충분한 자본 확보(소위 신데렐라 회사)와 같은 잘못된 경영상의 결정도 포함한다. 독일에서도 의무위반과 손해 사이에 인과관계가 있음을 요구하지만, 프랑스에서는 경영상 오류가 채무초과에 조금이라도 기여하기만 하면 된다. 이렇듯 폭넓게 인과관계를 인정하기 때문에 이 요건은 추정에 가깝다. 이와 반대로 독일은 침해와 손해 사이에 엄격한 인과관계를 요구한다. 주관적 요건과 관련하여서도 회사존립파괴책임이 성립하기 위해서는 최소한 미필적 고의를 필요로 하는 반면, 적극재산 부족으로 인한 책임에서는 경영상 오류가 중과실에 의한 것이어도 무방하다.[181]

  법적 효과와 관련해서 두 책임에는 분명한 차이가 있다. 프랑스에서는 법원이 적극재산 부족분의 전부 또는 일부를 업무집행자가 부담하도록 재량으로 판결할 수 있다. 이와 달리 독일에서는 회사존립을 파괴하는 침해로 인하여 회사에 발생한 손해를 사원은 배상하여야 한다. 프랑스에서는 그 책임이 인정되면 원칙적으로 업무집행자가 재판상 청산절차 개시 당시를 기준으로 회사의 적극재산 부족분에 대해 배상할 의무를 부담하지만,[182] 법원이 그 책임액을 정할 때 다시 업무집행자의 과실과 인과관계의 기여 정도를 고려한다. 그리고 양 책임 모두 내부책임이다.[183]

---

181) Kroh(2012), 272.
182) 이러한 측면에서 적극재산 부족으로 인한 책임의 범위가 회사존립파괴책임의 그것보다 더 넓다고 할 수 있다.
183) Kroh(2012), 273.

Ⅲ. 도산절차의 확장

1. 개관

앞서 본 '적극재산 부족으로 인한 책임' 이외에도 프랑스 상법은 제3자가 회사 채무에 대해 책임질 수 있음을 예정하고 있다. 즉 프랑스 상법 제621-2조[184] 제2항에서 규정하고 있는 '도산절차의 확장 (extension de procédure)'은 이미 개시된 도산절차를 제3자의 재산에까지 확장하는 것을 가능하게 해준다. 도산절차를 확장하는 이유는 도산채무자의 법인격이 허구(fictivité)이거나 도산채무자와 제3자의 재산이 혼용(confusion)되었기 때문이다.[185] 프랑스 판례에 연원을 두고,

---

184) "(1) 채무자가 상업 또는 수공업 활동을 하는 경우 관할 법원은 상사법원이다. 다른 경우에는 일반법원이 관할한다.

　(2) 채무자의 자산이 법인의 자산과 혼동되는 경우 관리인, 법정 대리인, 채무자 또는 검사의 요청에 따라 개시된 절차가 1인 이상의 사람들에게 확장될 수 있다.

　(3) 동일한 조건에서 채무자의 하나 이상의 다른 자산은 절차의 대상이 되는 자산과 혼동되는 경우 후자와 결합될 수 있다. 채무자가 제526-13조에 규정된 의무를 중대하게 위반하거나 절차가 적용되는 자산에 대한 일반 유치권을 보유한 채권자에 대해 사기를 저지른 경우에도 동일하게 적용된다.

　(4) 본조의 제2항 및 제3항의 적용을 위해, 재판장은 관리인, 법정 대리인, 검사의 요청에 따라 또는 직권으로 동일한 단락에 언급된 소송에서 피고의 자산과 관련하여 유용한 보전조치를 명할 수 있다.

　(5) 처음 절차를 개시한 법원은 이러한 청구에 대해 여전히 관할권을 갖는다. 최초 절차의 대상이 된 채무자 또는 확장의 대상이 된 채무자가 입법 또는 규제 법령의 적용을 받거나 직위가 보호되는 자유로운 직업을 행사하면, 법원은 적용 가능한 경우 채무자가 속해 있는 전문직 혹은 관할 당국에 대하여 청취하거나 정식으로 소환한 후 재판부에서 결정한다."

185) Cannu & Robine(2020), n° 329.

절차법으로부터 강한 영향을 받은 이 제도는 Loi de sauvegarde des entreprises(L. n° 2005-845)에 의해 입법화되었다. 이 제도의 배경에는 프랑스법상 법인격의 독립성 존중의무가 자리하고 있는데, 재산의 혼용이나 법인격의 허구의 경우에는 이러한 의무를 고려하지 않아도 된다는 사고가 자리하고 있다.[186)

2. 물적 적용 범위 및 수범자

보호절차(procédure de sauvegarde),[187)] 재판상 회생절차(redressement judiciaire)뿐만 아니라 재판상 청산절차(파산절차, liquidation judiciaire)에서도 제3자의 재산에 대해 도산절차가 확장될 수 있다(프랑스 상법 제621-2조 제2항 참조).[188)] 적극재산 부족으로 인한 책임과 달리 보호절차에서도 적용 가능하다는 것은, 도산절차의 확장이 반드시 도산채무자의 지급정지를 전제로 하지 않음을 의미한다. 도산절차가 확장되기 위해서는 그 절차가 아직 종료되지 않았어야 한다. 위 제621-2조 제2항은 도산절차가 1인 또는 다수의 제3자에게 확장될 수 있다고 명시적으로 규정하고 있다. 도산절차는 자연인 또는 법인에 대해 확장이 가능하다.[189)

3. 구성요건

도산절차가 확장되기 위한 첫 번째 사례로, 도산채무자와 제3자

---

186) Houssin(2022), 24; Kroh(2012), 274.
187) 경제적으로 곤경에 처한 채무자가 지급정지의 상황으로 가기 전에 법원의 보호 아래에서 기업 등을 재건하고 채권자들과 채무를 조정하기 위하여 도입된 제도이다(프랑스 상법 제620-1조 참조).
188) Lienhard & Pisoni(2021), 95.
189) Kroh(2012), 274 f.

의 재산이 혼용되어야 한다(confusion de patrimoine). 재산의 혼용이란 문제가 된 두 법인격의 재산상태가 명확히 구분되지 않을 때를 말한다. 프랑스 판례는 이와 관련하여 두 가지 기준을 정립하였는데, ① 여러 재산을 더는 분리할 수 없어야 한다는 것과, ② 자연인 소유이건 법인 소유이건 간에 여러 재산 사이에 비정상적인 재무적 연관성이 있어야 한다는 것이다.[190]

위 ①은 불투명한 부기(簿記), 즉 개별 재산의 명확한 귀속이 더는 불가능한 소위 회계의 불명료(confusion des comptes) 사례에서 찾을 수 있다.[191] 그러나 불투명한 부기의 경우, 프랑스 판례가 이에 관한 주장책임을 엄격하게 요구하기에 재산의 혼용으로 인정되는 예는 드물다. 반면 특히 콘체른 구조하에서 두 회사 사이에 법적·경제적 결합이 인정될 경우, 불투명한 부기로 인한 재산의 혼용은 충분히 인정된다.[192] 이사가 회사재산을 횡령하였다고 하더라도 재산의 혼용으로 인한 도산절차 확장의 요건을 충족하기 어렵다.[193]

위 ②와 관련하여 프랑스 판례는, 한 사람의 채무가 다른 법인에 의해 적절한 반대급부 없이 변제되었다면, 둘 사이의 비정상적인 재무적 연관성을 인정하였다.[194] 그러나 판례에 의하면, 비정상적인 재무적 연관성은 지속적이고 계획적인 조치가 있을 때 인정받을 수 있다.[195]

재산의 혼용 사례에서는 수범자의 어떠한 주관적 요건(과책이나 목적)을 필요로 하지 않는다.[196]

도산절차가 확장되기 위한 두 번째 사례로, 법인격이 허구(fictivité

---

190) Maraud(2021), n° 542.
191) Maraud(2021), n° 543; Ribreau(2019), n° 189.
192) Cannu & Robine(2020), n° 336; Ribreau(2019), n° 192.
193) Kroh(2012), 276 f.
194) Maraud(2021), n° 544.
195) Corre(2020), n° 213.231.
196) Kroh(2012), 277.

de la personne morale)이어야 한다. 프랑스 판례는, 처음부터 가장(假裝)의 영업활동이 회사의 배후에 있는 영업 주체의 행위를 은폐하는 데 기여하였고, 이로써 영업 주체의 행위와 구별되지 않는 경우에는 법인격의 허구성을 인정한다.[197] 사원이 다수 존재하는 인적회사에서 회사의 내적 활동이 부존재한다면, 이는 회사의 허구성을 나타내는 징표이다. 또한 정관에서 언급한 법인 특징의 부재, 특히 개별 사원의 이익과 분리된 공동 목적의 부재에 대해 고려해야 한다.[198] 만약 사원이 1인인 인적회사인데, 그 사원의 출자금이 부존재하거나 가장으로 납입되었다면, 이는 회사의 허구성을 나타낸다. 그러나 회사와 사원 사이에 단지 경제적인 의존관계가 있다거나 밀접한 경제적 협력관계가 존재한다는 것만으로는 회사의 허구성을 인정하기에 충분하지 않다.[199] 재산의 혼용 사례보다 법인격의 허구를 인정하여 도산절차의 확장을 인정한 사례는 상대적으로 적다.[200]

4. 법적 효과

제3자가 도산채무자와 재산을 혼용하였거나 제3자가 도산채무자의 법인격을 허구로써 이용한 경우, 법원은 프랑스 상법 제621-2조 제2항에 따라 이미 개시된 도산절차를 제3자의 재산에까지 확장할 수 있다. 회사의 허구성을 인정한다는 것은 도산절차를 회사 배후에 있는 제3자에게까지 확장한다는 것에 불과하고, 회사설립의 무효를 선언하는 것은 아니다.[201] 위 제621-2조 제2항은 문언상 법원으로 하여금 재량에 의해 도산절차를 확장할 수 있게 해준다.

---

197) Maraud(2021), n° 541; Ribreau(2019), n° 188.
198) Cannu & Robine(2020), n° 331.
199) Kroh(2012), 278.
200) Cannu & Robine(2020), n° 331.
201) Kroh(2012), 279; Cannu & Robine(2020), n° 344.

도산절차를 확장한다는 것은 제3자의 재산에 대해 독자적인 도산절차의 개시가 필요하지 않다는 것을 의미한다. 이미 개시된 선행절차(보호절차, 회생절차 또는 파산절차)가, 자연인이건 법인이건 불문하고, 제3자의 재산에 대해 단일하게 확장된다.202) 절차의 단일성에도 불구하고, 제3자에 대한 도산절차의 확장은 단지 장래효(ex nunc)만을 가지고, 채권자 보호의 목적으로 선행 도산절차의 개시 시로 소급하지 않는다.203) 확장판결은 위 제3자를 상대로 한 개별 소나 강제집행 절차에 영향을 미친다. 위 제3자에 대한 채권자의 채권이 선행 도산절차 개시 후이지만 도산절차 확장 전에 성립하였다면, 장래효로 인해 이러한 채권자는 단일 도산절차 내에서 구 채권자로204) 분류된다.205)

절차의 단일성으로 말미암아 제3자의 재산은 단일한 도산재단에 편입된다.206) 따라서 개별 채권자들의 채권은 통일적으로 제3자에 대하여 도산관재인에 의해 확정된다. 그러나 선행 도산절차에서 이미 채권이 확정되었다면 이는 적용되지 않는다.207) 만약 선행 도산절차의 채권신고 기간이 도산절차가 확장된 때에 이미 도과된 경우에는, 신 채권자(제3자의 채권자)도 선행 절차의 채권확정에 영향을 미치지 못하고 구 채권자 역시 신 채권자의 채권확정에 영향을 주지 못한다. 구 채권자나 신 채권자 모두 선행 도산절차의 기간 도과로 인해 상대방에게 권리를 주장하지 못한다. 물론 이것은 신 채권자가 확장된 도산절차에서 자신의 채권을 신고할 수 없음을 의미하는 것은 아니다. 신 채권자의 채권신고 기간은, 절차와 도산 재단의 단일

---

202) Cannu & Robine(2020), n° 345; Maraud(2021), n° 545; Ribreau(2019), n° 197.
203) Ribreau(2019), n° 198.
204) 즉 공익채권자로서 우선하지는 못한다는 의미이다.
205) Kroh(2012), 280 f.
206) Maraud(2021), n° 545.
207) Cannu & Robine(2020), n° 347.

성으로 인해 도산절차를 확장하도록 한 판결이 선고된 때에 비로소 시작된다. 이때 도산 재단이 합쳐진다고 해서 채권자의 순위가 변동되는 것은 아니다. 이 경우에 프랑스 판례는, 재산혼용 사례에서 적극재산 부족으로 인한 이사의 책임을, 도산절차의 확장에도 불구하고 제3자의 재산을 고려하지 않고, 회사의 채무로 특정하거나, 그 책임액을 회사의 적극재산 부족액으로부터 도출한다.[208]

5. 재판절차

Ordonnance n° 2008-1345는 도산절차 확장의 신청권자를 관리인(administrateur), 파산관재인, 검사라고 규정하고 있다. 법원도 직권으로 도산절차를 확장할 수 있는바, 선행 도산절차를 진행하는 법원에 관할권이 있다(프랑스 상법 제621-2조 제2항 참조). 또한 파산관재인이, 독촉에도 불구하고 적법한 기간 내에 신청하지 않을 경우, 채권자들의 공동 이익을 위해 채권자들의 다수결에 의해 선임된 감사관이 신청을 할 수 있다(프랑스 상법 제622-20조 제1항, 제622-18조 참조). 개별 채권자는 신청 권한이 없다(위 제621-2조 제2항 참조).

주장 및 증명책임은 프랑스 민사소송법 제6조 이하의 규정에 따른다. 따라서 신청권자가 재산의 혼용이나 법인격의 허구를 주장하고 증명할 책임이 있다.

적극재산 부족으로 인한 책임의 경우와 달리 위 제621-2조 제2항은 소멸시효와 관련하여 특별한 규정을 두고 있지 않다. 이에 따라 통설은 도산절차 확장의 경우 일반적인 소멸시효인 30년이 적용된다고 한다.[209]

---

208) Kroh(2012), 281 f.
209) Kroh(2012), 285.

6. 회사존립파괴책임 등과의 비교

프랑스 상법에서 규정하는 도산절차의 확장은 독일에서 투시책임이 인정되는 재산혼용 사례와 유사하게 회사재산과 사원재산의 분리를 경시한 데 대한 제재이다. 또 다른 기능적 목적으로, 도산절차의 확장은 법인격을 개인적 이익을 위해 남용한 것에 대해 제재를 가하고자 한다. 독일의 KBV 판결[210]에서 말하는 회사존립파괴책임도 법인격의 남용에 기초하기도 하였다. 그러나 KBV 판결은 회사재산의 목적구속성 위반에 따른 책임을 인정한 Trihotel 판결에 의해 폐기되었다.[211] 왜냐하면 회사존립을 파괴하는 침해는 회사의 법인격을 남용하는 경우가 아니기 때문이다. 그런데 법인격의 허구성을 요건으로 하는 도산절차의 확장은 법적 요건을 회피하기 위하여 회사를 이용한 데에 대한 제재이다. 결국 도산절차의 확장은 기능적으로 회사존립파괴책임과는 다른 목적을 추구한다.[212]

구성요건 측면에서 볼 때, 재산혼용으로 인한 도산절차의 확장은 독일의 투시책임과 마찬가지로 여러 재산을 더는 분리할 수 없어야 함을 요건으로 한다. 더 나아가 프랑스법은 비정상적인 재무적 연관성이 있을 때에도 재산혼용을 인정하는바, 이는 독일법과는 다른 태도이다.[213]

독일의 재산혼용으로 인한 투시책임과 달리 도산절차의 확장은 제3자가 채권자에게 직접 책임을 지도록 하지 않고, 단지 도산절차의 확장으로 인한 절차법적 효과만을 부여한다. 도산채무자의 재산

---

210) 앞의 제2장 제3절 II. 3. 다. 참조.
211) 앞의 제2장 제3절 II. 4. 가. 참조.
   Trihotel 판결에서 BGH는 명시적으로 재산혼용의 사례는 회사존립을 파괴하는 침해에 해당하지 않는다고 판시하였다. BGH, NJW 2007, 2691 f.
212) Kroh(2012), 286.
213) Kroh(2012), 287.

에 기초하여 개시된 선행 도산절차가, 도산채무자의 재산과 자신의 재산을 혼용한 제3자에게까지 확장된다. 도산절차가 확장됨으로써 두 재단이 통합되게 되어, 결국 독일의 투시책임과 동일하게, 제3자의 재산은 도산채무자의 재산과 함께 채권자를 위하여 집행된다. 재산절차의 단일성으로 말미암아 제3자의 재산(적극재산과 소극재산 모두)은 단일한 도산재단에 편입되는데, 이는 독일의 투시책임보다 포괄적이다.[214)]

IV. 소결론

영국법과 달리 프랑스법은 사원의 지위로 인한 책임을 명시적으로 배척하지 않는다. 그러나 독일의 회사존립파괴책임은 온전히 사원의 지위에만 기초하여 성립하는 것이어서 프랑스법상으로도 익숙하지 않은 것이다. 프랑스법에서도 채권자 보호를 위한 다양한 사후적 메커니즘은 주로 이사에 관한 것이고, 사원은 일정한 요건하에 사실상 이사로서 책임을 질 뿐이다.[215)]

프랑스법상 적극재산 부족으로 인한 책임은 회사존립파괴책임과 마찬가지로 도산을 유발하거나 심화시킨 데 대한 책임이다. 앞서 본 것처럼 두 책임은 기능상 매우 유사하다. 적극재산 부족으로 인한 책임의 성립요건인 경영상 오류나 인과관계에 대해 프랑스법은 독일의 회사존립파괴책임보다 폭넓게 인정하고 있기 때문에, 적극재산 부족으로 인한 책임은 모든 유형의 회사존립파괴책임을 포섭한다. 또한 적극재산 부족으로 인한 책임은 업무집행자의 중과실로 인한 잘못된 경영상 결정과 불충분한 자본 확보도 포함한다. 회사존립파괴책임과 달리 적극재산 부족으로 인한 책임은 회사의 채무초과에

---

214) Kroh(2012), 287.
215) Kroh(2012), 415 f.

대한 업무집행자의 기여로 제한되고, 재판상 청산절차가 개시될 것을 요구한다. 앞서 본 것처럼 프랑스에서는 위 책임이 인정되면 업무집행자가 재판상 청산절차 개시 당시를 기준으로 회사의 적극재산 부족분에 대해 배상할 의무를 부담한다. 이러한 면에서 그 책임액이 독일의 회사존립파괴책임보다 일견 더 많다고 할 수 있으나, 프랑스 법원은 책임액을 정할 때 다시 업무집행자의 과실과 인과관계의 기여 정도를 고려하기도 한다. 영국과 같이 프랑스 법원은 적극재산 부족분의 전부 또는 일부를 업무집행자가 부담하도록 재량으로 판결할 수 있다. 영국의 경우와 유사하게 프랑스에서도 법원이 직권으로 업무집행자의 재산상태 등을 광범위하게 조사할 수 있다.

한편 프랑스법은 도산절차의 확장이라는 독특한 제도를 두고 있다. 이 제도를 통해 이미 개시된 도산절차를 제3자에게 확장할 수 있고, 이는 직권으로도 가능하다. 그러나 도산절차의 확장은 독일법상 투시책임이 인정되는 재산의 혼용 사례를 포섭할 뿐이고, 앞서 본 것처럼 Trihotel 판결에서 BGH는 명시적으로 재산혼용의 사례는 회사존립을 파괴하는 침해에 해당하지 않는다고 판시하였다. 또한 도산절차의 확장은 기능상 회사존립파괴책임과 차이가 있다.

제6장

우리 회사법제의
회사존립파괴책임 수용

제1절 도산이 임박한 상황에서 회사채권자 보호 문제

일반적인 회사의 도산위험은 회사채권자가 부담하여야 한다. 그런데 독일에서 회사존립파괴책임에 관한 논의의 시작은 입법자가 예상하지 못한 특별한 위험이 채권자에게 존재한다는 데서 비롯되었다. BGH는 Trihotel 판결에서, 회사채권자에 대한 우선적 변제라는 목적구속성이 있는 회사재산에 대해 회사의 도산을 야기하거나 심화시키는 남용적이고 보상 없는 침해를 한 사원의 책임을 회사존립파괴책임으로 정의하였다.[1] 즉 사원 또는 주주[2]의 회사재산에 대한 탈취 등으로 말미암아 회사가 도산에 이르거나 도산상태가 심화된 때, 회사채권자를 보호하기 위하여 사원 또는 주주는 회사에 대해 그 책임특권의 범위를 넘어서, 배상의무를 발생시키는 사정이 없었더라면 있었을 상태로 회복시킬 의무를 부담한다. 이러한 회사존립파괴책임은, 기업집단(콘체른)의 규율과 관련하여,[3] 기업집단 전체의 이익과 각 구성기업의 채권자와 소수주주의 이익 사이에 균형을 도모하는 콘체른법상의 보상요건 비해 '보다 균형 잡힌 법리'라는 긍정적 평가를 받고 있다.[4]

회사의 도산이 임박한 상황이거나 사실상 도산상태에서 회사채권자의 보호가 논의되는 것은 비단 독일에서만의 문제가 아니다. 영국의 부당거래 규정이나 West Mercia 책임, 프랑스의 적극재산 부족으

---

1) NJW 2007, 2690.

2) 앞의 제4장에서 살펴본 것처럼 독일의 주식회사에 대해서도 회사존립파괴책임이 적용될 수 있음을 전제로 한다.

3) 물론 회사존립파괴책임은 종속관계를 필요조건으로 하지 않아서 기업집단의 법률관계에만 적용되는 법리가 아니다. 또한 실질적인 사실상 콘체른 책임과도 차이가 있음은 앞의 제2장 제3절 II.에서 살펴보았다.

4) 해부(2020), 257.

로 인한 책임 등도 도산이 임박한 상황에서, 이사나 업무집행자의 의무와 관련하여, 회사채권자를 보호하는 기능을 수행하고 있음은 앞서 살펴본 것과 같다.

미국에서도 이사의 신인의무와 관련하여 주주 이익을 우선하는 주주 중심주의(shareholder primacy)가 지배적 견해이지만,[5] 예외적으로 회사의 도산이 임박한 상황이라면 이사가 채권자의 이익을 고려할 의무를 부담한다는 '의무전환 이론(duty shifting doctrine)'이 인정된다.[6] 이러한 의무전환 이론에도 부침이 있는데, 이를 처음 인정한 판례는 델라웨어주 법원의 1991년 Credit Lyonnais 판결[7]이었다. 위 판결에서 법원은, 회사가 도산에 임박한 상태에 있는 경우에 회사의 이사회는 단순히 잔여청구권자(주주)의 이익만을 위하는 대리인이 아니라 그 충실의무를 회사 자체에 대하여 부담한다고 판시하였다. 여기서 회사란 회사를 지탱하는 총체적 이익을 가리키고 그 이익에는 채권자 이익도 포함된다고 보았다. 이후 위 판결은 도산에 근접한 회사의 이사가 채권자에 대한 신인의무를 부담함을 인정한 판결로 인용되고 있다.[8] 그리고 1992년 Ingersoll Publications 판결에서 델라웨어주 법원은 회사가 '채무초과' 상태에 빠지면 이사는 회사채권자에 대하여 신인의무를 진다고 하면서, 별도로 도산절차가 진행될 것을 요건으로 하는 것은 아니라고 판시하기도 하였다.[9]

---

5) 이러한 지배적 견해에 대하여 주주 이외에 종업원, 공급자, 다른 사회구성원 등 이해관계자의 이익을 고려하자는 이해관계자론(stakeholder theory)도 유력하다. 이는 이사의 신인의무의 경제적 실질이 누구에 대한 것인지에 관한 것이기도 하다. 양자의 이론적 기초와 배경에 관해서는, 김성은(2020), 334 참조.

6) Ellias & Stark(2020), 758, 759.

7) Credit Lyonnais Bank Nederland N.V. v. Pathe Communications Corp., No. 12150, 1991 WL 277613, 34(Del. Ch. Dec. 30, 1991)[Ellias & Stark(2020), 주 82에서 재인용].

8) Credit Lyonnais 판결을 소개한 국내 문헌으로는, 김건식5(2021), 263, 264; 김성은(2020), 338, 339; 문병순(2017), 160-162.

그러나 2004년 Production Resources Group 판결에서 델라웨어주 법원은 회사가 '도산' 상태에 이르면 이사가 채권자에게 신인의무를 부담하지만, 단지 도산이 임박한 상황에서는 이사의 신인의무가 채권자의 이익을 향하는 것은 아니라는 취지의 판시를 하였다.[10] 이는 Credit Lyonnais 판결에서 일보 후퇴한 것으로 평가된다.[11] 나아가 2007년 Gheewalla 판결에서 델라웨어주 대법원은 하급심에서 인정한 의무전환 이론을 수용하되, 회사가 도산상태에 이른 경우 회사의 잔여재산에 대한 청구권자는 채권자가 되므로 채권자가 회사에 대한 대표소송(derivative claim)을 통하여 이사에게 손해배상청구를 할 수 있다고 판시하였다.[12] 즉 델라웨어주 대법원은 도산이 근접한 상황에서는 이사의 신인의무가 달라지는 것이 아니어서 회사채권자는 이사를 상대로 직접 또는 대표소송의 형식으로 손해배상청구를 할 수 없고, 회사가 도산상태이더라도 회사채권자는 대표소송으로써 이사에 대해 손해배상을 청구할 수 있다고 한다. 또한 2014년 및 2015년 델라웨어주 법원은 Quadrant 판결에서 회사가 도산상태인 경우에도 이사는 주주 이익을 극대화하기 위한 시도를 할 수 있고, 이러한 이사의 노력은 경영판단의 원칙에 의해 보호되며, 도산 심화(deepening insolvency)의 방지와 같은 특별한 의무를 부담하는 것은 아니라고 판시하였다.[13] 즉 회사가 도산상태에 이르렀을 때 비로소 이사에게 채권자의 이익을 고려할 의무가 인정되지만, 이사의 시도는 경영판단의 원칙

---

9) Geyer v. Ingersoll Publications Co., 621 A.2d 784, 788, 789(Del. Ch. 1992).

10) Production Resources Group v. NCT Group, Inc., 863 A.2d 772, 789, 790(Del. Ch. 2004).

11) 김건식5(2021), 254; Ellias & Stark(2020), 760.

12) North American Catholic Educational Programming Foundation, Inc. v. Gheewalla, 930 A.2d 92, 101, 103(Del. 2007).

13) Quadrant Structured Products Co. v. Vertin, 102 A.3d 155, 176(Del. Ch. 2014); Quadrant Structured Products Co. v. Vertin, 115 A.3d 535, 546(Del. Ch. 2015).

으로 보호되고, 다만 이해 상충이 있거나 신의성실의무를 위반한 경우에 채권자가 이사를 상대로 대표소송을 제기할 수 있는 것이다.[14]

델라웨어주 법원에 의해 인정된 이러한 제한된 형태의 의무전환 이론에 대해서는, Gheewalla 판결에서 언급한 것처럼 채권자의 이익이 도산법, 사기적 양도, 대출계약에 의해 충분히 보호될 수 있지 않고, 오히려 채권자를 위한 계약적 보호 및 도산법적 보호 등에 한계가 있음을 지적하며, 기업 자금의 원활한 조달을 위해 법원이, 예컨대 경영판단의 원칙을 제한적으로 해석함으로써 채권자를 보호할 필요가 있다고 비판하거나,[15] 회사의 도산이 임박한 상황이라면 이사는 회사채권자의 이익을 보호할 의무를 부담한다고 보아야 하는데, 이러한 이사에게 신탁에서의 수탁자적 의무(custodial duty)를 부담하게 함으로써 회사재산을 보전하고, 이사가 회사 이익을 극대화하기 위한 새로운 사업을 하게 해서는 안 되며, 경영판단의 원칙도 제한적으로 적용되어야 한다는 주장도 있다.[16]

반면에 의무전환 이론에 대해, 회사법상 이사에게 주주의 이익을 위해 행동하라는 지배구조하에서 채권자를 위해 행위 하라고 주문함으로써 균형을 깨뜨리는 점(수단에 반하는 목적), 주주와 달리 채권자들의 이익은 다기한데도 회사지배구조 시스템과 현대금융이론이 그 해결책을 제공하지 않음에도 채권자들의 이해 상충을 해결하라고 하는 점(수단이 없는 목적), 의무전환 이론의 결과 이사는 위험한 것을 하지 않으려고 할 것이고 회사의 성패에 너무 많은 걱정을 함으로써 과감한 구제조치가 저해된다는 점 등을 고려할 때 의무전환 이론을 폐기하고 도산법에 따라 이해충돌을 해결하는 것이 바람

---

14) 문병순(2017), 167; Quadrant Structured Products Co. v. Vertin, 115 A.3d 535, 555 (Del. Ch. 2015).
15) Ellias & Stark(2020), 762-786.
16) Licht(2021), 1744-1753.

직하다는 견해도 있다.[17)

다만 Gheewalla 판결과 Quadrant 판결에 따라 회사의 도산 시 이사에게 채권자의 이익을 고려할 의무를 인정한다고 하더라도 이사가 도산신청을 할 의무가 있거나 도산 심화 법리에 따라 책임을 지는 것은 아니다. 따라서 이러한 의무가 회사채권자를 보호하는 기능을 수행하는 것도 제한적이라 할 수 있고,[18) 특히 주주의 책임이 문제되는 회사존립을 파괴하는 침해에 대한 대응책으로도 미흡한 것으로 보인다.

제2절 회사존립을 파괴하는 침해에 대한 우리 법의 대응책과 한계

I. 서설

회사존립을 파괴하는 침해에 대해 우리 법, 특히 우리 회사법은 어떠한 대응을 할 수 있는지 문제가 된다. 이에 앞서 언급한 '서론의 사업기회 탈취 사례'를 다시 환기할 필요가 있다. 즉 재무적 위기에 처한 A 주식회사(대표이사 乙)의 1인 주주 甲은 B 주식회사(대표이사 丙)의 지배주주이기도 한데, 甲이 A 회사의 도산이 불가피하다고 판단한 후, 대표이사 乙에게 지시함이 없이 직접, ① A 회사에 대기 중인 고객의 납품 주문을 B 회사를 통해 처리하게 한 후 고객으로 하

---

17) Hu & Westbrook(2007), 1364-1381.
18) 즉 영국의 West Mercia 책임과 프랑스의 La responsabilité pour insuffisance d'actif 는 회사채권자를 실효성 있게 보호하기 위하여 이사 등 업무집행자의 손해배상책임을 명시적으로 인정하고 있음은 앞서 살펴보았다.

여금 A 회사에 대해 이행지체를 이유로 위 주문을 해제하도록 유도
함으로써 B 회사가 A 회사의 유리한 기회를 이용하게 하였고, 이로
말미암아 A 회사가 도산에 이르게 되거나, ② A 회사에서 개발업무
를 담당하던 핵심 직원을 B 회사에 전직하게 한 후 A 회사에서 개발
하려던 신제품을 B 회사에서 개발하게 한 다음 이를 제조·판매하게
하여 결국 A 회사가 도산에 이르게 된 경우, A 회사의 채권자를 보호
할 수 있는 법적 수단이 우리 회사법 등에 존재하는가?

만약 이러한 침해가 위법하거나 부당하다고 평가됨에도 이에 대
해 우리 회사법이 적절히 대응할 만한 법적 제도를 가지고 있지 않
다면, 회사채권자 보호와 관련하여 입법자가 의도하지 않은 흠결[19]
이 회사법에 존재한다고 할 수 있고, 이러한 흠결을 보완하기 위하
여 독일의 회사존립파괴책임의 법리를 수용할 필요가 있으며, 다만
이러한 법리가 우리 상법 내지 회사법의 기본 가치와 충돌하지 않아
야 한다. 즉 법의 전체적 취지에 반하지 않는 법형성(Rechtsfortbildung
praeter legem)이 요구되고, 법률의 불완전성을 전제로 재판을 통해 법
률을 보충·적용하여야 한다.[20] 이러한 법형성이 체계에 적합하게 이
루어지기 위해서는, 새로운 규율의 필요성과 합치하지 않는 법률체
계를 극복할 수 있을 정도로 충분히 비판적이면서도, 동시에 구성적
으로 생산적인 새로운 법원리에 기초할 수 있을 정도로 충분히 도그
마틱적이어야 한다.[21] 이렇게 법률의 불충분함을 시인하면서, 인정
되고 있는 법원리에 의지해 조심스럽게 모색해 나아가는 법형성은
열린 체계의 문제중심적 사고방식에 상응하며, 법률이 알지 못하던
새로운 제도의 형성으로 나아간다.[22]

---

19) 입법계획에 반하는 불완전성(planwidrige Unvollständigkeit)을 의미한다. Larenz
   (1991), 373.
20) Canaris(1983), 17.
21) Esser의 견해이다. 이에 관해서는, 김형석(2016), 28.

II. 우리 법의 대응책 검토

1. 상법

회사법의 재산 분리기능은 채무자인 회사와 채권자 간에 발생하는 대리문제를 악화시킬 수 있다. 앞서 언급한 사업기회를 탈취하는 형태의 회사존립을 파괴하는 침해는 '자산 희석화'의 전형적인 사례로서[23] 주주가 자신 또는 제3자의 이익을 위하여 회사재산을 유출함으로써 채권자를 위한 책임재산을 감소시켜 채권자에게 손해를 야기시킨다. 이는 뒤에서 살펴보는 것처럼 회사법에서 정하고 있는 청산 규정을 무력화하는 이른바 은밀한 청산에 해당하기도 하여, 그 위법성을 어렵지 않게 인정할 수 있을 것이다.[24]

이하에서는 상법, 특히 회사법 규정 가운데 회사존립을 파괴하는 침해에 대한 적절한 대응책이 있는지 살펴본다.

가. 자본금 유지 원칙

룰전략의 일환으로 회사법은 일반적으로 자산 희석화를 방지하기 위하여 주주들에 대한 배당과 자기주식 취득을 포함한 분배를 제한한다. 분배에 대한 제한은 국가마다 차이가 있지만, 자본금의 결손을 초래하는 배당, 즉 대차대조표상의 회사 자산의 장부가치와 법

---

22) 김형석(2016), 29.

23) 해부(2020), 214.

24) 물론 이러한 결론은, 비록 이사 의무의 경제적 실질이 누구에 대한 것인지에 관한 것이기는 하지만, 앞서 본 '이해관계자론'(주 5 참조)에 따를 때만 가능한 것은 아니다. '주주 중심주의' 이론에 의하더라도, 회사의 도산이 임박한 상황이거나 도산상태에 있는 경우 주주가 아닌 채권자가 잔여청구권자가 되고 이러한 채권자의 이익을 고려하여야 한다는 의무전환 이론을 수용함으로써 도출되는 결론이기도 하다[송옥렬(2007), 59].

정자본금의 차액을 초과하는 배당의 제한이 가장 흔하다.[25]

　우리 회사법상 자본금 유지 원칙이란 회사의 운영 시에 자본금에 상당하는 재산이 회사 밖으로 유출되는 것을 제한하는 원리를 말한다. 즉 주주에 대한 회사재산 반환 규제에 관한 것이다.[26] 이러한 자본금 유지 원칙을 구체화한 제도로는 배당가능이익의 제한(상법 제462조, 제583조), 자기주식 취득제한(상법 제341조, 제341조의3, 제560조), 법정준비금 제도(상법 제458조 이하, 제583조) 등을 들 수 있다.

　위에서 언급한 것처럼 독일에서는, 우리 회사법과 달리, 자본금 유지 원칙과 관련하여 독일 주식법 제57조, 독일 유한회사법 제30조가 주주나 사원에게 출자의 환급이 허용되지 않음을 총론적으로 규정하고 있다. 이러한 독일의 자본금 유지 명령은 신 채권자를 위한 신뢰 보호의 기능도 수행하지만, 구 채권자를 위한 도산방지의 기능을 더욱더 수행한다고 한다.[27] 그런데 독일 주식법 제57조의 규정에도 불구하고 앞서 본 것처럼,[28] 회사존립을 파괴하는 침해의 사례 가운데, 예컨대 중요한 생산 기계를 빼내 가는 경우에 회사는 단순히 그 기계의 거래가격 내지 시장가격만의 손해를 입는 것이 아니라 그 기계가 반출됨으로 인하여 회사의 생산이 중단되고 사업을 계속할 수 없는 '후속손해'를 입게 되는데, 이러한 손해는 독일 주식법 제57조를 통해 보호받지 못한다. 따라서 이 경우에 독일 주식법 제62조 제1항 또는 제2항에 따른 원상회복청구도 이루어지기 어렵다. 나아가 자매회사인 A 주식회사와 B 주식회사의 지배주주인 모회사 甲이 A 회사의 중요 생산 기계를 B 회사에 증여하게 하고, 이로 말미암아

---

25) 해부(2020), 240, 241.

26) 김건식·노혁준·천경훈(2022), 76; 송옥렬(2022), 745; 이철송(2022), 221-222; 임재연1(2022), 328.

27) Ekkenga(2021), 799 f.

28) 앞의 제4장 제2절 II. 참조.

대한 책임 제도는 법인격 부인의 법리와 함께 회사채권자를 보호하는 기능을 하고 있다.

연혁적으로 우리 상법 제401조의 모태가 된[42] 독일 주식법 제93조 제5항 제1, 2문은 "회사의 배상청구권은 회사채권자가 회사로부터 변제받을 수 없는 한도에서 그 회사채권자에 의해서도 행사될 수 있다. 그러나 이 규정은 제3항 이외의 경우에는 이사가 정상적이고 성실한 경영자의 주의를 중대하게 위반한 때에 한하여 적용한다; 제2항 제2문의 규정이 이에 준용된다."고 규정한다.

즉, 위 제93조 제3항의 경우를 제외하고 이사가 고의 또는 중대한 과실로 회사에 대한 임무를 해태한 경우에, 회사에 대하여 금전채권 또는 금전으로 화체될 수 있는 채권을 가지고 있는 회사채권자가 회사로부터 변제를 받지 못한 때에는 위 이사를 상대로 직접 자신에게 변제할 것을 청구할 수 있다. 이는 채권자가, 회사의 이사에 대한 청구권을 제3자의 소송담당으로 추급하는 것이 아니라, 자신의 고유한 권리를 행사하는 것으로 보는 견해가 독일의 통설이다.[43] 위 제93조 제5항은 회사가 채권자의 채권에 대해 이행기에 변제하지 못할 것을 요건으로 하지만, 채권자의 회사에 대한 강제집행이 주효하지 못할 것까지 요구하는 것은 아니라고 한다.[44] 이러한 상황은, 회사재산이 채권자 보호 규정에 대한 침해행위로써 이미 분배되어 버린 경우, 회사 잔여재산만으로는 채권에 대한 변제가능성이 없는 경우, 청산

일본 회사법 조문의 인용은, 권종호 역, 일본회사법(2018)의 해당 부분을 주로 참조하였다.

41) 김건식4(2010), 408, 409; 일본 회사법 제429조에 관해서는, 江頭憲治郎(2021), 533-540 참조.

42) 대계2(2022)(정진세 집필), 1115, 1117.

43) Sailer-Coceani, in: K. Schmidt/Lutter(2020), § 93 Rn. 68; Fleischer, in: Spindler/Stilz(2019a), § 93 Rn. 294, 299.

44) Sailer-Coceani, in: K. Schmidt/Lutter(2020), § 93 Rn. 69; Fleischer, in: Spindler/Stilz(2019a), § 93 Rn. 296.

절차가 이미 종료한 경우 등에서 발생한다.[45] 이사의 과책이 경과실에 불과할 때에는 위 제93조 제3항의 경우를 제외하고는 채권자가 이사를 상대로 위 제93조 제5항에 기한 청구권을 행사할 수 없다.[46] 채권자가 회사에 대해 가지는 채권은 이행기가 도래하기만 하면 되고, 채권 가액이나 법률적 기초, 성립 시기 등은 아무런 상관없다.[47] 회사재산에 대하여 도산절차가 개시된 때에는 도산관재인이 이사에 대하여 채권자의 권리를 행사한다(위 제93조 제5항 제4문). 주주는 위 제93조에 기하여 이사에 대해 청구할 수 없고,[48] 채권자 이외의 제3자도 마찬가지이다.[49] 다만 주주나 제3자에게 이사가, 회사존립 파괴책임과는 별도로 독일 민법 제826조에 의한 책임을 지는 경우 이들은 이사에게 직접청구권을 행사할 수 있다.[50]

이렇듯 채권자대위권을 수용하지 않은 독일에서는 제한적인 요건하에 제3자인 회사채권자의 이사에 대한 직접청구권을 인정하고 있는 것이다.[51]

---

45) Fleischer, in: Spindler/Stilz(2019a), § 93 Rn. 296.

46) Sailer-Coceani, in: K. Schmidt/Lutter(2020), § 93 Rn. 70; Fleischer, in: Spindler/Stilz(2019a), § 93 Rn. 298.

47) Fleischer, in: Spindler/Stilz(2019a), § 93 Rn. 292, 308.

48) Sailer-Coceani, in: K. Schmidt/Lutter(2020), § 93 Rn. 78; Fleischer, in: Spindler/Stilz(2019a), § 93 Rn. 292, 308.

49) Sailer-Coceani, in: K. Schmidt/Lutter(2020), § 93 Rn. 82; Fleischer, in: Spindler/Stilz(2019a), § 93 Rn. 308.

50) Sailer-Coceani, in: K. Schmidt/Lutter(2020), § 93 Rn. 80, 82; Fleischer, in: Spindler/Stilz(2019a), § 93 Rn. 313.

51) 즉, 독일 주식법 제93조 제5항은, 회사가 의무를 위반한 이사에 대해 같은 조 제2항에 따른 손해배상청구권을 가지고 있음을 전제로, 채권자가 회사로부터 변제받지 못한 금전채권만 가지고 있으면, 이사의 의무위반으로 인한 채권자의 손해 발생 여부와 상관없이, 이사를 상대로 회사의 손해배상청구권을 직접 행사하면서 자기에게 변제할 것을 청구할 수 있도록 하고 있다.

회사존립을 파괴하는 침해에 대해 상법 제401조, 제567조가 규율할 수 있는지에 관해 보건대, 상법 제401조는 '이사로서의 직무권한이 있는 자'의 책임을 규정한 것으로서[52] '주주'의 책임이 문제되는 회사존립파괴책임과는 차이가 있다. 즉 주주(사원)의 회사존립을 파괴하는 침해는 일응 상법 제401조, 제567조의 적용 범위 밖에 있다. 그런데 뒤에서 살펴보는 것처럼 회사존립을 파괴하는 침해의 유형 가운데 전부는 아니지만, 상당수를 업무집행관여자의 책임을 규정하고 있는 상법 제401조의2가 포섭할 수 있을 것으로 보인다. 위 제401조의2는 위 제401조를 적용하는 경우에는 업무집행관여자를 이사로 본다고 규정함으로써 업무집행관여자에게 이사의 책임을 물을 수 있도록 하고 있다. 그런데, 예컨대 업무집행관여자의 지시로 인하여 대표이사가 회사의 중요 재산을 빼돌림으로써 회사가 도산의 위험에 처하고, 이로 인하여 채권자가 변제를 받지 못한 경우와 같이, 채권자의 간접손해에 대해 업무집행관여자가 손해배상책임을 지는지에 관해 아직 대법원 판례는 없다.[53] 이 문제는 상법 제401조의 책임 범위와 관련하여, 채권자의 간접손해가 배상의 범위에 포함되는지에 관한 논의이기도 한데, 부정설[54]과 긍정설(통설)[55]이 대립한다. 만약

---

52) 대계2(2022)(정진세 집필), 1158, 1159.

53) 물론 '주주의 간접손해'에 대해서는 판례가 상법 제401조의 손해에 포함되지 않는다고 해석하고 있고(대법원 2012. 12. 13. 선고 2010다77743 판결 등), 통설은 이에 반대하고 있다[대계2(2022)(정진세 집필), 1159-1166; 김화진(2016), 265 등].
이와 관련하여 영국 대법원은 2020. 7. 15. 이사의 행위로 인하여 회사에 손해가 발생한 경우에 주주는 그로 인한 간접손해의 배상을 이사에게 청구할 수 없지만, 회사채권자는 이러한 간접손해의 배상을 청구할 수 있다고 판결하기도 하였다(Sevilleja v Marex Financial Ltd [2020] B.C.C. 783).

54) 구회근(2006), 131, 132.

55) 주석상법(2021)(이원석 집필), 562; 김건식·노혁준·천경훈(2022), 493; 송옥렬(2022), 1098; 임재연2(2022), 585; 대계2(2022)(정진세 집필), 1172 등.

부정설에 따를 경우 앞의 사례에서 채권자가 회사로부터 변제받지 못한 손해를 이사에게 청구할 수 없기 때문에 채권자 보호를 위해 별도로 이사에 대해 회사존립파괴책임을 인정할 필요가 있는 것 아니냐는 의문이 제기될 수 있기 때문이다. 그러나 상법 제401조의 책임을 통설과 같이 법정책임으로 본다면 굳이 손해 유형에 제한을 둘 필요는 없다.56) 업무집행관여자의 지시를 받은 이사의 임무 해태로 인하여 제3자에게 손해가 발생하면 충분할 것으로 보인다.57) 다만 제3자의 손해 중 간접손해는 민법 제393조 제2항에서 말하는 특별한 사정으로 인한 손해(특별손해)에 해당할 개연성이 높아서 채무자(회사존립파괴책임의 수범자)가 그 사정을 알았거나 알 수 있었을 때에 한하여 배상하도록 하여야 한다. 앞의 사례에서 회사의 중요 재산을 빼돌려 회사의 존립 자체가 위협을 받음으로써 채권자가 변제를 받지 못하였다면, 채권자의 손해는 특별손해에 해당하는바, 회사의 도산을 야기함으로써 채권자가 변제받지 못한다는 것에 대한 예견가능성이 증명되어야 한다. 아울러 무담보채권자의 경우 그 손해는 차액설에 따라 이러한 이사의 행위가 있기 전에 회사로부터 변제받을 수 있었던 금액과 이사의 행위 후에 변제받을 수 있는 금액의 차액이 될 것이다.

결국 상법 제401조의2, 제401조에 의해 포섭되는 유형의 회사존립을 파괴하는 침해로 인하여 직접손해 또는 간접손해를 입은 회사채권자는 위 제401조에 따라 보호될 수 있다.58)

---

56) 이철송(2022), 824.

57) 앞서 본 것처럼, 상법 제401조의 연원이 되는 독일 주식법 제93조 제5항은 이사의 의무위반으로 인한 채권자의 손해 발생 여부와 상관없이, 채권자가 회사로부터 변제를 받지 못한 채권을 가지고 있으면 직접 이사를 상대로 회사의 손해배상청구권을 행사할 수 있도록 하고 있다. 이러한 독일 주식법의 태도를 고려하더라도 상법 제401조의 손해 유형을 굳이 제한해서 해석할 필요는 없을 것이다.

라. 상법 제401조의2에 의한 업무집행관여자의 책임

상법 제401조의2에 의한 업무집행관여자의 책임은 1998년 12월 상법이 개정되면서 도입되었다.[59] 우리나라 대규모 기업집단의 지배주주가 주주총회를 거치지 않고 사실상 회사의 의사결정을 좌우하는 영향력을 행사함에도 이사의 지위를 겸유하고 있는 경우가 흔치 않아서 상법 제399조, 제401조의 책임을 지지 않았다.[60] 이렇듯 사실상의 영향력을 행사하는 지배주주에게 이사에 준하는 책임을 부과하기 위하여 상법 제401조의2가 도입되었다.[61] 위 제401조의2는 독일 주식법 제117조의 영향력 행사자 또는 영국 회사법 제251조 제1항의 그림자 이사의 영향을 받은 제도이다.[62]

위 제401조의2는 회사(위 제399조) 또는 제3자(위 제401조)에 대하여 책임을 지는 업무집행관여자를, ① 회사에 대한 자신의 영향력을 이용하여 이사에게 업무집행을 지시한 자(제1호), ② 이사의 이름으로 직접 업무를 집행한 자(제2호), ③ 이사가 아니면서 명예회장, 회장, 사장, 부사장, 전무, 상무, 이사 기타 회사의 업무를 집행할 권한이 있는 것으로 인정할 만한 명칭을 사용하여 업무를 집행한 자(제3호)로 나누어 규정하고 있다.

---

58) 상법 제401조의2에 관한 항목에서 살펴보겠지만, 이처럼 회사존립을 파괴하는 침해 유형 중 위 제401조의2의 요건을 충족하는 사례의 경우, 지배주주는 업무집행관여자의 책임 이외에 민법 제750조에 터 잡은 회사존립파괴책임도 부담한다고 보아야 한다. 또한 업무집행관여자나 이사에 대한 강제집행이 그들의 무자력으로 인하여 성과가 없을 수도 있으므로, 회사채권자는 이러한 침해에 가담한 공범자를 상대로 회사를 대위하여 회사존립파괴책임에 기한 손해배상청구를 할 수 있다.

59) 상법 제401조의2는 상법 제401조와 달리 유한회사에 준용되지 않는다.

60) 정승욱(1998), 193.

61) 김건식·노혁준·천경훈(2022), 496-497; 송옥렬(2022), 1101; 이철송(2022), 827-829; 임재연2(2022), 588; 대계2(2022)(최수정 집필), 1259-1260.

62) 주석상법(2021)(이원석 집필), 570, 571; 송옥렬(2022), 1101.

위 제1호에 해당하는 자를 업무집행지시자라고 하는데, 지배주주가 비서실과 같은 자신의 직속조직을 통하거나 직접적으로 계열회사 이사에게 업무집행을 '지시'함으로써 계열회사의 업무집행에 관여하는 경우가 그 예이다.[63] 업무집행지시자에는 지배회사도 포함된다.[64] 다만 지배주주가 책임을 지기 위해서는 이사에게 업무집행을 지시하여야 하는데, 지배주주에게 법적 지휘권이 없는 이상 그 지시가 법적 절차에 따라 이루어질 수 없기 때문에 이에 관한 증명이 쉽지 않다.[65]

위 제2호에 해당하는 자를 무권대행자라 할 수 있는데, 위 제2호는 위 제1호의 업무집행지시자로서의 요건을 갖춘 자가 이사에게 지시하는 대신 명목상의 이사를 두고 자신이 그 이사의 명의로 업무를 집행하는 경우라고 해석된다.[66] 위 제1호와 달리 위 제2호는 중소규모의 회사에서 일어날 가능성이 크다.

위 제3호는 표현이사에 관한 것인데,[67] 이사가 아니면서 회사의 업무를 집행할 권한이 있는 것으로 인정되는 명칭을 사용한 자에게 이사와 같은 책임을 묻는 제도이다. 이는 상법 제408조의2 이하의 집행이사제도와 함께 비등기이사 책임의 근거 조문이 된다.[68]

업무집행관여자는 회사 및 제3자에 대하여 업무집행을 한 이사 또는 명목상 이사 등과 연대하여 상법 제399조, 제401조의 책임을 진다. 즉 주주의 유한책임 원칙은 업무집행관여자의 책임에 적용되지 않는다.[69]

---

63) 김건식·노혁준·천경훈(2022), 499.
64) 대법원 2006. 8. 25. 선고 2004다26119 판결.
65) 송옥렬(2022), 1103.
66) 대법원 2009. 11. 26. 선고 2009다39240 판결, 대법원 2011. 6. 10. 선고 2011다6120 판결.
67) 대법원 2011. 6. 10. 선고 2011다6120 판결.
68) 송옥렬(2022), 1104.
69) 노혁준(2013), 639.

우리 상법 제401조의2에 영향을 준 독일 주식법 제117조 제1항은 "고의로 회사에 대한 자신의 영향력을 이용하여 이사·감사·지배인 또는 포괄대리인으로 하여금 회사 또는 주주의 손해가 되도록 행위를 하게 한 자는 회사에 대하여 이로 인하여 회사에 발생한 손해를 배상할 의무를 진다. 그는 또한 주주에 대하여도 회사의 손해를 통하여 주주에게 끼친 손해를 제외하고 손해를 입게 한 때에 한하여 이로 인하여 주주에게 발생한 손해를 배상할 의무를 진다."고 규정하고 있다. 앞서 살펴본 것처럼,[70] 위 제117조는 불법행위법의 특별 구성요건인데, ① 여기에서 '영향력'이란 반드시 지배·종속 관계를 전제로 하지 않고, 이사 등으로 하여금 회사나 주주에 손해를 가하는 행위를 하게 하는 유형과 정도를 충족하기만 하면, 어떠한 영향력이든 상관없으며, 위 제117조 제1항의 행위자란 자연인이든, 공법인이든, 사법인이든 불문하고, 이사나 감사도 가능하다. ② 이러한 영향력을 '이용'해야 하는데, 이는 이사 등으로 하여금 행위를 하도록 회사에 대하여 자신의 영향력을 이용하여야 한다는 의미이다. 선임에 하자 있는 이사에 대한 영향력 행사도 무방하고, 이사회나 감사회에 영향을 끼치는 것으로도 충분하다. 영향력의 이용에 인과관계가 인정되기만 하면 되고, 부작위로도 가능함은 물론이다. ③ 이사 등의 행위가 회사 또는 최소한 주주에게 손해를 가하여야 한다. ④ 불법행위법적 성격에 따라 위법성이 인정되어야 하는데, 이는 이사 등의 의무위반을 고려함이 없이 적극적인 이익형량을 통해 확정하면 된다. 즉 이사 등이 스스로 의무위반의 행위를 할 필요 없다. ⑤ 영향력 행사자에게 '고의'가 있을 것을 요건으로 한다. 과실만 있을 경우에는 위 제117조 제1항의 책임이 발생하지 않는다. ⑥ 이러한 요건을 충족한 경우 회사는 영향력 행사자를 상대로 손해배상청구를

---

70) 앞의 제4장 제3절 II. 1. 참조.

할 수 있고, 주주도 간접손해를 제외하고 직접손해에 대해서만 손해를 청구할 수 있다. 영향력 행사자 이외에 자기 의무를 위반하여 행위를 한 이사와 감사는 영향력 행사자와 연대채무자로서 책임을 진다(같은 조 제2항 제1문). 이처럼 독일 주식법 제117조는 영향력 행사자가 불법행위자로서 책임을 진다고 규정하는 반면, 우리 상법 제401조의2는 업무집행관여자를 이사처럼 취급한다는 데 큰 차이가 있다. 또한 위 제117조 제1항은 상법 제401조의2 제1항과 달리 무권대행자(제2호)나 표현이사(제3호)의 책임을 규정하지 않고, 업무집행지시자의 책임만을 명시하고 있으나, 지시를 받는 자는 이사에 한정되지 않고 감사, 지배인, 포괄대리인에게 지시를 한 경우도 포함한다. 아울러 위 제117조 제1항의 청구권자는 회사 또는 주주이지만, 우리의 통설과 달리 주주는 직접손해에 대해서만 배상청구를 할 수 있게 입법적으로 제한하고 있다. 채권자는 앞서 본 것처럼 위 제117조 제5항 제1문에 따라 회사로부터 변제받을 수 없는 경우에 한하여 회사의 배상청구권을 주장할 수 있다.

상법 제401조의2가 종속회사의 보호[71]를 위해 적극적으로 활용될 수 있음은 이미 지적되고 있다.[72] 앞서 언급한 것처럼 회사존립파괴책임은 콘체른법의 영역에서 시작하였다. 지배회사와 종속회사 사이에 기업계약이 존재하지 않음에도 종속회사에 대하여 다양한 방법을 통한 지배적인 영향력 행사가 이루어지는 경우에 BGH에 의해 '실질적인 사실상 유한회사 콘체른' 법리가 정립되었다. 이렇듯 규율 대상의 유사성으로 인하여 상법 제401조의2가 회사존립을 파괴하는 침해에 대해서 어느 정도 적용될 수 있는지 살펴보아야 한다. 또한 회사존립파괴책임은 이제 일반 불법행위법의 영역에 기초를 두고 있지만, 앞서 본 것처럼, 독일의 유한회사에 적용되는 회사존립파괴

---

71) 특히 종속회사의 소수주주나 채권자의 보호에 기여할 수 있다.
72) 김신영(2017), 265-267; 천경훈(2013), 14, 15.

책임을 주식회사에서도 수용하여야 한다는 견해 가운데, 독일 민법 제826조를 근거로 한 회사존립파괴책임이 문제된 사례들은 우리 상법 제401조의2의 연원이 되는 독일 주식법 제117조 제1항의 적용 범위를 거의 벗어나지 못하고, 그 결과 위 제117조 제1항에 의해 문제가 대부분 해결될 수 있다는 주장도 있다.[73] 따라서 상법 제401조의2의 적용 범위를 넘어서는 회사존립을 파괴하는 침해 유형이 있는지도 확인해야 한다.

회사존립을 파괴하는 침해 중 이사의 행위가 매개되는 경우에는 상법 제401조의2가 적용될 것으로 보인다. 즉 지배주주의 지시에 따라 이사가, 회사의 중요 재산을 양도하거나(회사의 적극재산 탈취), 회사의 청구권을 행사하지 않거나(청구권의 불행사), 사업에 필요한 유동성을 탈취하거나(유동성 탈취), 회사의 주요 영업을 폐지함으로써(취득기회의 탈취) 회사를 도산에 이르게 하거나 도산을 심화시킨 경우에는 그 지배주주는 상법 제401조의2, 제399조, 제401조에 따라 책임을 진다. 지배주주가 이사에게 지시를 함이 없이, 자신이 이사의 이름으로 직접 앞서 본 침해 유형의 업무를 하거나(무권대행), 회사의 업무를 집행할 권한이 있는 것으로 인정되는 명칭을 사용하면서 직접 회사존립을 파괴하는 침해 유형의 업무를 한 경우(표현이사)에도 동일한 책임을 진다. 이때 회사채권자는 상법 제401조에 근거하여 지배주주와 이사를 상대로, 직접손해(상당인과관계)든 간접손해(예견가능성)든 불문하고[74] 민법 제393조의 범위에서 손해배상청구를 할 수 있다. 이처럼 회사존립을 파괴하는 침해 유형 중 일부에 대해 상법 제401조의2가 적용될 수 있지만, 이 경우에 위 제401조

---

73) Grigoleit, in: Grigoleit(2020), § 1 Rn. 129; Hüffer/Koch(2018), § 1 Rn. 30.
74) 앞서 본 것처럼, 채권자의 손해 중 간접손해는 특별손해에 해당하여 회사존립을 파괴하는 침해를 한 자가 그 사정을 알았거나 알 수 있었을 때에 한하여 배상하도록 하여야 한다.

의2가 회사존립파괴책임의 근거가 되는 민법 제750조와 법조경합 관계에 있다고 보기 어려우므로 지배주주는 별도로 민법 제750조에 터잡은 회사존립파괴책임을 부담한다고 보아야 한다.[75] 또한 업무집행관여자나 이사에 대한 강제집행이 그들의 무자력으로 인하여 성과가 없을 수도 있으므로, 회사채권자는 이러한 침해에 가담한 공범자[76]를 상대로 회사를 대위하여[77] 회사존립파괴책임에 기한 손해배상청구를 할 수 있다고 봄이 타당하다.

그러나 회사존립을 파괴하는 침해 중 이사의 행위가 매개되지 않고, 위 제401조의2 제1항 제2호나 제3호에도 해당되지 않는 사례, 예컨대 '서론의 사업기회 탈취 사례'의 경우 지배주주의 지시가 없다는 점에서 업무집행지시자의 책임이 성립하지 않고, 지배주주가 피해 회사의 이사 이름으로 업무를 수행한 적이 없어서 무권대행자의 책임도 성립하지 않으며, 지배주주가 피해 회사의 업무집행 권한이 있는 것으로 인정될 만한 명칭을 사용한 적도 없어서 표현이사의 책임 역시 성립할 여지가 없다. 이처럼 상법 제401조의2는 독일 주식법 제117조 제1항에 비해 적용 범위를 확장하였음에도, 회사존립을 파괴하는 침해 유형에는 상법상 업무집행관여자의 책임으로 규율되지 않는 영역이 존재하므로, 이 부분과 관련하여 회사채권자를 보호할 필요가 있다.

한편 업무집행관여자의 책임이 감면될 수 있는지에 대해, 상법 제401조의2가 상법 제400조를 준용하지 않기 때문에 이사회 결의로 감면할 수 있다는 견해,[78] 위 제400조가 준용되지 않기 때문에 이사

---

75) 한편 상법 제401조의2 제1항 중 제2호(무권대행자), 제3호(표현이사)의 법적 성질과 관련하여, 다수설(기관책임설)과 달리, 불법행위책임설을 주장하는 견해도 있다[이철송(2022), 833, 834].

76) 이러한 가담자는 상법 제401조의2, 제401조의 규율 범위 밖에 있다.

77) 회사가 공범자를 상대로 회사존립파괴책임, 즉 후술하는 것처럼 민법 제760조, 제750조에 터 잡은 손해배상청구를 할 수 있음을 전제로 한다.

78) 김건식·노혁준·천경훈(2022), 501.

회는 물론 주주 전원의 동의로도 업무집행관여자의 책임을 감면할
수 없다는 견해,[79] 위 제400조를 유추적용하여 주주 전원의 동의로
감면할 수 있다는 견해[80]가 대립된다.

그런데 상법 제401조의2의 적용 여부와 별개로 성립하는 회사존
립파괴책임에 대해서도 업무집행관여자 또는 지배주주의 책임을 면
제할 수 있는지, 민법 제506조 등에 근거하여 면제할 수 있다면 위
제400조와의 균형상 주주 전원의 동의로 면제할 수 있는지 문제된다.
후술하는 것처럼,[81] 우리 법제에서 회사존립을 파괴하는 침해에 대
해 회사가 동의를 하는 것은 공서양속 위반에 해당될 가능성이 높
다. 회사가 이러한 침해에 동의하는 것은 회사채권자의 이익과 보호
를 위해 인정된 청구권을 소멸시키는 것이다. 회사존립을 파괴하는
침해를 통해 회사를 고의 또는 중과실로 살해하는 것이 공서양속 위
반인 것과 같이, 회사는 이러한 재산 침해를 통해 자신을 살해하는
것에 대해 동의할 수는 없다고 보아야 한다. 따라서 지배주주의 회
사존립파괴책임에 대해서는 주주 전원의 동의로도 면제할 수 없다
고 해석함이 타당하다.[82]

마. 상법 제398조의 자기거래 금지

상법 제398조는, 이사 또는 상법 제542조의8 제2항 제6호에 따른

---

79) 이철송(2022), 832, 833.

80) 주석상법(2021)(이원석 집필), 548, 549, 582; 송옥렬(2022), 1105, 1106.

81) 뒤의 제6장 제3절 IV. 4. 참조.

82) 회사존립을 파괴하는 침해 유형 가운데 상법 제401조의2에 해당하는 행위
는 당연히 공서양속 위반에 해당하고, 설령 앞서 본 것처럼 업무집행관여
자의 책임을 감면할 수 있다고 보는 견해에 의하더라도, 이러한 공서양속
위반의 행위에 대하여는 그 책임을 감면할 수 없다고 보아야 한다. 따라서
위 제401조의2 요건도 충족하는 회사존립파괴책임에 대해서는 이사회 결
의나 주주 전원의 동의(위 제400조의 유추적용)로도 감면할 수 없다고 봄
이 타당하다.

주요주주[83] 등이 자기 또는 제3자의 계산으로 회사와 거래를 하기 위해서는 미리 이사회에서 해당 거래에 관한 중요사실을 밝히고 이사회의 승인을 받아야 한다고 규정하고 있다. 이는 다음에서 살펴볼 회사기회유용과 같이 관계자거래를 규율하는 것으로서, 이해관계 없는 이사에게 이익충돌 거래의 승인을 요구한다. 주요주주의 자기거래 또는 콘체른 내 자매회사 간 거래도 상법 제398조의 요건을 충족하는 경우에는 이사회의 승인을 얻어야 한다.[84]

회사존립을 파괴하는 침해 유형 중 회사의 적극재산 탈취 사례, 예컨대 지배주주 甲이 제3자에게 부담하는 자신의 채무를 변제하기 위하여 이사로 하여금 A 회사의 자금을 제3자에게 송금하게 한 행위 또는 콘체른 내 자매회사인 A 회사와 B 회사의 지배주주인 甲이 A 회사의 중요 생산 기계를 B 회사에 증여하게 하거나 헐값에 매각하게 한 행위는 상법 제398조에 해당하여 이사회의 승인(후자의 사례에서는 A 회사와 B 회사 이사회의 각각의 승인)이 필요하다. 이사회의 승인을 얻지 못한 거래는 상대적 무효설에 따라 회사와 거래 상대방 사이에서는 무효이고, 제3자에 대해서는 회사가 무효를 주장하기 위해서 제3자가 승인이 없음을 알았거나 중과실로 알지 못하였음을 주장·증명하여야 한다.[85] 이때 A 회사는 거래 상대방에게 송금한 돈의 반환 또는 중요 생산 기계의 반환을 청구할 수 있다. 아울러 위 거래에 관여한 이사는 상법 제399조에 따라 손해배상책임을 지고, 지배주주는 상법 제401조의2 업무집행관여자에 해당할 때에만 위 제399조에 따라 그 책임을 부담한다. 다만 위 사례에서 이러한 거래로

---

83) 의결권 있는 발행주식 총수의 10% 이상을 소유하거나 회사의 경영에 사실상의 영향력을 행사하는 주주를 말한다.

84) 김건식·노혁준·천경훈(2022), 437; 송옥렬(2022), 1065.

85) 대법원 2014. 6. 26. 선고 2012다73530 판결 등; 김건식·노혁준·천경훈(2022), 444; 김화진(2016), 243; 송옥렬(2022), 1073.

말미암아 A 회사가 도산상태에 빠진 경우에는 별도로(청구권 경합), 지배주주와 이사는 공동으로 A 회사에 민법 제750조, 제760조에 따른 회사존립파괴책임을 부담한다고 보아야 한다.

한편 상법 제398조는 회사와의 '거래'를 전제로 하고 있고, 이 같은 자기거래에는 매매, 차입과 같은 계약이나 채무를 면제하는 단독행위, 채무의 변제, 어음행위, 자본거래 등이 포함되지만,[86] 중요 생산기계를 빼돌리는 것(횡령)과 같은 사실행위가 포함되는지는 의문이다. 특히 회사존립을 파괴하는 침해 중 이사의 행위가 매개되지 않고 지배주주의 사실행위에 해당하는 '서론의 사업기회 탈취 사례'[87]는 상법 제398조의 적용 범위 밖에 있다. 위 사례에서 지배주주인 甲에게 상법 제401조의2의 책임이 성립된다고 보기도 어려워 회사채권자 보호를 위해 甲에게 회사존립파괴책임을 인정할 필요가 있다.

바. 상법 제397조의2에 의한 회사기회유용 금지

상법 제397조의2는, 이사가 이사회의 승인 없이 현재 또는 장래에 회사의 이익이 될 수 있는, ① 직무를 수행하는 과정에서 알게 되거나 회사의 정보를 이용한 사업기회나 ② 회사가 수행하고 있거나 수행할 사업과 밀접한 관계가 있는 사업기회를 자기 또는 제3자의 이익을 위하여 이용하여서는 안 된다고 하면서, 이사의 회사기회유용을 금지하고 있다. 앞서 본 자기거래는 이사가 적극적으로 회사와 거래하는 형태인데, 회사기회의 유용은 이사와 회사 사이에서 아무

---

86) 김건식·노혁준·천경훈(2022), 438, 439; 송옥렬(2022), 1068.
87) 서론의 사업기회 탈취 사례 중 ①에서 甲은 고객을 도구로 하여 간접정범의 형태로 A 회사의 유리한 기회를 B 회사가 이용하게 하였고, ②에서는 공동정범(핵심 직원이 甲의 회사존립을 파괴하는 침해에 가담한 경우) 또는 간접정범(핵심 직원이 이러한 사정을 몰랐을 경우)의 형태로 A 회사의 핵심 직원을 B 회사에 전직하게 하였다. 두 경우 모두 대표이사 乙은 甲의 행위에 가공하지 않았다(부작위 포함).

런 거래도 나타나지 않는다는 점에서 차이가 있다.[88]

회사존립을 파괴하는 침해 유형 가운데 '사업기회의 탈취 또는 이전 사례' 중 일부, 예컨대 A 회사의 지배주주인 甲이 대표이사 乙에게 지시하여 A 회사의 주요 고객군을 B 회사에 넘기도록 한 후 B 회사로 하여금 그 고객군을 상대로 영업을 하게 하는 행위는 상법 제397조의2에 해당하여 이사회의 승인이 필요하다. 그러나 승인 없이 이루어진 회사기회유용 행위는 자기거래와 달리 완전히 유효하다.[89] 다만 이러한 행위를 한 이사는 상법 제399조, 제397조 제2항에 따라 회사에 손해배상 의무를 부담하고, 지배주주는 상법 제401조의2 업무집행관여자에 해당할 때에만 위 제399조에 따라 그 책임을 부담한다.[90] 위 사례에서 이러한 회사기회유용 행위로 말미암아 A 회사가 도산상태에 빠진 경우에는, 자기거래와 마찬가지로, 지배주주와 이사는 공동으로 A 회사에 민법 제750조, 제760조에 따른 회사존립파괴책임을 부담한다고 보아야 한다(청구권 경합).

그런데 상법 제397조의2가 '서론의 사업기회 탈취 사례'에 적용될 수 있을지 문제된다. 왜냐하면 위 사례는 이사의 행위가 매개되지 않는 지배주주의 사업기회 탈취 행위에 관한 것인데, 상법 제397조의2는 회사기회유용 행위의 주체를 '이사'로 한정하고 있기 때문이다. 이에 대하여 지배주주도 충실의무를 부담한다는 전제하에, 회사기회유용 금지는 충실의무의 구체적 형태에 해당하기 때문에 지배주주도 위 제397조의2의 적용대상에 포함된다고 해석할 수 있다는 견해(긍정설)[91]도 있으나, 입법론으로는 몰라도 해석론으로 행위의 주체를 지배주주까지 확대하는 것은 바람직하지 않다는 견해(부정

88) 김건식·노혁준·천경훈(2022), 461, 462; 송옥렬(2022), 1077.
89) 김건식·노혁준·천경훈(2022), 464; 송옥렬(2022), 1080.
90) 송옥렬(2022), 1078.
91) 권상로(2016), 150.

설)가 통설이다.[92][93] 따라서 '서론의 사업기회 탈취 사례'에 위 제397조의2가 적용되기는 어렵고, 이 부분과 관련하여 채권자 보호를 위해 甲에게 회사존립파괴책임을 인정할 필요가 있다.

2. 민법과 형법 등

가. 채권자취소권 및 부인권

도산이 임박한 회사에 적용되는 스탠더드전략 중 첫째는 채무자(회사)에게 불리한 것이 명백한 계약을 회사의 지급불능이 임박하였을 때 체결한 제3자에 대하여 채무자 도산 시 사후적으로 거래를 취소하여 수익을 반환하게 할 수 있다. 이것이 사해행위취소권(actio pauliana)인데, 이러한 스탠더드전략은 재무적 위기에 빠져 주주가 자산 교체(asset substitution) 행위를 할 가능성이 있는 회사와 극단적인 거래를 할 때 주의를 하도록 함으로써 제3자에게 문지기 역할을 하게 한다.[94] 둘째는 다른 채권자에게 해로운 방향으로 영향력을 행사하는 '내부'(insider) 채권자를 대상으로 하는데, 소위 편파거래, 즉 채무자의 도산 시 특정 채권자가 다른 채권자들에 비해 우선적인 순위를 가지도록 하는 것을 '부인'하는 것이다.[95]

이러한 스탠더드전략과 관련하여 우리 민법 제406조, 제407조는 채권자취소권을, 채무자 회생 및 파산에 관한 법률(이하 '채무자회생법'이라 한다) 제100조 내지 제113조의2, 제391조 내지 제406조의2는 부인권을 각각 규정하고 있다.

---

92) 대표적으로 송옥렬(2021), 160; 천경훈(2011), 183-185.

93) 수범자를 지배주주까지 확대하는 입법에 대해서도, 과소규제와 과다규제가 발생할 수 있고 회사기회유용의 구조가 자기거래와는 다르다는 점을 이유로, 회의적인 입장을 취하는 견해로는, 송옥렬(2021), 160, 161.

94) 해부(2020), 258.

95) 해부(2020), 259.

채권자취소권에 관하여 보건대, 민법 제406조 제1항 제1문은 "채무자가 채권자를 해함을 알고 재산권을 목적으로 한 법률행위를 한 때에는 채권자는 그 취소 및 원상회복을 법원에 청구할 수 있다."고 하고 있다. 즉 채권자를 해함을 알면서 채무자의 재산감소행위를 채권자가 취소하고 그 재산을 채무자의 책임재산으로 회복하는 채권자의 권리가 채권자취소권이다.[96] 채권자취소권의 대상인 '사해행위'란 채무자가 적극재산을 감소시키거나 소극재산을 증가시킴으로써 채무초과상태에 이르거나 이미 채무초과상태에 있는 것을 심화시킴으로써 채권자를 해하는 행위를 말한다.[97] 어느 특정 채권자에 대한 담보제공행위가 사해행위가 될 수 있지만, 채무자가 이미 채무초과 상태에 있을 것과 그 채권자에게만 다른 채권자에 비하여 우선변제를 받을 수 있도록 하여 다른 일반 채권자의 공동담보를 감소시키는 결과를 초래할 것을 요건으로 한다.[98]

채무자회생법 제100조 이하, 제391조 이하에서 규정하고 있는 부인권이란 채무자가 도산절차 개시 전에 채권자를 해하는 것을 알고 한 행위 또는 다른 채권자들과의 평등을 해하는 변제, 담보의 제공 등과 같은 행위를 한 경우 도산절차 개시 후 관재인 또는 관리인이 채무자의 재산을 위하여 위와 같은 행위를 부인하고 채무자의 재산을 원상으로 돌릴 수 있는 권한을 말한다.[99] 이는 도산절차 개시 전에 부당하게 처분된 채무자의 재산을 회복함으로써 도산재단의 충실을 도모하고 효율적인 회생 또는 파산채권자에 대한 공평한 배당을 달성하기 위해 인정된 제도이다.[100]

---

96) 민법주해9(1995)(김능환 집필), 798.
97) 대법원 2013. 4. 26. 선고 2012다118334 판결 등.
98) 대법원 2000. 4. 25. 선고 99다55656 판결 등.
99) 주석회생법2(2021)(심영진 집필), 125, 126; 주석회생법4(2021)(심영진 집필), 614, 615; 회생실무(2019), 333.
100) 대법원 2009. 5. 28. 선고 2005다56865 판결, 대법원 2016. 4. 12. 선고 2014다

채권자취소권과 부인권을 비교해보면, 총 채권자의 이익을 위하여 채무자의 사해행위에 의하여 일탈한 공동담보의 회복을 도모한다는 점에서 제도적 취지를 같이한다.[101] 그러나 채무자 일반재산의 유지·확보를 주된 목적으로 하는 채권자취소권과 달리, 편파행위까지 규제대상으로 하는 부인권은 반드시 해당 행위 당시 부채의 총액이 자산의 총액을 초과하는 상태에 있어야만 행사할 수 있는 것은 아니다.[102] 채권자취소권은 소를 제기하는 방법으로 행사할 수 있지만,[103] 부인권은 소 이외에 부인의 청구, 항변에 의해서도 가능하다(채무자회생법 제105조, 제396조). 채권자취소권은 '법률행위'를 대상으로 하고 채무자의 사해의사를 반드시 요구하는 반면, 부인권은 그 대상을 반드시 법률행위일 것을 요건으로 하지 않고, 대항요건 등의 구비행위(채무자회생법 제103조, 제394조), 집행행위(채무자회생법 제104조, 제395조) 등도 대상으로 하며, 지급정지 이후 등 형식적 위기 시기에 이루어졌거나 대가를 수반하지 않는 행위를 부인할 때에는 채무자의 사해의사를 요하지 않는 등 사해행위취소권보다 요건이 완화되어 있다.[104]

회사존립을 파괴하는 행위 중 회사의 중요 재산이나 지식재산권을 '양도'하는 행위(회사의 적극재산 탈취)는 채권자취소권과 부인권의 대상이 된다. Bremer-Vulkan 사례와 같이(유동성 탈취) 종속회사가 콘체른 내 중앙 자금관리시스템(Cash-Pools)에 가입하였으나 자금관리시스템의 구조상 종속회사의 지배회사에 대한 청구권이 가치가

68761 판결 등.

101) 주석회생법2(2021)(심영진 집필), 128, 129; 주석회생법4(2021)(심영진 집필), 617; 회생실무(2019), 334.

102) 대법원 2016. 1. 14. 선고 2014다18131 판결 등.

103) 대법원 1998. 3. 13. 선고 95다48599, 48605 판결 등.

104) 주석회생법2(2021)(심영진 집필), 129, 130; 주석회생법4(2021)(심영진 집필), 618; 회생실무(2019), 334.

없게 되어버리고, 중앙관리시스템을 통한 지급청구권도 더는 행사할
수 없게 된 경우 종속회사의 채권자는 이러한 가입계약을 취소하고
이미 지급한 유동자산의 반환을 구할 수 있다.[105] 채무를 부담하거
나 채무를 인수하는 행위(소극재산의 양수)도 채권자취소권이나 부
인권의 대상이 된다.

그러나 법률행위 또는 법적 효과를 발생시키는 행위에 해당하지
않는 '사실행위'의 경우에는 채권자취소권이나 부인권의 대상이 되
기 어렵고, 이에 더하여 채무자인 회사의 이사가 아닌 지배주주의
사실행위일 경우에는 더더욱 그러하다. 이에 해당하는 것이 '서론의
사업기회 탈취 사례'이다. 즉 지배주주가 상법 제401조의2의 적용을
받음이 없이 피해 회사의 핵심 직원을 다른 회사에 전직하게 한 경
우에는 이러한 지배주주의 행위나 핵심 직원의 전직 행위에 대해 채
권자취소권이나 부인권을 행사하기는 어렵다.

아울러 회사존립을 파괴하는 행위의 유형 가운데 채권자취소권
또는 부인권의 대상이 되는 법률행위 등에 대해서도 채권자취소권
이나 부인권의 행사로써 일탈한 공동담보의 원상회복에 그치고, 그
러한 침해로 인하여 회사에 발생한 후속손해를 보전해주지는 않는
다. 이러한 부가적 손해 또는 후속손해에 대한 전보 내지 배상을 위
해서도 회사존립파괴책임을 인정할 필요가 있는 것이다.

나. 상법상 특별배임죄 및 형법상 업무상횡령죄 등과 이에 따른 민법상 불법행위책임

이사가 법령상의 의무를 위반함으로써 회사의 재무상황을 악화
시킨 때에는 형사책임도 인정된다. 프랑스에서는 도산이 임박한 때
에 기회주의적으로 행위한 이사 또는 사실상 이사가 징역 5년 또는

---

105) 물론 콘체른의 공동 도산이 야기된 경우에는 종속회사가 콘체른 내 다른
회사를 상대로 유동자산의 반환을 구하는 것은 의미 없게 된다.

벌금 75,000유로에 처해질 수 있고(프랑스 상법 제654-3조, 제654-1조
제2항), 독일에서는 법정 자본금 결손의 경우에 주주총회 소집의무
를 위반한 이사가 형사처벌을 받을 수 있다[독일 주식법 제401조,[106]
독일 유한회사법 제84조[107]].[108]

　회사존립을 파괴하는 침해 유형 가운데 지배주주 겸 대표이사가
회사의 중요 재산을 시가보다 저렴하게 제3자에게 양도함으로써 회
사로 하여금 도산의 위험에 처하게 한 사례(회사의 적극재산 탈취)
를 상정해보면, 이러한 침해행위로 인하여 '이사'는 우리 상법 제622
조에 따라 형사처벌을 받게 된다. 즉 위 제622조는 회사의 발기인,
이사, 집행임원, 지배인, 청산인 등 회사 내 일정한 지위에 있는 자가
그 임무에 위배한 행위로 재산상 이익을 취득하거나 제3자로 하여금
이를 취득하게 하여 회사에 손해를 가한 때에는 10년 이하의 징역
또는 3,000만 원 이하의 벌금에 처하도록 규정하고 있다. 이는 형법상
업무상배임죄에 대한 가중적 신분범을 규정한 것으로서 특별배임죄
에 해당한다.[109] 그런데 상법 제401조의2 업무집행관여자가 특별배임
죄의 행위 주체가 될 수 있는지에 관해 죄형법정주의 원칙에 비추어
이를 부정하는 견해가 다수설[110] 및 판례[111]이다. 다만 부정설에 의
하더라도 업무집행관여자가 단독으로 특별배임죄의 행위 주체가 될
수 없다는 취지이지, 대표이사의 배임 행위에 가담하여 공범이 될 수
없다는 취지는 아닌 것으로 보인다.[112] 앞서 본 것처럼 회사존립을

---

106) 고의범일 때는 3년 이하의 징역 또는 벌금에, 과실범일 때는 1년 이하의
　　징역 또는 벌금에 처해진다.
107) 유한회사의 경우에는 이사가 사원에게 자본의 반에 해당하는 손실을 고
　　지하지 아니한 경우에 주식회사의 이사와 동일한 형사처벌(주 106)을 받
　　을 수 있다.
108) 해부(2020), 250, 251.
109) 대계3(2022)(한석훈 집필), 1054, 1055.
110) 이철송(2022), 1253; 대계3(2022)(한석훈 집필), 1065, 1066.
111) 대법원 2006. 6. 2. 선고 2005도3431 판결.

파괴하는 침해 중 이사의 행위가 매개되는 경우에는 위 제401조의2 제1항 제1호가 적용될 것으로 보이는바,[113] 이때 지배주주인 업무집행지시자는 특별배임죄의 행위 주체인 이사의 공범으로 처벌받을 수 있다. 이렇듯 지배주주가 상법 제622조의 공범으로 형사처벌을 받을 수 있는 경우에는,[114] 회사존립파괴책임과는 별도로, 배임 행위로 인한 민법 제750조의 불법행위책임도 부담한다고 보아야 한다.

나아가 이사의 지위를 겸유하지 않는 지배주주가 단독으로 신분범인 형법상 배임죄의 '타인의 사무를 처리하는 자'에 해당하는지 문제될 수 있다. 배임죄에서 타인의 사무를 처리하는 자란 양자 간의 신임관계에 기초를 두고 타인의 재산관리에 관한 사무를 대행하거나 타인 재산의 보전행위에 협력하는 자의 경우 등을 가리킨다.[115] 그런데 상법상 주식회사의 업무집행은 이사회 결의로 하고(상법 제393조 제1항), 이러한 결의의 실행은 대표이사 등을 통해 이루어진다. 1인 주주 또는 지배주주가 있는 회사라 하더라도 회사의 재산관리에 관한 사무를 대행하거나 회사재산의 보전행위에 협력하는 자는 원칙적으로 대표이사이다. 상법상으로도 지배주주의 충실의무를 인정할 것인지에 관해 긍정설(다수설)[116]과 부정설[117]이 대립되고 있는데,[118] 죄형법정주의 원칙이 지배하는 형법상 명시적인 규정 없이

---

112) 대법원 2018. 8. 30. 선고 2018도10047 판결 등.

113) 업무집행관여자가 단독으로 특별배임죄의 행위 주체가 될 수 없으므로, 무권대행자(위 제401조의2 제1항 제2호)나 표현이사(같은 항 제3호)로 행위한 경우에는 특별배임죄가 성립하지 아니한다.

114) 물론 배임 행위로 인하여 행위자나 제3자가 얻은 재산상 이익의 가액이 5억 원 이상일 때에는 특정경제범죄 가중처벌 등에 관한 법률 제3조의 적용을 받아 특별배임죄보다 가중처벌된다.

115) 대법원 2004. 6. 17. 선고 2003도7645 전원합의체 판결 등.

116) 김건식·노혁준·천경훈(2022), 264, 265; 김건식1(2010), 205, 206; 김재범(2015), 188-190; 홍복기(1993), 34.

117) 송옥렬(2022), 825, 826; 이철송(2022), 48, 49.

해석만으로 지배주주가 회사의 사무를 처리하는 자의 지위에 있다고 보기는 어렵다. 물론 판례 가운데는 '피고인이 회사의 1인 주주로서 대표이사 등 임원들에 대한 실질적 인사권을 행사하고 업무 전반에 대한 보고를 받으며 회사의 경영에 영향력을 미쳤다면, 피고인에게는 회사와의 대내적인 관계에서 회사에 손해를 끼치지 않도록 임원들을 지휘 감독할 신임관계가 존재함에도, 피고인이 이러한 임무에 반하여 부실대출이 실행되게 하였으므로 공동정범의 기능적 행위지배가 인정된다.'고 판시한 사례도 있다.[119] 그러나 이 판결은 1인 주주의 단독정범을 인정한 것이 아니라, 대표이사의 배임 행위에 1인 주주가 공동정범이 되기 위한 요건을 설시한 것으로 보아야 한다. 대표이사의 배임 행위에 지배주주가 공범으로 가담할 수 있음은 앞서 본 것과 같다. 따라서 회사존립을 파괴하는 침해행위를 한 지배주주는 업무상배임죄의 단독정범으로 처벌받을 수 없고, 그 결과 업무상배임죄의 성립으로 인한 민법 제750조의 불법행위책임도 부담한다고 보기 어렵다.[120] '서론의 사업기회 탈취 사례'가 바로 이에 해당한다. 결국 지배주주에 대하여 회사존립파괴책임이라는 별도의 민법 제750조에 터 잡은 손해배상책임을 인정할 필요가 있다.

지배주주 겸 대표이사가 거액의 회사 자금을 인출, 사용함으로써 회사가 부도에 이르게 된 경우(회사존립을 파괴하는 침해 유형 중 회사의 적극재산 탈취) 그 '대표이사'는 형법상 업무상횡령죄의 죄책

---

118) 독일에서는 BGH의 판결에 의해 지배주주의 회사 및 다른 주주에 대한 충실의무가 인정되고 있음은 앞에서 살펴본 것과 같다[Hüffer/Koch(2018), § 53a Rn. 13 ff.; Fastrich, in: Baumbach/Hueck(2017), § 13 Rn. 22 f.; Altmeppen, in: Roth/Altmeppen(2019), § 13 Rn. 29 ff.].

119) 대법원 2013. 10. 17. 선고 2013도6826 판결.

120) 독일의 통설은 유한회사의 사원이 독일 형법 제266조(배임)에서 정하는 일반적인 형법상의 재산보호의무를 회사에 부담하지 않는다고 본다[Dierlamm, in: Hefendehl/Hohmann(2019), § 266 Rn. 97].

을 진다.[121] 지배주주와 대표이사가 공모하여 회사 자금을 횡령한 때에도 지배주주는 대표이사의 행위에 형법 제30조, 제33조의 공범자로서 책임을 진다.[122] 이렇게 지배주주가 형사처벌을 받을 수 있는 경우에는, 회사존립파괴책임의 성부와는 상관없이, 횡령행위로 인한 민법 제750조의 불법행위책임도 부담한다.

그런데 이사의 지위를 가지지 않는 지배주주가 신분범인 횡령죄의 단독정범, 즉 '위탁 관계에 의하여 타인의 재물을 보관하는 자'에 해당할 수 있는지 문제된다. 원칙적으로 법인인 주식회사의 보관은 그 법인을 대표하여 사무를 처리하는 자연인인 대표이사가 타인의 재물을 보관하는 횡령죄의 주체가 된다고 보아야 하므로,[123] 지배주주의 보관자 지위를 부정하는 것이 타당하다. 즉 부동산의 경우에 그 보관자는 '그 부동산을 제3자에게 유효하게 처분할 수 있는 권능이나 지위'에 있어야 하므로,[124] 지배주주가 아닌, 회사의 대표이사가 회사 부동산의 보관자 지위에 있게 된다. 그 결과 지배주주는 대표이사의 부동산에 대한 횡령행위에 공범으로 가담할 수 있을 뿐이다.

다만 위탁 관계는 사실상의 관계이어도 무방하므로,[125] 1인 주주 또는 지배주주가 회사경영 전반에 영향을 미치고 회사재산, 특히 동산에 대한 위탁 관계를 사실상 인정할 수 있을 때에는 1인 주주나 지배주주의 보관자 지위를 인정할 수 있을 것이다. 따라서 사실상 보관자 지위에 있는 주주가 회사의 동산, 예컨대 중요 생산품을 탈취한 때에는 업무상횡령죄의 단독정범으로 처벌받을 수 있고, 업무상횡령죄의 성립으로 인한 민법 제750조의 불법행위책임도 부담한다.

그러나 업무상횡령죄는 타인의 재물을 행위의 객체로 삼고 있어

---

121) 대법원 1989. 5. 23. 선고 89도570 판결.
122) 대법원 1999. 7. 9. 선고 99도1040 판결.
123) 대법원 2012. 5. 24. 선고 2012도2826 판결 등.
124) 대법원 2007. 5. 31. 선고 2007도1082 판결 등.
125) 주석형법(2017)(노태악 집필), 215.

서, 예를 들어 '서론의 사업기회 탈취 사례'와 같이 재물이 아닌 사업기회를 탈취의 대상으로 삼는 회사존립을 파괴하는 침해에 대해서는 적용할 수 없다. 즉 회사존립을 파괴하는 침해 유형 가운데는 횡령죄로 의율할 수 없는 사례들이 존재한다. 이에 지배주주에게 별도로 회사존립파괴책임을 인정할 필요가 있다.

다. 제3자에 의한 채권침해

제3자가 채무자에 대한 채권자의 존재 및 그 채권의 침해 사실을 알면서 채무자와 적극 공모하거나 채권행사를 방해할 의도로 사회상규에 반하는 부정한 수단을 사용하는 등으로 채무자의 책임재산을 감소시키는 행위를 함으로써 채권자로 하여금 채권의 실행과 만족을 불가능 내지 곤란하게 한 경우 채권자에 대한 불법행위를 구성할 수 있다.[126] 이때 그 행위가 위법한 것인지 여부는 침해되는 채권의 내용, 침해행위의 태양, 침해자의 고의 내지 해의의 유무 등을 참작하여 구체적·개별적으로 판단하되, 거래 자유 보장의 필요성, 경제·사회정책적 요인을 포함한 공공의 이익, 당사자 사이의 이익균형 등을 종합적으로 고려하여 판단하여야 한다.[127]

그런데 지배주주의 행위를 직접 규제하기 위한 해석론으로 제3자에 의한 채권침해에 근거하여 지배주주에게 불법행위책임을 지게 하자는 견해가 있다.[128] 이에 의하면 지배주주가 이사로 하여금 그가 회사에 부담하는 선관주의의무(상법 제382조 제2항, 민법 제681조)를 위반하게 하였다면, 이는 제3자에 의한 채권침해로서 지배주주의

---

126) 대법원 2019. 5. 10. 선고 2017다239311 판결 등.
127) 대법원 2007. 9. 21. 선고 2006다9446 판결, 대법원 2012. 9. 13. 선고 2010다77538 판결 등.
128) 江頭憲治郎, 法人格否認の法理, 1980, 410, 411[김건식2(2010), 255쪽의 주 14에서 재인용].

회사에 대한 불법행위책임을 구성한다고 한다.

그러나 지배주주가 이사의 선관주의의무 위반행위에 가담하였다고 하여 곧바로 상대권에 불과한 회사의 이사에 대한 위임계약상 채권을 침해하였다고 보기는 어렵다. 제3자의 채권침해가 불법행위로 되려면 침해행위가 위법해야 하는데, 채권에는 배타성이 없어서 그 위법성을 바로 인정하기 어렵기 때문이다.129) 즉 이사의 단순한 의무위반에 가담한 정도만으로는 위임계약상의 채무를 부담하지 않는 지배주주의 행위가 독자적으로 위법성을 띤다고 보기 어렵다.130) 물론 이사의 행위가 단순 채무불이행을 넘어서 회사에 대한 불법행위(예컨대 업무상배임죄)를 구성한다면, 이에 가담한 지배주주도 민법 제760조에 따른 책임을 부담할 것이나, 이는 통상적으로 논해지는 제3자에 의한 채권침해와는 다른 평면의 문제이다. 또한 위 견해가 제시하는 사례는 우리 상법 제401조의2 업무집행관여자의 책임으로 충분히 해결할 수 있을 것으로 보인다.

그런데 '서론의 사업기회 탈취 사례' 중 1인 주주 甲이 A 회사에 대기 중인 고객(F)의 납품 주문을 B 회사를 통해 처리하게 한 후 고객(F)으로 하여금 A 회사에 대해 이행지체를 이유로 위 주문을 해제하도록 유도하게 한 경우에 甲의 행위가 A 회사에 대해 제3자에 의한 채권침해를 구성하는지 문제될 수 있다. 위 사례에서 고객(F)은, 비록 甲의 사주를 받기는 하였으나, A 회사의 이행지체를 이유로 적법하게 계약을 해제하였을 뿐이고, 계약자유의 원칙상 B 회사와의 계약을 통해 물건을 납품받는 것을 위법하다고 할 수 없다. 채무자인 고객(F)에게 어떠한 채무불이행이 성립하지 않는데도 甲에게 제3자에 의한 채권침해가 성립한다고 볼 수는 없다.131) 다만 甲은 별도

---

129) 민법주해9(1995)(송덕수 집필), 58, 59.
130) 앞서 본 판례(대법원 2017다239311 판결)도 '사회상규에 반하는 부정한 수단의 사용 등'을 예시하고 있다.

로 회사존립파괴책임을 지는바, 그 이유는 甲이 고객(F)을 교사하여 (도구로 이용하여) A 회사의 중요한 사업기회를 B 회사로 이전함으로써 A 회사를 도산에 이르게 하였고, 그 결과 A 회사의 채권자(E)가 간접적인 피해를 보게 되었기 때문이다. 즉 회사존립파괴책임에서는 A 회사에 대하여 고객(F)의 채무불이행 여부와 이에 대한 甲의 가담 여부가 중요한 것이 아니라, 甲이 고객(F)을 도구로 삼아 A 회사의 주요 사업기회를 B 회사에 이전함으로써 A 회사를 도산에 처하게 하고 A 회사의 채권자(E)가 변제를 받지 못하게 되었다는 점이 중요한 요소이고, 이러한 요건 사실이 바로 양속위반에 해당한다는 것이다. 회사존립파괴책임의 위법성과 제3자에 의한 채권침해의 위법성은 동일하지 않은 요건 사실을 그 대상으로 한다.[132)]

III. 입법자가 의도하지 않은 흠결의 존재

1. 주주(사원)의 유한책임과 채권자 보호

회사채권자는 회사가 자기명의로 보유하는 재산만을 책임재산으로 할 수 있고, 주주(사원)가 자기명의로 보유하는 재산에 대해서는 아무런 권리를 갖지 아니한다는 것이 유한책임 원칙인데,[133)] 우리 상법은 제331조, 제553조에서 이를 인정하고 있다. 유한책임의 순기능으로는, 경영진에 대한 감시비용과 주주 간 감시비용을 줄일 수

---

131) 즉 甲은 A 회사 채권의 귀속 자체를 침해하지 않았고, 고객(F)과 공모하여 채권의 목적물을 파괴하거나 A 회사의 권리행사를 방해하지도 않았다.
132) 예컨대 A 회사의 채권 자체의 귀속을 침해하여 제3자에 의한 채권침해가 성립되었다고 하더라도, 이러한 침해로 말미암아 A 회사에 도산유발로 인한 손해가 발생하지 않는 정도였다면 회사존립파괴책임은 성립하지 않는다.
133) 해부(2020), 37.

있고, 주식의 자유로운 양도를 가능하게 하며, 기업가치가 반영되는 주가의 형성이 가능하고, 주주의 분산투자를 가능하게 한다는 것이다.[134] 그런데 이러한 유한책임의 순기능도 일반 투자자들로부터 대규모로 자본을 조달하는 경우를 전제로 할 때 인정되는 속성이어서, 주식회사의 형태를 갖춘 사실상 개인기업 또는 소규모 공동기업의 경우에는 유한책임의 편익보다, 뒤에서 살펴보는 주주의 인센티브 왜곡의 문제가 더 심각할 수 있다.[135]

유한책임의 역기능으로는, 도산이 인접한 상황이 되면 주주(사원)는 채권자의 이익을 침해하여 자신의 이익을 도모하는 행위를 할 인센티브를 가진다는 것이다. 회사가 도산하더라도 주주는 이미 투자한 금액을 넘어서 더 잃을 게 없기 때문에 과도한 위험을 수반하는 조치를 감행할 수 있기 때문이다. 이런 행위는 앞서 본 것처럼 자산 희석화, 자산 교체, 부채 희석화를 통해 나타난다.[136] 이와 같은 주주의 인센티브는, 분배의 측면에서 채권자의 부를 주주에게 이전시키고, 효율의 측면에서 부채가 조달된 이후 사회적으로 비효율적인 투자안을 선택한다는 데 문제가 있다.[137]

앞서 본 것처럼,[138] 독일에서는 유한책임의 역기능을 인식하면서 '도산에 근접한 시점에서 채권자의 부담으로 귀결되는 투기'를 회사 존립을 파괴하는 침해의 한 유형으로 분류하자는 견해가 있다.[139] 그러나 사업의 위험이 아무리 높고 자기자본 비율이 아무리 낮더라도, 투기는 재산을 '증식'하고자 하는 기대와 연관되어 있다. 이는 회

---

134) 김건식·노혁준·천경훈(2022), 73; 송옥렬(2022), 750, 751.

135) 송옥렬(2022), 751.

136) 김건식·노혁준·천경훈(2022), 73; 송옥렬(2022), 1174-1176; 해부(2020), 214-216.

137) 송옥렬(2022), 747, 748, 1176, 1177.

138) 앞의 제3장 제1절 I. 3. 사. 참조.

139) Liebscher, in: Fleischer/Goette(2018), Anh. § 13 Rn. 556; Burgard(2002), 830; Mülbert(2001), 1942; Schön(2004), 288 ff.

사재산을 '탈취'하려는 회사존립을 파괴하는 침해와는 질적인 차이가 있다. 회사존립을 파괴하는 침해는 체계에 반하여 양속위반으로 평가될 수 있지만, 채권자의 부담으로 귀결되는 투기는 오히려 유한책임의 원칙에 내재하는 것으로서 체계에 반한다고 하기 어렵다.[140] 다만 도산에 근접한 시점에서 사회적으로 비효율성을 증가시킨다는 데 문제가 있는 것이다. 이 측면에서 볼 때 회사존립을 파괴하는 침해는 예외적이고 그 정도가 중한 상황에서만 문제가 될 수 있다. 이에 해당하는 사례가 앞에서 언급한 회사의 적극재산 탈취, 청구권의 불행사(부작위), 유동성 탈취, 사업기회 및 취득기회의 탈취 등이고, 우리 회사법에서도 이미 문제가 되거나 장래에 문제될 수 있는 사안들이며, 모두 양속위반으로 평가될 수 있는 것들이다. 이러한 형태의 침해행위는 주주의 유한책임 내지 책임특권과 부합하지 않는다.[141] 그 결과 회사존립파괴책임이 문제될 경우 상법 제331조, 제553조는 목적론적으로 축소될 수 있고, 지배주주에게 무한책임을 지게 하는 회사존립파괴책임은 우리 회사법의 기본 가치와도 충돌하지 않는다.[142]

2. 우리 회사법에 대한 입법자의 의도

상법은 주식회사의 해산(제518조), 합병·분할·분할합병(제522조,

---

140) Leuschner, in: Habersack/Casper(2021), Anh. § 77 Rn. 346; Altmeppen, in: Roth/Altmeppen(2019), § 13 Rn. 84; Dauner-Lieb(2006), 2038.

141) Koppensteiner, in: Zöllner/Noack(2004), Anh. § 318 Rn. 78.

142) 회사존립을 파괴하는 침해가 회사채권자 보호와 관련이 있음을 전제로 한다. 물론 회사존립파괴책임을 주주(사원)의 회사에 대한 내부책임으로 구성한다면, 이는 주주 지위 내지 주주권 행사와는 별개의 회사에 대한 독립적인 불법행위책임이어서, 주로 채권자와의 관계에서 고려되는 주주의 유한책임이 회사존립파괴책임과 관련해서 문제될 여지는 없다는 입론도 가능하다.

제530조의3), 회사의 계속(제519조), 주식교환·주식이전(제360조의3, 제360조의16), 영업양도 등 영업의 기본에 관하여 변경을 초래하는 사항(제374조) 등을 주주총회의 결의사항으로 규정하고 있다. 즉 주주는 회사의 존속과 해산, 영업양도 등에 관해 주주총회 의결을 통해 이를 결정할 수 있는 권한을 가진다. 또한 상법은 앞서 본 것처럼 자본금 유지 원칙, 법인격 부인의 법리, 이사의 제3자에 대한 책임, 업무집행관여자의 책임, 상법상 특별배임죄 등을 통하여 주주의 이익과 회사채권자의 이익을 적정하고 조화롭게 유지하고자 노력하고 있다. 이러한 입법 태도에 비추어 우리 입법자는 위와 같은 법규정이나 법원리를 넘어서는 보호, 즉 회사존립을 파괴하는 침해에 대한 채권자 보호를 원하지 않는 것은 아닌지 검토해보아야 한다.

그런데 회사존립파괴책임은, 지배주주(사원) 또는 제3자의 이익을 위하여, 회사의 '도산'과 관련된 남용적이고 보상 없는 회사재산에 대한 침해로 인한 책임이므로, 소위 '은밀한 청산'과 밀접한 관련이 있다. 즉 법이 정한 청산절차를 따르지 않고 주주가 터널링의 방식으로 임의로 해산 또는 청산 방식을 선택하는 것을 허용할지 여부가 회사존립파괴책임에 관한 논의의 핵심이다. 입법계획에 반하는 법적 흠결[143]이 존재하기 위해서는, 주주가 어떠한 절차와 방법으로 주식회사를 청산할지에 관해 입법자의 의사로 말미암아 자유롭게 선택하지 못한다는 것이 전제되어야 한다. 이때 입법자의 의사에 반대되는 행위는 이로 인한 법적 책임의 근거가 될 수 있다. 그런데 이에 관한 법적 규율이 존재하지 않는다면 입법자가 의도하지 않은 흠결이 존재한다고 말할 수 있다.

앞서 언급한 것처럼 주식회사는 주주총회의 특별결의로 해산될 수 있다. 이에 따른 청산 등의 절차가 종료된 후 회사는 소멸한다.

---

143) 여기서는 상법상의 흠결을 의미한다.

즉 회사의 법인격 소멸 전에 현존 사무를 종결하고 채권 추심과 채무변제를 마친 후에 잔여재산을 주주에게 분배함으로써 회사는 소멸한다. 주식회사에서는 회사채권자에 대한 책임재산이 회사재산에 한정되므로 청산은 엄격한 절차에 따라야 한다. 따라서 인적회사에서와 달리 임의청산이 아닌 법정청산만이 허용된다.[144] 즉 상법 제531조 이하의 청산절차 규정은 강행규정이다. 유한회사의 경우(상법 제613조, 제531조 이하)도 반드시 법정청산의 방법에 따라야 한다.[145] 따라서 법체계와 상반된 이처럼 비전형적인 회사존립을 파괴하는 침해가 문제된다면, 해결책을 찾기 위해 법관의 판결에 의존할 수밖에 없다. 우리 상법에서 이러한 흠결은 입법자가 의도하지 않은 것이라 할 수 있다.

주식회사와 유한회사에서 청산절차 규정은 채권자 보호를 위한 강행규정이다. 만약 회사존립을 파괴하는 침해에 대해 제재를 가하지 않는다면, 위와 같은 청산 규정은 무력하게 될 것이고, 이러한 침해로 말미암아 회사의 해산과정에서의 법적 기준과 입법자의 의도는 잠탈될 것이다. 이는 우리 입법자가 원하지 않는 결과이다.

3. 우리 회사법의 특수성으로 인한 회사존립파괴책임의 적용 배제 여부

우리 회사법상 자본금 유지 원칙, 법인격 부인의 법리, 이사의 제3자에 대한 책임, 업무집행관여자의 책임, 특별배임죄 등에 의하더라도 회사존립을 파괴하는 침해 가운데 채권자가 보호되지 않는 영역, 예컨대 '서론의 사업기회 탈취 사례'가 존재하므로, 회사채권자

---

144) 김건식·노혁준·천경훈(2022), 884; 임재연1(2022), 311, 312; 대계3(2022)(황남석 집필), 920.
145) 김건식·노혁준·천경훈(2022), 969; 임재연2(2022), 1040; 대계3(2022)(황남석 집필), 920.

보호를 위해 회사존립파괴책임을 우리 회사법에서도 수용할 필요가 있음은 위에서 살펴보았다.

그뿐만 아니라 법인격 부인의 법리, 상법 제401조, 제401조의2, 제567조에 따른 책임을 지배주주(사원)가 부담하더라도, 위 법리나 규정이 회사존립파괴책임의 근거가 되는 민법 제750조와 법조경합 관계에 있다고 보기 어려우므로, 지배주주(사원)는 별도로 민법 제750조에 터 잡은 회사존립파괴책임을 부담하여야 함은 앞에서 살펴본 것과 같다. 또한 업무집행관여자나 이사에 대한 강제집행이 그들의 무자력으로 인하여 성과가 없을 수도 있으므로, 회사채권자는 이러한 침해에 가담한 공범자를 상대로 회사를 대위하여 회사존립파괴책임에 기한 손해배상청구를 할 수 있다는 것도 이미 언급하였다. 주주(사원)의 유한책임 원칙도 회사존립파괴책임과 충돌하지 않는다.

결국 우리 회사법상의 유한책임, 법인격 부인, 상법 제401조, 제401조의2, 제567조의 책임은 회사존립파괴책임을 배척하지 않는다.

Ⅳ. 소결론

앞서 본 것처럼, 우리 기업소유구조의 특징 중 하나가 거의 모든 기업에 지배주주가 존재한다는 것이다.[146] 기업지배구조 법제가 지배주주의 경영 관여를 효율적으로 통제할 필요가 있는 것이다. 그런데 우리 상법이 경영자의 권한 남용을 억제하기 위한 두고 있는 일련의 규정, 즉 상법 제397조, 제397조의2, 제399조, 제401조, 제402조, 제567조는 모두 이사의 행위를 대상으로 하고 있다. 다만 자기거래 금지의무를 규정한 상법 제398조, 제542조의9는 이사 외에, 의결권 있는 발행주식 총수의 10% 이상을 소유하거나 회사의 경영에 사실상의

---

146) 대계1(2022)(김건식 집필), 265.

영향력을 행사하는 주주의 행위를 규제하려 하고 있고, 업무집행관 여자의 책임을 규정한 상법 제401조의2도 명시적으로 지배주주의 행위를 규제하려고 한다. 그러나 위 제398조, 제401조의2, 제542조의9만으로는 이사직을 맡지 않은 지배주주의 기회주의적 행위를 모두 규율할 수 없다. 특히 법이 정한 청산절차를 따르지 않고 주주가, 예컨대 터널링을 함으로써 임의로 해산 또는 청산 방식을 선택하려고 하는 회사존립을 파괴하는 침해에 대하여 위 제398조, 제542조의9가 적용될 여지가 거의 없고, 위 제401조의2만으로 대응하기에는 부족하다. 입법자가 의도하지 않은 이러한 흠결을 보완하기 위해서 독일의 회사존립파괴책임을 수용할 필요가 있다.

회사존립파괴책임은 일반 불법행위법에 근거하고 있는바, 그 규정의 탄력성으로 인하여 폐쇄회사의 채권자뿐만 아니라 대규모 기업집단의 채권자 보호를 위해 광범위하게 활용될 수 있다. 또한 지배주주(사원)의 회사존립을 파괴하는 행위에 가담한 공범자들도 불법행위책임을 부담할 수 있어서 책임의 수범자가 사실상 확대되는 효과도 거둘 수 있다. 이로써 채권자에 대한 변제 가능성을 높인다. 한편 우리 회사법은 2009년 개정을 통해 최저자본금 제도를 폐지하였고,[147] 2011년 개정을 통해 채권자 보호와 관련된 법정준비금 제도와 이익배당 제도에 관한 규제를 원활한 기업운영을 위해 완화하였다. 이처럼 회사설립의 자유를 확대하고 자본규제를 완화하여 기업경영의 자율성을 확대한 만큼 이사나 지배주주(사원)의 기업경영에 관한 책임은 강화할 필요가 있다. 즉 법이 허용하는 폭넓은 영역을 벗어난 행위에 대해서는 그 책임을 엄중히 물어야 한다. 이러한 측

---

147) 최저자본금 제도가 채권자 보호를 위해 실제로 기여하는 기능이 미미하다는 취지의 비판론은 2009년 상법 개정 전에도 계속 주장되어왔다[윤영신(2006), 112, 113]. 반면에 유럽에서는 채권자 보호를 위해 법정자본금제도가 여전히 필요하다는 견해도 유력하다[Hirte & Schall(2011), 525, 526].

면에서도 우리 회사법제가 회사존립파괴책임을 수용할 필요가 있다.

제3절 우리 회사법제의 수용

Ⅰ. 회사존립파괴책임의 법적 구조

1. 내부책임

가. 자본금 납입·유지에 관한 규정

회사존립을 파괴하는 침해는 회사재산에 대한 침해이고, 연혁적으로 이러한 침해에 대해 자본금 유지 규정만으로는 대응할 수 없어서 이를 보완하기 위해 회사존립파괴책임이 창안되었다. 즉 회사존립파괴책임은 자본금 유지 원칙과 밀접한 관련이 있다.

자본금 유지 원칙을 구체화한 배당가능이익의 제한과 관련하여, 배당가능이익을 초과하여 이루어진 배당(협의의 위법배당)은 법령을 위반한 것으로 무효이고, 회사는 초과배당을 받은 주주(사원)에게 부당이득으로 배당금의 반환을 청구할 수 있다. 그런데 회사의 경영은 주주가 선임한 이사가 주도하므로, 이러한 회사가 자발적으로 주주들에게 배당 반환을 구하는 것을 기대하기는 쉽지 않다. 이에 상법은 위법배당이 이루어진 경우에는 채권자가 직접 주주(사원)에게 위법배당으로 받은 금액을 회사에 반환할 것을 청구할 수 있도록 하고 있다(상법 제462조 제3항, 제583조 제1항).[148] 중간배당이 위법한 경우에도 마찬가지이다(상법 제462조의3 제6항, 제583조 제1항). 이는

---

148) 대계3(2022)(정준혁 집필), 348.

회사채권자 보호를 위하여 상법이 부여한 고유한 권리로서 채권자가 채권자대위권(민법 제404조)을 행사하는 것과 구별된다.[149] 그런데 채권자의 위 제462조 제3항, 제462조의3 제6항, 제583조 제1항에 따른 권리는 주주(사원)로 하여금 위법배당으로 받은 금액을 회사에 반환하도록 함으로써 오히려 자본금 유지를 통한 채권자 보호의 주체가 '회사'임을 드러내고 있다.

또한 자기주식 취득제한과 관련하여, 상법은 제341조에서 회사가 배당가능이익을 한도로 자기주식을 취득할 수 있게 하고 있다. 그런데 위 제341조 제1항 단서에서 자기주식취득의 기준이 되는 배당가능이익을 직전 결산기의 배당가능이익으로 규정하고 있기 때문에, 자기주식을 취득한 영업연도의 결산기의 최종 배당가능이익은 자기주식취득금액에 미치지 못하는 경우가 있게 된다. 이렇듯 해당 영업연도의 결산기에 결손의 우려가 있음에도 회사가 자기주식을 취득한 경우 이사들은 '회사'에 대하여 연대하여 결손금을 배상할 책임이 있다(상법 제341조 제4항 본문).[150] 중간배당의 경우도 유사하다. 즉 회사가 이사회 결의로 중간배당을 실시하였는데, 결과적으로 당해 결산기에 배당가능이익이 없게 되면 이사들은 '회사'에 대하여 연대하여 그 차액을 배상할 책임이 있다(상법 제462조의3 제4항 본문). 이는 이사에게 자본금 유지 책임을 부과한 것인데, 위 제341조 제4항 본문, 제462조의3 제4항 본문은 결손금이나 그 차액의 배상을 회사에 하도록 함으로써 동일하게 자본금 유지를 통한 채권자 보호의 주체가 '회사'임을 나타내고 있다.

회사설립 시 자본금 납입과 관련하여, 인수되지 않은 주식이 있거나 인수된 주식에 대한 납입이 완료되지 않은 경우에 상법은 발기인에게 인수 및 납입의 담보책임, 즉 자본충실 책임을 부과하고 있

149) 김건식·노혁준·천경훈(2022), 603.
150) 대계1(2022)(정수용 집필), 987, 988.

다(상법 제321조, 제551조). 그런데 발기인이 이 책임을 이행하지 아니하면 회사가 소로써 청구할 수 있고, 소수주주도 대표소송을 통해 청구할 수 있지만(상법 제324조, 제403조 내지 제406조, 제551조), 회사채권자는 회사를 대위하여 청구할 수 있을 뿐이다.[151] 즉 자본금 납입과 관련한 채권자 보호의 주체도 '회사'로 집중되어 있다.

회사의 자본금 유지 규정의 흠결을 보충하는 책임제도는 이러한 책임집중(Haftungskanalisierung)에 부합하여야 한다. 원칙적으로 지배주주는 회사존립을 파괴하는 침해로 인한 책임을 회사채권자(제3자)가 아닌 '회사'에 대해 부담하는 것이 우리 상법의 체계에 비추어 정합적이다.

나. 회사의 직접적인 피해

상법상 회사는 사원과는 별개의 독립한 법인격을 가진다(상법 제169조). 회사의 법인격은 사원과 회사의 재산을 분리하고, 이러한 재산분리 기능은 조직격리와 유한책임(소유자격리)에 의하여 수행된다.[152] 회사존립을 파괴하는 침해는 회사재산에 대한 것이고, 회사는 독립적인 법인격을 가지면서 회사재산을 소유하므로, 결국 회사존립을 파괴하는 침해는 회사에 대한 가해이다. 채권자의 손해는 그로 인한 후속적인 결과라고 볼 수 있다. 물적회사의 은밀한 청산 내지 임의청산을 금지하는 우리 회사법은 청산절차에서 청산인이 '회사의 재산상태'를 조사하여 주주총회에 보고하여야 한다고 하고 있고(상법 제533조 제1항, 제613조 제2항), 청산인의 직무와 관련하여 회사의 '채권추심과 채무변제, 재산의 환가처분, 잔여재산 분배' 등의 직무권한을 가진다고 규정한다(상법 제542조 제1항, 제613조 제1항, 제254조 제1항). 즉 우리 회사법은 청산절차에서도 회사의 재산이라고 명

---

151) 대계1(2022)(서완석 집필), 379, 380.
152) 해부(2020), 31-39.

시적으로 규정함으로써 상법 제169조의 취지를 구현하고 있다. 회사 재산에 손해가 발생했을 때 배상청구권자는 회사이다. 회사가 지급 불능, 부채초과로 파산선고를 받았을 때에도 회사가 가지는 배상청 구권은 파산재단을 구성하게 되고(채무자회생법 제382조 제1항), 회 사채권자가 회사재산에 손해를 가한 가해자에게 직접청구권을 가지 는 것은 아니다.

　회사존립파괴책임의 목적이 채권자 보호이더라도, 반드시 채권자 가 청구권자가 되어야만 하는 것은 아니다.[153] 유사하게 채권자를 보 호해야 하는 상황에서 상법 제462조 제3항, 제462조의3 제6항, 제341조 제4항 본문, 제462조의3 제4항 본문은 내부책임에 따라 회사에 청구 권을 귀속시킨다. 법인파산의 경우에도 파산관재인이 채권자 보호 를 위해 부인권을 행사하면 그 대상이 되는 행위는 파산재단과의 관 계에서 무효가 되고, 개별 채권자가 아닌 모든 채권자의 이익을 위 해 파산재단에 원상으로 회복된다(채무자회생법 제397조 제1항).

　물론 상법 제322조 제2항, 제401조 제1항, 제401조의2 제1항, 제408 조의9, 제415조, 제567조에서 발기인, 이사, 업무집행관여자, 집행임 원, 감사 등의 제3자에 대한 책임을 인정하고 있지만, 이는 상법이 특별히 인정한 법정책임 또는 기관책임으로 보는 것이 우리의 통 설[154]과 판례[155]이다. 이사가 회사에 대한 임무 해태로 제3자에게 손 해를 가한 때에도 당연히 손해배상책임을 부담하는 것은 아니지만, 상법이 제3자를 보호하기 위하여 특별히 그 책임을 인정한 것이다. 반대해석으로, 이러한 법정책임을 우리 상법이 인정하지 않는 경우 에 제3자인 회사채권자는 원칙적으로 회사에 가해를 한 자에 대하여 직접청구권을 가진다고 보기 어렵다.

---

153) Osterloh-Konrad(2008), 289 f.
154) 위 제401조에 관하여 대표적으로 김건식·노혁준·천경훈(2022), 491, 492.
155) 대법원 2002. 3. 29. 선고 2000다47316 판결 등.

상법상의 채권자 보호 흠결로 인해 논의되는 회사존립파괴책임에서 가해자에 대한 배상청구권은 원칙적으로 회사가 가진다고 봄이 타당하다.

2. 내부책임의 토대로서 불법행위책임

Trihotel 판결에서 BGH는 회사존립파괴책임을 독일 민법 제826조에 근거한 불법행위책임으로 정립하였다.[156] 즉 양속위반의 가해가 있을 때 물적회사는 회사 외부의 제3자나 회사의 기관 또는 사원(주주)을 상대로 손해배상청구권을 행사할 수 있다. 회사존립을 파괴하는 침해의 경우 '선량한 풍속에 위반하여 타인(회사)에게 손해를 가한' 때에 해당하여 그 사원(주주)은 가해자로서, 회사는 피해자로서 양립하고, 재산에 대한 손해는 위 제826조의 구성요건에 포섭되어 우선적으로 보호된다. 이러한 독일 민법 제826조에 상응하는 우리 불법행위법상의 규정은 민법 제750조가 될 것이다. 따라서 우리 회사법제가 회사존립파괴책임을 수용하기 위해서는 상법 제1조에 의해 적용되는 민법 제750조가 위 책임의 법적 근거가 되어야 한다. 우리 민법 제750조의 해석상으로, 법규를 직접적으로 위반한 것은 아니어도 사회적으로 보아 허용되지 아니하는 행위에 의하여 타인에게 손해를 가하는 것은 공서양속에 위반되어 위법성을 띤다고 본다.[157]

회사존립파괴책임을 수용할 필요가 있음을 인정하더라도 그 책임의 법적 근거를 불법행위법으로 구성하지 않고, 독일의 특별법률

---

156) 독일 불법행위법은 우리 민법 제750조와 달리 보호 대상을 열거하는 개별 보호주의를 취하고 있다. 이러한 입법 태도에 대해 독일의 대부분의 견해는 피해자 보호에 미흡함이 없다고 본다. 이에 관해서는 Canaris(2005), 581 ff.

157) 민법주해18(2005)(이상훈 집필), 211.

관계에 터 잡은 회사에 대한 의무위반론과 같이, 지배주주(사원)와 회사 사이에 특별법률관계가 성립함을 전제로 민법 제390조, 제2조 제1항 등에서 정한 의무위반으로 인한 내부책임을 주장할 수도 있다. 그런데 독일 BGH와 달리, 우리 회사법상 지배주주(사원)의 충실의무를 인정한 판례는 아직 없다. 설령 지배주주(사원)의 충실의무를 인정한다고 하더라도, 독일에서 특별법률관계에 터 잡은 의무위반론을 주장하는 견해조차 회사재산의 목적구속성에 관한 사원(주주)의 배려의무를 회사에 대한 충실의무의 일종이라고 보지는 않는다.[158] 1인 사원(주주) 또는 모든 사원(주주)이 함께 회사에 가해했을 때 충실의무에 의해 보호되는 회사의 이익 침해가 없기 때문이다.[159] 위 견해는 특별법률관계 밖에 위치한 채권자 보호의 관점에서 회사의 독자적인 존립이익을 규정하려고 하고, 이에 따라 민법상의 의무위반을 주장한다. 그러나 회사존립파괴책임은 회사채권자를 보호하려는 것인데, 주주(사원)와 회사 사이의 특별결합관계로부터 바로 채권자를 보호할 의무가 도출되기는 어렵고, 오히려 위 책임을 계약관계가 아닌 불법행위책임으로 구성할 때 채권자 보호 의무가 자연스럽게 추론된다.[160] 따라서 우리 법제에서도 특별법률관계에 터 잡은 의무위반론을 채택할 이유는 없다.

또한 회사존립파괴책임에 대해서, 독일 주식법 제117조 등의 유추적용론과 같이, 상법 제401조의2를 유추적용하자는 견해도 있을 수 있다. 즉 상법 제401조의2의 포섭 범위 밖에 있는 회사존립을 파괴하는 침해 유형에 대해서도 민법 제750조에 의지할 필요 없이 상법 제401조의2를 유추하자는 것이다.[161] 그러나 법률의 유추 적용은 법의

---

158) Fastrich, in: Baumbach/Hueck(2017), § 13 Rn. 55.
159) BGH도 주주의 충실의무를 판례를 통해 인정하면서도 별도의 회사존립파괴책임을 발전시켰다.
160) 자세히는 앞의 제2장 제5절 IV. 참조.

흠결을 전제로 한다.[162] 즉 민사법의 실정법 조항의 문리해석 또는 논리해석만으로는 현실적인 법률적 분쟁을 해결할 수 없거나 사회적 정의관념에 현저히 반하게 되는 결과가 초래되는 경우에는 법원이 실정법의 입법 정신을 살려 법률적 분쟁을 합리적으로 해결하고 정의관념에 적합한 결과를 도출할 수 있도록 유추해석을 할 수 있다.[163] 그런데 앞서 언급한 것처럼 회사존립파괴책임에 상법 제1조, 민법 제750조를 적용할 수 있고, 그 결과도 사회적 정의관념에 현저히 반하지 않는다면, 입법상의 흠결은 존재하지 않게 되어 상법 제401조의2를 유추적용할 근거는 사라지게 된다.[164] 따라서 상법 제401조의2 유추적용론을 채택할 이유도 없다.

결론적으로 우리 법제에서도 회사존립파괴책임의 법적 근거를 민법 제750조에 두는 것이 타당하다. 다만 민법 제750조에서 개별 법영역에서의 평가 및 그 영역에서 도출되는 특별한 기대가 고려될 수 있기 때문에, 우리 회사법상 문제되는 지배주주(사원)와 회사 사이의 관계에 대한 회사법적 평가가 반영된 불법행위법이 회사존립파괴책임에 적용된다고 보아야 한다.[165]

---

161) 독일에서는 주로 유한회사 사원의 회사존립파괴책임이 문제되는데, 이에 대해 주식회사에 관한 독일 주식법 제117조를 유추하자는 견해이다. 우리 나라에서도 유한회사의 경우에 상법 제401조의2를 유추적용하고, 나아가 주식회사에서도 위 제401조의2의 포섭 범위 밖에 있는 사안에 대해서 위 조항을 확장해석 또는 유추적용하자는 견해가 있을 수 있다.

162) Larenz(1991), 381 ff.

163) 대법원 1994. 8. 12. 선고 93다52808 판결 등.

164) 자세히는 앞의 제2장 제5절 V. 참조.

165) 자세히는 앞의 제2장 제5절 IV. 1. 참조.

II. 회사존립파괴책임의 발생 요건

1. 공서양속 위반의 침해

가. 침해

침해의 개념과 관련해서는 우리 법제에서도 BGH의 견해와 크게 다르지 않다.[166) 즉 침해에는 회사의 재산이나 수익 상황을 감소시키거나 구체적 위험을 야기하는 어떠한 것도 포함된다. 대차대조표에 반영되지 않는 재산 가치의 탈취, 예컨대 장부상 가격에 따른 양도나 대차대조표상 가치의 변동이 없는 자산의 교환도 침해가 될 수 있다. 사업기회를 빼앗는 것과 같이 단지 자산의 유입을 막는 것도 마찬가지다. 이러한 침해에는 그에 상응한 보상이 없어야 한다. 무보상 요건과 관련하여, 재산탈취의 직접적인 결과에 대해서만 보상하지 않는 것뿐만 아니라, 회사의 수익 능력에 간접적인 영향을 미치는 것에 대한 보상이 있는지 여부도 고려하여야만 한다. 즉 모든 침해에 대하여 회사의 도산개시를 막을 수 있는 전체적이고 넉넉한 반대급부가 있어야 한다.

나. 공서양속 위반

독일 민법 제138조 제1항, 제826조의 양속위반이란 '합리적이고 정당하게 사유하는 모든 사람의 윤리관념에 반하는 것'을 의미한다.[167) 우리 민법 제750조의 불법행위에는 민법 제103조에 해당하는 행위도 포함되는바, 위 제103조에서 말하는 '선량한 풍속 기타 사회질서'란 '사회적 타당성 또는 사회에 통용되는 법의 근본 질서'라고 보는 견해가 유력하다.[168) 다만 독일 민법 제138조 제1항, 제826조의 양속위

---

166) 자세히는 앞의 제3장 제1절 I. 1. 참조.
167) BGH, NJW 2005, 146(Rheumaklinik 판결).

반 개념과 우리 민법 제103조의 선량한 풍속 기타 사회질서 위반 개념에 본질적인 차이가 있다고 보기는 어렵다. 회사존립파괴책임의 구성요건으로서 공서양속 위반이란 주주(사원)가 책임재산을 감소시켜 채권자에게 해가 되고 자신 또는 제3자에게는 이익이 되게 함으로써 회사의 도산을 유발하거나 심화시키는 행위에 대해 인정할 수 있다.[169] 공서양속 위반의 침해에 대해서는 침해 시점에 사전적으로, 이러한 침해가 배려의무를 위반하고 유해한 것이어서 이로 인한 회사의 도산 발생 위험이 객관적으로 인식될 수 있을 정도이어야 한다. 단순히 추상적인 도산 발생 위험만으로는 충분하지 않지만, 도산위험이 현저하게 개연성 있는 경우는 이를 인정할 수 있다. 또한 순전한 경영상 오류는 회사존립파괴책임을 구성하지 않는다. 이 때에는 대개 과책이 흠결되는 경우가 많다. 비록 특별한 투기적인 거래를 하려 한다고 하더라도, 여기에 공서양속 위반의 비난이 존재한다고 보기 어렵다.

다. 사례유형[170]

우리 회사법상 여러 제도에 의하더라도 채권자가 보호되지 않는 회사존립을 파괴하는 침해 유형이 있음은 앞서 살펴보았다. 또한 지배주주가 법인격 부인의 법리, 상법 제401조, 제401조의2 등에 따른

---

168) 민법주해3(2022)(권영준 집필), 113.
169) 자세히는 앞의 제3장 제1절 I. 2. 참조.
170) 사례의 유형별 분류를, 주주와 회사채권자 사이의 이익충돌 유형인 재산유출형, 부채증가형, 위험투자형, 과소투자형으로 할 수 있고[김건식3(2010), 263], 주주와 회사채권자의 대리문제로 인한 행위 분류인 자산 희석화, 자산 교체, 부채 희석화[해부(2020), 214-216]로 포괄적으로 구분할 수도 있다. 그러나 여기서는 이익충돌이나 대리문제 중 특수한 사례인 회사존립을 파괴하는 침해에 한정하여 그 유형을 구분해야 하므로, 이에 관하여 독일 학계에서 널리 인정되는 분류 방식에 따르기로 한다.

책임을 부담하더라도, 별개로 회사존립파괴책임의 구성요건을 충족하는 한 민법 제750조에 근거한 회사존립파괴책임을 부담하여야 하고, 이렇게 함으로써 회사채권자는 이러한 침해에 가담한 공범자를 상대로 회사를 대위하여 회사존립파괴책임에 기한 손해배상청구를 할 수 있게 되어 회사채권자가 두텁게 보호될 수 있다는 것도 이미 언급하였다. 따라서 회사존립을 파괴하는 침해의 유형을 제시하면서, 기존의 회사법 제도와 중첩되는지 여부 또는 형벌법규위반으로 인한 민법 제750조의 충족 여부 등에 관해서 고려함이 없이 서술하기로 한다.[171] 특히 회사존립을 파괴하는 침해 유형 중 상당수에 적용될 수 있는 상법 제401조의2가 유한회사의 지배사원에게는 적용될 여지도 없어서, 사원총회를 통해 경영에 직접 영향을 미칠 기회가 많은 지배사원의 '유한회사'에 대한 존립파괴책임을 관념한다면 아래의 유형 분류는 더 의미가 있다.

1) 회사의 적극재산 탈취

대차대조표의 자산란에 기재될 수 있는 회사의 자산 가치를 이전하는 것을 말한다. 법률행위에 의한 것이든 사실행위에 의한 것이든 불문한다. 대표적인 예가 지배주주(사원)가 자기 또는 제3자를 위하여 무단으로 회사의 자금을 인출하는 행위이다.[172] 중요한 회사재산, 생산 물품, 특허권 등 지식재산권의 양도 내지 탈취도 이에 해당한다.

---

171) 아래에서 제시하는 우리 법원의 판결례는 회사존립파괴책임을 관념하지 않은 상태에서 기존의 회사법 제도와 형벌법규 위반에 관한 사례이기는 하지만, 회사존립을 파괴하는 침해가 문제될 수 있는 사례이기도 하다. 또한 비록 이러한 판결례를 통해서는 아직 확인되지 않지만, 기존 제도나 형벌법규 등으로는 포섭할 수 없는 회사존립을 파괴하는 침해 유형이 있음은 앞에서 살펴본 것과 같다.

172) 대법원 1989. 5. 23. 선고 89도570 판결(지배주주 겸 대표이사), 대법원 1999. 7. 9. 선고 99도1040 판결(지배주주가 대표이사 횡령행위에 가담).

회사법의 청산 규정을 명백히 일탈하는, 채무면탈을 위한 회사설
립의 경우173) 종전 회사(A)에는 채무만 남기고 새로운 회사(B)에 대
부분 재산을 이전하므로 독일의 '유한회사 이어달리기'와 마찬가지
로 회사존립을 파괴하는 침해에 해당한다. 지배주주(사원)가 신설
회사가 아닌 이미 설립된 다른 회사(C)를 채무를 면탈할 의도로 이용
한 경우에도 동일하게 회사의 적극재산 탈취에 해당한다고 보아야
한다.174)

2) 청구권의 불행사 등 부작위

BGH는 Sanitary 판결175)에서 회사의 청구권을 적극적으로 행사하
지 않아 궐석재판으로 패소 판결을 받은 1인 사원 겸 이사에게 회사
존립파괴책임이 성립한다고 판시하였다. 작위뿐만 아니라 부작위를
통해서도 회사존립을 파괴하는 침해가 성립할 수 있음을 인정한 것
이고, 우리 법제에서도 적용될 수 있는 법리이다. 즉 지배주주 겸 대
표이사가 직원이 거액의 횡령행위를 하였음을 인식하고도 사후에
의도적으로 회수조치를 취하지 않는 등의 부작위로 위 채권의 소멸
시효가 완성됨으로써 회사에 상당한 손해를 가한 경우176)에는 이러
한 지배주주의 행위는 부작위에 의한 회사존립파괴책임을 구성한다.

---

173) 이에 관해 법인격 부인을 인정한 사례로는 대법원 2008. 8. 21. 선고 2006
　　다24438 판결(A 회사와 B 회사의 지배주주가 동일인) 등.
174) 이에 관해 법인격 부인을 인정한 사례로는 대법원 2011. 5. 13. 선고 2010
　　다94472 판결(A 회사와 C 회사의 지배주주가 동일인), 대법원 2019. 12. 13.
　　선고 2017다271643 판결(A 회사와 C 회사의 지배주주가 동일인).
175) 자세히는 앞의 제3장 제1절 I. 3. 나. 참조.
176) 서울고등법원 2022. 8. 2. 선고 2022노167 판결의 사실관계를 토대로 재구
　　성한 것이다. 위 판결에서는 지배주주의 지위를 겸하지 않는 대표이사가
　　횡령한 직원에 대한 회수조치를 취하지 않았을 뿐만 아니라(부작위), 허
　　위 내용의 이사회회의록에 서명·날인하는 등 허위의 회계처리(작위)까지
　　한 사안이고, 위 대표이사에게 배임죄가 인정되었다.

다만 부작위가 작위와 같이 취급되려면 행위자에게 보증인의 지위가 인정되어야 한다.[177] 앞의 사례에서처럼 지배주주가 이사의 지위를 겸유하면서 부작위를 하거나 지배주주가 이사에게 영향력을 행사하여 이사로 하여금 부작위를 하게 만드는[178] 때에는 별다른 문제가 없겠으나, 지배주주가 단독으로 회사의 업무를 집행하는 보증인의 지위에서 부작위를 하는 경우를 상정하기란 쉽지 않다.[179]

3) 유동성 탈취

사업에 필요한 유동성을 감소시키는 것도 침해에 포함된다. 이자나 담보 등에 관한 시장의 통상적인 조건에 상응하지 않는 경우는 물론이고, 이에 맞춰 대출이 이루어진 경우에도 이로 인하여 회사에 도산유발 또는 도산심화가 초래될 수 있다. 이에 해당되는 사례가 Bremer-Vulkan 판결에서 문제가 된 콘체른의 중앙 자금관리시스템이다.[180] 우리 법제에서도 A 계열회사와 B 계열회사의 지배주주인 甲이 A 회사의 대표이사로 하여금 재무구조가 상당히 불량한 상태에 있는 B 회사가 발행하는 신주(실질 가치: 0)를 액면가격으로 인수하도록 하게 함으로써 A 회사에 신주인수대금 전액 상당의 손해를 입게 하여 회사의 유동성을 현저히 감소시켰다면,[181] 이러한 甲의 행

---

177) Roxin(2003), § 32 Rn. 1.
178) 이 경우에는 지배주주가 민법 제750조에 따라 회사존립파괴책임을 부담하는 것 외에, 상법 제401조의2, 제401조 제1항에 의해 지배주주와 이사가 연대해서 회사채권자에게 손해를 배상할 책임을 진다.
179) 물론 대표이사가 지배주주에게 특정 업무를 위임함으로써 지배주주에게 보증인의 지위가 생기는 경우를 상정해볼 수도 있으나, 현실에서는 지배주주가 대표이사에게 지시를 하는 케이스, 즉 대표이사가 고용된 사장(소위 '바지사장')인 경우가 많아서, 앞의 사례는 개연성이 부족하다.
180) 자세히는 앞의 제2장 제3절 II. 3. 가. 참조.
181) 대법원 2004. 6. 24. 선고 2004도520 판결의 사실관계를 기초로 재구성하였다. 위 판결에서 甲은 특정경제범죄가중처벌등에관한법률위반(배임)죄가

위는 회사존립을 파괴하는 침해가 될 것이다.

4) 사업기회 및 취득기회의 탈취 또는 이전

회사를 위한 중요 사업기회의 박탈, 구체적인 취득기회의 박탈 또는 핵심 직원을 뺏어가는 것, 이윤을 주는 생산을 포기하는 것, 생산시설을 폐쇄하는 것, 고객군(Kundenstamm)을 다른 기업에 넘기는 것 또는 콘체른 내에서 중요한 기업의 기능을 탈취하는 것 등이 이에 해당한다. '서론의 사업기회 탈취 사례'의 경우, 즉 지배주주가 이사의 행위를 매개함이 없이 직접 사실행위를 통해 사업기회 등의 탈취 또는 이전행위를 하는 경우에는 우리 회사법상의 제도만으로 규율할 수 없는 회사존립을 파괴하는 침해에 해당하고, 회사존립파괴책임을 독자적으로 인정할 실익이 있음을 드러낸다.

일례로, A 회사의 지배주주 겸 대표이사인 甲이 소수주주와 회사 운영에 관해 다툼이 생기자 그 당시 A 회사 영업이익의 70% 이상을 차지하던 일본 회사와의 한국 내 독점판매계약을 합의 해지한 후 甲이 지배주주로 있는 B 회사의 대표이사로 하여금 일본 회사와 독점판매계약을 다시 체결하게 하고, A 회사에서 일본 회사로부터의 물품 수입·판매를 담당하던 핵심 직원을 B 회사로 이직하게 하였으며, 이로 인하여 A 회사가 도산에 이른 경우,[182] 이러한 甲의 행위는 사

인정되었다.

182) 서울중앙지방법원 2018. 7. 20. 선고 2016고합1121 판결의 사실관계를 기초로 재구성하였다. 위 판결에서 甲과 乙은 A 회사 주식을 똑같이 50%씩 가지고 있었으나, 회사 운영상으로 분쟁으로 인해 당시 A 회사의 경영권을 장악하고 있던 甲이 위와 같이 사업기회를 탈취하는 행위를 하였다. 甲은 그 후 사망하였다. 위 판결의 피고인들(당시 피고인 1은 A 회사의 이사였고, 피고인 2는 B 회사의 대표이사였다)은 甲의 행위[특정경제범죄가중처벌등에관한법률위반(배임)]를 방조했다는 이유로 제1심에서 유죄판결을 받았으나, 항소심(서울고등법원 2018. 11. 9. 선고 2018노2169 판결)에서 공소시효 완성을 이유로 면소 판결을 받았다. 위 사실관계를 기초로

업기회의 탈취 또는 이전에 해당할 것이다.[183]

5) 소극재산의 양수

앞서 본 것처럼,[184] BGH는 명시적으로 회사존립파괴책임에서 재산의 탈취는 적극재산에 국한되지 않고 채무를 부담하거나 채무를 인수하는 것도 채권자를 위한 책임재산을 감소시키는 한 이에 포함된다고 판시하였다.[185] 즉 흡수합병을 하면서 채무초과회사를 소멸회사로 하였는데 존속회사가 이러한 합병으로 말미암아 도산에 이르게 된 경우에 소멸회사의 지배사원(주주)이자 존속회사의 1인 사원(주주)의 합병 내지 소극재산의 양수가 존속회사에 대해 회사존립을 파괴하는 침해가 될 수 있다는 것이다. 회사존립파괴책임으로 보호를 받는 회사채권자의 입장에서 보면, 회사의 순재산이 적극재산의 탈취로 감소하건, 채무의 증가로 감소하건 중요하지 않기 때문에, 이러한 BGH의 견해는 타당하다. 다만 이러한 소극재산의 양수가 공서양속 위반의 침해에 해당하기 위해서는 침해 시점에 '사전적'으로 회사의 도산 발생 위험이 객관적으로 인식될 수 있을 정도, 즉 도산위험이 현저하게 개연성 있는 정도에 이르러야 한다. 만약 그렇지 않다면 회사존립을 파괴하는 침해로 인정될 수 없다.

우리 법제에서도, 예컨대 甲이 乙과 A 회사의 주식인수를 포함한 경영권 양수도계약을 체결하면서, 계약금을 지급하면 A 회사의 경영에 참여하고 기존 경영진은 사퇴하기로 약정한 후 이에 따라 계약금을 지급한 다음, A 회사의 전무이사 직함을 사용하면서 A 회사의 B,

---

乙이 甲의 상속인들을 상대로 민사소송을 제기하여 일부 승소판결을 받기도 하였다(서울고등법원 2019. 10. 23. 선고 2018나10601 판결 참조).

183) 이 경우 대표이사의 지위를 겸유하고 있는 甲은 이사로서 A 회사에 대해 신인의무를 부담함은 물론이다.

184) 자세히는 앞의 제3장 제1절 I. 3. 마. 참조.

185) NJW 2019, 589 ff.

C 회사의 주식매수를 통한 기업 인수에 관여하였는바, B 회사는 부
채가 33억 원, 자산이 5억 원인 채무초과회사였고, C 회사도 부실규
모가 커서 다른 회사가 인수를 포기할 정도였음에도 재무상황 등을
상세히 확인함이 없이 A 회사로 하여금 B, C 회사를 인수하였으며,
이로 인하여 A 회사가 도산에 이른 경우,[186] 甲의 이 같은 소극재산
양수 행위는 A 회사에 대한 회사존립을 파괴하는 침해에 해당한다.

6) 기타

BGH는 앞서 본 것처럼 Gamma 판결에서 실질적 과소자본은 회사
존립파괴책임을 구성하지 않는다는 원칙을 세웠다.[187] 이는 의도한
사업목적에 비해 처음부터 전혀 충분하지 않은 자본금만이 있었던
사례에 관한 것이다. BGH는 실질적 과소자본은, 회사의 자산상태나
재정상태에 대한 침해를 통해 도산을 유발한 데에 대하여 책임을 지
는 고유한 상황에 해당하지 않는다는 것이다.[188] 종국적으로 부족한
자본금을 이유로 기업이 도산에 처했다고 해서 모든 경우에 그 지배
주주가 독일 민법 제826조에 따른 책임을 져야 한다면 이는 부당할
것이다.[189] 우리 법제하에서도 실질적 과소자본은 회사존립을 파괴

---

186) 서울중앙지방법원 2014. 8. 21. 선고 2013고합1492 판결의 사실관계를 기초
로 재구성하였다. 위 판결에서 甲은 특정경제범죄가중처벌등에관한법률
위반(배임)죄의 죄책을 졌다.
187) NJW 2008, 2437 ff.
188) 자세히는 앞의 제3장 제1절 I. 3. 바. 참조.
189) 한편 실질적 과소자본의 문제는 이 경우에 법인격 부인을 인정할 것인지
여부와도 관련되는데, Bainbridge는 "기망이 없는 상태라면, 사전적 과소자
본은 법인격 부인과 관련이 없다."고 주장한다. 오히려 터널링으로 야기
되는 사후적 과소자본이 문제인데, 이 경우에도 법인격 부인보다는 사기
적 양도 등에 의하여 문제를 해결할 것을 제안한다[Bainbridge(2001), 521].
실질적 과소자본의 경우 법인격 부인의 법리도 적용되지 않는다고 봄이
타당하다.

하는 침해에 해당하지 않는다고 보아야 한다.

또한 '도산에 근접한 시점에서 채권자의 부담으로 귀결되는 투기'는 사업의 위험이 높고 자기자본 비율이 낮더라도, 재산을 '증식'하고자 하는 기대와 연관되어 있어서, 회사재산을 '탈취'하려는 회사존립을 파괴하는 침해와는 질적인 차이가 있다. 따라서 이러한 투기는 회사존립을 파괴하는 침해로 분류될 수는 없다.[190)]

2. 도산유발로 인한 손해

민법 제750조의 불법행위책임을 묻기 위해서는 손해가 현실로 발생하여야 한다. 여기서 손해란 피해자가 누리고 있던 보호법익에 대한 침해를 말한다.[191)] 회사존립파괴책임에서도 회사에 손해가 발생해야 한다. 다만 회사재산에 대한 침해가 도산유발로 인한 손해의 원인이 되거나 이를 심화시켜야 한다. 만약 회사가 이미 청산단계에 있다면 도산유발이 필요조건이 되는 것은 아니지만, 채권자를 위한 재산이 감소되었다는 것으로 충분하다. 결국 타인자본이 피해를 보거나 채무초과상태에 이르는 것이 중요하다. 자본금을 포함하여 단지 자기자본이 피해를 보았다는 것만으로는 부족하고, 순전히 도산위험이 야기되었다는 것만으로도 불충분하다. 만약 도산이 적기에 새로운 자본의 수혈로 회피되었다면 회사존립파괴책임도 배제된다.[192)]

3. 인과관계

민법 제750조에 의한 불법행위책임이 발생하기 위해서는 가해행

---

190) 자세히는 앞의 제3장 제1절 I. 3. 사. 참조.
191) 민법주해18(2005)(이상훈 집필), 227, 228.
192) 자세히는 앞의 제3장 제1절 II. 참조.

위와 손해 사이에 인과관계, 즉 책임성립요건으로서의 인과관계가 존재하여야 한다. 또한 책임이 성립한 경우에도 발생한 손해 중에서 어느 범위까지를 가해자에게 배상시킬 것인가의 인과관계, 즉 배상범위결정의 인과관계가 존재하여야 한다. 우리의 통설193)과 판례194)는 상당인과관계설을 취하고 있는데, 이 견해는 책임성립의 인과관계와 배상범위결정의 인과관계를 구별하지 않고 모든 인과관계에 상당성 판단이 요구된다고 한다. 이러한 상당인과관계설에 따르되, 여기서는 설명의 편의를 위하여 책임성립요건으로서의 상당인과관계에 관해 언급한다.195)

회사존립파괴책임이 성립하기 위해서는 침해와 도산유발로 인한 손해 사이에 인과관계가 필요하다. 이러한 인과관계는 사후적 관점에서 평가하여야 한다. 침해가 없었다면, 손해가 전혀 발생하지 않았을 것이라거나(도산유발의 경우), 더 적은 범위에서만 손해가 발생하였을 것이라면(도산심화의 경우), 인과관계는 존재한다. 침해 후 도산의 진입까지 많은 시간이 흘렀을수록 개별 사례에서 양자의 인과관계를 인정하기는 더욱 어려워진다. 반면 다른 요소들과 함께하는 중첩적 인과관계의 경우, 특히 상당히 긴 일련의 과정 후에는, 기존 침해의 인과관계를 단절시키는 새로운 요소가 출현하지만 않는다면, 원칙적으로 이로써 충분하다.196)

4. 과책

BGH는 회사존립파괴책임을 독일 민법 제826조의 불법행위책임으

---

193) 민법주해18(2005)(이상훈 집필), 231, 232 참조.
194) 대법원 2010. 6. 10. 선고 2010다15363, 15370 판결 등.
195) 배상범위결정의 인과관계에 관해서는 아래의 '회사존립파괴책임의 내용'에서 논하기로 한다.
196) 자세히는 앞의 제3장 제1절 III. 참조.

로 파악함으로써, 사원(주주)이 모든 객관적 구성요건에 대하여 최소한 미필적 고의를 가지고 행위를 하여야 한다고 한다.[197] 과책을 고의로 한정하는 BGH의 태도는 독일 민법 제826조, 독일 도산법 제15a조 제3항 단서, 독일 주식법 제117조 제1항의 문언에 비추어 체계에 부합한다.[198] 그런데 우리 법제하에서 회사존립파괴책임의 법적 근거는 민법 제750조가 되어야 하는데, 위 제750조는 불법행위가 성립하기 위하여 가해자의 고의·과실을 요구하고 있어서, 지배주주의 과실만 있는 경우에도 독일과 달리 회사존립파괴책임이 성립할 수 있는 것 아니냐는 의문이 제기될 수 있다. 특히 회사존립을 파괴하는 침해 유형 중 일부를 포섭할 수 있는 상법 제401조의2 제1항, 제399조 제1항[199]에 의하면 업무집행관여자에게 고의뿐만 아니라 과실, 특히 경과실만 있는 경우에도 회사에 대해 손해배상책임을 지게 하고 있기 때문에 더욱 그러하다.[200]

회사존립파괴책임은 '회사채권자에 대한 우선적 변제를 위한 회사재산의 목적구속성에 관한 주주(사원)의 배려의무'를 전제로 한다. 원칙적으로 주주는 회사의 존속과 해산,[201] 영업양도 등에 관해 주

---

197) NJW 2007, 2692(Trihotel 판결); NJW 2019, 592.

198) 자세히는 앞의 제3장 제1절 IV. 참조.

199) 판례는 상법 제399조에 의한 이사의 회사에 대한 손해배상책임을 채무불이행책임으로 본다(대법원 1985. 6. 25. 선고 84다카1954 판결 등). 다만 이사의 행위가 민법 제750조의 요건을 충족한다면 회사에 대한 불법행위책임을 부담하게 되고, 이 책임은 상법 제399조의 책임과 경합한다고 한다(대법원 2002. 6. 14. 선고 2002다11441 판결 등). 따라서 회사존립파괴책임을 불법행위책임으로 보더라도, 그 유형에 따라 지배주주의 회사존립을 파괴하는 침해(불법행위)가 상법 제401조의2, 제399조의 요건을 충족할 수 있다. 이때 두 책임이 성립하기 위하여 업무집행관여자에게 요구되는 과책은 법문상 일응 동일하다.

200) 회사존립파괴책임은 가해자가 회사에 부담하는 내부책임임을 전제로 한다.

201) 즉 부채가 누적되어 회사의 '계속기업가치(going concern value)'가 '청산가치(liquidation value)'에 미달하는 경우, 이러한 부실회사의 주주는 경제적

주총회의 의결을 통해 결정할 수 있는 권한을 가진다. 이러한 주주의 회사법적 처분 권한에도 한계가 있는데, 그것이 바로 '채권자 보호의 고려(Gläubigerschutzerwägung)'이다. 즉 법률을 우회하면서 채권자에게도 해가 되는 주주(사원)의 침해에 대하여 회사의 존립을 보호하는 것은 체계상 채권자 보호의 핵심이다. 회사는 단지 법률에 정해진 청산절차에 따라서 소멸되어야 하고, 그 결과 채권자에 대한 변제는 우선적으로 보장되어야 한다.202) 지배주주가 회사를 소멸시키고 탈법행위를 통해 회사재산을 취득하는 것은 허용될 수 없다. 다만 지배주주의 처분 권한의 자유는 폭넓게 보장되어야 하므로, 회사존립을 파괴하는 침해는 예외적이고 그 정도가 중한 경우에만 금지되어야 한다. 이때 주주가 위 회사재산의 목적구속성에 관한 배려의무를 위반하면서 회사의 도산을 유발하거나 심화시키는 행위에 대해 우리는 비로소 공서양속의 위반을 인정할 수 있다. 이렇듯 예외적인 상황에서 주주의 침해를 제한하려는 회사존립파괴책임 법리는 가해자가 고의로 침해를 한 경우에 그 행위에 대한 비난이 명징하게 나타난다.203)

그러나 민법 제750조가 고의 이외에 과실도 그 요건으로 하고 있고, 요건 사실의 유사성을 띤 상법 제401조의2 제1항, 제399조 제1항도 행위자의 과실을 요건으로 하고 있어서 회사존립파괴책임에 대한 체계적 해석 내지 법질서의 정합성이 요구된다. 또한 "중대한 과실은 고의와 동일시된다(culpa lata dolo aequiperatur)."는 법언과 같이,204) 중대한 과실이란 통상인에게 요구되는 정도의 상당한 주의를

관점에서 보면 회사를 계속 운영할 이유가 없다.
202) Röhricht(2000), 100 f.
203) 회사존립파괴책임과 유사한 기능을 하는 영국의 'West Mercia 책임'도 주관적 요건을 순전히 객관적 기준만으로 판단하기 때문에 미필적 고의로도 충분한 독일의 회사존립파괴책임보다 더 엄격할 수 있다[Kroh(2012), 185].
204) 민법주해9(1995)(양창수 집필), 373.

하지 않더라도 약간의 주의를 한다면 손쉽게 위법·유해한 결과를 예견할 수 있는 경우임에도 만연히 이를 간과함과 같은 거의 고의에 가까운 현저한 주의를 결여한 상태를 말하는 것으로서,[205] 실제로는 많은 경우에 고의에 대한 증명이 곤란한 경우에 인정된다는 것도 아울러 고려하여 보면, 우리 법제에서 민법 제750조에 근거를 둔 회사존립파괴책임의 과책은 고의 이외에 중과실도 포함된다고 해석함이 타당하다.[206]

나아가 주주에게는 앞서 본 것과 같은 처분 권한이 있는 점, 주주에게 이사와 같은 경영상의 주의의무를 요구하기는 어려운 점, 경과실에 의해서도 회사존립파괴책임을 인정하게 되면 자칫 회사 파산으로 인한 무한책임을 지배주주가 부담하게 되어 주주의 유한책임 원칙에도 반하는 점 등을 고려하면, 경과실은 회사존립파괴책임의 과책에서 제외하는 것이 옳다.[207]

결론적으로 우리 법제에서 회사존립파괴책임의 과책은 고의·중과실로 한정된다.[208] 이러한 과책은 회사존립파괴책임의 모든 객관

---

205) 대법원 1995. 10. 13. 선고 94다36506 판결, 대법원 2011. 9. 8. 선고 2011다 34521 판결 등.

206) 회사존립파괴책임을 외부책임으로 구성할 때 더 직접적으로 관련되는 조문이지만, 회사존립파괴책임과 동일하게 채권자 보호 기능을 수행하는 상법 제401조의 이사의 제3자에 대한 책임도 '고의 또는 중대한 과실'이 있을 때 이사또는 업무집행관여자(상법 제401조의2가 적용될 경우)로 하여금 채권자를 포함한 제3자에게 책임을 지도록 하고 있다.

207) 프랑스 상법 제651-2조의 La responsabilité pour insuffisance d'actif도 회사존립파괴책임과 유사한 기능을 하는데, 주관적 요건과 관련하여 업무집행자의 경영상 오류가 고의뿐만 아니라 중과실에 의하더라도 그 책임이 인정된다. 다만 경과실에 의한 경우는 제외된다[Corre(2020), n° 922-213; Ribreau (2019), n° 951].

208) 그 결과 지배주주가 회사에 대해 침해를 하였더라도 지배주주의 경과실로 인하여 회사존립파괴책임을 부담하지 않고, 상법 제401조의2, 제399조의 책임을 지는 경우도 상정해볼 수 있다. 일단 위 제401조의2 책임이 상

적 구성요건을 그 대상으로 한다.

5. 주장책임과 증명책임

Trihotel 판결에서 BGH는 독일 민법 제826조에 관한 판례에 근거하여, 채권자인 회사는 모든 객관적 및 주관적 구성요건징표에 대하여 주장책임과 증명책임을 부담하고, 특히 인과관계에 대한 증명도 완전하게 하여야 한다고 판시하였다.[209) 우리 법제에서도 동일하게 해석된다. 즉 민법 제750조가 정한 각 요건은 손해배상채권의 성립요건이므로 그 주장·증명책임은 피해자인 회사(원고)에 있다고 보아야 한다.

손해액의 증명과 관련해서 독일 민사소송법 제287조와 유사한 우리 민사소송법 제202조의2가 적용된다. 즉 민사소송법 제202조의2는, 손해의 발생 사실은 증명되었으나 손해액에 대한 증명이 곤란한 경우 증명도·심증도를 경감함으로써 손해의 공평·타당한 분담을 지도원리로 하는 손해배상제도의 이상과 기능을 실현하고자 한다.[210) 이에 법원은 손해액 산정의 근거가 되는 간접사실들의 탐색에 노력을 다해야 하고, 그와 같이 탐색해낸 간접사실들을 합리적으로 평가하여 객관적으로 수긍할 수 있는 손해액을 산정해야 한다.[211) 회사존립파괴책임에서의 손해액과 관련하여, 생산에 중요한 기계가 반출됨

법이 인정한 특별한 책임임을 고려하더라도, 주주총회의 권한이 제한된 상태에서 원칙적으로 경영에 참여할 수 없는 지배주주가 이러한 경과실로 인하여 회사에 대해 침해를 가할 가능성을 예정하기란 쉽지 않다. 즉 지배주주는 고의 또는 중대한 과실로 회사에 가해할 개연성이 높다. 도산에 근접한 상황에서는 특히 그러하다.

209) NJW 2007, 2693.
210) 대법원 2007. 11. 29. 선고 2006다3561 판결.
211) 대법원 2010. 10. 14. 선고 2010다40505 판결.

으로써 이 기계의 반환 시까지 회사가 물건을 제대로 생산할 수 없
게 되어 입은 손해, 즉 후속손해에 대해서 산정이 곤란한 경우, 종전
이사의 경영판단 오류[212]로 인한 손해와 지배주주의 회사존립을 파괴
하는 침해로 인한 손해가 병발하였는데, 후자로 인한 손해만을 특정하
기 어려운 경우[213] 등에 민사소송법 제202조의2가 적용될 수 있다.

통상적으로 원고는 도산유발로 인한 손해가 회사존립을 파괴하
는 침해에 기인한 것이라는 점을 주장·증명하면 되고, 피고는 이러
한 손해의 일부가 다른 원인에 기인한 것이라는 점(예컨대 침해 당
시에 이미 채권자의 청구권이 전액 변제받을 수 없는 것이었다는 사
실)을 주장·증명하는 방향으로 재판절차가 진행될 것이다.

Ⅲ. 회사존립파괴책임의 주체

1. 주주(사원)

가. 총설

책임의 수범자는 원칙적으로 회사존립을 파괴하는 침해를 가한
개개의 주주(사원)이다. 주주(사원)가 회사에 지배적 영향력을 행사
했는지 또는 그의 경영권을 남용했는지는 중요하지 않다. 주주(사원)
가 개인이건, 기업이건 상관없다. 회사존립파괴책임의 근거를 민법
제750조에 두면서도 수범자를 원칙적으로 주주(사원)로 제한하는 것
은 앞서 본 것처럼 회사존립파괴책임은 누구나 범할 수 없는 신분범
에 해당하기 때문이다.[214] 즉 임의청산(특히 은밀한 청산)금지와 관

---

212) 이사가 상법 제399조의 책임을 지지 않는 경우이다.
213) 이때는 가해자 불명의 공동불법행위에 해당하지 않으므로 민법 제760조
　　제2항이 적용되지 않는다.
214) 자세히는 앞의 제3장 제2절 Ⅰ. 참조.

련된 회사존립파괴책임은 '회사채권자에 대한 우선적 변제를 위한 회사재산의 목적구속성에 관한 주주(사원)의 배려의무'를 전제로 하는데, 이러한 배려의무위반이라는 객관적 책임 요건을 근거로 잠재적 정범의 범위가 제한되어야 하기 때문이다. 이는 회사재산의 목적설정을 존중해야만 하는 자인 주주(사원)에 의해서 실현될 수 있는 신분범에 해당한다.[215] 다만 비신분자도 민법 제760조에 의하여 공동불법행위자로서 책임을 질 수 있다.

나. 1인 주주(사원)

1) 이사의 지위를 겸유하지 않는 1인 주주(사원)

이사 아닌 1인 주주(사원)의 경우, 이사의 행위를 매개로 하건 그렇지 않건 간에 회사존립을 파괴하는 침해의 주체가 될 수 있다. 1인 주주(사원)가 이사에게 영업의 중요한 일부를 양도하자고 제안하는 것이 전자의 예고, 앞서 본 '서론의 사업기회 탈취 사례'가 후자의 예이다.[216] 위 사업기회의 탈취 사례에서는 1인 주주(사원)가 고유하게 회사존립파괴책임을 부담함은 앞서 본 것과 같다.

자본금 10억 원 미만인 주식회사(상법 제383조 제1항 단서, 제6항, 제393조 제1항)의 1인 주주 또는 유한회사의 1인 사원이 이사에게 회사의 중요한 자산의 처분 및 양도, 대규모 재산의 차입 등을 지시하여 이사가 이를 집행함으로써 회사가 도산에 이른 경우, 1인 주주는 상법 제401조의2 업무집행관여자의 책임 및 민법 제750조의 회사존

---

215) Becker(2018), 142 f.; Casper, in: Ulmer/Habersack(2016), Anh. § 77 Rn. 96.
216) 그런데 이사의 행위를 매개하지 않고 회사재산을 처분하는 것은 사실상 불가능하다는 견해도 있으나(Gottschalk(2007), 94], 주주가 단독으로 한 위 '사업기회의 탈취' 사례도 충분히 회사존립을 파괴하는 침해로 볼 수 있으므로, 위 견해에 동의할 수 없다.

립파괴책임을 부담하고, 1인 사원은 회사존립파괴책임을 진다. 1인
주주(사원)의 이러한 지시[또는 주주(사원)총회의 결의]는 회사존립
을 파괴하는 침해를 목적으로 하는 것이어서 공서양속에 반하여 무
효이고,[217] 이사도 그 지시에 따라서는 안 된다.[218] 그런데도 이사가
위법한 지시에 따랐다면, 그 이사는 상법 제399조, 제401조, 제567조
의 손해배상책임 및 민법 제760조 제1항, 제750조의 공동불법행위자
의 책임을 부담하게 된다. 이러한 1인 주주(사원)의 행위는 이사의
작위뿐만 아니라 부작위를 내용으로 할 수 있다. 즉 1인 주주(사원)
가 이사로 하여금 콘체른 내 다른 회사에 대한 채권을 행사하지 않
도록 지시하여 그 채권의 소멸시효가 완성되게 하는 경우('청구권의
불행사')가 그 예이다.

　1인 주주(사원)가, 위에서 언급한 작위가 아닌, '부작위'를 함으로
써 회사존립을 파괴하는 침해를 할 수 있는지 문제된다. 부작위에
의한 회사존립파괴책임이 성립하기 위해서는 그 부작위가 공서양속
에 반하여야 하고, 부작위의 인과관계와 결과방지 가능성이 인정되
어야 한다.[219] 예컨대, 각 자본금 10억 원 미만의 A, B 주식회사(유한
회사)[두 회사의 1인 주주(사원)는 모두 甲이나, 이사는 두 회사별로
따로 선임] 사이에, 甲의 지시로 A 회사의 (대표)이사가 B 회사에 A
회사의 중요 자산을 매도하기로 하였는데,[220] 甲과 그 이사가 자산
의 시장가격에 대한 조사를 소홀히 하여(甲: 경과실, 이사: 중과실)
결과적으로 통상적인 거래가격보다 현저히 낮게 매도 가액을 설정

---

217) Altmeppen, in: Roth/Altmeppen(2019), § 37 Rn. 7.
218) Kleindiek, in: Lutter/Hommelhoff(2020), § 37 Rn. 22.
219) Becker(2018), 173 f.
220) 자본금 총액이 10억 원 미만인 주식회사의 경우 각 이사가 상법 제393조
　　제1항에 따른 이사회의 기능을 담당한다(상법 제383조 제1항 단서, 제6항,
　　제393조 제1항). 따라서 주요 자산 양도의 경우에 별도 이사회 결의를 요
　　구하지 않는다.

하였다. 그런데 매매계약 체결 후 대금이 지급되기 전에 甲이 위 매매대금이 현저히 낮다는 사정을 알게 되었음에도, 소액인 계약금 상당액을 B 회사에 지급하면서 위 계약을 해제하라고 이사에게 지시할 수 있는데도 A 회사의 계속기업가치가 낮다고 보고 B 회사의 이익을 위해 아무런 조치를 취하지 않았고, 그 결과 저가의 매매대금을 받은 A 회사는 다른 영업에 필요한 기계도 구입하지 못하여 결국 도산에 이르렀다고 가정하자. 甲은 선행행위(경과실인 저가의 매매계약 체결 지시)로 인하여 A 회사에 위험을 야기하였으므로 이를 인식하자마자 바로 그 위험을 방지하기 위하여 합리적인 모든 조치를 취해야 한다. 이것이 민법 제750조에서 말하는 작위의무이다. 그런데 甲은 부작위를 함으로써 선행행위로 야기된 위험을 궁극적으로 실현하였다. 이를 통해 1인 주주(사원)인 甲은 회사재산의 목적구속성에 관한 주주(사원)의 배려의무를 위반하였다. 이때 甲과 이사의 책임은 작위에 의한 경우와 동일하다.

나아가 이사가 회사에 유해한 경영을 하고 있고 1인 주주(사원)가 이러한 사정을 알고 있음에도 이사의 행위에 개입하지 않는 것이 1인 주주(사원)의 부작위에 의한 회사존립파괴책임을 구성하는지 문제될 수 있다. 그러나 주주나 사원은 법적으로 이사의 경영에 대한 감독의무를 지지 않는다.[221] 1인 주주(사원)에게는 회사의 존속을 유지하거나 회사재산을 위하여 유해한 조치를 막을 의무는 없다.[222] 1인 주주(사원)에게 회사의 손해를 회피할 일반적 의무인, 회사에 대한 특별한 배려의무를 부담하는 보증인 지위를 인정할 수는 없다. 따라서 유해한 경영에 개입하지 않은 1인 주주(사원)의 부작위는 회사존립파괴책임을 구성하지 않는다.[223]

---

221) Römermann, in: Michalski/Heidinger(2017b), § 46 Rn. 45 ff.
222) Henzler(2009), 142; Waitz(2009), 101; Kölbl(2009), 1196; Röhricht(2000), 105.
223) Becker(2018), 183 f.

2) 이사의 지위를 겸유하는 1인 주주(사원)

1인 주주(사원) 겸 이사의 경우, 회사존립을 파괴하는 침해가 1인 주주(사원)의 지위에서 한 것인지, 아니면 이사의 행위에 의한 것이어서 민법 제750조의 책임이 배제되는 것인지 문제가 된다. 이에 대해 사원(주주) 겸 이사가 회사존립을 파괴하는 침해를 가하였다면, 회사존립파괴책임이 우선한다고 보는 견해도 있다. 그 논거로, 회사존립파괴책임은 독일 유한회사법 제43조(독일 주식법 제93조)를 넘어서는 것이고, 도산을 유발한 사례에서 비난은 침해를 가한 사원(주주)의 지위와 행위에 집중되기 때문이라고 한다.[224] BGH는 사원 겸 이사도 회사재산의 목적구속성에 관한 사원의 배려의무를 부담한다고 하면서, 사원이 이사의 행위로써 회사재산을 침해한 경우에 사원 겸 이사에게 회사존립파괴책임을 인정한다.[225] 다만 BGH의 견해가 회사존립파괴책임이 이사의 의무위반으로 인한 책임에 우선한다는 취지인지는 분명하지 않다.

1인 주주(사원) 겸 (대표)이사인 甲이 A 회사를 대표하여 B 회사(甲이 지배주주)와 통상적이고 시장조건에 부합하는 물품공급계약을 체결하면서 그 대금은 분할하여 지급받기로 하였는바, 甲은 B 회사에 물품을 전부 공급한 후 이미 수령한 계약금 이외 잔액에 대한 청구권을 행사하지 않기로('청구권 불행사') 함으로써 A 회사가 도산에 이른 경우를 상정해보자.[226] 이때 잔액 지급 청구권을 행사하는 것은 1인 주주(사원)의 의무가 아니라 '이사'의 의무이다. 그러나 1인 주주(사원)는 이사로서의 의무를 위반하는 부작위를 함으로써 B 회사에 이익을 주면서 A 회사의 사업목적과 무관한, 도산을 유발하는

---

224) Casper, in: Ulmer/Habersack(2016), Anh. § 77 Rn. 169.
225) NJW 1993, 1200 ff.(TBB 판결); NJW 2007, 2694(Trihotel 판결).
226) 이사와 주주(사원)의 지위를 비교하기 위해서는, 작위보다 부작위의 사례가 더 적절할 것으로 보인다.

재산 침해를 수행하였다. 이로써 1인 주주(사원)는 회사재산에 대한 목적구속성을 도외시하였고, 배려의무도 준수하지 않았다.[227] 따라서 1인 주주(사원) 겸 이사인 甲은 이사의 의무와 주주(사원)의 배려의무를 모두 위반하였으므로, 상법 제399조, 제401조에 따른 책임과 민법 제750조에 따른 책임을 모두 부담한다고 봄이 타당하다.

다. 지배주주(사원)

1) 지배주주(사원)의 작위

지배주주(사원)가 작위에 의해 회사존립을 파괴하는 침해를 하는 경우는 앞서 본 1인 주주(사원)의 예와 유사하나, 다만 소수주주의 가담 여부를 고려하여야 한다.

과반이 조금 넘는 주식(지분)을 소유하고 있는 지배주주(사원)가 회사존립을 파괴하는 침해가 될 수 있는, 회사영업의 중요한 일부를 양도하려고 하는데(상법 제374조 제1항 제1호, 제576조 제1항),[228] 그 특별결의요건(상법 제434조, 제585조)을 충족하기 위해 소수주주(사원)로 하여금 주주(사원)총회에서 위 영업양도에 찬성하도록 하거나(교사), 이미 그러한 결심을 한(omnimodo facturus) 소수주주(사원)의 행위를 강화하거나(방조), 나아가 소수주주(사원)와 사전에 약속된

---

227) Becker(2018), 189 f.

228) 한편 주식회사의 중요한 자산의 처분 및 양도 등은 이사회의 권한이지만 (상법 제393조 제1항), 정관에서 이를 주주총회의 권한으로 정하고 있으면 주주총회가 이를 결정할 수 있다고 보는 것(확장설)이 우리의 통설이고 [김건식·노혁준·천경훈(2022), 291; 송옥렬(2022), 1010 등], 판례라고 할 수 있다(대법원 2007. 5. 10. 선고 2005다4284 판결 참조). 따라서 정관으로 회사 중요 자산의 양도 등을 주주총회 권한 사항으로 정한 때에는 영업양도의 경우와 동일한 문제가 야기될 수 있다. 다만 중요 자산의 양도 사례에서 주주총회의 결의요건은 '보통결의'에 해당하여(상법 제368조 제1항), 지배주주가 소수주주를 자기편으로 끌어들일 유인은 거의 없을 것이다.

대로 총회 결의를 하거나(공동정범), 지배주주(사원)가 영업 양수인
이어서 특별이해관계 있는 주주(사원)로서 의결권 행사가 금지되자
(상법 제368조 제3항, 제578조) 이러한 영업양도가 회사 도산을 유발
하지 않는다고 소수주주(사원)를 기망하여 그 결의에 찬성하게 한
경우(간접정범), 이사가 무효인 그 결의[229]를 따랐고 이로써 그 결의
가 침해의 기초를 제공하였다면, 민법 제760조 제1항, 제3항, 제750조
에 따라 지배주주와 소수주주, 이사는 공동으로(간접정범의 경우에
는 지배주주와 이사가 공동으로) 회사존립파괴책임을 진다. 위 사례
에서 상법이 정한 의결권을 행사한 지배주주에게 상법 제401조의2
업무집행관여자의 책임을 묻기는 어려울 것이다.

　다음으로, 지배주주의 '사후 동의 내지 승인'이 문제될 수 있다.
즉, 각 자본금 10억 원 미만의 A, B 주식회사(유한회사) 사이에, A 회
사의 소수주주(사원) 겸 이사인 乙이 B 회사로부터 일정한 대가를
받는 조건으로 B 회사에 A 회사의 중요 자산을 시가보다 매우 저렴
하게 매도하기로 하였는데, A, B 두 회사의 지배주주인 甲이 나중에
이러한 사정을 알고 乙에게 B 회사의 이익을 위하여 명시적으로 동
의의 의사표시를 한 경우, 甲은 乙의 회사존립을 파괴하는 침해에
방조한 것으로 볼 수 있는지 문제된다. 만약 甲이 사후 동의를 하기
전에 이미 乙이 중요 자산을 B 회사에 양도함으로써 이미 A 회사에
손해가 발생하여 도산이 유발된 경우라면, 甲의 행위가 방조를 구성
하기는 어렵다. 하지만 계약만 체결했지 중요 자산을 양도하기 전이
거나 A 회사에 손해가 발생하기 전이라면, 甲은 사후 동의를 통해 乙
의 행위를 강화한 것으로서 방조범에 해당한다.[230]

---

229) 단체의 결의에도 민법 제103조가 적용될 수 있다고 보는 견해가 우리 민
　　법학계의 통설이다[민법주해3(2022)(최수정 집필), 34, 35 참조].
230) Becker(2018), 195 ff.

2) 지배주주(사원)의 부작위

지배주주(사원)가 부작위를 함으로써 소수주주(사원)를 통해 회사 존립을 파괴하는 침해를 할 수 있는지 문제된다.

정당한 대가를 받지 아니한 채 회사영업의 중요한 일부를 양도하려는 데 대한 승인 여부를 결정할 주주총회가 소수주주의 주도로 개최되었는데, 지배주주가 이러한 양도로 말미암아 회사의 도산이 야기될 거라는 사정을 잘 알면서도 적극적으로 이의를 제기함이 없이 주주총회에 불출석하였고, 소수주주의 결의만으로 상법 제434조의 특별결의요건을 충족한 경우에, 지배주주가 회사존립파괴책임을 지는지 문제될 수 있다.[231] 독일에서는, 순전한 부작위의 경우, 즉 소수사원(주주)의 회사존립을 파괴하는 침해를 단순히 수인하는 것만으로는 회사존립파괴책임을 지지 않는다는 부정설이 다수설이다.[232] 이에 대하여 지배사원(주주)의 수동적 태도는 대개 동의로 간주된다고 하면서 회사존립파괴책임을 긍정하는 견해,[233] 지배사원(주주)이 총회 결의를 통해 위험원(危險源)을 지배하고 있으므로 불법행위법적 고려원칙에 따라 그 위험을 방지할 의무를 부담한다고 하면서 이러한 의무를 이행하지 않은 지배사원(주주)은 회사존립파괴책임을 부담하여야 한다는 견해[234]도 있다. 살피건대, 부작위로 인한 책임을 지기 위해서는 지배주주(사원)에게 보증인의 지위가 인정되어야 하는데 선행행위가 존재하지 않는 단순한 부작위의 경우 이러한 보증

---

231) 한편, 유한회사 영업양도의 경우 상법 제585조 제1항의 특별결의(총 사원의 반수 이상 및 총 사원 의결권의 3/4)가 필요하다. 따라서 지배사원이 사원총회에 불출석할 경우 특별결의 요건은 충족될 수 없을 것으로 보인다. 지배사원이 특별이해관계 있는 사원이어서 의결권 행사가 제한되는 경우에는 사원총회에서 지배사원의 부작위는 문제될 여지가 없다.
232) Liebscher, in: Fleischer/Goette(2018), Anh. § 13 Rn. 588 ff.; Gottschalk(2007), 100 f.; Henzler(2009), 142; Malk(2009), 105 f.; Waitz(2009), 146 f.; Wappler(2010), 171.
233) Lutter/Banerjea(2003), 438.
234) Becker(2018), 204 ff.

인 지위를 인정하기 어렵고, 주주(사원)는 주주(사원)총회에 참석할 권리를 가지지만 참석해야 할 의무를 부담한다고 보기 어려우며, 나아가 주주(사원)가 회사의 운명에 영향을 미칠 의무를 부담한다고 보기도 어렵다. 따라서 부정설이 타당하다. 위 사안에서 지배주주의 회사존립파괴책임은 부정되는 것이 옳다.

앞의 1인 주주의 사례와 유사하게, 지배주주(사원) 겸 (대표)이사인 甲이 물품공급으로 인하여 회사에 이미 귀속된 대금청구권을 행사하지 않기로('청구권 불행사') 함으로써 회사가 도산에 이른 경우, 甲은 주주 겸 이사라는 이중적 지위를 가지고 있어서 이사로서의 의무를 위반하는 부작위를 함으로써 회사의 사업목적과 무관한, 도산을 유발하는 재산 침해를 수행하였다. 이로써 지배주주(사원)는 회사재산에 대한 목적구속성을 도외시하였고, 배려의무도 준수하지 않았다.[235] 따라서 지배주주(사원) 겸 이사인 甲은 이사의 의무와 주주(사원)의 배려의무를 모두 위반하였으므로, 상법 제399조, 제401조에 따른 책임과 민법 제750조에 따른 책임을 모두 부담한다.

이사의 지위를 겸유하지 않은 지배주주(사원)가, 총회의 결의를 전제로 하지 않는, 소수주주(사원)와 이사의 회사존립을 파괴하는 침해에 대해 적극적인 방어조치를 취하지 아니한 채 부작위한 경우 그 지배주주(사원)가 회사존립파괴책임을 지는지 문제될 수 있다. 그러나 이사 아닌 지배주주(사원)의 경우 회사에 대해 보증인 지위를 가지지 않고, 소수주주나 이사의 행위를 감독할 의무도 없다. 또한 지배주주(사원)가 소수주주(사원) 등의 회사존립을 파괴하는 침해에 가담하지 않았다면 작위의무를 발생시키는 선행행위도 부존재한다. 그 결과 지배주주(사원)의 부작위는 회사존립파괴책임을 구성하지 않는다.[236]

---

235) Becker(2018), 210 f.
236) Casper, in: Ulmer/Habersack(2016), Anh. § 77 Rn. 124.

라. 소수주주(사원)

소수주주(사원)도 행위 기여의 정도에 따라 회사존립파괴책임의 잠재적 수범자의 지위에 있다.[237] 간접적으로 BGH도 소수사원을 수범자의 지위에서 배제함이 없이, 행위 하는 모든 사원은 회사존립파괴책임을 부담한다고 판시하였다.[238] 이때 소수주주(사원)가 정범으로서 책임을 지는지,[239] 협의의 공범으로서 책임을 지는지,[240] 견해가 나뉜다. 살피건대, 소수주주(사원)가 다른 주주(사원)에 대해 단순한 교사나 방조를 넘어 회사존립을 파괴하는 행위에 적극 가담한 경우, 예컨대 앞서 본 지배주주(사원)의 영업양도 사례에서 소수주주(사원)가 모든 상황을 인식하면서 지배주주(사원)와 함께 주주(사원) 총회의 결의에 찬성한 때에는 공동정범으로서 책임을 진다고 보아야 한다. 따라서 행위 기여의 정도에 따라 소수주주(사원)는 교사범이나 방조범, 공동정범이 될 수 있고, 경우에 따라 단독정범이 될 수도 있다.[241]

위 영업양도 사례에서 소수주주(사원)가 주주(사원)총회에 참석하지 않았거나 참석한 후에 적극적으로 이의를 제기하지 않고 기권을 한 경우, 소수사원(주주)도 사원(주주)총회를 통해 위험원을 지배하므로 그 위험을 방지할 의무가 있다고 하면서 이러한 의무를 이행하지 않고 결의에 불참하거나 기권한 때에는 공범자로서 책임을 진다는 견해가 있다.[242] 그러나 지배주주(사원)에게 보증인의 지위가 인정되지 않는 것처럼, 소수주주(사원)에게도 이러한 지위가 인정되기

---

237) Becker(2018), 216 f.; Gottschalk(2007), 101 f.; Casper, in: Ulmer/Habersack(2016), Anh. § 77 Rn. 123; Waitz(2009), 146.

238) NJW 2002, 1805(L-Kosmetik 판결).

239) Casper, in: Ulmer/Habersack(2016), Anh. § 77 Rn. 124.

240) Waitz(2009), 146.

241) Becker(2018), 219 ff.; Gottschalk(2007), 102; Waitz(2009), 146.

242) Becker(2018), 222 ff.

는 어렵다. 소수주주(사원)는 위 사례에서 회사존립파괴책임을 부담
하지 않는다고 보아야 한다.

마. 구(舊) 주주(사원)

공서양속 위반의 판단은 행위 시점, 즉 작위 또는 부작위의 실행
행위를 한 시기에 근거해야 한다는 견해가 지배적이다.[243] 공서양속
위반은 회사재산에 대한 침해의 실행행위 당시에 인정될 수 있어야
한다. 그런데 주주(사원)가 주식(지분)을 양도한 후 회사의 도산유발
이나 심화가 비로소 시작되었다고 하더라도, 주주(사원)의 지위에서
회사존립을 파괴하는 침해를 실행하였으면, 구 주주(사원)는 민법 제
750조에 따른 회사존립파괴책임을 부담한다.

주식(지분)을 양도한 후에 다른 주주(사원)의 회사존립을 파괴하
는 침해에 도움을 준 경우, 구 주주(사원)는 주주(사원)가 아니어서
회사재산의 목적구속성에 관한 배려의무를 부담하지 않아 단독정범
으로서의 책임을 지지 않고,[244] 행위 기여의 정도에 따라 공동정범
이나 교사범, 방조범의 책임을 부담할 뿐이다.

바. 신(新) 주주(사원)

예컨대, B 회사의 경쟁 기업인 A 회사를 운영하던 甲이 B 회사를
합병할 목적으로 B 회사의 주식(지분)을 乙에게서 매수하기 전에 甲
이 향후에 운영할 영업에 도움이 되지 않는 특정 재산을, 합병조건
을 유리하게 하기 위하여, 乙에게 보상 없이 탈취하라고 교사하였는
데, 乙의 재산탈취로 인하여 甲의 주식(지분) 양수 후 B 회사가 도산
에 이른 경우, 甲은 乙의 회사존립을 파괴하는 침해에 교사범으로서

---

243) BGH, Urteil vom 29.06.2007 - V ZR 1/06, NJW 2007, 2841 ff.; Sprau, in: Palandt
(2020), § 826 Rn. 6.
244) Becker(2018), 230.

책임을 진다.[245] 즉 신 주주(사원)도 행위 기여의 정도에 따라 교사
범이나 방조범, 나아가 공동정범의 책임을 부담할 수 있다.

2. 간접 주주(사원)

BGH는 사원의 사원, 즉 피해 회사(B 회사)에 지분을 가지고 있는
유한회사(A 회사)의 사원(甲)도 그가 피해 회사(B 회사)에 지배적 영
향력을 행사할 수 있기만 하면, 적법한 책임의 주체가 된다고 판시
하였다.[246] 독일의 학설도 대부분 이러한 BGH의 견해에 동조하는 것
으로 보인다.[247] 만약 여러 주주(사원)의 결정에 영향을 줄 수 있는
주주(사원) 甲이, 그가 간접적인 지분만을 보유하고 있음을 들어 면
책될 수 있고, 채권자는 B 회사를 대위하여 A 회사를 상대로 청구권
을 행사할 수는 있으나, 종종 A 회사에 대한 채권의 집행이 무의미하
게 되어버린다면, 이는 부당하다고 보는 것이 맞다.

간접 주주(사원) 甲이 피해 회사(B 회사)에 대해 실제로 지배적인
영향력을 행사하여야 책임을 지는지에 대해 의문이 제기될 수 있다.
Trihotel 판결에서 BGH는 이에 대해 명확히 결론을 내리지 않았지만,
새로운 판결에서 BGH는 이를 긍정하는 것으로 보인다.[248] 다만 지배
적인 영향력 행사를 甲이 혼자 해야 하는 것은 아니고, 다른 주주(사
원) 乙과 같이하는 경우도 포함하는 취지로 보인다. 즉 A 회사가 소
수주주(사원)로만 구성된 지주회사인 경우에는 甲이 혼자서 B 회사

---

245) Becker(2018), 235 f.

246) BGH, NJW-RR 2005, 336(Autovertragshändler 판결); BGH, NJW 2007, 2693(Trihotel
   판결); BGH, ZIP 2012, 1807.

247) Habersack, in: Emmerich/Habersack(2019), Anh. § 318 Rn. 39; Liebscher, in:
   Fleischer/Goette(2018), Anh. § 13 Rn. 596; Leuschner, in: Habersack/Casper(2021),
   Anh. § 77 Rn. 352; Lieder, in: Michalski/Heidinger(2017a), § 13 Rn. 443.

248) ZIP 2012, 1807.

에 지배적 영향력을 행사할 수 없지만, 乙과 함께 지배적 영향력을 행사하였다면 甲은 자신의 행위 기여 정도에 따라 회사존립파괴책임을 지는 것이 타당하다.

예컨대 A 회사의 주주(사원)인 甲이 같은 지위에 있는 乙과 함께, B 회사의 1인 주주(사원) 또는 지배주주(사원)인 A 회사가 B 회사의 주주(사원)총회에서 회사존립을 파괴하는 침해에 해당하는 영업양도에 관한 결의를 하게끔 A 회사 내부의 의사결정을 하거나 A 회사 이사에게 업무 지시를 한 경우, 또는 甲이 乙과 함께, 회사존립을 파괴하는 침해에 해당하는, B 회사의 사업기회를 탈취하거나 핵심 직원을 빼돌리도록 A 회사 내부의 의사결정을 하거나 A 회사 이사에게 업무 지시를 한 경우, 甲은 교사범 또는 공동정범의 책임을 지게 될 것이다. 만약 위 영업양도 사례에서 A 회사가 B 회사의 소수주주(사원)에 불과하고, B 회사의 주주(사원)총회에서 다른 지배주주(사원)의 동의를 얻어 영업양도의 결의가 이루어졌다면, 甲은 방조범 또는 교사범의 책임을 질 것이다.

B 회사의 1인 주주 또는 지배주주인 A 회사가 B 회사로 하여금 그 중요 재산을 A 회사의 주주(사원)인 甲에게 양도하는 내용의 회사존립을 파괴하는 침해를 하였는바, 甲은 단순히 경과실로 위 중요 재산을 양수받은 경우를 상정해보자. 그런데 甲이 B 회사가 도산에 이르기 전에 이러한 사정을 알게 되었다면, 甲은 선행행위(중요 재산의 양수)로 인하여 B 회사에 위험을 야기하였으므로 그 위험을 방지하기 위하여 합리적인 모든 조치를 취하여야 한다. 그런데도 甲이 부작위를 하였다면 甲은 B 회사재산에 대한 목적구속성에 관한 주주(사원)의 배려의무를 위반한 것이다.

물론 甲이 A 회사의 선행행위에 양수인으로서 가담한 적이 없다면(양수인이 丙이라면), 甲은 주주(사원)로서 A 회사의 업무를 수행하거나 이사를 감독할 의무가 있는 게 아니어서, A 회사의 선행행위를 알게 된 후 아무런 조치를 취하지 않았더라도 이로 인한 어떠한 책임도 부담하지 않는다. 또한 앞서 본 영업양도 사례에서 지배주주인 乙이 A 회사 주주(사원)총회 결의를 주도하였고, 甲은 위 결의에 참석 후 적극적으로 이의를 제기하지 않거나 기권을 한 경우에도, 소수주주(사원)의 사례에서 살펴본 것과 같이 甲에게 보증인의 지위를 인정하기 어려워서 甲은 회사존립파괴책임을 부담하지 않는다.

3. 자매회사

간접 주주(사원)의 경우와 달리, 비록 자매회사 간에 직접적인 영향력 행사가 있었다고 하더라도, 자매회사의 회사존립파괴책임은 원칙적으로 부정된다. 왜냐하면 이 영향력은 대개 공동의 모회사의 용인 없이는 이루어지기 어렵고, 가해적 행위는 모회사가 책임져야 하기 때문이다.[249] 즉 회사재산의 목적구속성에 관한 배려의무는 주주(사원)의 지위에서 나오는데, 자매회사는 다른 자매회사의 주식(지분)을 가지고 있지 않다. 따라서 자매회사에 이러한 배려의무를 인정하기 어렵기 때문이다.[250] 비록 회사존립을 파괴하는 침해가 이러한 방식을 선호할 수 있고, 공동의 모회사에 대하여 책임을 묻는 것이 어렵다는 이유만으로 자매회사의 책임이 정당화될 수 없다. 이경우에는 모회사가 자매회사에 대해 가지는 지분이 의미가 있다.[251]

민법 제760조에 따라 자매회사가 모회사의 공동정범이나 교사범, 방조범이 되지 않는 한, 콘체른 내부에서 이전된 자산 이익을 오로지 수령하는 것만으로는 책임을 인정하기에 충분하지 않다.[252] 다만

---

249) Casper, in: Ulmer/Habersack(2016), Anh. § 77 Rn. 126.

250) Becker(2018), 275 ff.

251) Habersack, in: Emmerich/Habersack(2019), Anh. § 318 Rn. 39.

252) Casper, in: Ulmer/Habersack(2016), Anh. § 77 Rn. 126.

공동의 모회사에 의해 자산이 조직적으로 자매회사에 이전된 경우에
는, 이에 대한 예외가 인정된다. 이러한 예외를 BGH는 독일 민법 제
826조에 근거하여 Rheumaklinik 판결에서 이미 인정하였다.253) 이 상황
에서는 자매회사가 우리 민법 제760조에 근거하지 않고도 민법 제750
조에 기해 회사존립을 파괴하는 침해의 정범으로 파악될 수 있다.254)

4. 피해 회사의 이사

회사존립파괴책임이 민법상 불법행위책임으로 정립된 후 독일의
통설은 사원의 지위를 겸유하지 않은 이사는 회사존립파괴책임의
단독정범이 될 수 없고, 자신의 행위 기여 정도에 따라 공동불법행
위자로서 책임을 부담할 수 있다고 한다.255) 즉 이사에게 회사재산
의 목적구속성에 관한 배려의무를 인정하기는 어렵기 때문이다.256)
다만 이와 별도로 이사는 회사에 대한 선관주의의무 위반으로 인한
책임(상법 제399조, 제567조)을 부담한다. 이사가 주주(사원)와 함께
기능적 행위지배를 하면서 회사존립을 파괴하는 침해를 할 경우 공
동정범으로, 이사가 주주(사원)의 불법행위를 사주한 경우에는 교사
범으로, 이사가 주주(사원)의 불법행위를 도와준 경우에는 방조범으
로서 책임을 진다.257)

---

253) NJW 2005, 146 f.
254) 자세히는 앞의 제3장 제2절 III. 참조.
255) Zöllner/Noack, in: Baumbach/Hueck(2017), § 43 Rn. 62a; Liebscher, in: Fleischer/
　　 Goette(2018), Anh. § 13 Rn. 599; Bayer, in: Lutter/Hommelhoff(2020), § 13 Rn. 44;
　　 Becker(2018), 269 f.; Kroh(2012), 106.
256) 이러한 통설에 반대하며 이사는 독일 민법 제830조의 책임을 지는 것이
　　 아니라 독일 유한회사법 제43조, 제64조에 따른 책임만 부담한다는 견해
　　 로는 Casper, in: Ulmer/Habersack(2016), Anh. § 77 Rn. 127.
257) 구체적인 사례의 제시는, 앞서 본 주주(사원)의 회사존립을 파괴하는 침
　　 해에 이사가 가담하는 사례로 대신한다.

이사의 부작위가 문제되는바, 이사는 피해 회사의 재산을 보호할 의무를 진다. 따라서 회사존립을 파괴하는 침해가 있을 때에는 이에 개입할 작위의무가 있다. 이사가 방어조치를 취함으로써 회사의 도산을 막을 수 있었다면, 이사는 이러한 부작위로써 주주(사원)의 회사존립을 파괴하는 침해를 용이하게 한 것어서 방조범의 책임을 질 수 있다.[258]

5. 은행, 회사의 고문 등 제3자

민법 제750조에 근거하여 위법한 방법으로 도산을 유발하였다는 비난(정범)은 앞서 본 것처럼 간접 사원이나 예외적으로 자매회사에 대해 할 수 있어도, 세무사나 회계사, 변호사와 같은 회사의 고문(Berater), 은행 등의 제3자에 대해서는 할 수는 없다. 제3자는 민법 제760조의 틀 안에서 회사존립파괴에 가담할 수 있을 뿐, 독자적인 정범이 될 수는 없다.[259] 비록 공범의 형태이기는 하지만, 이러한 제3자가 회사존립파괴책임을 부담하는 것은 실제로 중요한 의미가 있는데, 그것은 재정적으로 건전한 제3자(특히 은행)가 책임을 짐으로써 채권자에 대한 변제 가능성이 커지기 때문이다.

제3자의 경우 특히 중립적 행위(neutrales Verhalten)에 의한 방조, 즉 외형상 불법행위와 무관한 것처럼 보이는 일상적인 행위에 의한 방조가 문제된다. 예컨대 회사에 법률 조언을 해주는 변호사가 사실은 지배주주(사원)로 하여금 회사존립을 파괴하는 침해를 하도록 직접적으로 도와주는 경우, 이러한 행위의 일상적 성격은 쉽게 부정될 수 있을 것이다. 이렇듯 은행, 세무사, 회계사, 변호사 등 전문직종의 활동이 지배주주(사원)에 의해 회사존립을 파괴하는 침해를 하는 데 이

---

258) Becker(2018), 270.
259) Casper, in: Ulmer/Habersack(2016), Anh. § 77 Rn. 126.

용될 수 있다면, 그들의 가담을 인정하기에 충분하다고 할 것이다.[260] 아울러 제3자의 회사존립파괴책임이 성립하기 위해서는 중과실 이상의 과책을 필요로 하므로, 위와 같이 인정한다고 하더라도 과실에 의한 방조[261]의 범위가 지나치게 확대되지는 않을 것으로 보인다.

6. 공동불법행위자의 책임

가. 대외적 책임

회사존립을 파괴하는 침해에 가담한 공동불법행위자의 회사에 대한 책임이 문제된다. 우리 민법 제760조 제1항은, 독일 민법 제840조 제1항[262]과 같이 공동불법행위자가 연대하여 그 손해를 배상할 책임이 있다고 규정한다. 공동불법행위에 대하여 다수당사자의 채권 관계에 관한 분할책임 원칙(민법 제408조)을 배제하고 연대하여 책임지게 하는 것이다. 이러한 연대책임의 내용에 대해서는 통설[263]과 판례[264]가 부진정연대채무설을 취하고 있다. 부진정연대채무는

---

260) Becker(2018), 315.

261) 판례는, 손해의 전보를 목적으로 하여 과실을 원칙적으로 고의와 동일시 하는 민사법의 영역에서는 과실에 의한 방조도 가능하고 하면서도, 이 경우의 과실의 내용은 불법행위에 도움을 주지 말아야 할 주의의무가 있음을 전제로 하여 그 의무를 위반하는 것을 말하고, 방조자에게 공동불법행위자로서 책임을 지우기 위해서는 방조 행위와 피해자의 손해 발생 사이에 상당인과관계가 있어야 하며, 이러한 상당인과관계가 있는지 여부는 과실에 의한 방조가 피해 발생에 끼친 영향, 피해자의 신뢰 형성에 기여한 정도, 피해자 스스로 쉽게 피해 방지를 할 수 있었는지 등을 종합적으로 고려하여 판단하여야 한다고 하면서 그 범위를 제한한다(대법원 2014. 3. 27. 선고 2013다91597 판결 등 참조).

262) "하나의 불법행위로 발생하는 손해에 대하여 수인이 각자 책임을 지는 때에는, 그들은 연대채무자로서 책임을 진다."

263) 대표적으로 민법주해19(2005)(정태윤 집필), 205; 주석민법(2022)(홍기만 집필), 503.

수인의 채무자가 동일한 내용의 급부에 관하여 각각 독립해서 전부의 급부를 하여야 할 채무를 부담하고 그중 한 사람 또는 수인이 1개의 급부를 하면 모든 채무자의 채무가 소멸하는 다수당사자의 채무관계로서 민법상 연대채무에 속하지 않는다는 소극적 개념이다. 채권의 목적을 달성시키는 사유는 채무자 전원에 대하여 절대적 효력이 발생하나, 그 밖의 사유는 상대적 효력을 발생하는 데 그친다.265) 공동불법행위가 성립되면 각 공동불법행위자는 원칙적으로 피해자에게 전체손해에 대하여 부진정연대책임을 지고, 자기 행위의 기여도를 증명하여도 책임이 감경되지 않는다.266)

공동불법행위자의 손해배상 범위에 관해서는 민법 제393조가 준용된다(민법 제763조). 이때 특별손해에 대해서는 특별한 사정을 예견하였거나 예견할 수 있었던 공동불법행위자만이 배상책임을 지고 다른 공동불법행위자는 배상책임을 지지 않는다.267) 피해 회사의 대표이사가 회사존립을 파괴하는 침해에 가담하여 공동불법행위자인 경우 소멸시효와 관련하여, 단지 그 대표이사가 손해 및 가해자를 아는 것만으로는 부족하고, 적어도 회사의 이익을 정당하게 보전할 권한을 가진 다른 임원이나 주주 등이 피해 회사의 손해배상청구권을 행사할 수 있을 정도로 이를 안 때에 비로소 민법 제766조 제1항에서 규정하는 단기시효가 진행한다.268)

나. 공동불법행위자 상호 간 구상 관계

회사존립을 파괴하는 침해에 가담한 공동불법행위자 중 일부가 변제 기타 자기의 출연으로 자기 부담 부분을 초과하여 공동 면책시

---

264) 대법원 2017. 11. 29. 선고 2016다229980 판결 등.
265) 주석민법(2022)(홍기만 집필), 503, 504.
266) 대법원 2013. 2. 15. 선고 2012다94650 판결 등.
267) 대법원 1994. 4. 26. 선고 93다35797 판결 등.
268) 대법원 2008. 2. 28. 선고 2006다36905 판결 등.

킨 경우에는 부진정연대채무를 부담하는 다른 공동불법행위자에게
그 부담 부분의 비율에 따라 구상권을 행사할 수 있다.[269] 전문인 배
상책임보험에 가입한 변호사의 보험자가 피해 회사에 회사존립파괴
책임으로 인한 손해배상금을 보험금으로 지급함으로써 지배주주(사
원)를 비롯한 공동불법행위자들이 공동 면책된 경우에, 상법 제682조
의 보험자대위의 법리에 따라 변호사의 지배주주(사원) 등에 대한
구상권은 그 지급한 보험금액의 한도 내에서 보험자에게 법률상 이
전하게 된다.[270]

공동불법행위자 내부관계에서는 일정한 부담 부분이 있고, 이 부
담 부분은 공동불법행위자의 고의 및 과실의 정도 등에 따라 정하여
지는 것으로서 공동불법행위자 중 1인이 자기의 부담 부분 이상을
변제하여 공동의 면책을 얻게 하였을 때에는 다른 공동불법행위자
에게 그 부담 부분의 비율에 따라 구상권을 행사할 수 있다.[271] 이러
한 부담 부분은, 각 공동불법행위자의 주의의무의 정도에 상응한 과
실의 정도를 비롯한 기여도 등 사고 내지 손해와 직접적으로 관련된
대외적 요소와, 공동불법행위자들 사이에 특별한 내부적 법률관계가
있는 경우에는 대내적 요소도 참작하여야 한다.[272] 예컨대, 지배주주
甲의 지시를 사실상 거부할 수 없었던 대표이사 乙이 그 지시에 따
라 회사의 중요 재산을 양도함으로써 회사가 사실상 도산상태에 이
르렀고, 이후 甲의 변제로 乙이 면책되었다면, 비록 외부적으로는 乙
이 단독정범, 甲이 교사범의 지위에 있지만, 앞서 본 대내적 요소도
고려하면 甲과 乙의 내부 부담비율을 6:4로 정할 수 있을 것이다(만

---

269) 대법원 2017. 11. 29. 선고 2016다229980 판결 등.
270) 대법원 2008. 2. 29. 선고 2007다89494 판결 등.
271) 대법원 2002. 5. 24. 선고 2002다14112 판결 등.
272) 대법원 2001. 1. 19. 선고 2000다33607 판결, 대법원 2020. 6. 25. 선고 2017다
　　268531 판결 등.

약 甲이 위 중요 재산의 양수인이었다면, 부담비율을 7:3으로 정하는 것도 가능하다). 따라서 甲은 乙에게 변제금액의 40%를 구상할 수 있다. 만약 구상의무를 부담하는 다른 공동불법행위자가 乙 이외에 丙도 있는 경우라면, 乙과 丙은 분할채무가 되어 각자의 부담 부분에 따라 책임을 진다.[273] 이때 甲의 구상권의 소멸시효는 구상권이 발생한 시점, 즉 甲이 변제를 한 때부터 기산하고, 그 기간도 일반채권과 같이 10년으로 본다. 보험자의 구상권도 마찬가지이다.[274]

IV. 회사존립파괴책임의 내용

1. 책임의 범위

회사존립파괴책임의 손해배상법적 성질에 기인하여 그 청구권의 내용은 민법 제393조 이하의 규정에 따른다. 민법 제763조에 의해 불법행위에 준용되는 민법 제394조가 금전배상을 원칙으로 규정하고 있으므로, 법률에 다른 규정이 있거나 당사자가 다른 의사표시를 하는 등 특별한 사정이 없는 이상 불법행위자에 대하여 원상회복청구는 할 수 없다.[275] 원상회복을 원칙으로 하고 금전배상을 보충적인 것으로 하는 독일 법제와는 차이가 있다.

앞서 본 것처럼, 회사존립파괴책임에 기한 청구권은 회사로부터 탈취된 재산 가치의 배상에 한정되지 않고, 모든 부가적 손해 내지 후속손해에 대한 배상을 포함한다. 이는 회사의 수익 능력 침해, 즉 중요 생산 기계의 반출로 인하여 회사의 생산이 중단되고 사업을 계속하지 못함으로 인해 간접적으로 도산이 발생했을 때 무엇보다 중

---

273) 대법원 2008. 7. 10. 선고 2007다53365 판결 등.
274) 대법원 1996. 3. 26. 선고 96다3791 판결 등.
275) 대법원 1997. 3. 28. 선고 96다10638 판결 등.

요한 의미를 가진다.[276] 채권자취소권이나 부인권행사가 일탈한 재산의 원상회복에 그치는 것을 고려하면, 이는 회사존립파괴책임제도가 갖는 커다란 장점이다. 후속손해는 통상손해라기보다는 특별손해에 해당하여 민법 제393조 제2항에 따라 가해자가 그러한 손해의 발생을 알았거나 알 수 있었어야 한다. 그런데 회사존립파괴책임이 성립하기 위해서는 '도산유발로 인한 손해'가 있어야 하고, 이러한 손해에 대해서 가해자의 '고의 또는 중과실'이 있어야 한다. 즉 회사 재산에 대한 침해가 도산유발로 인한 손해의 원인이 된다는 사정을 불법행위자인 지배주주 등이 알았거나 중대한 과실로 알지 못한 경우이어야 한다. 따라서 후속손해에 대한 예견가능성은 어렵지 않게 충족될 것으로 보인다. 침해가 도산을 유발하였다면, 이로 인한 손해배상의 범위는 모든 도산유발로 인한 손해뿐만 아니라 도산절차비용 및 청산비용까지 포함한다.

침해가 도산을 심화시킨 경우라면, 책임은 도산 재단이 감소된 범위로 제한된다. 이를 배당악화로 인한 손해라고 할 수 있다.[277] 예컨대, A 회사의 부채가 100억 원인데, 이 중 50억 원은 채권자 甲에 대한 채무다. 지급불능 상태에 이르렀을 때 A 회사의 자산은 여전히 20억 원이었다. 파산절차 비용을 공제한 후에도 채권자들을 만족시키기 위해 10억 원이 남았다. 이는 배당률 = 10억/100억 = 10%를 의미한다. 이러한 상황에서 채권자 甲은 5억 원을 받게 된다. 그런데 지배주주 乙의 회사존립을 파괴하는 침해로 인하여 회사 자산이 15억 원으로 줄어들었다. 파산재단에 비례한 절차 비용은 약 8억 원이지만 파산채권자들의 변제를 위한 자산은 7억 원으로 떨어졌으며, 비율은 7%로 하락하였다. 각 파산채권자는 원래 예상치의 3%에 해당하는 손해를 입었다. 이때 A 회사 또는 파산관재인은 乙에게 도산 재

---

276) Leuschner, in: Habersack/Casper(2021), Anh. § 77 Rn. 364.
277) Casper, in: Ulmer/Habersack(2016), Anh. § 77 Rn. 157.

단 감소분인 3억 원(= 10억 원 - 7억 원)의 손해배상청구를 할 수 있다. 또한 파산절차에서 3억 5,000만 원만 변제받은 甲은 파산절차 종료 후 나머지 1억 5,000만 원 상당의 회사에 대한 채권을 피보전권리로 하여 회사의 乙에 대한 위 채권을 대위 행사할 수 있다. 이것이 배당악화로 인한 손해이다. 도산 심화의 경우 도산절차비용은 어쨌든 발생할 비용에 해당하여 손해배상청구권의 대상이 되지 못한다.

한편 지연손해금과 관련하여, 회사존립을 파괴하는 침해로 인한 손해배상의 경우에 원고인 회사의 불법행위자에 대한 별도의 이행청구가 없더라도 공평의 관념에서 이러한 침해의 성립과 동시에 당일부터 연 5%의 비율로 계산한 지연손해금이 발생한다.[278]

이러한 배상액 산정의 기준시점은 불법행위 시이다.[279] 회사존립을 파괴하는 침해의 시점과 회사의 손해 발생 시점 사이에 시간적 간격이 있는 경우에는 손해가 발생한 때에 불법행위가 완성되는 것이므로 손해 발생 시가 배상액 산정의 기준이 된다.[280]

앞서 본 것처럼, 원고는 도산유발로 인한 손해가 회사존립을 파괴하는 침해에 기인한 것이라는 점을 주장·증명하면 되고, 피고는 이러한 손해의 일부가 다른 원인에 기인한 것이라는 점(예컨대 침해 당시에 이미 채권자의 청구권이 전액 변제받을 수 없는 것이었다는 점)을 주장·증명하면 될 것이다.

2. 행사

회사존립을 파괴하는 침해로 인하여 법인파산신청이 있고[281] 이

---

278) 대법원 1994. 2. 25. 선고 93다38444 판결, 대법원 2011. 1. 13. 선고 2009다103950 판결 등.
279) 대법원 1963. 6. 20. 선고 63다242 판결.
280) 대법원 2014. 7. 10. 선고 2013다65710 판결 등.

에 따른 파산선고와 파산관재인의 선임이 이루어진 경우에는, 회사
존립파괴책임으로 인한 회사의 청구권은 파산관재인만이 행사한다
(채무자회생법 제384조, 제359조).

파산신청 전이라면, 회사는 이론적으로는 회사존립파괴책임에 기
한 청구권을 행사할 수 있다. 그러나 청구권은 채무초과상태에 이르
렀을 때 비로소 성립한다고 보아야 한다. 회사채권자도 이때는 자신
의 회사에 대한 채권을 피보전권리로 하여 회사를 대위하여 지배주
주(사원) 등에게 회사의 청구권을 행사할 수 있다(민법 제404조). 채
권자대위권을 인정하지 않는 독일 법제에서 BGH는 도산 재단의 부
족으로 절차의 개시가 기각되거나 폐지된 경우에도 회사존립파괴책
임에 기한 청구권이 귀속되지 않는다고 한다.[282] 이러한 경우에 독
일의 채권자는 회사에 대한 집행권원을 근거로 주주(사원)에 관한
회사의 채권에 대해 압류 및 전부명령을 받아야 한다. BGH의 내부책
임론을 비판하는 견해에 의하면, 채권자 보호를 위한 회사존립파괴
책임제도가 오히려 채권자의 권리행사를 제한함으로써 고비용의 우
회로에 불과하다고 주장한다.[283]

그러나 우리 법제에서는 상황이 다르다. 피보전채권의 이행기가
도래하고(민법 제404조 제2항), 채무자인 회사가 스스로 회사존립파
괴책임에 기한 청구권을 행사하지 아니하며,[284] 회사가 무자력이기
만 하면(채무초과 상태),[285] 회사가 가해자인 지배주주 등에게 가지
는 불법행위에 기한 손해배상청구권을 대위 행사할 수 있다. 위 무
자력 요건과 관련하여 판례는, 금전채권을 피보전권리로 하는 경우

---

281) 회사존립을 파괴하는 침해가 이루어진 후 피해자인 회사는 이로 말미암
아 파산선고를 받을 가능성이 높다.
282) NJW 2007, 2693(Trihotel 판결).
283) Casper, in: Ulmer/Habersack(2016), Anh. § 77 Rn. 163.
284) 대법원 2018. 10. 25. 선고 2018다210539 판결 등.
285) 대법원 2009. 2. 26. 선고 2008다76556 판결 등.

에도 피보전권리와 피대위권리 간의 밀접한 관련성, 채권의 만족을 얻지 못하게 될 위험, 채무자의 자유로운 재산관리행위에 대한 부당한 간섭이 아닐 것이라는 요건이 충족될 경우 채무초과 상태에 이르지 않았다고 하더라도 보전의 필요성을 점차 완화하여 인정하고 있다.286) 다만 회사존립파괴책임이 성립되기 위해서는 침해가 회사의 책임재산을 감소시켜 도산을 유발하거나 심화시켜야 하므로, 회사채권자의 대위권행사 시 회사의 무자력 요건은 별문제 없이 충족될 것으로 보인다. 견해에 따라서는 이러한 채권자대위권 행사는 회사채권자가 직접 자신의 권리를 행사하는 것과 비교해 실효성이 떨어지므로 회사존립파괴책임을 외부책임으로 구성해야 한다고 주장할 수 있다. 그러나 판례는 급부의 수령이 필요한 경우 채권자가 그 변제를 채무자(회사)를 대위해서 수령할 수 있다고 하면서 채권자의 전면적 변제수령권을 인정하고 있다.287) 회사채권자가 제3채무자인 지배주주 등에게서 배상을 받은 경우, 채권자는 이를 회사에 대한 자신의 채권과 상계함으로써 사실상 우선변제의 효과를 거둘 수 있다. 따라서 채권자대위권을 행사하는 것도 채권자 보호를 위해 실효성이 있다. 이때 회사채권자는 피보전권리액의 범위에서만 피대위권리를 행사할 수 있다고 보아야 한다.288)

회사채권자가 제기한 채권자대위 소송이 법인의 파산선고 당시 법원에 계속되어 있으면 소송절차가 중단되고, 파산관재인이 중단된 소송의 원고인 회사채권자를 수계할 수 있다.289) 다만 파산재단이

---

286) 대법원 2020. 5. 21. 선고 2018다879 전원합의체 판결, 대법원 2022. 8. 25. 선고 2019다229202 전원합의체 판결 등.

287) 대법원 2016. 8. 29. 선고 2015다236547 판결 등.

288) 즉 회사채권자의 회사에 대한 채권액이 2억 원이고, 회사의 지배주주(사원) 등에 대한 불법행위에 기한 손해배상채권액이 3억 원이라면, 회사채권자는 자신의 채권액인 2억 원의 한도에서 회사의 채권을 대위 행사할 수 있다(일본 민법 제423조의2 참조).

파산절차 비용을 충당하기에 부족하다고 인정되는 때에 법원은 법인에 대해 파산선고와 동시에 파산폐지의 결정을 하거나('동시폐지', 채무자회생법 제317조 제1항), 파산선고 후 파산재단으로 파산절차 비용을 충당하기에 부족하다고 인정되는 때에는 파산관재인의 신청에 의하거나 직권으로 파산폐지의 결정을 한다('이시폐지', 채무자회생법 제545조). 이때에는 다시 회사채권자가 지배주주(사원) 등을 상대로 다시 채권자대위권을 행사하거나 기존 소송을 수계할 수 있다.

한편 회사존립을 파괴하는 침해로 자신의 채권을 변제받지 못하게 된 채권자는 앞서 언급한 채권자대위권을 행사하는 것 외에 자신의 고유한 손해를 이유로 지배주주(사원) 등 불법행위자에게 배상청구를 할 수 있는지 문제된다. 이에 대하여 독일에서는 회사존립파괴책임의 경우에도 회사채권자가 위 제826조를 근거로 주주(사원)에게 손해배상을 청구하는 것은 배제할 수 있다는 견해가 있다. 그 이유로, 회사의 직접손해가 배상됨으로써 회복될 채권자의 간접손해는 주주(사원)에 대한 관계에서 보호될 것이 아니기 때문이라고 한다.[290] 그러나 BGH는 Trihotel 판결에서, '유일한 채권자를 해할 목적으로 사원이 회사의 남은 재산을 처분하는 예외적인 상황'에서는 채권자의 직접청구권이 인정될 수도 있다는 취지의 판시를 하기도 하였다.[291] 논자에 따라서는 채권자가 채권자대위권에 기하여 회사의 손해배상청구권을 행사할 수 있고, 그 결과 회사의 직접손해가 배상됨으로써 채권자의 간접손해는 회복될 것이므로, 회사채권자의 손해배상청구권을 인정하지 않아야 한다고 주장할 수 있다. 그러나 회사

---

289) 대법원 2013. 3. 28. 선고 2012다100746 판결.

290) Fastrich, in: Baumbach/Hueck(2017), § 13 Rn. 59; Altmeppen, in: Roth/Altmeppen (2019), § 13 Rn. 78; Oechsler, in: Staudinger(2018), § 826 Rn. 324b; Gehrlein(2008), 767.

291) NJW 2007, 2693.

의 손해배상청구권과 채권자의 손해배상청구권은 별개의 채권으로
서 각별로 그 성립요건을 검토해야 하므로 채권자대위권의 행사 가
능성이 채권자의 배상청구권 성립을 배제할 수는 없다고 보인다.

우리 회사법상의 '책임집중'에 따라 원칙적으로 회사채권자(제3
자)에게 책임을 부담하는 자는 지배주주(사원)가 아니라 '회사'이어
야 한다. 그러나 우리 민법 제750조에 의할 때도 BGH의 견해와 같이
'유일한 채권자를 해할 목적으로 사원이 회사의 남은 재산을 처분하
는 예외적인 상황'이라면 비록 간접손해이기는 하지만 채권자에게
직접청구권을 인정할 수 있을 것으로 판단된다. '채권자를 해할 목
적'을 요구하는 것은 민법 제406조의 사해행위취소권과 채무자회생
법 제654조[292]의 '제3자의 사기파산죄'와의 균형상 타당하다고 보인
다.[293] 다만 회사의 채권자가 1인인 경우로만 국한할 필요는 없고,

---

292) "채무자 및 제652조 각호의 자가 아닌 자가 파산선고의 전후를 불문하고
자기 또는 타인의 이익을 도모하거나 채권자를 해할 목적으로 제650조
각호의 행위를 하거나 자기나 타인을 이롭게 할 목적으로 파산채권자로
서 허위의 권리를 행사하고, 채무자에 대한 파산선고가 확정된 경우 그
행위를 한 자는 10년 이하의 징역 또는 1억 원 이하의 벌금에 처한다."
293) 다만 형법 제327조의 강제집행면탈죄의 특칙이라 할 수 있는 제3자의 사
기파산죄는 채권자를 해할 목적 이외에 '채무자에 대한 파산선고가 확정
될 것'을 객관적 처벌조건으로 하고 있어, 회사가 회생절차 또는 사적 워
크아웃에 의하거나, 파산신청에도 이르지 못하고 소위 '빚잔치'에 불과한
청산절차에 의하는 경우에는, 지배주주(사원) 등이 회사에 대해 채무자회
생법 제654조, 민법 제750조에 따른 책임을 부담하기는 어렵다. 또한 제3
자에게 '중과실'만 있는 경우에는 처벌할 수 없다. 나아가 채무자회생법
제650조 각호의 행위란 '파산재단에 속하는 재산의 은닉, 손괴, 채권자에
게 불이익한 처분 등'을 말하는 것이어서 서론에서 언급한 '사업기회의
탈취' 사례가 여기에 해당한다고 보기도 어렵다. 2022. 10. 현재 사법부의
'판결문 검색시스템'을 통해 확인한 결과, 법인파산으로 인해 지배주주
등 제3자가 위 제654조에 의해 형사 처벌받은 사례는 아직 없고, 개인파
산의 경우 채무자의 재산은닉행위에 공동 가담한 피고인(채무자의 누나)
이 처벌된 예가 1건 있다.

지배주주(사원) 등이 회사의 채권자가 누구인지 구체적으로 인식하기만 하였다면 이로써 충분할 것으로 생각된다. 또한 채권자의 특별손해에 대한 지배주주(사원) 등의 예견가능성도 어렵지 않게 인정될수 있다. 이렇듯 지배주주(사원) 등이 채권자를 해할 목적으로 회사존립을 파괴하는 침해를 하는 예외적인 경우라면[294] 채권자는 민법제750조에 기해 지배주주(사원) 등을 상대로 직접 손해배상청구를할 수 있다고 봄이 타당하다. 채권자의 손해는 차액설에 따라 회사존립을 파괴하는 침해가 있기 전에 회사로부터 변제받을 수 있었던금액과 이러한 침해 후에 변제받을 수 있는 금액의 차액이다. 지배주주(사원) 등은 이미 회사로부터 불법행위로 인한 손해배상청구를받고 있음을 이유로 채권자의 청구를 저지할 수 없고, 회사에 변제를 함으로써 채권자의 손해가 현재는 감소되었다는 항변을 할 수 있을 것이다.

3. 소멸시효

회사존립파괴책임에 기한 청구권의 소멸시효는 불법행위법적 청구권에 관한 일반 규정에 의해야 한다. 이에 따라 민법 제766조가 적용되는데, 불법행위로 인한 손해배상청구권의 소멸시효는 '피해자나그 법정대리인이 그 손해 및 가해자를 안 날'부터 기산되는 3년의 단기시효와 '불법행위를 한 날'부터 기산되는 10년의 장기시효로 구분된다. 3년의 단기시효와 관련하여, '가해자'란 손해배상청구의 상대방이 될 자를 의미하므로,[295] 직접 회사존립을 파괴하는 행위를 한지배주주(사원)만을 가해자로 보는 것이 아니라, 이에 가담한 주주(사원)나 이사도 포함되므로, 공범자인 주주(사원)나 이사에 대한 단

---

294) 채무면탈을 위한 회사설립의 경우도 그 한 예가 될 수 있다.
295) 대법원 2005. 5. 12. 선고 2005다8538 판결 등.

기시효는 피해자가 이들을 알지 못하였을 때는 진행되지 않는다.[296) 아울러 손해 발생에 대한 인식은 구체적이어야 하지만, 손해의 정도나 액수까지 구체적으로 알아야 하는 것은 아니다.[297) 10년의 장기시효와 관련하여, '불법행위를 한 날'이란 가해행위로 인하여 손해가 발생한 날을 의미한다.[298)

앞서 본 것처럼 피해 회사의 대표이사가 회사존립을 파괴하는 침해에 가담하여 공동불법행위자인 경우 소멸시효와 관련하여, 단지 그 대표이사가 손해 및 가해자를 아는 것만으로는 부족하고, 적어도 회사의 이익을 정당하게 보전할 권한을 가진 다른 임원이나 주주 등이 피해 회사의 손해배상청구권을 행사할 수 있을 정도로 이를 안 때에 비로소 민법 제766조 제1항에서 규정하는 단기시효가 진행한다.[299)

채권자인 피해 회사가 채무자의 파산절차참가, 즉 채무자회생법상의 파산절차에서 파산재단에 참가하기 위하여 그의 채권을 신고하면, 재판상 청구에 준하여 시효중단의 효력이 인정된다(민법 제171조, 채무자회생법 제32조 제2호).[300) 또한 피해 회사가 채무자의 회생절차나 개인회생절차에 참가한 경우도 마찬가지이다(채무자회생법 제32조 제1호, 제3호). 반면에 피해 회사에 대해 파산절차가 진행되더라도 피해 회사의 채권에 대해서는 시효중단의 효력이 없다.

---

296) 물론 피해자인 회사가 직접 불법행위자인 지배주주(사원)에 대해 알고 있었으면 지배주주(사원)에 대한 단기시효는 진행한다.

297) 대법원 1995. 11. 14. 선고 95다30352 판결 등.

298) 대법원 2010. 9. 9. 선고 2010다28031 판결.

299) 대법원 2008. 2. 28. 선고 2006다36905 판결 등.

300) 파산한 회사의 이사(상법 제399조, 제567조), 업무집행관여자(상법 제401조의2), 감사(상법 제414조)가 회사에 대해서 손해배상책임을 지는 경우, 파산관재인이 이사 등을 상대로 소를 제기할 때뿐만 아니라 이러한 손해배상청구권 등의 조사확정 신청을 할 때에도 시효중단의 효력이 있다(채무자회생법 제352조 제5항). 그러나 지배주주(사원) 등에 대한 책임을 묻는 조사확정재판은 우리 채무자회생법에 규정되어 있지 않다.

4. 회사존립파괴책임의 면제 가능 여부

회사존립파괴책임에 대해서도 지배주주 등 수범자의 책임을 면제할 수 있는지, 민법 제506조 등에 근거하여 면제할 수 있다면 상법 제400조와의 균형상 주주 전원의 동의로 면제할 수 있는지 문제된다.

회사존립파괴책임의 경우 회사의 사전 동의 또는 사후 동의(면제) 가능성을 배제하는 것이 불법행위법의 기본원칙에 부합할 수 있다. 즉 동의가, 예컨대 자신의 살해에 대한 동의와 같이 양속에 반하는 때에는 언제나 무효라고 보는 것이 독일의 통설이다.[301] 우리 법제 에서도 회사존립을 파괴하는 침해에 대해 회사가 사전에 동의하거 나 사후에 그 책임을 면제하는 것은 공서양속에 위반될 가능성이 높 다.[302] 회사가 이러한 침해에 동의하는 것은 회사채권자의 이익과 보호를 위해 인정된 청구권을 소멸시키는 것이다. 회사존립을 파괴 하는 침해를 통해 회사를 고의 또는 중과실로 살해하는 것이 공서양 속 위반인 것과 같이, 회사는 이러한 재산 침해를 통해 자신을 살해 하는 것에 대해 사전 동의 또는 사후 책임 면제를 할 수는 없다고 보 아야 한다.[303] 따라서 지배주주 등의 회사존립파괴책임에 대해서는

---

301) 대표적으로 Sprau, in: Palandt(2020), § 823 Rn. 39 참조.

302) 앞서 본 것처럼, 단체의 결의에도 민법 제103조가 적용될 수 있다. 아울러 형법 제252조 제1항을 고려하더라도 마찬가지이다. 물론 이사나 주주(사 원)가 회사의 법인격을 계속 유지하여야 할 의무는 없다. 계속기업가치가 청산가치에 미달할 경우 부실회사의 주주는 회사를 해산할 수 있지만, 회 사법이 정한 방식대로 해산 및 청산을 해야 한다. 그럼에도 지배주주(사 원) 등이 터널링을 함으로써 은밀한 청산을 하고 회사가 지배주주(사원) 등의 책임을 면제한다면, 이는 회사의 해산 및 청산에 관한 강행규정의 취지를 몰각시키고 탈법행위를 조장하는 결과를 가져온다. 따라서 회사 존립파괴책임에 대한 사전 동의나 사후 책임 면제가 공서양속에 위배된 다고 보아야 한다.

303) Becker(2018), 97.

주주 전원의 동의로도 면제할 수 없다고 해석함이 타당하다.

제4절 소결론

독일의 회사존립파괴책임제도가 주는 시사점에 대해, 회사존립파괴책임을 독일의 투시책임의 일종으로 파악하면서 우리의 법인격부인론의 해석 및 적용에 참고해야 한다는 견해[304]가 있다. 그러나 회사존립파괴책임에서는 회사재산에 대한 개별적 침해에 대한 제재가 문제되지, 투시책임에서 논의되는 회사라는 법형식의 남용이 주로 문제되는 것이 아니다.[305] 따라서 회사존립파괴책임을 투시책임의 사례 중 하나로 분류하기보다는 별개의 제도로 파악하여야 하며, 우리의 법인격부인론의 해석 등에 밀접한 관련이 있다고 보기도 어렵다.

또한 회사존립파괴책임은, 콘체른 내 계열사 간 내부거래나 자산이전행위에 대한 채권자 보호 수단으로 작용할 수 있다거나,[306] 지배회사가 종속회사의 채무변제능력을 상실시키는 기회주의적 행위를 한 경우 지배회사의 책임을 인정할 수 있는 근거가 된다는 견해,[307] 이사회가 설치되지 않은 주식회사나 유한회사에서 회사의 지급능력을 해치는 주주(사원)의 행위를 규제할 수 있는 근거가 된다는 견해,[308] 내부책임 구성에 대해 의문을 제기하면서도 지배사원에 대한 책임추궁이 회사의 파산단계에서 이루어지는 경우가 많다는 점을 고려하면 일부 채권자가 만족을 얻을 수 없는 경우에 지배사원

304) 송호영(2010), 601-603; 이하; 유주선(2008), 27-29.
305) Altmeppen(2007), 2659; Kurzwelly(2011), 282.
306) 최문희(2013), 57, 58; 高橋英治(2012), 449, 450.
307) 허덕회(2013), 211.
308) 神作裕之(2007), 136-142.

에 대한 책임을 추궁할 수 있는 법리로서 기능할 수 있을 것이라는 견해309)가 제시되고 있다.

물론 회사존립파괴책임의 연원이 유한회사의 콘체른 책임법에 있기는 하지만, 회사존립을 파괴하는 침해에서 중요한 것은 이러한 콘체른법적인 문제가 아니라, 고의 또는 중과실로 회사에 해를 끼쳐 채권자에게 부담을 주는, 콘체른 밖에 있는 주주(사원)가 문제 되기 때문에 콘체른 내 지배·종속 관계에서만 제도의 효용성을 인정할 것은 아니다. 또한 지배주주(사원)의 사실상 영향력을 무시할 수 없는 소규모 주식회사나 유한회사에서 회사존립파괴책임이 주로 논의될 수 있지만, 대규모 주식회사에서도 지배주주가 존재하면 도산이 임박한 상황에서 그 지배주주가 기회주의적 행동을 할 가능성은 여전히 있고, 소유구조가 분산된 대기업에서도 소수주주 간의 합종연횡으로써 회사존립을 파괴하는 침해를 하는 것이 불가능하지는 않다. 다만 소규모의 회사에서 회사존립을 파괴하는 침해가 행해질 가능성이 높을 뿐이다. 그리고 우리 회사법의 체계상 회사존립파괴책임을 내부책임으로 구성하는 것이 타당하고, 이렇게 하더라도 채권자가 채권자대위권을 행사함으로써 외부책임을 인정할 경우와 유사한 효용을 거둘 수 있음은 앞서 살펴보았다.

오히려 우리 기업지배구조의 특징인 대부분 기업에 존재하는 지배주주의 기회주의적 행위를 규율할 필요성은 많으나, 이에 대한 우리 회사법의 규정이 미흡하기 때문에 이와 같은 회사법적 흠결을 메우기 위해서 회사존립파괴책임을 수용할 필요가 있다. 또한 회사존립파괴책임의 법적 근거를 상법 제1조, 민법 제750조에 둠으로써 책임의 수범자가 사실상 확대되고, 이로써 채권자에 대한 변제 가능성을 높일 수 있으며, 일반 불법행위법의 탄력성으로 인하여 폐쇄회사

---

309) 武田典浩(2009), 165, 166.

의 채권자뿐만 아니라 대규모 기업집단의 채권자도 보호된다. 이러한 손해배상청구권에 기하여 회사는 회사존립을 파괴하는 침해를 하려는 지배주주(사원) 등을 상대로 그 행위의 금지 또는 예방을 청구할 수 있고,[310] 처분금지가처분, 위법행위금지가처분 등 각종 가처분신청을 할 수 있다. 나아가 우리 판례는 아직 지배주주의 충실의무를 인정하지 않고 있지만, 적어도 '회사채권자에 대한 우선적 변제를 위한 회사재산의 목적구속성에 관한 주주(사원)의 배려의무'를 인정할 수 있어서,[311] 주주(사원)는 회사에 대해 권리만 있고 의무는 없다는 도그마에 수정을 가할 수 있게 된다. 이것이 독일의 회사존립파괴책임이 우리 법제에 제시하는 시사점 내지 수용의 필요성이다.

---

310) 대법원 2010. 8. 25.자 2008마1541 결정.
311) 물론 주주(사원)의 충실의무에 회사재산의 목적구속성에 대한 배려의무가 포함되는 것은 아니다.

제7장
결론

이 책에서는 회사존립을 파괴하려는 침해에 대응하는 독일의 관련 회사법 규정의 내용과 한계를 분석하고, 회사법적 흠결을 메우려는 독일 법관의 법형성 작용과 그 결과물인 회사존립파괴책임을 도그마틱적 관점에서 검토하였으며, 이러한 침해에 대해 우리 법제에서는 어떠한 대응이 가능한지, 만약 회사법적 흠결이 존재한다면 이를 보충하기 위해 독일의 회사존립파괴책임을 수용할 필요가 있는지, 우리 법제에서 그 책임구조와 내용은 어떻게 되는지를 연구하였다. 이 연구를 통하여 얻은 결론은 다음과 같다.

자본금 보호 규정을 위반하고 청산절차를 잠탈하려는 지배사원의 회사존립을 파괴하는 침해로부터 회사재산을 보호하여야 한다. 그런데 독일 유한회사법 제30조, 제31조로는 이러한 침해를 모두 규율하지는 못하므로 포괄적인 채권자 보호 체계가 필요하다. 이를 위해 BGH는 실질적인 사실상 콘체른 책임에서 투시(외부)책임인 회사존립파괴책임으로 전환하였고, 다시 Trihotel 판결을 통해 독일 민법 제826조에 근거한 내부책임인 회사존립파괴책임을 인정하였다.

이 같은 BGH의 태도에 대해 학계의 반응은 다기하지만, 독일 유한회사법 제13조, 제43조, 독일 도산법 제129조 이하, 제143조, 독일 주식법 제117조, 제317조 등에 비추어 볼 때 회사존립파괴책임은 내부책임으로 보는 것이 체계에 부합하고, 법적 거래에 대한 외부적 평가와 객관적 기대를 통해 채권자를 보호할 의무는 독일 민법 제826조의 양속위반의 개념에 포섭될 수 있어서 일반 불법행위법에 법적 근거를 두는 BGH의 현재의 견해가 비교적 타당하다.

독일 민법 제826조에 근거한 회사존립파괴책임의 발생 요건으로, ① 양속위반의 침해, ② 도산유발로 인한 손해, ③ 인과관계, ④ 과책 등이 요구된다. 양속위반의 침해 사례로 제시되는 것은 ㉠ 회사재산의 적극적 탈취, ⓛ 청구권의 불행사, ⓒ 유동성 탈취, ⓔ 사업기회 및 취득기회의 탈취 또는 이전, ⓜ 소극재산의 양수 등을 들 수 있다. 다만 실질적 과소자본의 경우는 회사존립을 파괴하는 침해에 해당하지 않는다. 회사존립파괴책임의 주체로는 유한회사를 전제로 사원, 간접 사원 등이 거론되며, 제3자인 이사는 원칙적으로 제외된다. 회사존립파괴책임의 내용과 관련하여, 사원은 배상의무를 발생시키는 사정이 없었더라면 있었을 상태로 회복할 의무를 부담한다. 대부분 금전배상이 문제가 되는데, 사원의 책임특권은 배제된다. 수범자에 대한 청구권은 원칙적으로 회사가 행사하고(내부책임), 도산 시 도산관재인이 행사한다. 이 청구권의 소멸시효는 독일 민법 제195조, 제199조에 따라 3년이다.

이러한 회사존립파괴책임을 주식회사에도 적용할 것인지에 관해 독일에서는 이를 부정하는 견해도 있으나, 이를 긍정하는 견해가 다수설이다. 회사채권자 보호에 주식회사와 유한회사에 차등을 둘 이유가 없다는 것이다. '서론의 사업기회 탈취 사례'의 경우 독일 주식법 제117조의 규정에도 불구하고 회사채권자는 보호받지 못한다. 따라서 독일 주식법에서도 채권자 보호의 흠결이 존재하고, 회사존립파괴책임을 주식회사에도 적용할 필요가 있다.

회사존립을 파괴하는 침해에 대해 독일법만이 규율하는 것은 아니다. 영국의 경우 우리나라에 빈번하게 소개된 부당거래책임(wrongful trading)보다는, 'West Mercia 원칙'이 독일의 회사존립파괴책임과 유사한 기능을 하고 있다. 프랑스의 경우에도 '적극재산 부족으로 인한 책임(La responsabilité pour insuffisance d'actif)'이 독일의 회사존립파괴책임과 기능상 유사하다고 할 수 있다. 이렇듯 독일과 영국, 프랑스에서는 회사의 도산이 임박한 상황이거나 사실상 도산상태에서 업무집행자나 지배주주 등의 침해로부터 회사채권자를 보호하는 제도를 두고 있다.

우리 기업소유구조의 특징이 거의 모든 기업에 지배주주가 존재하고, 이 지배주주가 도산이 임박한 상황에서 채권자의 이익을 침해하면서 자신의 이익을 도모할 인센티브가 있다. 우리 입법자는 현명하게도 전체 회사 중 95%를 차지하는 주식회사에 대해 상법 제401조의2를 신설하여 지배주주의 행위를 규제하려고 하였다. 그러나 위 제401조의2만으로는 지배주주의 모든 기회주의적 행동을 규율하기에는 부족하다. 또한 회사법상 자본금 유지 규정이나 법인격 부인의 법리, 상법 제401조에 의한 책임, 민법상의 채권자취소권, 도산법상의 부인권 등으로도 충분하지 않다. 이는 입법자가 의도하지 않은 법의 흠결로서 법관에 의한 법형성이 필요하다. 유한회사에는 이러한 상법 제401조의2가 준용되지도 않아 지배사원의 전단적 행위에 그대로 노출되어 있다. 따라서 우리 회사법제에서도 독일의 회사존립파괴책임을 수용할 필요 있다.

우리 회사법제에서 회사존립파괴책임을 수용한다면, 상법 제341조, 제462조, 제462조의3, 제583조 등에 비추어 내부책임으로 구성하여야 하고, 그 법적 근거도 공서양속을 위반한 행위로서 민법 제750조의 불법행위책임으로 그 구조를 정립하는 것이 타당하다. 민법 제750조에 근거한 회사존립파괴책임의 발생 요건은 앞서 본 독일의 경우와 유사하지만, 과책과 관련해서는 이를 고의로 한정한 독일 민법 제826조와 달리 우리 민법 제750조의 해석상 중대한 과실도 포함된다고 보아야 한다. 책임의 수범자는 원칙적으로 회사존립을 파괴하는 침해를 한 주주(사원)이나, 통상 1인 주주를 포함한 지배주주(사원)가 될 것이다. 물론 소수주주(사원)나 간접 주주(사원) 등도 수범자의 지위에 있고, 제3자도 가담 정도에 따라 공범자로서 민법 제760조에 따라 책임을 질 수 있다. 책임의 내용도 독일의 경우와 유사하지만, 청구권의 행사자와 관련하여, 회사채권자가 채권자대위권에 기하여 지배주주 등을 상대로 회사의 청구권을 대위 행사할 수 있다는 차이점이 있다.

독일의 회사존립파괴책임을 우리 회사법제가 수용하게 되면, 지배주주의 기회주의적 행동을 규제할 법적 근거를 마련하게 되고, 그 근거를 상법 제1조, 민법 제750조에 둠으로써 책임의 수범자가 사실상 확대되어서 채권자에 대한 변제 가능성을 높일 수 있으며, 일반 불법행위법의 탄력성으로 인하여 폐쇄회사의 채권자뿐만 아니라 대규모 기업집단의 채권자도 보호받을 수 있게 된다. 또한 이러한 손해배상청구권에 기하여 회사는 사전적으로 침해를 하려는 지배주주(사원) 등을 상대로 그 행위의 금지 또는 예방을 청구할 수 있고, 처분금지가처분 등을 신청할 수도 있다. 나아가 우리 판례는 아직 지배주주의 충실의무를 인정하지 않고 있지만, 적어도 '회사채권자에 대한 우선적 변제를 위한 회사재산의 목적구속성에 관한 주주(사원)의 배려의무'를 인정할 수 있다.

회사존립파괴책임의 수용과 관련하여, 법관의 법형성은 더는 법률에 대한 불쾌한 부록이자 법률의 장애에 대하여 부끄럽게 감추어진 의족이 아니라, 법명제 형성에서 기능적으로 정상적이고 필연적인 부분이다.[1] 법관의 적극적인 법발견을 기대해본다.

---

1) 김형석(2016), 28.

참고문헌

한글 문헌

[단행본 및 학위논문]

곽윤직 편집대표, 민법주해[IX], 박영사, 1995 [민법주해9(1995)]

_____, 민법주해[XVIII], 박영사, 2005 [민법주해18(2005)]

_____, 민법주해[XIX], 박영사, 2005 [민법주해19(2005)]

권순일 편집대표, 주석 상법[회사 3](제6판), 한국사법행정학회, 2021 [주석상법(2021)]

_____, 주석 채무자회생법(II), 한국사법행정학회, 2021 [주석회생법2(2021)]

_____, 주석 채무자회생법(IV), 한국사법행정학회, 2021 [주석회생법4(2021)]

권종호 역, 일본 회사법(상), 법무부, 2018 [일본회사법(2018)]

김건식·노혁준·천경훈, 회사법(제6판), 박영사, 2022 [김건식·노혁준·천경훈(2022)]

김대휘·김신 편집대표, 주석 형법[각칙 6](제5판), 한국사법행정학회, 2017 [주석형법(2017)]

김성은, 사채권자의 권리행사와 권리변경에 관한 연구, 서울대학교 박사학위 논문(2020) [김성은(2020)]

김신영, 지배·종속회사에서의 주주 이익 보호에 관한 비교법적 연구, 서울대학교 박사학위 논문(2017) [김신영(2017)]

김용덕 편집대표, 주석 민법[채권각칙 8](제5판), 한국사법행정학회, 2022 [주석민법(2022)]

김화진, 상법강의(제3판), 박영사, 2016 [김화진(2016)]

문병순, 부실기업의 도산신청 지연 방지와 채권자 보호, 서울대학교 박사학위 논문(2017) [문병순(2017)]

서울회생법원 재판실무연구회, 회생사건실무(상)(제5판), 박영사, 2019 [회생실무(2019)]

송옥렬, 상법강의(제12판), 홍문사, 2022 [송옥렬(2022)]

심영 역, 영국 회사법(상, 중, 하), 법무부, 2016 [영국회사법(2016)]

양창수 역, 독일 민법전: 총칙·채권·물권, 박영사, 2021 [독일민법전(2021)]

양창수 편집대표, 민법주해[III](제2판), 박영사, 2022 [민법주해3(2022)]

원용수 역, 프랑스 회사법, 법무부, 2014 [프랑스회사법(2014)]

이철송, 회사법강의(제30판), 박영사, 2022 [이철송(2022)]

이형규 역, 독일 주식법, 법무부, 2014 [독일주식법(2014)]

임재연, 회사법 I(개정8판), 박영사, 2022 [임재연1(2022)]

_____, 회사법 II(개정8판), 박영사, 2022 [임재연2(2022)]

정승욱, 주식회사 지배주주의 법적 책임에 관한 연구: 사실상 이사의 법리를 중심으로, 서울대학교 박사학위 논문(1998) [정승욱(1998)]

한국상사법학회, 주식회사법대계 I(제4판), 법문사, 2022 [대계1(2022)]

_____, 주식회사법대계 II(제4판), 법문사, 2022 [대계2(2022)]

_____, 주식회사법대계 III(제4판), 법문사, 2022 [대계3(2022)]

Kraakman, Reinier et al. (김건식 외 7인 번역), 회사법의 해부(개정판), 소화, 2020 [해부(2020)]

[논문]

구회근, "이사의 제3자에 대한 손해배상책임에 관한 판례 분석: 대법원 판례를 중심으로", 저스티스 제90호(2006. 4.), 111-158 [구회근(2006)]

권상로, "현행 상법상 회사기회유용금지 규정에 관한 문제점과 개선방안에 관한 연구", 기업법연구 제30권 제3호(2016. 9.), 127-157 [권상로(2016)]

김건식, "소수주주의 보호와 지배주주의 성실의무: 독일법을 중심으로", 회사법연구 I, 소화(2010), 203-243 [김건식1(2010)]

_____, "주주 간의 이해조정에 관한 시론", 회사법연구 I, 소화(2010), 244-276 [김건식2(2010)]

_____, "자본제도와 유연한 회사법", 회사법연구 II, 소화(2010), 259-279 [김건식3(2010)]

_____, "주주의 직접손해와 간접손해: 이사의 제3자에 대한 책임을 중심으로", 회사법연구 II, 소화(2010), 404-434 [김건식4(2010)]

_____, "도산에 임박한 회사와 이사의 의무", 회사법연구 III, 박영사(2021), 247-277 [김건식5(2021)]

_____, "영국 도산법상의 부당거래와 부실기업 이사의 의무", 회사법연구 III, 박영사(2021), 223-246 [김건식6(2021)]

김재범, "주주 충실의무론의 수용: 이사 충실의무와 관련하여", 비교사법 제22권 제1호(2015), 175-203 [김재범(2015)]

김형석, "법발견에서 원리의 기능과 법학방법론: 요제프 에써의 '원칙과 규범'을 중심으로", 서울대학교 법학 제57권 제1호(2016. 3.), 1-59 [김형석(2016)]

김화진, "은행의 지배구조와 은행 이사의 법률적 책임: 상법 제401조의 해석을 중심으로", 서울대학교 법학 제51권 제4호(2010. 12.), 151-184 [김화진(2010)]

노혁준, "주식회사와 신탁에 관한 비교 고찰: 재산분리 기능을 중심으로", 증권법연구 제14권 제2호(2013), 627-658 [노혁준(2013)]

송옥렬, "주주의 부와 회사의 손해에 관한 판례의 재검토", 사법 제2호(2007. 12.), 47-72 [송옥렬(2007)]

_____, "기업집단에서 회사기회유용의 판단기준", 상사판례연구 제34권 제2호(2021. 6.), 115-172 [송옥렬(2021)]

송호영, "독일법상 법인실체파악이론의 운용과 우리 법에의 시사점", 판례실무연구 IX(2010), 581-620 [송호영(2010)]

유주선, "독일 유한회사 사원의 개인책임 법리: 회사존재 자체를 침해하는 행위를 중심으로", 상사법연구 제27권 제1호(2008), 9-31 [유주선(2008)]

윤영신, "주식회사의 출자관련 규제의 폐지에 관한 연구: 액면주식제도, 현물출자제도, 최저자본금제도", 법조 제55권 제5호(2006. 5.), 99-128 [윤영신(2006)]

_____, "자본유지제도의 채권자보호 기능의 한계에 대한 연구", 중앙법학 제9집 제2호(2007. 6.), 701-717 [윤영신(2007)]

천경훈, "개정상법상 회사기회유용 금지규정의 해석론 연구", 상사법연구 제30권 제2호(2011), 143-213 [천경훈(2011)]

_____, "기업집단의 법적 문제 개관", BFL 제59호(2013. 5.), 6-22 [천경훈(2013)]

최문희, "기업집단에서 종속회사의 채권자 보호의 법리: 독일의 '회사의 존립침해책임' 법리를 중심으로", BFL 제59호(2013. 5.), 38-58 [최문희(2013)]

허덕회, "소규모종속회사의 소수파사원 및 채권자보호: 독일의 종속유한회사를 중심으로", 법학논집 제18권 제1호(2013. 9.), 185-215 [허덕회(2013)]

홍복기, "주주의 충실의무: 독일연방최고법원 리노티페판결(BGHZ 103, 194, vom 1.2. 1988)", 사법행정 제391호(1993), 27-34 [홍복기(1993)]

독일어 문헌

[단행본 및 학위논문]

Bartl, Harald/Bartl, Angela/Beine, Klaus/Koch, Detlef/Schlarb, Eberhard/Schmitt, Michaela C., Heidelberger Kommentar zum GmbH-Recht, 8. Auflage, Heidelberg 2019 [Bartl/Bartl(2019)]

Baumbach, Adolf/Hopt, Klaus J., Handelsgesetzbuch: mit GmbH & Co., Handelsklauseln, Bank-und Kapitalmarktrecht, Transportrecht (ohne Seerecht), 38. Auflage, München 2018 [Baumbach/Hopt(2018)]

Baumbach, Adolf/Hueck, Alfred, GmbH-Gesetz, Kommentar, 21. Auflage, München 2017 [Baumbach/Hueck(2017)]

Becker, Uwe, Konzeptionelle Grundlage und Adressaten der Existenzvernichtungshaftung in der GmbH, Hamburg 2018 [Becker(2018)]

Bork, Reinhard/Schäfer, Carsten, GmbHG, Kommentar zum GmbH-Gesetz, 4. Auflage, Köln 2019 [Bork/Schäfer(2019)]

Burg, Michael, Gesellschafterhaftung bei Existenzvernichtung der Einmann-GmbH, Frankfurt a.M. 2006 [Burg(2006)]

Bürgers, Tobias/Körber, Torsten/Lieder, Jan, Heidelberger Kommentar zum Aktiengesetz, 5. Auflage, Heidelberg 2021 [Bürgers/Körber(2021)]

Calise, Francesco, Ist die Haftung wegen existenzvernichtenden Eingriffs auch auf andere juristische Personen als die GmbH anwendbar?, Köln 2006 [Calise (2006)]

Canaris, Claus-Wilhelm, Die Feststellung von Lücken im Gesetz: Eine methodologische Studie über Voraussetzungen und Grenzen der richterlichen Rechtsfortbildung praeter legem, 2. Auflage, Berlin 1983 [Canaris(1983)]

Drescher, Ingo, Die Haftung des GmbH-Geschäftsführers, 8. Auflage, Köln 2019 [Drescher(2019)]

Emmerich, Volker/Habersack, Mathias/Schürnbrand, Jan, Aktien- und GmbH-Konzernrecht, 9. Auflage, München 2019 [Emmerich/Habersack(2019)]

Fleischer, Holger/Goette, Wulf, Münchener Kommentar zum Gesetz betreffend die Gesellschaften mit beschränkter Haftung(GmbH-Gesetz), Band 1(§ § 1-34), 3. Auflage, München 2018 [Fleischer/Goette(2018)]

_____, Münchener Kommentar zum Gesetz betreffend die Gesellschaften mit beschränkter Haftung(GmbH-Gesetz), Band 1(§ § 1-34), 4. Auflage, München 2022 [Fleischer/Goette(2022)]

Gehrlein, Markus/Born, Manfred/Simon, Stefan, GmbHG – Gesetz betreffend die Gesellschaften mit beschränkter Haftung, Kommentar, 4. Auflage, Köln 2019 [Gehrlein/Born(2019)]

Geßler, Jörg H./Käpplinger, Markus, Aktiengesetz, Kommentar, Köln 2020 [Geßler/Käpplinger(2020)]

Goette, Wulf/Goette, Maximilian, Die GmbH: Darstellung anhand der Rechtsprechung des BGH, 3. Auflage, München 2019 [W. Goette/M. Goette(2019)]

Goette, Wulf/Habersack, Mathias/Kalss, Susanne, Münchener Kommentar zum Aktiengesetz, Band 1(§ § 1-75), 5. Auflage, München 2019 [Goette/Habersack(2019a)]

_____, Münchener Kommentar zum Aktiengesetz, Band 2, 5. Auflage, München 2019 [Goette/Habersack(2019b)]

Gottschalk, Michael, Die Existenzvernichtungshaftung des GmbH-Gesellschafters, Frankfurt 2007 [Gottschalk(2007)]

Grabmann, Martin, Differenz- und Existenzvernichtungshaftung in der Aschenputtel-GmbH, Berlin 2019 [Grabmann(2019)]

Grigoleit, Hans Christoph, Gesellschafterhaftung für interne Einflussnahme im Recht der GmbH: dezentrale Gewinnverfolgung als Leitprinzip des dynamischen Gläubigerschutzes, München 2006 [Grigoleit(2006)]

_____, Aktiengesetz: AktG, Kommentar, 2. Auflage, München 2020 [Grigoleit(2020)]

Groß, Paul J./Hess, Harald/Reill-Ruppe, Nicole/Roth, Jan, Insolvenzplan, Sanierungsgewinn, Restschuldbefreiung und Verbraucherinsolvenz, 4. Auflage, Heidelberg 2014 [Groß/Hess(2014)]

Habermann, Anke, Der existenzvernichtende Eingriff im GmbH-Recht: seine gesellschaftliche Grundlage, ökonomische Analyse und bilanzielle Darstellung, Halle 2011 [Habermann(2011)]

Habersack, Mathias/Casper, Matthias/Löbbe, Marc, Gesetz betreffend die Gesellschaften mit beschränkter Haftung(GmbHG), Großkommentar, 3. Auflage, Band III, Tübingen 2021 [Habersack/Casper(2021)]

Hefendehl, Roland/Hohmann, Olaf, Münchener Kommentar zum Strafgesetzbuch Band 5, 3. Auflage, München 2019 [Hefendehl/Hohmann(2019)]

Henssler, Martin/Strohn, Lutz, Gesellschaftsrecht, 5. Auflage, München 2021 [Henssler/Strohn(2021)]

Henze, Hartwig/Born, Manfred/Drescher, Ingo, Aktienrecht — Höchstrichterliche Rechtsprechung, 6. Auflage, Köln 2015 [Henze/Born(2015)]

Henzler, Jörg, Haftung der GmbH-Gesellschafter wegen Existenzvernichtung, Baden-Baden 2009 [Henzler(2009)]

Hirte, Heribert/Mülbert, Peter O./Roth, Markus, GroßKommentar zum Aktiengesetz, Band 1, 5. Auflage, Berlin 2017 [Hirte/Mülbert(2017)]

_____, GroßKommentar zum Aktiengesetz, Band 6, 5. Auflage, Berlin 2018 [Hirte/Mülbert(2018)]

Hölters, Wolfgang, Aktiengesetz, Kommentar, 3. Auflage, München 2017 [Hölters(2017)]

Hüffer, Uwe/Koch, Jens, Aktiengesetz, Kommentar, 13. Auflage, München 2018 [Hüffer/Koch(2018)]

Kluge, Vanessa, Deliktsrechtliche Insolvenzverursachungshaftung in der Ein-Personen-GmbH: Die doppelte Ausschließlichkeitsthese des BGH im Rahmen der Trihotel-Doktrin vor dem Hintergrund der Aufgabe der Interessentheorie im Strafrecht, Frankfurt a.M. 2015 [Kluge(2015)]

Kroh, Johanna, Der existenzvernichtende Eingriff, Tübingen 2012 [Kroh(2012)]

Larenz, Karl, Methodenlehre der Rechtswissenschaft, 6. Auflage, Berlin 1991 [Larenz (1991)]

Lutter, Marcus(Hrsg.), Das Kapital der Aktiengesellschaft in Europa, Berlin 2006 [Lutter(Hrsg.)(2006)]

Lutter, Marcus/Hommelhoff, Peter, GmbH-Gesetz, 20. Auflage, Köln 2020 [Lutter/Hommelhoff(2020)]

Malk, Wolfgang, Geschäftsführerverantwortlichkeit und Auswirkungen der Existenzvernichtungshaftung, Marburg 2009 [Malk(2009)]

Matschernus, Gunnar, Die Durchgriffshaftung wegen Existenzvernichtung in der GmbH, Baden-Baden 2007 [Matschernus(2007)]

Michalski, Lutz/Heidinger, Andreas/Leible, Stephan/Schmidt, Jessica, Kommentar zum Gesetz betreffend die Gesellschaften mit beschränkter Haftung(GmbH-Gesetz), Band I, 3. Auflage, München 2017 [Michalski/Heidinger(2017a)]

_____, Kommentar zum Gesetz betreffend die Gesellschaften mit beschränkter Haftung(GmbH-Gesetz), Band II, 3. Auflage, München 2017 [Michalski/Heidinger(2017b)]

Palandt, Otto, Bürgerlichen Gesetzbuch mit Nebengesetzen, 79. Auflage, München 2020 [Palandt(2020)]

Raiser, Thomas/Veil, Rüdiger, Recht der Kapitalgesellschaften, 6. Auflage, München 2015 [Raiser/Veil(2015)]

Roth, Günter/Altmeppen, Holger, GmbH-Gesetz Kommentar, 9. Auflage, München 2019 [Roth/Altmeppen(2019)]

Röck, Sarah, Die Rechtsfolgen der Existenzvernichtungshaftung: Indisponibilität -Gläubigerbezug-Schadensberechnung, Tübingen 2011 [Röck(2011)]

Roxin, Claus, Strafrecht Allgemeiner Teil, Band II: Besondere Erscheinungsformen der Straftat, München 2003 [Roxin(2003)]

Säcker, Franz J./Rixecker, Roland/Oetker, Hartmut/Limperg, Bettina, Münchener Kommentar zum Bürgerlichen Gesetzbuch, Band 7, 8. Auflage, München 2020 [Säcker/Rixecker(2020)]

Saenger, Ingo/Inhester, Michael, GmbHG – Handkommentar, 4. Auflage, Baden-Baden 2020 [Saenger/Inhester(2020)]

Schall, Alexander, Kapitalgesellschaftsrechtlicher Gläubigerschutz: Grund und Grenzen der Haftungsbeschränkung nach Kapitaldebatte, MoMiG und Trihotel, München 2009 [Schall(2009)]

Schmidt, Karsten/Lutter, Marcus, Aktiengesetz, Kommentar, I. Band, 4. Auflage, Köln 2020 [K. Schmidt/Lutter(2020)]

Scholz, Franz, Kommentar zum GmbH-Gesetz mit Anhang Konzernrecht, I. Band, 12. Auflage, Köln 2018 [Scholz(2018)]

Sernetz, Herbert/Kruis, Ferdinand, Kapitalaufbringung und -erhaltung in der GmbH, 2. Auflage, Köln 2013 [Sernetz/Kruis(2013)]

Sonnenberger, Hans Jürgen/Dammann, Reinhard, Französisches Handels- und Wirtschaftsrecht, 3. Auflage, Frankfurt a.M. 2008 [Sonnenberger/ Dammann (2008)]

Spindler, Gerald/Stilz, Eberhard, Kommentar zum Aktiengesetz, Band 1, 4. Auflage, München 2019 [Spindler/Stilz(2019a)]

_____, Kommentar zum Aktiengesetz, Band 2, 4. Auflage, München 2019 [Spindler/ Stilz(2019b)]

von Staudinger, Julius, J. von Staudingers Kommentar zum Bürgerlichen Gesetzbuch mit Einführungsgesetz und Nebengesetzen, Buch 2 Recht der Schuldverhältnisse, § 823 A-D(Unerlaubte Handlungen 1 – Rechtsgüter und Rechte, Persönlichkeitsrecht, Gewerbebetrieb), Berlin 2017 [Staudinger(2017)]

_____, J. von Staudingers Kommentar zum Bürgerlichen Gesetzbuch mit

Einführungsgesetz und Nebengesetzen, Buch 2 Recht der Schuldverhältnisse, § 826-829; ProdHaftG(Unerlaubte Handlungen 2, Produkthaftung), Berlin 2018 [Staudinger(2018)]

Ulmer, Peter/Habersack, Mathias/Löbbe, Marc, Gesetz betreffend die Gesellschaften mit beschränkter Haftung(GmbHG), Großkommentar, 2. Auflage, Band III, Tübingen 2016 [Ulmer/Habersack(2016)]

Wachter, Thomas, AktG, Kommentar, 3. Auflage, Köln 2018 [Wachter(2018)]

Waitz, Benjamin, Existenzvernichtender Eingriff bei der GmbH durch Leverage Buy-Out-Transaktionen, Aachen 2009 [Waitz(2009)]

Wappler, Karolin, Die Haftung von Gesellschafter einer GmbH auf Grund von Einflussnahmen auf die Leitung der Gesellschaft: Vom qualifiziert faktischen Konzern über Durchgriffshaftung wegen Existenzvernichtungshaftung zur deliktsrechtlichen Haftung gemäß § 826 BGB, Baden-Baden 2010 [Wappler (2010)]

Weiß, André Torsten, Insolvenzspezifische Geschäftsführerhaftung: Zahlungsverbote, Existenzvernichtung und Insolvenzverschleppung, Köln 2017 [Weiß(2017)]

Zöllner, Wolfgang/Noack, Ulrich, Kölner Kommentar zum Aktiengesetz, Band 1, 3. Auflage, Köln 2011 [Zöllner/Noack(2011)]

_____, Kölner Kommentar zum Aktiengesetz, Band 6, 3. Auflage, Köln 2004 [Zöllner/ Noack(2004)]

_____, Kölner Kommentar zum Aktiengesetz, Band 2/2, 3. Auflage, Köln 2013 [Zöllner/ Noack(2013)]

Zweigert, Konrad/Kötz, Hein, Einführung in die Rechtsvergleichung: Auf dem Gebiete des Privatrechts, 3. Auflage, Tübingen 1996 [Zweigert/Kötz(1996)]

[논문]

Altmeppen, Holger, "Grundlegend Neues zum qualifiziert faktischen Konzern und zum Gläubigerschutz in der Einmann-GmbH: Zugleich Besprechung des Urteils des BGH vom 17-9-2001 – II ZR 178/99 Bremer Vulkan", ZIP 2001, 1837 [Altmeppen(2001)]

_____, "Gesellschafterhaftung und Konzernhaftung bei der GmbH", NJW 2002, 321 [Altmeppen(2002a)]

_____, "Zur Entwicklung eines neuen Gläubigerschutzkonzeptes in der GmbH", ZIP

2002, 1553 [Altmeppen(2002b)]

_____, "Anmerkung zu BGH, Urteil vom 13.12.2004 - II ZR 206/02", ZIP 2005, 119 [Altmeppen(2005)]

_____, "Abschied vom Durchgriff im Kapitalgesellschaftsrecht", NJW 2007, 2657 [Altmeppen(2007)]

_____, "Zur vorsätzlichen Gläubigerschädigung, Existenzvernichtung und materiellen Unterkapitalisierung in der GmbH: Zugleich Besprechung BGH v. 28.4.2008 - II ZR 264/06, ZIP 2008, 1232 Gamma", ZIP 2008, 1201 [Altmeppen(2008)]

Bender, Gregor, "Kommentar zum BGH, Urteil vom 25.02.2002 - II ZR 196/00", GmbHR 2002, 552 [Bender(2002)]

Bitter, Georg, "Das TBB-Urteil und das immer noch vergessene GmbH-Vertragskonzernrecht: Zur Unmöglichkeit von Beherrschungsverträgen mit einer 100%igen Tochter-GmbH oder Tochter-GmbH & Co. KG", ZIP 2001, 265 [Bitter(2001)]

Burgard, Ulrich, "Die Förder- und Treupflicht des Alleingesellschafters einer GmbH: Überlegungen zu einer gläubigerschützenden Corporate Governance bei der GmbH", ZIP 2002, 827 [Burgard(2002)]

Canaris, Claus-Wilhelm, "Grundstrukturen des deutschen Deliktsrechts", VersR, 2005, 577 [Canaris(2005)]

Dauner-Lieb, Barbara, "Die Existenzvernichtungshaftung - Schluss der Debatte?", DStR 2006, 2034 [Dauner-Lieb(2006)]

_____, "Die Existenzvernichtungshaftung als deliktische Innenhaftung gemäß § 826 BGB: Besprechung der Entscheidung BGH DStR 2007, 1586 (Trihotel)", ZGR 2008, 34 [Dauner-Lieb(2008)]

Drygala, Tim, "Abschied vom qualifizierten faktischen Konzern - oder Konzernrecht für alle?", GmbHR 2003, 729 [Drygala(2003)]

Ekkenga, Jens, "Mezzanine-Kapital im aktien- und GmbH-rechtlichen System der gläubigerschützenden Kapitalerhaltung", ZHR 2021, 792 [Ekkenga(2021)]

Fastrich, Lorenz, "Treuepflicht der GmbH-Gesellschafter gegenüber Eigenbelangen ihrer GmbH?", Festschrift für Christine Windbichler zum 70. Geburtstag am 8. Dezember 2020, Berlin 2020, 579 [Fastrich(2020)]

Gehrlein, Markus, "Die Existenzvernichtungshaftung im Wandel der Rechtsprechung", WM 2008, 761 [Gehrlein(2008)]

Goette, Wulf, "AG/GmbH: Qualifiziert faktische Konzernhaftung - Zulässigkeit und

Grenzen des cash managements", DStR 2001, 1857 [Goette(2001)]

_____, "Aus der neueren Rechtsprechung des BGH zum GmbH-Recht", ZIP 2005, 1481 [Goette(2005a)]

_____, "Wo steht der BGH nach Centros und Inspire Art?", DStR 2005, 197 [Goette(2005b)]

_____, "Anmerkung zu BGH Urt. v. 16.07.2007, II ZR 3/04", DStR 2007, 1593 [Goette(2007)]

Haas, Ulrich, "Mindestkapital und Gläubigerschutz in der GmbH", DStR 2006, 993 [Haas(2006)]

Hartmann, Christian, "Der Schutz der GmbH vor ihren Gesellschaftern: Zu den Grenzen gesellschafterlicher Disposition über die Treuepflicht gegenüber der Gesellschaft", GmbHR 1999, 1061 [Hartmann(1999)]

Habersack, Mathias, "Trihotel – Das Ende der Debatte?: Überlegungen zur Haftung für schädigende Einflussnahme im Aktien- und GmbH-Recht", ZGR 2008, 533 [Habersack(2008)]

Heckschen, Heribert, "Differenzhaftung und existenzvernichtender Eingriff bei der Verschmelzung in der Krise", NZG 2019, 561 [Heckschen(2019)]

Henze, Hartwig, "Reichweite und Grenzen des aktienrechtlichen Grundsatzes der Vermögensbindung – Ergänzung durch die Rechtsprechung zum Existenz vernichtenden Eingriff?", AG 2004, 405 [Henze(2004)]

Hönn, Günther, "Roma locuta? – Trihotel, Rechtsfortbildung und die gesetzliche Wertung", WM 2008, 769 [Hönn(2008)]

Hüffer, Uwe, "Qualifiziert faktisch konzernierte Aktiengesellschaften nach dem Übergang zur Existenzvernichtung bei der GmbH?", Festschrift für Wulf Goette zum 65. Geburtstag, München 2011, 191 [Hüffer(2011)]

Ihrig, Hans-Christoph, "Einzelfragen zur Existenzvernichtungshaftung als Binnenhaftung", DStR 2007, 1170 [Ihrig(2007)]

Jacob, Thomas, "Konzeption der Existenzvernichtungshaftung vor dem Hintergrund des MoMiG-Entwurfs", GmbHR 2007, 796 [Jacob(2007)]

Keßler, Jürgen, "Kapitalerhaltung und normativer Gläubigerschutz in der Einpersonen-GmbH – zum beiläufigen Ende des qualifizierten faktischen GmbH-Konzerns: Besprechung der Entscheidung BGH v. 17.9.2001 – II ZR 178/99, GmbHR 2001, 1036 – Bremer Vulkan", GmbHR 2001, 1095 [Keßler(2001)]

_____, "Die Durchgriffshaftung der GmbH-Gesellschafter wegen existenzgefährdender

Eingriffe - Zur dogmatischen Konzeption des Gläubigerschutzes in der GmbH: Besprechung der Entscheidung BGH v. 24.6.2002 - II ZR 300/00 - KBV, GmbHR 2002, 902 mit Komm. Schröder", GmbHR 2002, 945 [Keßler (2002)]

_____, "Unternehmensstilllegung, Managementversagen und Haftungsdurchgriff - Zur dogmatischen Grundstruktur des existenzvernichtenden Eingriffs: Besprechung der Entscheidungen BGH v. 13.12.2004 - II ZR 206/02, GmbHR 2005, 225 mit Komm. Schröder und BGH v. 13.12.2004 - II ZR 256/02, GmbHR 2005, 299 - in diesem Heft", GmbHR 2005, 257 [Keßler(2005)]

Kleindiek, Detlef, "Ordnungswidrige Liquidation durch organisierte Firmenbestattung", ZGR 2007, 276 [Kleindiek(2007)]

_____, "Materielle Unterkapitalisierung, Existenzvernichtung und Deliktshaftung - GAMMA", NZG 2008, 686 [Kleindiek(2008)]

Kölbl, Angela, "Die Haftung wegen existenzvernichtenden Eingriffs: gesicherte Erkenntnisse und Entwicklungen seit Trihotel", BB 2009, 1194 [Kölbl(2009)]

Kurzwelly, Jens-Peter, "Die Existenzvernichtungshaftung - Entwicklung und Abschluss einer höchstrichterlichen Rechtsfortbildung", Festschrift für Wulf Goette zum 65. Geburtstag, München 2011, 277 [Kurzwelly(2011)]

Lutter, Marcus/Banerjea, Robert, "Die Haftung wegen Existenzvernichtung", ZGR 2003, 402 [Lutter/Banerjea(2003)]

Merkt, Hanno, "Der Kapitalschutz in Europa - ein rocher de bronze?", ZGR 2004, 305 [Merkt(2004)]

Mülbert, Peter O., "Abschied von der TBB: Haftungsregel für den qualifiziert faktischen GmbH-Konzern", DStR 2001, 1937 [Mülbert(2001)]

Nassal, Wendt, "Der existenzvernichtende Eingriff im GmbH: Einwendungen aus verfassungs- und insolvenzrechtlicher Sicht", ZIP 2003, 969 [Nassal(2003)]

Neuberger, Jürgen, "Existenzvernichtungshaftung aufgeben und Kapitalerhaltung sowie Differenzhaftung mit den richtigen Werten anwenden: Zugleich Fortsetzung des Beitrags ZIP 2019, 1541 und Überlegungen zu BGH v. 6. 11. 2018 - II ZR 199/17, ZIP 2019, 114", ZIP 2020, 153 [Neuberger(2020)]

Osterloh-Konrad, Christine, "Abkehr vom Durchgriff: Die Existenzvernichtungshaftung des GmbH-Gesellschafters nach Trihotel", ZHR 2008, 274 [Osterloh- Konrad (2008)]

Paefgen, Walter, "Existenzvernichtungshaftung nach Gesellschaftsdeliktsrecht - Besprechung des BGH-Urteil vom 16. 7. 2007. – II ZR 3/04, DB 2007 S. 1802 -", DB 2007, 1907 [Paefgen(2007)]

Pöschke, Moritz, "Anfechtungsrechte der abhängigen Kapitalgesellschaft gegenüber dem herrschenden Unternehmen", ZGR 2015, 550 [Pöschke(2015)]

Priester, Hans-Joachim, "Die eigene GmbH als fremder Dritter: Eigenspäre der Gesellschaft und Verhaltenspflichten ihrer Gesellschafter", ZGR 1993, 512 [Priester(1993)]

_____, "Eine Lanze für die Differenzhaftung bei Verschmelzung von GmbH: Zugleich Besprechung BGH v. 6. 11. 2018 – II ZR 199/17, ZIP 2019, 114", ZIP 2019, 646 [Priester(2019)]

Primozic, Frank R./Handrup, Moritz, "Die Ausweitung der Existenzvernichtungshaftung durch den BGH und deren Auswirkungen auf gesellschaftsrechtliche Gestaltungen", NZI 2019, 266 [Primozic/Handrup(2019)]

Prütting, Jens, "Der Vermögensschutz von Gesellschaften gegenüber externer Einflussnahme – geprüft am Beispiel der GmbH", ZGR 2015, 849 [Prütting (2015)]

Röhricht, Volker, "Die GmbH im Spannungsfeld zwischen wirtschaftlicher Dispositionsfreiheit ihrer Gesellschafter und Gläubigerschutz", 50 Jahre Bundesgerichtshof: Festschrift auf Anlass des fünfzigjährigen Bestehens von Bundesgerichtshof, Bundesanwaltschaft und Rechtsanwaltschaft beim Bundesgerichtshof, Köln 2000, 83 [Röhricht(2000)]

_____, "Insolvenzrechtliche Aspekte im Gesellschaft", ZIP 2005, 505 [Röhricht(2005)]

Rubner, Daniel, "Abschied von der Existenzvernichtungshaftung", DStR 2005, 1694 [Rubner(2005)]

_____, "Liquidationsgesellschaft und Gesellschafterhaftung Zugleich Besprechung des BGH-Urteils vom 9. 2. 2009, II ZR 292/07", DStR 2009, 1538 [Rubner(2009)]

Schanze, Erich, "Gesellschafterhaftung für unlautere Einflussnahme nach § 826 BGB: Die Trihotel-Doktrin des BGH", NZG 2007, 681 [Schanze(2007)]

Schirrmacher, Carsten, "Existenzvernichtung, Unterkapitalisierung, kalte Liquidation", ZGR 2021, 2 [Schirrmacher(2021)]

Schmidt, Karsten, "Gesellschafterhaftung und Konzernhaftung bei der GmbH: Bemerkungen zum Bremer Vulkan-Urteil des BGH vom 17. 9. 2001", NJW 2001, 3577 [K. Schmidt(2001)]

_____, "GmbH-Reform auf Kosten der Geschäftsführer?: Zum (Un-)Gleichgewicht zwischen Gesellschafterrisiko und Geschäftsführerrisiko im Entwurf eines

MoMiG und in der BGH-Rechtsprechung", GmbHR 2008, 449 [K. Schmidt (2008)]

_____, "Unbeschränkte   Außenhaftung/unbeschränkte   Innenhaftung   – Stimmigkeitsprobleme der Haftungsabwicklung-", Festschrift für Wulf Goette zum 65. Geburtstag, München 2011, 459 [K. Schmidt(2011)]

Schön, Wolfgang, "Wer schützt den Kapitalschutz?", ZHR 2002, 1 [Schön(2002)]

_____, "Zur Existenzvernichtung der juristischen Person", ZHR 2004, 268 [Schön(2004)]

Schröder, Henning, "Kommentar zum BGH, Urteil vom 13.12.2004 – II ZR 206/02", GmbHR 2005, 227 [Schröder(2005)]

_____, "Kommentar zum BGH, Urteil vom 16.07.2007 – II ZR 3/04", GmbHR 2007, 934 [Schröder(2007)]

Schwab, Martin, "Die Neuauflage der Existenzvernichtungshaftung: Kein Ende der Debatte!", ZIP 2008, 341 [Schwab(2008)]

Stöber, Michael, "Die Haftung für existenzvernichtende Eingriffe", ZIP 2013, 2295 [Stöber(2013)]

Theiselmann, Rüdiger, "Die Existenzvernichtungshaftung im Wandel", GmbHR 2007, 904 [Theiselmann(2007)]

Ulmer, Peter, "Von TBB zu Bremer Vulkan – Revolution oder Evolution?: Zum Bestandsschutz der abhängigen GmbH gegen existenzgefährdende Eingriffe ihres Alleingesellschafters", ZIP 2001, 2021 [Ulmer(2001)]

Ulrich, Stephan, "Durchbrechung der Haftungsbeschränkung im GmbH-Unternehmensverbund und ihre Grenzen", GmbHR 2007, 1289 [Ulrich(2007)]

_____, "Kommentar zu BGH, Urteil vom 28.04.2008 – II ZR 264/06", GmbHR 2008, 805 [Ulrich(2008)]

Veil, Rüdiger, "Gesellschafterhaftung wegen existenzvernichtenden Eingriffs und materieller Unterkapitalisierung", NJW 2008, 3264 [Veil(2008)]

Vetter, Jochen, "Rechtsfolgen existenzvernichtender Eingriffe", ZIP 2003, 601 [Vetter (2003)]

_____, "Die neue dogmatische Grundlage des BGH zur Existenzvernichtungshaftung", BB 2007, 1965 [Vetter(2007)]

Weller, Marc-Philippe, "Die Existenzvernichtungshaftung im modernisierten GmbH-Recht: eine Außenhaftung für Forderungsvereitelung(§ 826 BGB)", DStR 2007, 1116 [Weller(2007a)]

_____, "Die Neuausrichtung der Existenzvernichtungshaftung durch den BGH und ihre

Implikationen für die Praxis: Zugleich Besprechung BGH v. 16.7.2007 - II ZR 3/04, ZIP 2007, 1552 (Trihotel)", ZIP 2007, 1681 [Weller(2007b)]

Wiedemann, Herbert, "Reflexionen zur Durchgriffshaftung: Zugleich Besprechung des Urteils BGH WM 2002, 1804 - KBV", ZGR 2003, 283 [Wiedemann(2003)]

_____, "Aufstieg und Krise des GmbH-Konzernrechts", GmbHR 2011, 1009 [Wiedemann (2011)]

Wiedemann, Herbert/Hirte, Heribert, "Konzernrecht", 50 Jahre Bundesgerichtshof: Festgabe aus der Wissenschaft Band II, München 2000, 337 [Wiedemann/ Hirte(2000)]

Wilhelm, Jan, "Zurück zur Durchgriffshaftung - das KBV-Urteil des II. Zivilsenats des BGH vom 24. 6. 2002 -", NJW 2003, 175 [Wilhelm(2003)]

Zöllner, Wolfgang, "Gläubigerschutz durch Gesellschafterhaftung bei der GmbH", Festschrift für Horst Konzen, Tübingen 2006, 999 [Zöllner(2006)]

영어 문헌

[단행본]

Davies, Paul L. et al., Gower and Davies' Principles of Modern Company Law(9th ed.), London: Sweet & Maxwell, 2012 [Davies et al.(2012)]

_____, Gower: Principles of Modern Company Law(11th ed.), London: Sweet & Maxwell, 2021 [Davies et al.(2021)]

Dignam, Alan & Lowry, John, Company Law(11th ed.), Oxford: Oxford University Press, 2021 [Dignam & Lowry(2021)]

Finch, Vanessa & Milman, David, Corporate Insolvency Law, Perspectives and Principles(3rd ed.), Cambridge: Cambridge University Press, 2017 [Finch & Milman(2017)]

Fletcher, Ian F., The Law of Insolvency(5th ed.), London: Sweet & Maxwell, 2017 [Fletcher(2017)]

French, Derek, Mayson, French & Ryan on Company Law(37th ed.), Oxford: Oxford University Press, 2021 [French et al.(2021)]

Gerner-Beuerle, Carsten & Schillig, Michael, Comparative Company Law, Oxford: Oxford University Press, 2019 [Gerner-Beuerle & Schillig(2019)].

Keay, Andrew, Company Directors' Responsibilities to Creditors, London: Routledge-

Cavendish, 2007 [Keay(2007)]

_____, Directors' Duties(3rd ed.), Bristol: LexisNexis, 2017 [Keay(2017)]

Keay, Andrew & Walton, Peter, Insolvency Law, Corporate and Personal(4th ed.), Bristol: LexisNexis, 2017 [Keay & Walton(2017)]

Roach, Lee, Company Law, Oxford: Oxford University Press, 2019 [Roach(2019)]

van Zwieten, Kristen, Goode on Principles of Corporate Insolvency Law(5th ed.), London: Sweet & Maxwell, 2019 [Zwieten(2019)]

[논문]

Bachner, Thomas, "Insolvency law in England"(Lutter ed.), Legal Capital in Europe, Berlin: De Gruyter Recht, 2006, 425-479 [Bachner(2006)]

Bainbridge, Stephen M., "Abolishing Veil Piercing", 26 J. Corp. L. 479 (2001) [Bainbridge(2001)]

Ellias, Jared A. & Stark, Robert J., "Bankruptcy Hardball", 108 Calif. L. Rev. 745 (2020) [Ellias & Stark(2020)]

Hirte, Heribert & Schall, Alexander, "Legal Capital and the EU Treaties"(Prentice & Reisberg ed.), Corporate Finance Law in the UK and EU, Oxford: Oxford University Press, 2011, 519-539 [Hirte & Schall(2011)]

Hu, Henry T. C. & Westbrook, Jay Lawrence, "Abolition of the Corporate Duty to Creditors", 107 Colum. L. Rev. 1321 (2007) [Hu & Westbrook(2007)]

Kalss, Susanne & Adensamer, Nikolaus & Oelkers, Janine, "Director's Duties in Vicinity of Insolvency - a comparative analysis with reports from Germany, Austria, Belgium, Denmark, England, Finland, France, Italy, the Netherlands, Norway, Spain and Sweden"(Lutter ed.), Legal Capital in Europe, Berlin: De Gruyter Recht, 2006, 112-143 [Kalss et al.(2006)]

Keay, Andrew, "Financially distressed companies, restructuring and creditors' interests: what is a director to do?", L.M.C.L.Q. 2019, 2(May), 297-317 [Keay(2019)]

_____, "Financially distressed companies, preferential payments and the director's duty to take account of creditors' interests", L.Q.R. 2020, 136(Jan), 52-76 [Keay(2020)]

Licht, Amir N., "My Creditor's Keeper: Escalation of Commitment and Custodial Fiduciary Duties in the Vicinity of Insolvency", 98 Wash. U. L. Rev. 1731 (2021) [Licht(2021)]

Urbain-Parléani, Isabelle, "Working Group on the Share Capital in Europe - French Answers to Questionnaire"(Lutter ed.), Legal Capital in Europe, Berlin: De Gruyter Recht, 2006, 480-514 [Urbain-Parléani(2006)]

프랑스어 문헌

[단행본]

Le Cannu, Paul & Robine, David, Droit des entreprises en difficulté(8ᵉ éd.), Paris: Dalloz, 2020 [Cannu & Robine(2020)]

Le Corre, Pierre-Michel, Droit et pratique des procédures collectives(11ᵉ éd.), Paris: Dalloz, 2020 [Corre(2020)]

Lienhard, Alain & Pisoni, Pascal, Code des procédures collectives(19ᵉ éd.), Paris: Dalloz, 2021 [Lienhard & Pisoni(2021)]

Maraud, Olivier, Les associés dans le droit des entreprises en difficulté, Paris: LGDJ, 2021 [Maraud(2021)]

Mercadal, Barthélémy, Droit commercial, Levallois: Francis Lefebvre, 2020 [Mercadal (2020)]

Ribreau, Claire, Entreprises en difficulté, Levallois: Francis Lefebvre, 2019 [Ribreau(2019)]

[논문]

Houssin, Mathias, "Extension de la procédure pour confusion de patrimoines", La semaine juridique: Entreprise et affaires 2022, 22-25 [Houssin(2022)]

일본어 문헌

[단행본]

江頭憲治郎, 株式會社法(第8版), 有斐閣, 2021 [江頭憲治郎(2021)]

高橋英治, ドイツ會社法槪說, 有斐閣, 2012 [高橋英治(2012)]

[논문]

神作裕之, "ドイツにおける「會社の存立を破壊する侵害」の法理", 江頭憲治郎 還暦記念論文『企業法の理論』(上卷), 商事法務, 2007, 81-144 [神作裕

之(2007)]
武田典浩, "ドイツにおける企業法·會社法(8) 「會社の存立を破壊する侵害」法
　　　理の新動向", 比較法雜誌 第43卷 第1號(2009), 113-166 [武田典浩(2009)]
張 子弦, "フランスの企業倒産手續における經營者責任(２)", 北大法學論集 第
　　　67卷 第6号(2017), 34-66 [張子弦(2017)]

찾아보기

■ 김동완

서울대학교 법과대학 사법학과 졸업
서울대학교 대학원 법학과 졸업(석사, 상법전공)
독일 Bonn 대학교 법과대학 수학
서울대학교 법학전문대학원 법학과 졸업(박사, 상법전공)

제38회 사법시험 합격
제28기 사법연수원 수료
서울지방법원 의정부지원, 서울중앙지방법원 및 전주지방법원 판사
법원도서관 조사심의관 역임
서울고등법원 고법판사
現 사법연수원 총괄교수

독일의 회사존립파괴책임

초판 1쇄 인쇄 | 2023년 09월 15일
초판 1쇄 발행 | 2023년 09월 22일

지 은 이 김동완
발 행 인 한정희
발 행 처 경인문화사
편   집 김지선 유지혜 한주연 김윤진 이다빈
마 케 팅 전병관 하재일 유인순
출판번호 제406-1973-000003호
주   소 경기도 파주시 회동길 445-1 경인빌딩 B동 4층
전   화 031-955-9300 팩   스 031-955-9310
홈페이지 www.kyunginp.co.kr
이 메 일 kyungin@kyunginp.co.kr

ISBN 978-89-499-6745-5 93360
값 27,000원

서울대학교 법학연구소 법학 연구총서

● 학술원 우수학술 도서

▲ 문화체육관광부 우수학술 도서